一部对研究国共内战和中美关系历史具有参考价值的珍贵文献

国共内战与中美关系

马歇尔使华秘密报告

完整记载了马歇尔调解国共内战的情况　真实呈现内战时期客观的历史轮廓

马歇尔◎著　中国社会科学院近代史研究所翻译室◎译

1945年 12月马歇尔来华调停国共关系　杜鲁门，马歇尔使华期间的总统　国共两党1946年1月达成政协宪草决议案　1946年，美方代表在军事调处执行部办公楼门口合影　拉法战斗后，中、美、蒋三方谈判旧址

華文出版社
SINO-CULTURE PRESS

图书在版编目（CIP）数据

国共内战与中美关系：马歇尔使华秘密报告/ 中国社会科学院近代史研究所翻译室译. —北京：华文出版社，2011. 9（2019. 1重印）

ISBN 978 -7 -5075 -3579 -2

Ⅰ. ①国… Ⅱ. ①中… Ⅲ. ①中美关系—史料—民国 Ⅳ. ①D829. 712

中国版本图书馆CIP 数据核字(2011) 第196877 号

国共内战与中美关系——马歇尔使华秘密报告

译　　者：中国社会科学院近代史研究所翻译室

责任编辑：李　庆

出版发行：华文出版社

社　　址：北京市西城区广外大街305 号8 区2 号楼

邮政编码：100055

网　　址：http:// www. hwcbs. com. cn

电　　话：总 编 室 010-58336239　　责任编辑 010 -58336190

　　　　　发 行 部 010 -58336267　　010 -58336238

经　　销：新华书店

印　　刷：固安县保利达印务有限公司

开　　本：710 × 960　1/16

印　　张：25.5

字　　数：330千字

版　　次：2012 年1 月第1 版

印　　次：2019 年1 月北京第2 次印刷

书　　号：ISBN 978-7-5075-3579-2

定　　价：58.00元

绪言[1]

一　报告与附录；马歇尔使华文件的提供

随着现在这个出版物的问世，马歇尔使华的记录可以说是完整了，从而极大地便利了我们对美中关系中这一有决定意义的事件的理解。如果将现在可利用的材料和几年前的材料对比一下，立即就可看出，降低档案保密等级和公布档案材料的巨大价值是显而易见的。例如邹谠在其值得钦佩的著作《美国在中国的失败（1941—1950）》（1963年出版）中，不得不从零散的资料中综合他对马歇尔使华的记述，而这些资料大部分是间接的和不完整的。当时唯一可用的文件集是《中国白皮书》，它论述马歇尔使华的篇幅只有九十页的四十四个文件，加上一百二十三页的叙述。虽然在其主要梗概上邹谠的处理在事实上是准确的，但缺少新的可资利用的材料所能提供的丰富性和充实性。此外，这些资料还提供了关于亚洲冷战的早期发展，关于华盛顿政策的形成，关于这一时期中国政治、军事和经济形势，以及关于中国国共两党对美国的态度的许多新鲜的知识。

以前发表的材料唯一提到这个报告的地方，见于《美国外交关系，1946年》第十卷（第705页），这个文件于1972年公布。这次所提到的事实表明，1946年10月1日，马歇尔曾写信给国务卿说，正在为他准备一个详细的报告，并说，“在报告各部分完成后即分批寄送似乎是适宜的，‘因为报告包括许多不能写入

[1]　在这篇绪言的准备工作中，作者对埃米莉·霍尼格女士的研究性帮助表示感谢。

我的电报的细节，这些细节国务院可能是有兴趣的。’”到这年年底，已分期提交了六批这样的报告，总共三十一章。最后三章和关于中共对美国的态度的补遗，是在马歇尔回到华盛顿以后，大概是1947年2月完成的：这三章中最后涉及的事件发生在接近一月底的时候，而预定的三月份的计划尚未实施。

在形式上，报告是对出使任务的一种直率的、主要是编年体式的叙述，从1945年12月出使任务开始直到1947年1月使团被召回。报告不时地离开严格的编年体顺序，以便对某个特殊问题提出有关的说明，例如关于从中国遣返日本人员的部分（第十八章），以及关于美国海军陆战队在中国的任务的说明（第三十一章）。

这个报告主要是以第一人称，根据马歇尔将军自己的观点写成的。许多章，特别是当形势影响到马歇尔在国共两党之间的调处努力时，结尾都有对当时中国形势的一般概括。报告虽然反映了马歇尔自己的态度，但它是以非常客观和公正的风格写成的。只是偶尔在报告的正文和一些附件中，马歇尔的个性和感情才流露出来。报告的主调是耐心、机智和顽强的乐观主义。

二　马歇尔使华任务的前途

1.背景

当赫尔利将军于1945年11月27日在失败与呕气中辞去驻华大使职务时，中国的局势是极端严重的。尽管在中国国民党和中国共产党之间有零星的谈判——包括蒋介石与毛泽东面对面的会谈——真正的协定并未达成，中国似乎再度走向内战的边缘。

熟悉中国过去二十年各种事件的人对于这种前景并不感到意外。因为这一时期的大部分时间，国民党和共产党进行过你死我活的流血冲突。有时——在1927年的恐怖时期和1934年长征前夕——共产党几乎被毁灭，但又残存下来并再度成长起来。迫使这两个宿敌调停其争端的，是日本侵略的残酷事实，因为他们明白，不如此，中国就要灭亡，谁也没有什么可控制了。

但1937年建立的这种统一战线不久就显示出破裂的迹象。经过大约两年的蜜月之后，摩擦又重新开始了。冲突日益频繁，达到高潮的是1941年1月的激战，即有名的“新四军事件”。但因抗日战争，双方都不愿承担发动和进行全面规模内战的责任，此后双方才都后退了一点。在四十年代初期，近四十万国民党精锐部队封锁着未被日军包围的共产党地区。国共关系，正如一位观察家所说，显著的特点是上层保持着冷淡的礼貌，中层是不信任与敌意，地方一级则是无控制无阻碍的斗争。

虽然日本的压力暂时中止了内战，但斗争有力地影响了两党力量的对比。国民党从长江下游基地被赶到虽然安全但很落后的华西地区，集中在重庆，被严重地削弱了。经过初期无私的抗战决心之后，在国民党中开始产生了厌战情绪，人们开始听到，而且日益经常地听到关于腐败、恶政、镇压、通货膨胀和士气低落等令人沮丧的话题。

共产党对日本挑战的回答却导向相反的方向，使它获得了比战前大得多的力量。日本人控制了共产党主力所在地华北的城市和交通线，但中共几乎没有丢失什么，那些地方他们从来没有占有过。在此期间，中共依靠民族要求、坚实的社会改革和有纪律的热情，深入发展到了侵略者根本不能驻兵的敌后农村地区。从1940年到1943年，日本人对这些根据地施加了可怕的压力，但却无法摧毁这些根据地。从那时起，日本不得不消耗它的大部分资源，徒劳地抵抗美国的无情进攻。战争的最后两年，中共的力量又一次复苏了。

美国进入对日战争给中国局势增加了新的一面。从援助和支持方面来说，中国在第二次世界大战的图腾柱上居于低一级的等级，而欧洲则处于优先的高位，中国几乎与各种外部供应的途径相隔绝，美国跳岛战略的日益成功甚至使中国成为更加次要的战区。虽然如此，使中国留在斗争中以牵制尽可能多的日本人力物力，对美国来说还是重要的。而且在展望战后年代时，美国也设想能有一个强盛统一的中国代替日本成为亚洲的主要强国。

在美国，有一种使人烦恼的内疚感，认为对于帮助一个在珍珠港事变以前单独英勇作战长达四年以上并付出了巨大代价的国家来说，我们过去做的实在太少，即使现在也是一样。蒋介石和他的在美国威尔斯利女子学院受过教育的夫人在突出一个个人献身和国家声望的形象方面是成功的——在美国公众眼里，他完全是中国和中国抗战的化身。开罗会议（1943年）期间，在罗斯福的坚持下克服了丘吉尔的疑虑，蒋作为四巨头之一的地位得到了国际上的承认。对我们来说，蒋已成为中国的同义语——像他早已这样对待自己一样。

蒋能干那种以虚弱的地位机灵地获得成功的把戏。他以并非情愿地向日本投降作为微妙的威胁，目的在于以较好的条件获得更多的物资和财政援助。他能以自己实在太弱为理由，辩解他无法以更大的力量进行抗战，而同时又暗示批评美国太小气。其实蒋早就明白，日本最后将会被美国所击败，因而他认为没有多少理由将他的力量——这种力量战后将会需要——消耗在没有必要和不受赏识的作战中。况且在一支重视效忠个人优于重视能力的军队里，经常是缺乏战斗效力的。

这种态度激怒了中印缅战区美国司令史迪威将军（刻薄老总）。作为一个长期在中国供职熟悉情况的尖刻的步兵将领，史迪威决心完成指定给他的任务：进行抗日战争和改进中国军队的效率。由于遭到中国领导人的阻挠和破坏（这些领导人关心的和他不一样，而且对于中国作战的比较不重要或许比他知道得更清楚），史迪威与蒋及其同僚一再发生严重冲突。1944年9月，达到了严重关头，因而华盛顿面临着抉择：或者支持史迪威，这就是意味着我们与蒋的关系有一个重大改变；或者支持蒋，这就意味着要将史迪威免职。史迪威于10月被召回，接替他的是老练得多的魏德迈将军。同时，赫尔利将军作为罗斯福的私人代表（后来是大使）被派往中国。

赫尔利或许是一个和罗斯福一样自信自己人格力量的人，他负责将中国留在抗日战争中，试行把国民党和共产党撮合在一起，并寻求一个在蒋介石领导下使中国在政治上和军事上统一起来的基础。赫尔利对中国几乎是一无所知，但他相信，一旦共产党确知苏联不支持他们，而且如果两党都签字承认他坚持写进他大部分建议草案中的“民有、民治、民享政府”原则，那么共产党是会屈服的。在他的不完全的幻想中，共产党类似美国的一个反对党（他曾说，就像“阿克拉何马州的共和党”），虽然他也知道，共产党是有枪的。只是到了后来，他才改变看法，以非难的措词说，要把中共领袖们当作献身的斯大林主义者和顽梗的革命家来看待。

令人惊异的，不是赫尔利使命的失败，而是起初有希望的谈判毕竟是开始了。要批评赫尔利的无知和自负是容易的，但他的失败不光是他个人的失败。这种失败根深蒂固地存在于小国的现实和美国政策的矛盾性质之中。当原子弹在广岛和长崎的爆炸促使俄国仓促占领满洲，然后又导致日本突然过早投降的时候，中国的情况就是这样。

日本的投降使一切政党都感到有点缺乏准备。1945年8月和9月，国民党收复了华中和长江下游的许多地区，并坚持他们在一切地方接受日本投降的权利。在此期间，中共在华北大为扩张。在9月下旬和10月，美国海军陆战队在北方几个港口登陆，以协助处理日本投降事宜，并开始了运送国民党军队的过程。国民党部队和共产党部队之间，不仅在华北，而且也在华中，都早已发生冲突。蒋和毛的会谈，就是在这种混乱时期，在赫尔利将军的鼓励下举行的。但赫尔利已感到做了有损体面的事情，于9月返回华盛顿。在华盛顿他生着气，直到11月27日才发表了一个怨愤的辞职声明，把他的失败都推到不忠诚的下级身上——这种不公正的谴责后来常常纠缠着这些人。

因此，在第二次世界大战刚刚结束后有决定意义的几个月里，在中国，重大事件多半是任其自流的。苏联完全占领了满洲，而只有日本侵略曾经制止了的内战，现在又有公开爆发的危险。在这种危急关头，杜鲁门总统要求马歇尔将军作为他的特使以大使身份前往中国。

杜鲁门总统派遣一位如此卓越的人物去中国，是把美国的威信极大地托付给使团的，并表明美国派遣使团的目的的重要性。马歇尔将军不是一个中国通，但他对这个国家远比他的前任知道得多。他曾在中国供职三年（1923—1926年），在驻天津的步兵第十五团服务。在此期间，他认识了派到该部队任职的史迪威。他们成了朋友，这种友谊一直继续到1946年史迪威逝世。刻薄老总史迪威在中印缅战区的困难日子里，马歇尔是他的上级，有时又是他的密友。最后，马歇尔具有从战时无与伦比的经验中获得的关于世界政治的知识。

2.马歇尔、马歇尔使团和美国的政策

马歇尔将军的地位是困难的和矛盾的。严重地损伤了赫尔利使命的就是这种同样的矛盾，尽管这两个人在气质上和能力上有天渊之别。矛盾在于这种事实：瞩望于马歇尔的是作为一个中立者在国民党和共产党之间进行调处，但同时美国却只承认一方（国民党政权）为中国的唯一合法政府。这种矛盾的后果既是象征性的又是实质性的。

这种情况鼓励了国民党的信念（以前的各种事件未能削弱此种信念），认为美国不会，或者不能抛弃他们，不管他们如何发牢骚、批评或碍事。由于同样的原因，共产党对于美国真正中立的怀疑也由此而增加了。更为实际的是，战时和战争刚结束签订了许多对中国提供援助和支持的协定，而这都是专属国民党的。这些协定包括诸如训练和装备中国军队，租借军需品，出售剩余物资，海运和空运中国军队到满洲和华北等。马歇尔决心不使美国干涉中国内争，但他坚持要履行这些协定，即使这些协定可能对这两个抗争者产生某些难于缩小的“附带的影响”。

然而马歇尔将军不光是这种矛盾的受害者，他也是这种矛盾的部分制造者。这个报告在论述使团的起因上讲得十分简略，只提供了对华政策的公开声明和杜鲁门的正式指示信。《美国外交关系》集中可利用的文件对此提供了一个比较充分的画面。马歇尔在1945年11月30日给美国武装部队参谋长李海海军上将的一份备忘录中写道，“我想共产党将尽可能地阻挠谈判的一切进展，因为拖延对他们有利……而且拖延得越久，蒋委员长能够在满洲建立一个外表像样的控制的可能性就越小，结果苏联肯定将建立起这种控制。”（《美国外交关系，1945年》第七卷，第748页）在其他方面，马歇尔和他的同事们也指出，创建一个强大而和平的中国，从人道主义的立场看，它本身是可取的，同时对他们来说，又具有战略上的重要性，可以以此作为节制或遏止苏联在远东的影响的最好手段。

与此种考虑有关系的，是美国对蒋介石的国民政府的政策问题。1945年12月11日，马歇尔在离美前不久，曾与贝尔纳斯国务卿和杜鲁门总统会晤。经商定运输国民党军队到满洲应成为公开政策之后，又商定做好将国民党军队海运和空运到华北的准备，但此种准备应当保密，以便使马歇尔能利用此种不肯定作为手段对付国民党和共产党。如果判明共产党是不妥协的和碍事的，运输工作就进行下去。

最后，马歇尔将军说，据他（马歇尔将军）的意见，假如蒋委员长未做出合理的让步，使取得政治统一的努力都归于破灭，而美国又放弃对蒋委员长的继续支持，那么接着将发生这样的悲剧性后果：一个分裂的中国；苏联可能再度在满洲取得权力；其结果就会使我们太平洋战争的主要目的归于失败或遭到损失。马歇尔将军问，在此情况下，是否还要他在那种不幸的不测事件中继续干下去，并协助蒋委员长将军队调运进华北。这样做将意味着美国政府不得不取消它的自尊心和它的许多政策。

总统和贝尔纳斯先生同意对问题的这种看法……

（《美国外交关系，1945年》第七卷，第768页）

三天以后，马歇尔将军以较为明白的措辞阐明了这个决定的含义：

我曾说过，我对训令的一个方面的理解未写成书面文字，但我想我对他（杜鲁门）的希望有一个清楚的理解，这就是，万一我无法从蒋委员长那里获得我认为是合理的和可取的行动时，对美国政府来说，仍有必要通过我继续支持中华民国国民政府——在已宣布的美国政府政策的条款范围内通过蒋委员长进行支持。

（《美国外交关系，1945年》第七卷，第770页）

杜鲁门总统和艾奇逊副国务卿都明白地确认了此种理解。因此，马歇尔使命的一个方面与冷战考虑是分不开的，这种冷战考虑早已在支配华盛顿的政策制定者。

只有初看之下才感到奇怪，为什么这些理解在这个报告中一个也没有涉及（报告中对准备运输军队要保密是下达了命令，但这样做的理由并未说清楚）。报告的人部分是马歇尔使命结束之前在中国由使馆人员准备的，作为给国务院的电报的进一步阐述。将这些格外敏感的理解包括在报告中，显然是不能想象的。

虽然马歇尔有一个限制苏联在远东影响的战略需要的设想，但这些同样的理解所反映的，却是对蒋介石是否愿在和平解决中国内部困难方面进行合作的怀疑。马歇尔在华的一年中，此种怀疑增长着，直到成为一种无法避免的确信——尽管他通常试图谴责的是蒋周围的“反动派”，而不是蒋委员长本人。

在报告中，人们难得看到这个较大的战略设想，虽然有时能够在字里行间感觉到它。相反，报告使我们陷进了日复一日的谈判，建议和反建议、双方的新要求以及谴责毫无诚意等等的战术活动舞台。在这个舞台上，马歇尔的不偏不倚和光明正大给人留下了深刻的印象。而且，他保持着一个关于简况介绍、会见与会议的前后交错的时间表——所有这些事项几乎都包含着极为复杂的问题，其中大部分都需要紧张地运用警惕、判断和圆通的公正。他的前任的使命是一种纯粹的追求个人成就，而马歇尔却避免抛头露面，虽然对他的力量与中心地位是不能有误解的。在这种高度上，没有迹象说明他进行操纵和口是心非，在国共双方意见相反的非难面前，马歇尔很好地卫护了他的公正无私。

的确，这个报告总的来说，对国民党的批评要比对共产党的多，在使华的头几个月、和平希望最光明的时候尤其如此。这些希望包括在三组协定中，其中第一组可间接归因于马歇尔的努力，另外两组则是直接的。第一组协定是政治协商会议的审议，政协包括所有党派和团体的代表，会议从1946年1月10日进行到31日。政协的召开早已在讨论，但实际召开显然是任命马歇尔使华的结果。政协通过了为实现扩大政府基础和接着改组政府的若干程序和步骤。第二组协定是三人小组的工作，该小组于1946年1月7日召开首次会议，结果导致达成了1月13日的停战令，并导致在北平设立军事调处执行部，作为履行停止冲突的机构。第三组协定是关于军队整编及统编共产党部队为国军的基本方案的协定，这是经过长时间曲折的会谈之后于2月25日缔结的。

当然，所有参加者和观察家都承认，这些并不是最后的解决，只不过是将来支付的期票，其价值将有赖于贯彻这些协定的诚意。尽管如此，在那心情忧虑的时刻，这些协定还是作为重要成就而受到了欢呼，这是可以理解的。就在这多方面慎重考虑期间，特别在努力采取下一步超出它们范围的步骤时，在马歇尔看来，国民党表现了更多的无诚意，甚至（他有时说）是"愚蠢的"犯罪，而共产党却似乎表现了较大的灵活性和通情达理，马歇尔批评共产党有时是直率的，如在他们4月份占领长春时，以及对他们反美宣传的批评，但他最经常的和尖锐的评论是对着国民党的。使他特别恼怒的，是他们把满洲排除于停战条款和军调部休战小组的监督之外的顽固的而大部分是成功的努力。他知道，满洲是能使全中国燃起烈火的火把，而且他明白，国民党自信有能力以武力解决那里的问题是一种危险的妄想。

只是到1946年6月以后，当华北、特别是满洲形势的不断恶化使人们对于三项协定最坚定的希望（马歇尔的希望就是最坚定的）几乎暗淡下来的时候，马歇尔批评的钟摆才摆回来，摆向共产党。接着就是满洲休战（6月7日至30日）这最后的一着遭到破坏，这个休战是为了试图让谈判再度进行下去而获得的一个短暂的喘息时间。然而谈判并未举行；　国民党搞错了的自信心依然在增长，此时的共产党，由于感到被逼入绝境，日益顽固，捉摸不定和倔强。双方都不能指望接受的要求成了当时流行的东西。即使到这时，马歇尔也并未少批评国民党，但他更多的是谴责共产党。

在读从7月初的事件到使团被召回（1947年1月6日正式宣布，但12月即已决定）这段报告时，人们感到，马歇尔只不过是把他的使命坚持到底，他英勇，但徒劳无益。到9月下旬，马歇尔郑重考虑要结束他的使命，10月，他实际上起草了召回他的命令，并送交华盛顿，以便等他通知时发出。只是蒋委员长最后一分钟的呼吁才说服了马歇尔勉强地留任。在此期间，周恩来离开南京前往上海，蒋介石也经常离开南京。

在1月和2月份曾经目睹过实质性谈判的地方，到夏季和秋季只看到了寻求某种据以开始会谈的基础（无论什么基础）的企图的流产：五人会议，三人小组，第三方面的调停，这一切都失败了。因此，在1947年1月，马歇尔离开中国，宣称双方都有毛病，谴责国民党中的“反动派”和共产党中的“不妥协分子”使他的使命归于失败，并使问题目前须决定于内战。

有趣的是这个报告对马歇尔临别评语的一个部分作了新的说明，马歇尔写道：

据我看来，挽救时局要由政府中和少数党派中的自由主义者掌握领导权，这是一些杰出的人物，但现在还缺少足以发挥决定性影响的政治权力。我相信，在蒋介石委员长的领导下由他们发挥有成效的作用，将会通过良好的政府导致全国统一。

这一段话常常被人解释为马歇尔思想天真的反映，以为这样一个五花八门的无权的集团甚至还会有掌握领导权的极小机会。但显然马歇尔只不过是尽他的可能试图增强他们的实力，这是向他们作的一种表示，并未设想这就非常顶用。

或许就像我们在这里试图描述的一样，正是报告的这个主旨，使马歇尔回国后写了“中共对美国的态度”这一补遗。按推理来说，好像报告本身对共产党的批评还不够，而且为了矫正平衡，现在有必要重提和详述马歇尔看到的他们那些“违法”的事。他特别集中批评共产党发出的反美宣传，包括对他本人的反复攻击——即使在指明中共领袖们（如周恩来）私下对他的努力所表示的态度是同情和支持时，也是如此。补遗也详细地描述了美国海军陆战队和共产党军队卷入的一些事件，尤其是7月29日在安平的冲突，在这次冲突中美国海军陆战队三人死亡，十二人受伤。这个补遗在马歇尔使团本身开始的地方以冷战的语言结束：“但最后，他们（中共）行为的中国特点，似乎已因使用世界各地共产主义运动的共同手段而被淹没，他们的反应和态度，也和这些运动是一种类型的，特别是涉及美国的时候是如此。”

3.国民党和共产党

回顾起来，国民党和共产党之间的内战看来几乎是不可避免的。两党肯定都不相信——或者，或许都不了解——任何基于选民定期向议员提出要求的多党制议会民主。两党都不想让对方支配自己，也不接受对他们夺取最后霸权的机会不利的条件。双方也不以类似的条件看待自己。对国民党来说，共产党是反对合法的、法定的和得到承认的全国性政府的反叛者；他们有一定的权利，但无据此提出合法要求的权利。另一方面，共产党认为他们是完全独立自主的政权，统辖着大片土地和众多的人口，战争成绩和他们统治地区人民的支持已使他们的政权合法化了。双方都把最后的信心寄托在他们的军事力量上。

通过报告描述的所有纷乱的事件和马歇尔使团文件的提供，基本的僵局是十分清楚的。国民党坚持要在改组政府的政治军事机构（这是他们希望控制的）之前统编共产党军队和地区。共产党拒绝损害他们对军队的控制和他们对其根据地的政治领导权，直至在他们满意的改组进行之后（即使到那时可能还拒绝这样做）。马歇尔则寻求同时或紧密连续地解决这些问题的某种方案，同时试图通过停火安排和军调部，将正在进行的敌对行动和双方运用欺诈手段图谋利益的行为加以阻止或减少到最低限度。

可是双方都既有实力又有弱点，而且每一方都感到了一定的压力。从战场转移到政治舞台的某种联合可以不过分损伤实力而补偿弱点，这至少是可以想象的。就是由于这种动摇而含糊的理由，在小国，和平的希望才在熄灭前短暂地闪烁过。

有两种主要的和互相关联的压力。第一种压力包括那种难于确定的通称为中国舆论的分量。不管这种舆论在中国的作用与美国的如何不同，但中国人民想望和平与安定是没有疑问的。这在城市有教养的中国人和在乡村的农民中都是真实的。双方都经不起失去合法性和伴随着公开声明内战政策而来的人民支持的丧失。

第二种压力与以马歇尔将军在华为象征的美国的态度有关。对国民党来说，其目的在于逼迫共产党，获取各种利益，只是不采取可能会引起美国撤销其承认和支持的过于显眼的行动。杜鲁门总统虽有上述的私下理解，但他在要求中国实现和平时曾在他的公开声明中暗示过这种撤销的可能性，并说，"一个不统一的和被内争所分裂的中国，事实上不能认为是美国援助的适当地区。"

蒋介石或许已经感觉到（特别是1944年史迪威事件以后），美国对华政策选择的余地不多，也没有吸引力。尽管如此，抚慰美国并从美国得到尽可能多的道义的和物质的援助还是重要的。这包括对马歇尔将军的不断考验，逼迫他几乎达到极限，然后又暂时显得格外和解。而这些通常是笼统的、有条件的局部让步又被用来作为基础，以便沿着国民党要遵循的路线进行下一次推动。

马歇尔当然完全明白这种策略，这使他感到厌恶，并想法在美国全面政策所提供的有限手段范围内尽量抑止这种策略。他在这个范围内的努力，除对国民党领袖们的直率的谈话，以及他认为共产党立场正确时支持他们外，主要是1946年7月29日下令禁运武器。但由于其他几种援助在此同一时期内继续进行，此种行动的效果在国民党和共产党心目中都大受损害。使共产党愤怒的一个事例，是1946年8月30日中美出售剩余物资协定的缔结。虽然马歇尔断然坚持说这是非军事装备（即不包括武器和弹药），但他又狼狈地向周恩来承认，他知道国民党正在将很多这种装备在公开市场上大量抛售而将所得的钱用于军事目的。

在报告中，马歇尔以敏锐的悲观主义作山论断，他写道：国民党人感到

……尽管有杜鲁门总统1945年12月的对华政策声明，尽管有美国继续调处的努力，美国最终还必须支持国民政府反对中国共产党。因此，我相信，国民党认为，如果在此期间他们能将共产党在军事上降到比较虚弱的地位（根据他们的情报报告，苏联这时不会以援助共产党的办法进行公开干涉），那么目前他们就有条件暂时放弃他们所渴望的美国军事的、财政的和经济的援助。他们显然在想，在他们反对共产党以加强对国家的统治方面取得胜利之后，并在通过宪法和使除

共产党之外的一切少数党派都参加政府而实行宪政之后，这种援助就会到来。

对共产党也一样，美国造成了问题，也造成了机会。他们似乎想象了一系列的可能性。像国民党一样，这些可能性引导他们给马歇尔一个良好的印象，而面对国民党政权又不损伤他们的体面。最大的可能性（在赫尔利使命垮台之后，他们或许只能对此寄以适度的希望）是美国可能承认共产党为中国的一个合法的政治竞争者，从而打破国民党作为美国援助的唯一要求者的这种垄断。这大概就是幕后的东西，使他们很快接受了美国的训练与供应分遣队同国共双方部队一道工作，以准备最后统编为一支国军的建议（此建议从未实行）。他们的这种希望或许也被马歇尔在早期谈判中的公正行为所鼓舞。

即使这个目的达不到，这样做也还是重要的：试图将马歇尔和美国同国民党的事业尽可能分开；如果不能赢得支持，就诱使美国中立；阻碍美国全面支持国民党并代表国民党进行干涉。在报告中，马歇尔经常以明显的恼怒提到来自共产党的反美声明，包括人身攻击。这些声明常常是激烈的和歪曲的，但又强调，利益的冲突是马歇尔作为诚实的掮客又作为继续支持对方的一个政府的代表这种双重角色的固有性质。这种宣传，正如已指出的那样，通常与周恩来及其他人私下对马歇尔表示的态度即相信他的正直和赞赏他的努力形成鲜明的对照。共产党也像马歇尔本人一样，在战略和战术两方面行事，在战术上他们承认马歇尔的公正，但在战略上谴责美国的政策。

如果这些（中国的舆论与美国的作用）就是对国共双方产生影响的压力的话，那每一方都有一张实力和弱点的平衡表，谈判（或者谈判换来的时间）可以帮助改正这张平衡表。

从表面看，平衡表似乎明显地对国民党有利，这无疑促使他们不愿做出真正的让步和有约束力的许诺。国民党享有国际承认的垄断权；他们的军队部分是美国训练和装备的，其数量大约三倍于他们的对手，并在较大型的和较尖端的装备方面具有几乎是全面的优势，包括军用飞机在内；他们的经济形势有某些光明的地方，包括在美国有近十亿未动用的贷款。另一方面，军事力量的大小却掩盖不了它的悲惨状况，不适宜的领导和低落的士气，这种士气低落已成为大部分军队的特点。如脱缰之马的通货膨胀已经开始，贪污腐败吞没着国民党的供给。国家的重建在多年战争之后是一项巨大的任务。

最后，国民党的力量还不足以遵循要将华北和满洲立即重新统一的政策，在那些地方他们的努力一直是薄弱的，近年来更是完全不存在。但这些弱点并不是在所有情况下都能立即明了，其含义也不为人们所充分理解——最不理解的要算是蒋介石了。

但马歇尔看到了这些，并在八月份就预言这可能意味着什么："我与蒋委员长和最接近他的顾问们意见不同，因为我认为他们目前（寻求军事解决）的做法可能会导致共产党控制全中国，目前正在发展中的混乱状态不仅将削弱国民党，而且将为共产党提供一个破坏政府的绝好良机。"

共产党的平衡表是国民党平衡表的镜象。他们没有国际承认，未接受国外援助，虽然也有重要的例外，即苏联允许他们在满洲接收日本武器（但应指出，国民党在华中和华北接收的这种日本交出的武器装备要比共产党在满洲接收的多得多）。除在它自己的管区外，中国共产党是被作为一个非法的政党来对待的。他们的军队比较少，而且武器装备也缺乏得多，但他们的领导、士气和战术都是极好的。他们占据的是中国比较贫穷的地区，但他们的经济却建立在健全俭朴的基础上。像国民党的弱点一样，共产党实力的充分重要性也是经常被低估的。然而其弱点与共产党领袖们较大的政治敏锐相结合，就导致马歇尔报告中指出的那种起初更为实用主义的路线。

的确，早在1945年4月，在中共第七次代表大会上，毛泽东在他的重要报告《论联合政府》中就对实力和弱点都作了估计，并指出了共产党准备据以参加这样一个联合政府的各种条件。过了几个月，在战胜日本之后不久，在一项党内指示中，毛对此甚至更加明确。在指出苏、美、英都反对中国内战之后，毛注意到，国民党由于返回他们先前政权的基地沪宁地区而加强了自己的地位。他于是接着说：

但是（国民党）仍然百孔千疮，内部矛盾甚多，困难甚大。在内外压力下，可能在谈判后，有条件地承认我党地位，我党亦有条件地承认国民党的地位，造成两党合作（加上民主同盟等）、和平发展的新阶段。……我方亦准备给以必要的不伤害人民根本利益的让步。无此让步，不能击破国民党的内战阴谋，不能取得政治上的主动地位，不能取得国际舆论和国内中间派的同情，不能换得我党的合法地位和和平局面。但是让步是有限度的，以不伤害人民根本利益为原则。在我党采取上述步骤后，如果国民党还要发动内战，它就在全国全世界面前输了理，我党就有理由采取自卫战争，击破其进攻。

（《毛泽东选集》第1051−1052页）

大约就在1946年6月底，满洲暂时休战期满的时候，共产党显然断定，让步的时间已经过去。他们依然试图在国内外“取得”舆论的“同情”，但已经勾销了谈判解决问题的可能性，7月间就发出了动员令。

正如马歇尔所指出的，国民党军队到处进攻，夺取城市，但并未与中共军队交战和击败中共军队。每一次胜利——实际是每一次过分地延长其战线——都使国民党变得更加确信他们以武力打败共产党的能力，也更难顺从妥协。和平的基础像华北的黄土一样，就这样侵蚀、破碎、坍塌了。

4.结束语

在马歇尔1947年1月从中国回来出任国务卿时，他已确信，美国无法再影响中国问题的结局。他准备继续承认蒋和国民政府——对此，选择的余地是不多的——但他决心除绝对必要外不使美国在那个不幸的国家卷入更深。但一些事件的势头（这时是国内的政治压力）还是迫使他阻碍他决心的实现。在蒋在国会内的许多支持者和全国的强大压力下，武器禁运终于在1947年5月解除了。经济援助则根据各项协定和法案继续进行。

到1948年初，冷战远比马歇尔两年前刚到中国时严峻和激烈。而且代表国民党对议员进行的疏通活动也在相应地加紧进行，这不仅是因为冷战，而且也因为在过去六个或八个月中国民党遭受了严重的挫折。现在主动权在共产党手里，平衡丧迅速地改变着。马歇尔被这种双重压力所推动，在1948年3月发表声明说："现在共产党已公开反叛政府，此事（是否应将共产党包括在中国政府之内）由中国政府决定，而不由美国政府授意。"（白皮书，第272页）8月，马歇尔甚至以更为强烈的措辞概述了美国政策：

1. 美国政府不得直接或间接作出暗示，以支持、鼓励或接受在中国建立有共产党参加的联合政府。

2. 美国政府无意再作为调处者在中国进行斡旋。

（白皮书，第29页）

在蒋和国民党失败和逃往台湾之前，美国政府对他们实质性援助的最后一次分配，是1948年4月最后通过的有争议的援华法案。这个法案终于导致二亿七千五百万美元的经济援助拨款和一亿二千五百万"由中国政府自行处理"（即购买军用物资）的美元拨款。马歇尔对这个法案有严重的疑虑，但由于两个原因，他还是支持了该法案。第一，这是对马歇尔欧洲计划广泛的两党支持的部分代价：该法案是包括欧洲复兴计划在内的混合援外法案的一部分。第二，这是一种有限的手段，打算用来堵塞那些要求全面干涉以挽救蒋委员长及其政权的人的嘴。马歇尔在参众两院外交委员会的行政会议上的部分证词是值得略加详细引证的：

近来有一种倾向，认为共产党势力在哪里施加影响，我们便应该立即在哪里迎击。我认为这是最不聪明的办法，因为这无异是拱手把主动权让给共产党，共产党因此而可以使我们的势力分散，处处都不能发挥特殊的效力。

我们必须准备应付这种可能性，即日前的中国政府或许不能成功地在对抗中共军队或在中国可能兴起的其他反对力量中保全其自身的地位。不过根据上述事实，只能得出结论：目前的中国政府不能将中国共产党削弱到完全无关重要的地位。为在最近的将来达到这一目的，就需要美国以广大的和很可能继续增加的规模，负责保险中国政府的军事努力和中国的经济。美国势必要准备在事实上接管中国政府，并管理中国的经济、军事和行政事务……这样庞大工作的行动方针，最后所要付出的代价是无法估计的。这肯定将是一个长期的行动。它将牵连美国政府使它不断地承担义务，以致事实上无法从中撤退，很可能由于使中国成为国际冲突的舞台，而使美国承受严重的后果。企图负责保险中国的经济和中国政府的军事努力，将使美国在经济上负一重担，在军事上加一种义务，这是我不能建议政府采取的行动方针。

（白皮书，第382页）

在所有这些事件的混乱和激怒中，美国驻莫斯科大使凯南的一份报告没有引起注意，这份报告是在援华法案通过两年多以前，正好在马歇尔到达中国几天之后送交给国务卿的。虽然谨慎地斟酌他的结论，凯南还是写道："我们将不会因为得知延安（即中共）对莫斯科有一种惊人的独立而感到惊奇。我们的理由如下：

1. 中共感谢苏联的理由不多。他们残存下来和成长起来，并不是因为有与莫斯科的关系，而是因为轻视这种关系。墨守早期共产国际的指示，使中共得到了近乎灾难性的后果。在中日冲突中苏联只供应重庆，重庆又以若干这种武器封锁延安。现在苏联在满洲的掠夺，是摘取中共久已觊觎的果实。

2. 中国共产党是所有共产党中最成熟的党，并已发展了自己牌号的马克思主义与固有的传统。

3. 中国共产党不是一伙亡命的阴谋家。他们已有一个既定的事实上的政权达十年之久，有他们自己的军队和民政。因此他们有发展了的实质性的既得利益。

4. 中国共产党具有民族色彩。从1936年到日本投降，他们面临的和宣传上集中攻击的是一个外部敌人。他们的军队和追随他们的民众的迅速扩展，大部分是建立在民族主义基础上的。”

（《美国外交关系，1946年》第九卷，第119页，1946年1月10日。）

没有证据说明马歇尔曾看到过这份报告，也没有迹象说明他对此如何反应，如果他看到的话。其间，在中苏分裂充分证实凯南的尝试性的分析之前，要有十四年的时间，中苏分裂后到美国领袖与中共领袖之间的真正对话再度恢复之前，又过了十年多的时间。

莱曼·P·范斯莱克

1976年7月4日

译者说明

本书是马歇尔使华期间向美国国务院的报告书，于1976年在美国出版。在此以前，美国没有出版过关于马歇尔使华的完整记录，只是在美国国务院于1949年发表的《美国与中国的关系》（白皮书）中，有一章（第五章）叙述马歇尔使华的经过，但第五章在该书中仅占一百二十三页的篇幅，叙述是比较简略的。由于本书的出版，马歇尔使华的记载就更趋完整了。

这个报告书的大部分是马歇尔在中国时由美国驻华大使馆的人员编写的，在编写过程中，各部分完成后即分批寄送美国国务院，至1946年年底，已寄送了六批，共三十一章。最后三章和补遗《中国共产党对美国的态度》是马歇尔回到华盛顿以后，在1947年2月前后完成的。

原书分一、二两卷。第一卷是报告书的正文，第二卷是附件。报告书是以第一人称，即以马歇尔本人的语气写成的。在形式上，报告书对马歇尔的出使任务按照时间的先后顺序进行叙述，从1945年12月出使中国开始，至1947年1月使团被召回美国为止。应该说，报告书的叙述是详尽的，对于每一次的会谈，会谈者的对话，国共双方的建议和反建议，每一事件的经过，等等，都有详细的记载。第二卷所收的附件，共有一百一十五个文件。

1946年是中国革命力量与反革命力量之间的斗争开始大规模展开，中国两种命运开始进行决战的关键时刻。这时，美国政府派遣马歇尔这样一位重要人物作为总统特使来华"调解国共军事冲突"，绝不是偶然的。对此，毛泽东同志曾经指出："美国政府的政策是在借所谓'调解'作掩护，以便从各方面加强蒋介石，并经过蒋介石的屠杀政策，压迫中国民主力量，使中国在实际上变为美国的殖民地。"[1]事情的本质就是这样。1946年7月30日，美国国务卿艾奇逊在给杜鲁门总统的信中承认：二次大战后，美国虽然也曾设想过采取直接派兵帮助国民党向中国人民进攻的政策，但鉴于国际国内形势，慑于国内外舆论的压力，未能这样做，而是采取了这样的途径："一方面援助国民党尽可能广大地在中国确立其权力，一方面鼓励双方从事协商，尽力避免内战的发生。"马歇尔在华期间所执行的，就是这种政策。他一方面在国共双方之间充当调解人，另一方面（也是本质的方面）又竭力以各种方式援助国民党。这种政策只能助长国民党企图以武力"击毁共产党"的嚣张气焰，丝毫无助于"避免内战的发生"。事实上，美国在经济上、军事上对国民党的大规模援助，从1945年到1949年一直都在大力推行，然而由于国民党腐败透顶，民心丧尽，这一切自然都归于失败了。马歇尔使华报告就是这一时期美国对华政策失败的记录的一部分。这件事已过去三十多年了，今天的中美关系也已得到改善，但中美关系中的这件大事，作为历史，仍然值得我们加以仔细研究。本书虽然只对事件的演变和进程作了"客观"的叙述，很少涉及事情的本质和内幕，但它对马歇尔使华的经过作了完整的详细的记录，不少地方仍能流露出当时美国的真实意图，作为美国方面的一种官方材料，还是颇具参考价值的。

中译本将本书第一卷完全译出，未作删节。至于第二卷所载的文件，经过仔细查对，认为与马歇尔使华有关的比较重要的文件，在《美国与中国的关系》的附件中，均已列入，已有中译文，故未译出。

本书是由几位同志集体翻译的，具体分工如下：林海，绪言、第一至十八章；吕浦，第十九至二十四章；毛正坎，第二十五、二十六章（林海校）；曾学

---

[1] 《毛泽东选集》，第四卷，《美国"调解"真相和中国内战前途》。

白，第二十七章（吕浦校）；黄光域，第二十八、二十九章（吕浦校）；江枫，第三十至三十四章及《中国共产党对美国的态度》（林海校）。吕浦、林海并对全部译文作了校订。

中国社会科学院近代史研究所翻译室

目录

一

我使华的基本原则

美国总统在他1945年12月15日给我的信中，为我作为他的特使以大使身份使华规定了基本原则。在这封信中，总统表示了他对中国局势的非常真实的关切，并说：

“我特别希望你竭力说服中国政府召开包括各主要政党代表的国民会议，以实现中国的统一，同时实现停止敌对行动，尤其是在华北停止敌对行动。”

总统提示，由中国各政党（包括中国共产党）组成的政治协商会议在重庆的召开，应能为我提供一个与各政治领袖会谈的机会。他提到美国政府从中国遣返日军以及尔后从中国撤退美军的计划，并指出，这些计划的胜利实现，大部分将有赖于我达到上述目的努力的成功。总统授权我以极为坦率的态度同蒋介石委员长及其他中国领袖谈话，并表示，一个不统一的和被内争所分裂的中国，事实上不能认为是美国贷款、在经济方面实行技术援助以及军事援助的适当地区——军事援助又特别涉及所提出的美国军事顾问团。在结束时总统要求我经常向他和贝尔纳斯国务卿报告谈判的进展和遇到的障碍。

马歇尔使华期间，时任美国总统的杜鲁门

附在总统信后作为附件的是由他用首字母签署的下列文件：

（1）1945年12月9日贝尔纳斯国务卿给陆军部的一份备忘录，其中提出了美国政府在中国的任务，以及贝尔纳斯要陆军部发给美军中国战区统帅魏德迈中将的指令的梗概。这些指令规定：做好帮助国民政府将中国军队运送至满洲各港口的安排，包括对这些军队的后勤支援在内；加紧部署将日军从中国战区撤走；在我于重庆为筹备包括各主要党派代表的国民会议和为获致停止冲突而举行的会谈取得成果以前，除必须利用华北各港口运送军队和给养至满洲外，暂停进一步运送中国军队到华北各地；完成运送中国军队至华北的部署，但不将此种部署通知中国政府——此种部署须等我决定在下述情况下付诸实施：（一）此种军队运送适合于我的谈判；（二）中国各政治集团之间的谈判业已失败或已无成功的迹象，局势的发展有必要运送中国军队到华北履行投降条件，并保证美国在维持国际和平中的长远利益。

（2）一项美国对华政策的声明，在我离美赴华时由白宫发布。

（3）一项由国务院和陆军部起草的美国对华政策声明，作为白宫发布的声明的基础。

在我离美赴华时由白宫发布的声明中，提出了美国对华政策的基本原则。它表示美国政府相信，“一个强大、统一和民主的中国”对于联合国组织和世界和平的胜利都是“至关重要的”，并指出，美国政府相信至为重要的是：

（1）国民政府与中国共产党及中国其他持异议的武装部队之间应协商停止敌对行动，以使整个中国回复到中国人民有效管制之下，包括立即遣送日军在内。

（2）召开全国主要政党代表的国民会议，以求早日解决目前的内争，促成中国的统一。

声明阐明，美国和其他联合国国家承认的目前中国国民政府为中国的唯一合法政府，是完成中国统一的恰当机构。声明并说，美国和英国由于1943年的开罗宣言，苏联由于信守1945年7月波茨坦公告及1945年8月中苏条约和协议，均有义务保证中国的解放，包括将满洲归还中国管辖在内，这些协定都是与中华民国国民政府缔结的。声明解释说，“美国为继续与中华民国国民政府在这次战争中的持久而紧密的合作，为与波茨坦公告相一致，为消除日本影响残留于中国的可能性，已承担了解除日军武装和遣返日军的明确义务”，美国正在协助并将继续协助国民政府实现上述目的，美国海军陆战队即为此而留驻华北。声明并说，美国的支援将不扩大到以军事干涉影响中国任何内争的进程。

更为明确的是，为了促进实现一个统一、民主与和平的中国，声明主张：

美国深知，目前中国的国民政府是一个“一党政府”，并相信，如果扩大这个政府的基础以容纳国内其他政党，将会促进中国的和平、统一与民主改革。因此美国竭力主张，由包括各主要政党代表的国民会议商定办法，使这些政党在国民政府内享有公平有效的代表权。美国政府认为，这就需要修改中华民国国父孙中山博士建立的国家向民主进展的临时办法一党“训政”制度。

如像共产党军队那样的自治性军队的存在是与中国的政治统一不一致的，实际上使统一成为不可能。广泛的代议制政府一经建立，自治性军队即应取消，所有中国军队应有效地统编为中国国军。

声明结束时说：

在中国按照上述方针走向和平统一时，美国准备以一切合理的方式帮助国民政府复兴其国家，改进农业和工业经济，并建立一个军事机构，俾能履行在国内国际维持和平与秩序的义务。为促进此种帮助，美国准备在合理条件下对中国所提出的信用贷款及借款的请求予以善意的考虑，俾能帮助中国发展全国健全的经济和美中之间健全的贸易关系。

还有一些附加文件，是总统1945年12月15日信件的补充，并已在总统信件和美国对华政策声明范围内成为我出使任务的指导。这些附件是：

（1）1945年12月13日美国联合参谋部给魏德迈将军、麦克阿瑟将军和斯普鲁恩斯海军上将的一封电报，其中摘引了贝尔纳斯国务卿1945年12月9日致陆军部的备忘录，以及总统1945年12月11日致陆军部长、海军部长和战时海运局局长的一封信的适当部分。这封信附有一个关于使用海运运送中国军队到华北和满洲，给这些军队运送支援给养，以及从中国遣返日本人的计划。这封电报结束时称，此项计划的贯彻要以贝尔纳斯国务卿1945年12月9日致陆军部的备忘录所提出的国务院的政策为指导。

（2）1945年12月14日美国联合参谋部发给美军中国战区统帅的关于在中国战区行动的一项指令。这项指令具体体现了贝尔纳斯国务卿1945年12月9日致陆军部的备忘录所提出的各项建议。

上述这些指示和目标在我出使中国的整个期间都保持未变，我就是按照这些指示和政策声明努力实现美国政府在中国寻求的这些目标的。

二
到达中国；初步商谈

我到达中国在上海稍事停留，即于12月21日前往南京，蒋委员长和蒋夫人在南京接见了我。我到达南京的当夜与蒋委员长第一次谈话时，竭力向他非常坦率地指出我国政府对中国局势的态度，以及我国政府希望看到中国早日实现统一与和平。我向他明白表示，美国人民强烈反对自己的政府卷入别国内部争论的任何行动，美国人民首要的利益在于世界和平，虽然他们对中国人民怀着伟大的友谊，除非他们看到确实的证据，证明目前进行的获致和平解决中国内部争论的努力取得成功，他们将不允许总统保持对中国的军事援助和对中国提供经济援助。

蒋委员长在回答时表示他对我的谈话的重视和对杜鲁门总统对华政策声明的赞许。他强调了国民政府寻求以和平方式解决中国内部问题的决心，并指出，总统声明中提到的取消中国自治性军队、例如共产党军队的必要性，是极为重要的部分。蒋委员长断言，苏联与中共之间存在着明确的联系，中共在广泛的政策方面依靠苏联，苏联已在满洲用武器装备的方式援助中共，中共有无诚意和实行拖延战术的罪行。他描述了苏联在国民政府军队于大连、葫芦岛、营口登陆的问题上，以及在长春设立国民政府参谋总部的问题上的不友好不合作态度。他指责说，苏联的目的是在满洲建立一个中共控制下的傀儡政权，苏军在满洲的司令官有意拖延从满洲撤走苏军，是作为援助中共的一种手段，而不是像该司令官公开声明的那样，是应中国政府之请。

我较为详细地描述了这次谈话，因为这次谈话从许多方面指明了中国的全部局势。一方面，国民政府畏惧和不信任苏联，并确信中共是苏联的傀儡。国民政府不相信中共的诚意和真挚。另一方面，中共也同样不信任国民政府。在后者表示愿意放弃一党统治并建立一个联合政府时，中共并不相信他们的诚意与真挚。他们担心政府的特务机构，除非他们在政府里得到一种发言权，足以充分保证他们作为一个政党继续存在和他们的党派活动自由，不然他们就不愿交出他们的军队。支持这种担心和不信任态度的是，双方都坚信对方图谋单独完全控制政府。这种由两个对抗的政党间的担心、不信任和怀疑所造成的障碍，已成为中国实现和平统一的最大阻力，这种障碍是国共两党之间经过多年的斗争逐渐形成的。

1945年12月马歇尔来华调停国共关系

在我住在重庆的初期（我于1945年12月22日到达重庆），我尽力接见一切来访者，这些人希望同我讨论中国的局势，有的我觉得有适当的理由这样做，有的是合法组织的代表。在这些来访者中，有民主同盟的代表、中国青年党的代表以及中国许多其他组织的代表。在我抵达中国的同时，并作为对到我寓所川流不息来访者补充的是，我收到了从全国各地寄来的大量中国人的来信。绝大多数这种来信都证明，中国人民明白他们的国家处在危急之秋，许多来信忧伤地设想，中国的命运只有寄托于我出使任务的成功。这种态度表明了当前许多中国人的心理状态，他们看不到自己的国家有什么希望，除非通过美国的影响。我相信大部分中国人民都欢迎美国帮助寻求一种和平解决中国内部问题的方法，这种蕴藏着的中国人对美国的好意，是这个国家足以使我们增光的能够感触到的宝贵财富，是一种存在于意识形态和政治党派领域之外的因素。

我第一次会见中共代表是在1945年12月23日，当时中共驻重庆代表周恩来将军、中共十八集团军参谋长叶剑英将军和中共中央委员董必武先生都来到我的住处拜访我，欢迎我来到中国，并表示中国共产党对我出使任务的重视和赞许。在谈话中，中共代表强调他们希望停战，并希望建立一个联合政府，其基本原则他们认为应在即将召开的政治协商会议上加以确立。他们指出，在这个政府领导下，军政管理都会实现统一。

我留意这次谈话，因为它显示了国共两党间观点的另一种基本分歧。国民党争辩说，统编共产党军队为一支国军应在联合政府建立之前；共产党也同样坚持组成一个他们在其中有真正发言权的联合政府，这是将他们的军队统编为一支国军的先决条件。每一方都在总统的美国对华政策声明中寻找证明自己态度正确的东西。

三
政治协商会议

由于召开包括中国各主要政党代表的国民会议实现中国的统一是总统1945年12月15日信中所提出的我出使任务的主要目的之一，因此说明一下政治协商会议的背景似乎是需要的。

设立政治协商会议，是1945年9月间国民政府与中国共产党在重庆举行的会谈中规定的。因此1945年10月11日公布的《国共双方代表会谈纪要》第二项包括了这一方案，原文如下：

（2）关于政治民主化

一致认为应迅速结束训政，实施宪政，并应先采取步骤，由国民政府召开政治协商会议，邀集各党派代表及社会贤达，协商国是，讨论和平建国方案及召开国民大会各项问题。现双方正与各方洽商名额组织及其职权等项问题。双方同意，一俟洽商完毕，政治协商会议即应迅速召开。

在《国共双方代表会谈纪要》其他各项中，对会谈期间关于“政治协商会议”尚未解决的问题也作了规定：（1）关于国民大会——“双方均同意将此问题提交政治协商会议解决。”（2）关于解放区地方政府——“同时，中共方面认为，可将此项问题，提交政治协商会议解决。政府方面则以政令统一必须提前实现，此项问题久悬不决，虑为和平建设之障碍，仍亟盼能商得具体解决方案。

中共方面亦同意继续商谈。”

美国五星上将马歇尔

在中国共产党主席毛泽东先生参加的这些会谈结束之后，双方代表为政协代表的提名继续举行了谈判。由于在参加政协的无党派代表问题上未取得一致意见，以及或许是两党关系的普遍恶化，显然使会议的召开无限期地拖延下来。但到12月，随着美国对华政策的声明和我使华任务的宣布，在中国报纸和一般中国人中，热衷于政协召开的情况不断增加。12月31日，国民政府宣布，蒋委员长已决定1946年1月10日为政治协商会议开幕日期，会议自该日起直到1月23日。

会议召开前，政协的权力范围及其决议的约束力并未明确规定，不过要求在法律上，政协决议须由与会各党派的中央委员会认可，在道义上，其代表通过的决议对所有参加会议的党派都有约束力。政治协商会议召开前，国共两党曾就会议的有关工作问题举行过初步商谈。政协会议的结果将在本报告以后一章中述及。

四 三人小组

为与总统的指示（要我尽力说服中国政府召开各主要政党代表的国民会议，实现中国的统一，同时停止敌对行动）相协调，以及我到达重庆后根据此种方针与蒋介石委员长商谈的结果，国民政府同意设立一个由一名国民政府代表、一名中共代表和我（作为主席）组成的委员会，商讨停止冲突的措施和有关的问题。这项办法尔后在国民政府向共产党提交一个停止冲突的三项建议时以具体方式提出，其中建议由国民政府和中共各指派一名代表同我一道商讨和制定解决停止冲突问题的措施和有关事项。1946年1月3日，中共就此向国民政府提出一项反建议，其中同意每方各指派一名代表与我一道商讨停止冲突的问题以及此外的某些有关事项。

根据这些安排，组成了三人小组，组成人员由四川省政府主席张群将军为国民政府代表，周恩来将军为共产党代表，以及我，作为小组的主席。经过两位代表之间的初步商谈和由我分别与两位中国代表进行探索性讨论之后，第一次正式会议于1946年1月7日在我重庆的宅邸举行。我们的主要目的是达成一项关于停止冲突的协议，作为解决任何中国内部问题的一种重要条件，并作为预定1月10日在重庆召开的、人们心理上极为渴望的政治协商会议的序幕。

美方代表马歇尔参加三人小组会议

五
停战令

三人小组经过四天的正式会议，于1946年1月10日达成一项发布停战令的协议，命令由蒋介石委员长向中华民国国民政府的一切部队，包括正规军、民团、非正规军和游击队发布，并由中共毛泽东主席向中共领导的同样的军队发布。停战令分别宣布，内容相同的备忘录由三人小组各委员1月10日签署，并于同日经小组各自的代表递交蒋介石委员长和毛泽东主席批准和采取必需的行动。

1946年1月10日马歇尔参与签署国共和谈《关于停止国内冲突的命令和声明》

停战令规定立即停止冲突。但鉴于命令传达至广阔地区的部队有困难，三人小组正式会议同意有一个至1月13日（包括13日）为止的三天时间，国民政府与中共均在此期间发布命令，以便1月13日午夜一切冲突可望均能停止。

停战令禁止中国境内的一切军队调动，唯对于复员、换防、给养、行政及地方安全必要的军事行动，属于例外。停战令提到的此种例外情况，在关于停战令的条款中加以列举，这些条款已被允准并作为三人小组会议记录的一项有案可查的记载，由张群将军与周恩来将军签署，于1月10日新闻稿中公开宣布。在新闻稿中声明，国民政府代表张群将军及中共代表周恩来将军已建议蒋介石委员长和毛泽东主席发布一项停止冲突的命令，并受权宣布，新闻稿中所说的此种命令业已发布。根据上述条款，准许国民政府军队在长江以南因继续实行军队整编计划而进行的军队调动，准许为恢复中国主权将军队开入满洲并在满洲境内移动。规定国民政府军队根据上述条款之行动，应每日报告军事调处执行部，军调部将根据停战令而设立，以履行已达成的协议。

停战令还规定，停止破坏与扰乱一切交通线的行动，拆除阻碍此种交通线的一切障碍物。条款声明交通线包括邮政交通在内。

停战令最后一节规定，立即在北平设立军事调处执行部[1]，以履行关于停止冲突的协议。军调部由三委员组成，一代表国民政府，一代表中共，一代表美国。必要的训令和命令由三委员一致同意，以中华民国国民政府主席名义经军调部发布。

在宣布停战令的新闻稿中明确声明，军事调处执行部的一切协定、建议和指示，只涉及停止冲突所引起的直接问题，美国参加军调部仅为协助中国委员实施停战令。

[1] 军事调处执行部的机构将在本报告另外一章中讨论。

六 达成关于停战令协定的会谈

研究一下三人小组会议和我与中国双方代表的初步会谈是有益的，因为它显示了国民政府和中共对某些重要问题的态度，这种态度以后对军事调处执行部的任务和这两个敌对政党之间关系的一般问题都有重大的影响。

1945年10月10日，国共双方代表王世杰、张群、张治中、邵力子、周恩来、王若飞签订了《政府与中共代表会谈纪要》（即“双十协定”原件）

（a）满洲问题

在这些问题中首要的是满洲问题和对该地区的控制问题。这一问题是我到中国后与之商谈的蒋介石委员长和其他中国官员突出起来的。他们坚信，苏联以下列措施阻挠中国政府接管满洲的努力：（1）不准国民政府军队在大连登陆；（2）使中共易于控制营口和葫芦岛，从而阻碍国民政府军队在这两个港口登陆；（3）默许中共军队包围长春机场，使国民政府无法空运足够的军队到长春；（4）拖延从满洲撤退苏军，为中共渗入该地区铺平道路；（5）以武器装备的形式扩展对中共军队的物质援助。

按照（1）美国对华政策声明（声明指出，美、英、苏由于与中国国民政府达成的各种协议，承担义务，将包括满洲在内的一切中国地方归还中国管辖）和（2）发给美军中国战区统帅的指令（指令规定帮助国民政府运送中国军队到满洲各港口以及对这些军队给予后勤支援），我在处理满洲问题时尽力找出一种解决办法，使之符合上述各种协议，并使该地区处于一个统一的中国的管辖之下。

以此为目的，我在1月4日与周恩来将军商谈停止冲突问题和与停止冲突有关的军队调动问题时通知他，美国政府有义务将国民政府军队运送到满洲。周将军在这次谈话中以及以后对这一问题的商谈中，都同意停战协定应包括一项例外，准许国民政府军队开入满洲，并称，中共承认国民政府在满洲接收的权利。他还说，此种军队调动合乎美国政策和中苏条约，中共不愿干涉中国与美苏的合约。他表示希望此种调动国民政府军队进入满洲的例外不必作为停战令的一部分，他解释说，这样做公众可能会误认为中共反对此种调动。

在1月7日三人小组首次会议上，周将军正式表示同意应有一项关于军队调动的例外，准许国民政府军队开入满洲，但又重申，此种例外应记入会议记录，而不写进停战令。张群将军坚持此种例外应成为停战令的一部分。周将军因而建议，如果此种例外包括在停战令之内，应规定双方就有关此种调动的问题进行协商。张将军于是指出，共产党代表在以前的谈判中已同意将军队开入满洲作为例外，唯一要讨论的问题是国民政府军队是否应由铁路运送至满洲。周将军也提到以前关于这一问题的谈判，并说，共产党方面曾建议，经铁路调运军队之前需要协商，是因为从山海关到南满的锦州，铁路要经过一段地区，这是日本投降前共产党游击队作战的根据地。终于在1月10日三人小组的一次会议上达成了关于这一问题的协议。一致同意，为恢复中国主权将国民政府军队开入满洲及在满洲境内移动，可作为禁止军队调动的一种例外事项，此种例外事项不写进停战令，但列入会议记录，并在关于停战令的条款中加以公布，这些条款包括在1月10日的一项新闻发布稿中。

（b）热河问题

商谈期间，与国民政府军队开入满洲问题紧密相关的问题，是国民政府占领热河北部的赤峰与察哈尔热河边境的多伦的权利问题。（应当说明，日本人曾将热河省并入他们的伪“满洲国”，苏军对日作战期间显然在某个时候占领了赤峰、多伦以及这两处地方以南的一些地区。）

三人小组会议期间，国民政府代表竭力坚持，根据与苏联签定的一项协定的条款，国民政府军队应接收赤峰和多伦，以及当时苏军占领的满洲以外的其他地方。周将军回答说，就他所知，这两个城市日本投降后外蒙军队一度占领过，但后来撤退了，八路军已经占领这两个城市，现在仍驻守该地。周将军还说，张将军所说的协定不是中苏条约的一部分，他不知道有此项协定。他提到他接到的国民政府军队继续向这两个城市开进的报告，并指出这种局势固有的危险性。张将军于是解释说，东北行营主任熊式辉曾与在满洲的苏军参谋长达成一项关于国民政府军队接收满洲及其他苏军所占地方的协定；同意分五个阶段完成苏军的撤离和中国军队的占领，在第四阶段，中国军队就要在11月20日接收赤峰和多伦；此种占领已因苏军拖延撤退而造成延误；现已决定2月1日为中国占领日期；苏联军事当局答应留下少数部队维持治安，直到中国军队前来占领这两个苏军撤走的城市为止。张将军声称，根据这项协定，苏蒙军队的一支小部队仍对赤峰和多伦保持着占领。

周将军回答说，现在的问题不是接收的问题，因中共军队早已占领该两城市；当前的问题是停止冲突，而不是在中国本部接收地方；在研究了熊式辉将军报告该协定的电报（张将军已将电文交给了他）之后，他仍不知道协定是口头的还是书面的，因电报只讲述了苏军撤退的阶段。

在三人小组会议上按照这种类似的方式所进行的商谈，一直继续到双方显然都不愿在这个特殊问题上屈从为止。随着有关停战的所有其他问题都已达成协议，很清楚，解决这一问题的唯一办法就是与蒋介石委员长磋商。因此我在1月9日晚就此事与蒋委员长商谈，并得到他的许可，发布停战令而不提赤峰和多伦。在1月10日的三人小组会议上，建议并批准，指示即将根据停战令建立的军调部派遣一个由军调部三方人员组成的小组前往赤峰和多伦，报告这两个城市的状况。军调部关于派往赤峰小组调查结果的报告表明，苏军其时仍占据赤峰，但中共方面管制着行政，并组织了地方保安队，以控制该城市。2月12日军调部派往多伦的一位美国观察员报告，中共军队占据着该城市，先前的空中侦察已指出该地并无不正常活动。

（c）拆除交通线障碍物问题

关于拆除交通线上的障碍物，1月10日停战令第三项规定如下：

破坏与阻碍一切交通线之活动立即停止，所有阻碍该项交通线之障碍物，应即拆除。

在1月7日三人小组首次会议上，周恩来将军建议，停战令中关于拆除交通线上障碍物的部分应指恢复一切被破坏的东西和拆除交通线上所有的障碍物和工事。他坚持停战令应要求拆除“交通堵塞物和工事”，解释说，日本人曾构筑了许多工事，封锁民众的旅行和行动。他还说，“交通堵塞物和工事”都有必要写进停战令，说这应“留待军调部决定”。于是一致同意，关于交通线的部分以最后公布的那种方式通过，会议记录应包括：“一切阻碍铁路运行的障碍物均应拆除，但维护铁路的建筑物保留不动。”

作为这个一般问题的一部分，并与停战问题密切相关的是，协定中规定了建立军事调处执行部的条款，以便由军调部提出恢复交通线措施的建议。设想在军调部的监督下这些措施最终将被履行。

这种拆除交通线上障碍物的问题是有点重要意义的，因为后来军调部共产党方面对国民政府未拆除铁路沿线工事而提出过强烈抗议。共产党代表指责说，这些工事妨害交通线，国民政府因而得以阻挠民众通过铁路线的旅行，所以工事不光是用来或打算用来卫护这些铁路线的。恢复铁路线工作的许多拖延，都是由于对于停战令中这部分问题缺乏一致的解释。

（d）日军的解除武装与遣返

对美国利益至关重要并与停止冲突问题密切相关的，是解除日军武装和遣返在华日军问题。这时大量日军仍然保持武装，并被国民政府用来驻守政府军队尚不能到达的华北铁路沿线各据点。中共对此也争辩说，应允许他们接受在华日军的投降。这曾经是导致半内战状态的因素之一，此种半内战自1945年8月日本投降以来就在断断续续地进行。主要争求的是日军的武器和装备。因此感到有必要获致某种与停战协定有关的声明，以保证将来解除日军武装、遣返日军与消除日本在华影响的行动。

在这个一般问题上获致一项协议并没有困难。建立军调部的协议中规定，军调部的职责之一就是提出关于解除日军武装和配合移送日军到海岸线以便遣返回国之各项措施的建议。[1]

[1] 从中国遣返日军问题在本报告的单独一章中讨论。

七 军事调处执行部

授权成立军事调处执行部一事，包含在一项名为“军事调处执行部”的协议中，于1946年1月10日由国民政府代表张群将军和中共代表周恩来将军签字。协议前言说，这两位正式代表“经国民政府核准，设一军事调处执行部，实行关于停战之协定”。协议的最后一段说，军调部将继续存在并执行其工作，直到该协议由中华民国政府主席或中共中央主席向对方作适当之通知作废为止。

这一协议的各部分涉及军调部的任务、组织、房舍与给养、地点、程序以及有效期限。该协议规定，军调部得提出包括必要的附属协定的各种建议，以保证更为有效地实施停战令；并规定，经三委员一致同意的正式训令，以中华民国政府主席名义发布。军调部的组织，规定设三委员，各有表决权与互商权，其中一人代表国民政府，一人代表中国共产党，一人代表美国，以美国代表充任主席。军调部的执行机构是执行科，以一位美国军官为主任，包括若干需要的军官和士兵，实地督察各项协定的履行，呈送各项报告；执行科内国民政府和中共人员的人数相等。根据该协议，国民政府为军调部提供适当的居住及办公房舍，并供应膳食。所有军调部的安全，由军调部所在地的地方当局提供；根据协议，军调部先设于北平，其办公室宿舍和设备的直接安全保护，根据需要，经同意后由双方（国民政府和中共）军队各提供少数警卫担任。协定规定，军调部一切事宜均由三委员一致同意；执行科每日缮具报告，由各委员分送其首长。又规定执行科可设分站，必要时派遣监察及报告小组至战地，以实行政策和协定。协议规定，军调部的三方均得在军调部所在地维持其独立的通讯线。

1945年12月初在北平就成立了“军事调处执行部”（简称“军调部”）

内容相同的备忘录，在细节上加以必要的修改，1月10日由三人小组各委员签字，并于同日送交蒋介石委员长和毛泽东主席。备忘录叙述了军调部的组织，并宣布任命罗伯逊（饶伯森）先生为军调部美国委员，美军白罗德上校为执行科主任。每份备忘录附有建议为执行科提供的美国人员名单，并要求军调部的国共双方各提供相仿的人员，以保证军调部早日执行其工作。开始时双方以各派四十名军官和九十名士兵为宜。

我认为极为必要的是，停战协定一达成，军调部即应建立起来并立即开始工作，而且应有足够的人员用以向战地派遣军调部小组，以调查可能的冲突、军队调动及其他违反停战令的事件。我预料停战令传达到战地的一切部队起初会有迟误，认为军调部必须迅速有效地行动起来，以防止任何一方由于未接到停战令而引起的误会，防止任何一方想利用最后一分钟谋取好处。

由于我考虑上述的各种情况，因此指示军调部执行科主任白罗德上校于1月11日，即停战令签字的第二天，前往北平为三委员及其工作人员的到达做好一切必要的初步安排。1月10日，由三人小组成员签字送交蒋介石委员长的一份备忘录指出，军调部成功地行使职责有赖于它的工作人员能够得到足够的居住和办公房舍以及膳食供应，要求蒋委员长指派适当官员安排膳宿。军调部人员，据初步估计，美国方面包括军官、士兵和文职人员在内共一百二十五人，中国方面包括军官、士兵和文职人员在内双方各一百七十人。

军调部关防

军调部臂章

国民政府指派军政部作战局的郑介民中将为军调部委员，中国共产党任命叶剑英中将为军调部委员。三委员及其工作人员于1月12日抵达北平，并于第二天举行了初次会议。

这一机构建立后的那些日子，充分证明军调部初期活动需要足够人员的想法是正确的。第一个小组由军调部三方每方一位代表组成，在必要的翻译人员和通讯人员陪同下，被派往热河省的赤峰，该城市的问题曾经是停战谈判几乎陷于破裂的原因。第二个小组被派往绥远省的集宁，因为国民政府指控共产党违反停战令，包围了国民政府军队驻守的这个城市。共产党则指责国民政府军队在接到停战令后进攻集宁，而该城市国民政府从未完全控制过。军调部接到中国双方更多的关于违反停战令的报告时，另外一些小组就被派到战地调查并在调查后向军调部报告。

开始时军调部行使职责的困难产生于：（1）缺乏足以使军调部能够派出那么多的小组的中共工作人员，调查所报告的违反停战令事件，这种情况据认为大半是由于交通困难造成的，因为从共产党控制地区到北平没有现成的道路；（2）初期缺少充分的通讯设备来保证军调部与数量很大的执行小组之间的通讯联络；（3）中国两派之间明显的互不信任。反对这种撮合两派为统一的中国的努力的证据，见于北平一家与国民党有势力的反动派系有密切联系的中国报纸，这家报纸歪曲叙述了共产党委员抵达北平后向新闻界发表的一项声明。这一事件制造了某种反感，结果使军调部三委员达成一项协议，禁止军调部人员个人举行关于军调部活动的记者招待会，并规定随时发布一致通过的关于军调部活动的新闻稿。

由于军调部活动范围的扩大，它的工作和作用也增加了。（军调部其后的工作将在本报告的其他部分加以叙述。）不过强调这一点是恰当的：军调部经过初期的困难之后已开始极为有效地履行停战令，这种吉祥的开头反映了中国局势的全面改进，而且这本身就是当时感到存在的一种和解精神的象征，胜过了事情本身。我的意思并非说军调部作为贯彻停战令的机构对实施停战令不是真正必要的，但是不能过分强调它，因为如果使停战协定的获致成为可能的国共两党合作精神在上层不再存在，那么军调部就无力阻止局势的恶化了。

八
政治协商会议通过的各项决议

从1月10日到31日在重庆开会的政治协商会议（以下简称政协）包括国民党、中国共产党、民主同盟、青年党及社会贤达的代表。政协以协商团体的性质集会，在法律上没有任何执行决议的权力。在道义上，有代表出席的一切团体必须接受决议，但在法律上，政协决议应经参加会议的各党派中央委员会认可。

美军帮蒋介石运兵

蒋介石委员长在政协开幕词中声明，政府准备“接受会议一切决议，只要这些决议有利于国家建设，有裨于人民的幸福，有助于民主的推进”。1月31日，蒋委员长在政协闭幕词中关于政协通过的决议作了如下声明[1]：“本人密切注意并研究了会议通过的各项决议……本人愿意代表政府先行声明，政府必然十分尊重决议，一俟完成规定手续以后，即当分别照案实行……同时我个人誓必忠实信守这个纲领，更必督责我们各级军政人员恪切遵守……今后我无论在朝在野，均必本着公民应尽的责任，忠实地坚决地遵守本会议的一切决议。”

与蒋介石委员长关于政协决议的声明显著不同的，是国民党内有势力的反动集团对政协的强烈反对。少数党对于政协决议的反响，表现在中共、民主同盟和青年党所发表的表明他们实现政协决议意向的明确声明中。

在政协开幕会议上，蒋介石委员长宣布政府决定立即给予人民某些基本的民主权利。这些民主权利为：

人民享有身体、信仰、言论、出版、集会、结社之自由——司法与警察以外机关，不得拘捕审讯及处罚人民。

各政党在法律之前，一律平等，并得在法律范围之内，公开活动。

各地积极推行地方自治，依法实行由下而上之普选。

政治犯除汉奸及确有危害民国之行为者外，分别予以释放。

在政协开幕后的公开会议上，主要议题为：（1）改组政府；（2）整编军队；（3）施政纲领；（4）国民大会；（5）宪法草案。公开会议上关于这些议题的每一问题商谈结束时，将所提的意见和建议委托各小组委员会草拟专门建议提交政治协商会议考虑。这些秘密集会的小组委员会由各代表团的代表组成，代表由代表团提名，蒋介石委员长以主席资格任命。

1月31日，政协举行了最后一次会议，并向新闻界发布了该机构通过的决议文本。这些决议分成五个主要项目：（1）政府组织；（2）和平建国纲领；（3）军事问题；（4）关于国民大会的协议；（5）1936年的宪法草案。

[1] 根据国民党宣传部国际处1946年1月31日报道。

（1）政府组织

（a）国民政府委员会

政协达成的协议预定5月5日召开国民大会，国民大会召开前，国民党修改国民政府组织法，使国民政府委员会成为政府处理国务的最高机构。国府委员会将决定立法原则、施政方针、军政大计、财政计划及预算、各部会长官的任免、立法委员和监察委员的任用、国民政府主席交议事项和国府委员三人以上联名提出的建议事项。主席有权否决国府委员会的任何决议，但委员会人数五分之三的表决即可推翻此种否决。一般决议须获得出席人数的过半数赞同，但任何关于改变施政纲领的决议，必须获得出席人数三分之二的表决赞成。过半数的表决即可决定某项决议是否关于施政纲领的更改。国府委员会每两周举行一次会议，但主席得召集临时会议。国府委员在各党推选的基础上由主席任命。国府委员会由四十人组成，由主席从国民党人员和非国民党人员中选任，五院院长为当然委员。国府委员中的半数为国民党，其余半数为其他党派及社会贤达。社会贤达委员由国民政府主席任命，但如此种提名有其他委员三分之一反对，则主席须重新考虑另行选任。非国民党委员席数的分配，分别讨论决定。

国民政府

（b）行政院

行政院各部会长官均为政务委员，并得设不管部会的政务委员三至五人。行政院现有部会及拟设之不管部会的政务委员中，将以七席或八席约请非国民党人士充任。各党派及社会贤达，均可为行政院不管部会政务委员及部会长官。

（2）和平建国纲领

根据这一纲领，一切党派承认三民主义为建国原则，承认蒋介石主席在全国的领导地位。纲领规定保证：公民自由，文官制度的机构，地方自治，普选，军政分治军民分治的国军，改革税制，经济计划工作向私营企业公开，减租减息，扩大农贷。凡收复区有争议的地方政府维持现状，等待国民政府改组后解决。

（3）军事问题

建立一支国军的基本原则是：军队是属于国家的一支国军，不允许任何党派在军队内进行政治活动。军队不得干涉政治事务，在军队中任职的现役军人不得担任行政官吏。将组成隶属于行政院的国防部，全国军队应受国防部的统一管辖。军事三人委员会[1]应依照预定计划商定实际办法，早日将中共军队整编完毕。行政院决定全国军额和军费，由立法院批准。政府军队应依军政部原定计划在六个月内完成九十个师的整编。上述军队整编完成后，再将全国所有军队整编为五十师或六十师。在军事委员会内，应设置整编计划考核委员会，由“各方人士”参加。

（4）关于国民大会问题的协议

国民大会定于5月5日召开，以通过宪法。通过宪法须经出席代表的四分之三同意。已选出或正在选举的一千二百名区域代表和职业代表照旧保留。东北和台湾新增代表一百五十名。国民大会增加的七百名代表席位，在各党派及社会贤达中分配，分配比例以后另定。这样，代表的总数将为两千零五十名。宪法通过后六个月内，将选举一个行宪机构。

---

[1] 该委员会即军事小组，我在该小组任顾问。

（5）1936年宪法草案

1936年5月5日，蒋介石在南京国民会议开幕式上，宣布《中华民国宪法草案》

建立宪草审议委员会，根据政协会议通过的原则及与促进宪政有关的各团体[1]的建议，制定详细的宪草修改计划，“提交国民大会采纳”。宪草修改原则为：

（a）国民大会。全国选民行使四权（选举权、罢免权、创制权、复决权），名之曰国民大会。在实行总统普选以前，总统由县级、省级和中央议会等选举机构选举产生。

（b）立法院。该院为国家最高立法机关，相当于民主国家的议会。它是由全体选民（直接）选举的。

[1] 这些团体是根据国防最高委员会批准的一项决议，到1943年年底时在整个自由中国组织起来的。

（c）监察院。该院由各省级议会及各民族自治区议会选举，行使同意、弹劾及监察权。

（d）司法院。为国家最高法院，但不兼管司法行政。大法官须超出于党派之外，由总统提名，经监察院同意任命。

（e）考试院。该院委员由总统提名，经监察院同意任命，对公务人员进行考试。考试院委员须超出于党派之外。

（f）行政院。该院为国家最高行政机关。行政院长由国民政府总统提名，经立法院同意任命。行政院对立法院负责，如后者对行政院表示不信任，行政院或者辞职，或者提请总统解散立法院。

（g）国民政府总统。总统经行政院决议，得依法颁布紧急命令，但此一行动须在一个月之内报告立法院。总统召集各院院长会议，不必在宪法中明文规定。

（h）地方自治制度。省被认为是地方自治的最高单位，省与中央职权的划分，按照“均权主义”决定。省长由人民选举，省得制定省宪，但不得与国宪相抵触。

（i）人民的权利与义务。凡民主国家人民应享受的一切自由和权利，均应受宪法保障。聚居于一切地方的少数民族，其自治权应受到保障。

（j）选举。另有关于选举的独立一章列入宪法。

（k）基本国策。宪法上应规定基本国策章，包括国防、外交、国民经济、文化教育等项目。

（l）宪法的修改。宪法修改权属于立法、监察两院联席会议，修改后的条文应交有权选举国民政府总统的机关批准。

九
关于政协决议的争议

关于改组政府问题，国民党起初提议，其中央执行委员会保留任命权，国民政府总统保留紧急权，在国民政府委员会中须有三分之二人数的表决才能推翻总统的某一否决。最后的决议将大部分任命权给了国府委员会，取消了总统的紧急权，推翻总统的某一否决的表决降低到五分之三的人数，这些都表现了国民党的让步。根据改组政府的协议，使共产党确信国府委员会将成为真正的执政部门，但并没有保证他们在政府中有一种有力的发言权。这决定于政协休会后的商谈中他们在国府委员会中能够取得的非国民党席位的数额。如果共产党和整个政协会议期间一直同共产党紧密结盟的民主同盟一起能够在国府委员会中获得非国民党席位二十席中的十四席，他们就能够有提出议案所需要的最低限度的三分之一的人数，并能以此否决政府选任而他们认为不适宜的社会贤达进入国府委员会。在以后各非国民党团体会商中，并未就此达成任何协议，青年党（政协会议期间支持国民党）强烈反对共产党和民主同盟在国府委员会中获得十四席，并表明，如果给予共产党十席，或给予民主同盟的席位多于青年党，它就不参加政府。

关于国民大会的协议表现了共产党方面的让步，因为它非常接近于国民党本来要保留过去已选出的代表并扩大大会名额的要求，这种要求与共产党关于大会代表要全部新选的要求是对立的。作为对这一让步的回答，国民党在有关宪法草案问题上作了若干让步。

国民党与反对党观点上最明显的分歧表露在修改宪法草案问题上。这一分歧具有特别的重要性，因为以后事情的发展表明，国民党内对履行政协决议最强烈的反对就是针对政协赞同的对宪法原则的修改的。国民党是要以一个大约两千人的中央集权的部门行使“四权”（选举权、罢免权、创制权、复决权）；要有一个强有力的半独立的总统；要有一个在政府各部门的分权；一个强有力的中央政府以及“五院”制度。共产党和民主同盟则要求“四权”由人民行使，使国民大会成为“全体选民”的同义语；一个权力受到尽可能大的限制的总统，一种类似美国的牵制与均衡的制度；以及一种分权的联邦式政体和“三权分立”的政府，这又像是美国的政体。在最后决议中，国民党在所有这些方面都作了让步，以回答共产党在国民大会问题上对它的要求的默许。由于决议规定了一种“内阁制”，其中政府的行政部门对立法部门负责，所以决议非常近乎法国的制度。不过“三权分立”政府以及牵制与均衡制度又是以美国和英国的政体作为他们的典范。

国民党对于修改宪法的反应的表示，见于过去选出的国大代表这些代表是1936年和1937年选出的。2月13日发表的一项声明。代表们断言，虽然国民大会要尊重舆论并对政协的建议给予慎重考虑，但国民大会本身乃是制定宪法的唯一合法机构，因而将坚持它就此种问题作出一切决定的权利的神圣不可侵犯性。在3月1日国民党中央执行委员会在重庆开会通过政协决议之前，国民党中以前挑剔政协决议的那些分子就表示，他们将明确反对关于修改宪法的决议。当蒋介石委员长在政协闭幕演说中声明，修改宪法要获得合法的制宪机构国民大会的接受可能会遇到某种困难时，对政协就这一问题的协议所表示的不快就已显而易见了。国民党对此事反应的进一步的表示，包含在蒋介石委员长对国民参政会演说的报道中。4月2曰《新民报》称：“蒋主席云，政府决心履行除修改宪草原则以外政协之一切决议。”

十 恢复交通

与停止冲突问题紧密相关的问题是恢复交通，以此为目的，在建立军事调处执行部的协议中规定，军调部提供关于恢复交通线的措施的建议。

因此，1946年1月19日军调部执行处[1]主任白罗德将军[2]在军调部委员的一次会议上向执行处联合参谋处发出一项指令，要求立即准备一个恢复交通的初步计划。这使人感到，实现停止冲突已有充分进展，使制定恢复交通的措施成为可能，这种交通的恢复作为一种手段，可以帮助中国紧迫需要的正常经济生活的恢复和日军的遣返。共产党委员表示希望将日军缴械和遣返问题包括在恢复交通问题中，因而坚持将铁路的警戒和铁路线的运行管理问题与修复问题放在一起充分讨论。在联合参谋处会议上对这些问题展开了激烈的争论，国民政府方面的参谋长拒绝讨论中立铁路的问题。军调部国民政府方面还争辩说，铁路的联合运营与监督问题应限制在修筑工作要进行的地区，而不应包括铁路未经破坏的地区。这意味着，影响所及的地区几乎全部都在共产党控制的区域内，因为大部分遭到破坏的铁路线是在这些地区。这些问题经过连续讨论，未在军调部达成协议，于是白罗德将军带着他在北平准备的未能获致协议的文件草稿前往重庆。

[1] 原名执行科，后改为执行处，因为在它下面建立了若干监察科。

[2] 白罗德将军从上校晋升为准将是2月1日美国参议院批准的。

被拆毁的铁路,共军擅长破袭战,铁路线是双方争夺的焦点

1947年,被毁坏的铁路桥

在与军事小组[1]成员的几次个别商讨之后，白罗德将军于2月9日与该小组会晤，求得该小组通过一项恢复交通的协议。经过若干讨论与修改，协议达成了，而且体现协议的文件也于2月9日由小组委员张治中将军、周恩来将军和我签字，以表明文件已被小组批准。采取此种程序的目的，是考虑让军调部三委员将文件作为该三委员达成的一项协议签字，文件就是这样表示的。

恢复交通的协议包括以下三个文件：（1）文件“A”——发给华北华中国民政府及共产党军事指挥官的一项指令；（2）文件“B”——致蒋介石委员长的一份备忘录，引用文件“A”的内容，并要求国民政府提供必要的技术工作人员以修筑铁路；（3）文件“C”——恢复交通的一般原则。

文件“A”题名为“致：华北华中国民政府及共产党所有军事指挥官”，命令所有军事指挥官协助修筑交通线，并列举了包括在命令范围内的各种交通设备。命令指挥官们立即拆除或平毁“在交通线上和沿交通线妨害这些交通线运行的一切地雷、障碍物、碉堡或其他军事工事”。（应当注意，这句话对于以前所达成的关于拆除交通线障碍物的协议——如像停战令第三段所提出的——并未增

[1]　军事小组的组成是为了展开一项整编中国军队的计划及有关事项。该小组的建立及其职权在本报告以后各章中加以论述。

加什么内容，并且还把卫护铁路线的工事是否算作妨害交通的问题留待以后讨论解决。这个漏洞公认是小的，因为三人小组会议记录包含着这样一个协定：“一切妨碍铁路运行的障碍物均应拆除，但卫护铁路的建筑物应保留不动”。但其后军调部共产党代表却坚持说，铁路沿线的碉堡使国民政府得以阻挠民众通过这些铁路旅行。颇为有趣的是，2月9日讨论这句话时，军事小组的两位中国代表都未对这句话的解释提出任何问题。）文件“A”进而命令指挥官们，勿干扰民众的旅行和货物的通过，负责保护在交通线上进行修筑工作的单位；未得到军调部的事先批准，不准许任何部队为此目的而进行调动。指令规定交通部代表在军调部全面监督下负责修筑工作，并规定军调部得向主要修筑地区派遣执行小组。指令禁止在重新开放的运输线上调动部队或运送武器，除非有军调部的授权。

文件“B”送交蒋介石委员长，并通知他，军调部三委员已就立即制定措施恢复交通线获致协议。然后文件引证了发给国民政府和共产党一切指挥官的指令，要求国民政府提供必要的技术工作人员，以实现铁路的修复。并要求将选任负责此项工作的交通部代表的总部设立在北平，他们与军调部执行处的联络应尽快建立起来。

文件“C”提出了据以完成铁路修复工作的一般原则。文件解释说，“过渡期”（在此期间协议将得到贯彻）一词是指一致赞同的国民政府组成并执掌权力之前的一个时期。这是想要考虑到组成一个如政协决议所设想并在最后掌权的联合政府。文件条款规定：（1）军调部在华北华中铁路修筑和运行事项上对交通部代表实行监督；（2）在军调部执行处之下设立一个铁路监察科，包括国民政府、中共和美国三方代表，该组织不是专心致力于铁路修筑和运行的技术问题，而是从事有关政策事宜，以加速铁路的修筑工作；（3）对华北华中八条铁路线的每条铁路组织并向现场派遣类似军调部其他执行小组的铁路监督小组；（4）卫护修筑单位，阻止对交通线的进一步破坏，国民政府和共产党的指挥官们在各自的区域内对这些事情负责；（5）将列车警卫、行政监督和操作人员置于交通部代表直接控制之下，由军调部加以全面监督；（6）各铁路线的优先修复按其与经济恢复的关系而定，但要充分考虑日本人缴械和遣返工作对铁路运输的需要。

十一 军事小组

1月5日，蒋介石委员长曾向我提出整编中国军队的问题。我指出，此事当时不属于我会谈的范围，认为停止冲突是首要问题，插入其他重大问题可能会使局势复杂化。次日张群将军告知我，组成一个三人军事小组的问题过去国共双方代表曾经讨论过，并已达成协议，建立这样一个小组以制定办法整编和重新配置中国军队。张将军解释说，这个小组从未集会过，因为共产党未派出它的代表。

国共两党1946年1月达成政协宪草决议案

1月10日三人小组第五次会议时，张将军提出，组成这一小组并请我参加其中是适宜的，而且提议由三人小组提交一项紧急建议，立即建立这一小组以着手展开一项整编中国军队的可接受的计划。周恩来将军表示赞同这一建议。据此，1946年1月14日类似内容的备忘录由三人小组诸委员签字，递交蒋介石委员长和毛泽东主席。备忘录紧急建议，1945年9月国共谈判期间经双方同意并在1945年10月11日国共会谈纪要文本中提出的军事小组，应立即召开会议，以尽早展开一项整编中国军队的计划。1946年1月22日，张将军以国民政府代表资格来信，表示赞同我以顾问资格参加军事小组。周将军1月23日来信中告知，毛泽东主席赞成建立军事小组，并赞成我作为顾问参加该小组。

军事小组（军事委员会政治部部长张治中将军被任命为国民政府代表，周恩来将军为共产党代表）正式会议之前，小组的两位成员之间以及我和这两位中国代表之间，分别就整编中国军队及有关问题举行了商谈。军事小组的首次正式会议于1946年2月14日召开。

十二

军队整编及统编中共部队为国军之基本方案

1946年2月14日军事小组首次正式会议之后，该小组的会议几乎每天都在继续进行，直到协议达成和体现协议的正式文件签字为止，这个文件名为“军队整编及统编中共部队为国军之基本方案”，于1946年2月25日由军事小组国民政府代表张治中、中共代表周恩来和作为顾问的我签字。协议的条款是在同日的一项新闻稿中公开宣布的，新闻稿称：

兹由政府代表张治中及中共代表周恩来将军，并由马歇尔将军作为顾问所组成之军事小组，经授权宣布：双方已就关于军队整编及统编中共部队为国军之基本方案获致协议。

新闻稿解释说，协议的目的在于促进中国经济的复兴，同时提供一个足以保卫国家安全的精锐军队的基础，并包括若干办法，保障人民权利不受军队干涉。新闻稿还指出，军事小组正在拟具实施协议条款的详细办法，北平军调部将成为负责向各战地军队传达命令并监督这些命令执行的机构。新闻稿进而声明，这些办法将根据协议在十八个月内实施完成。

马歇尔作为三人军事小组之一，参与国共和谈会议

体现协议的文件共分八条，其标题为：统帅权、职责与权限、编制、复员、统编与配置、保安部队、特别规定、一般规定。表示军队整编及统编中共部队为国军的一般原则的协议条款设想在十二个月终了时国民政府军队裁减至九十个师，同一时期中共军队裁减至十八个师。十二个月之后的次六个月终了时，规定国民政府军队为五十个师，中共军队为十个师，总共六十个师，每师不超过一万四千人，共编成二十个军。统编的过程起初规定为，在第七个月编成一个集团军。包括国民政府一个军，中共军一个军，每军三个师。这一过程将继续下去，直到头十二个月期间四个此种集团军编成为止。根据协议，这些集团军的参谋机构由国民政府和中共所占数额大致相等的参谋人员所组成。为了防止因复员而产生的困难与不法情势，根据协议，要求国民政府和中共各自准备其复员人员的补给，并处理其运送和就业等问题，国民政府应尽速负担起一切复员人员的上

述事宜。协议还规定全国设立八个补给区，补给区主任对国防部（或军事委员会）负责，在各该区内担任以下职责：补给，营舍，发饷，贮存与修理装备，分发武器，处理复员人员和新兵以及初步训练新兵。但又特别规定，补给区主任无军事指挥权，禁止干涉或影响民政民事。对这些补给区主任以此进行核查：各军在其补给区内的补给区总部派驻代表，每两月开会一次，会议由补给区主任主持，驻在各该区的军的代表和一位国防部（或军事委员会）代表参加，会上传达国防部指示，讨论补给情形及类似事宜。为了统编和配置，根据协议，中国分为东北、西北、华北、华中、华南（包括台湾）五个区。各区规定了十二个月期限终了、又在整个十八个月期限终了时特定的军的数额。为了镇压省内警察无法应付的骚乱，根据协议，允许各省维持一支保安部队，人数不得超过一万五千人，只以轻武器进行装备。协议还规定，协议生效后，政府和任何政党、团体，都不容许保持或以任何方式支持秘密的或独立的武装力量。又规定，尽速解除武装并遣散一切伪军和非正规军，履行该协议的详细计划应限定明确期限，完成此种办法。协议最后决定，复员应于最早日期开始，补给区应逐渐建立，在最近的过渡期内，国民政府和中共均应负责维持其军队的良好秩序与补给。

十三 达成"军队整编及统编中共部队为国军之基本方案"协定的会谈

在我与军事小组中国委员分别举行的商谈中，以及在该小组的正式会议上，我都努力尽可能强烈地强调，中国必须遵循西方军事传统，建立一支国家的、不干预政治的军队，用以作为一支民主的军队，而不是争实权的工具。所达成的协议就建立在军队与政治分离这种总原则的基础上，而且这种思想在协定中虽未公开陈述，但各种条款都坚持这一总的方案。这一原则在中国极为重要，现在的中国，政权归根到底依赖于拥有军队，军事长官经常干涉民政，或者他们自己就合法地控制着民政，在边远的省份还存在着一些军阀主义时期的遗迹。

这一原则在协定中的应用，见于下列条款：（1）补给区主任与军队指挥权的分离，禁止补给区主任干涉民事，通过每两月与军的和国防部（或军事委员会）的代表所举行的会议，对补给区主任进行核查；（2）禁止政府或任何组织、团体拥有或支持秘密的或独立的军队；（3）只有警察无法应付局势时，各省才组织保安部队用来镇压骚乱；（4）禁止任何省份使用国军镇压国内骚乱，除非该省政府主席确认警察和保安部队无法处理此种骚乱，国民政府主席为此以最高统帅资格经由国府委员会同意，方能使用国军；（5）建立适当的人事制度，政治偏见在其中不起作用。

在协定中包括禁止担任军队现职的军官做一个政党的党员或担任此一政党中央委员会职务的建议，军事小组的两位中国委员都认为这是不必要的。他们说，政协决议已规定了担任军队现职的军官不应参加党派活动，不参加任何党派或类似组织。国民政府代表说，政协会议期间，国共两党都同意不从各自党内撤销那些在他们军队内担任现职的军官；两党又同意，军官为两党中央委员会成员者，也不解除其党内职务，因为他们已被党的代表大会选出，而新的选举须待下届代表大会的召开。鉴于前述情况，所提的禁止参加政治活动或撤销党员身份的条款便未包括在最后的协定中。

对军事小组会议记录和我同该小组两位中国委员的分别会谈记录的研究表明，国共两党对一些基本问题的观点是各不相同的。

（a）协定的名称

协定的名称问题在中国代表之间引起了相当大的争论。张治中将军指着1945年10月11日国共双方会谈纪要文本的第九条说，这是建立军事小组的基本原则，并说这一条规定组成军事小组以展开一项计划，将中共军队整编为二十个师。但张将军私下告诉我，他愿意使小组会议的讨论扩展到并包括整编中国一切军队的问题。在军事小组讨论这一问题的会议期间，周恩来将军说，建立军事小组是为了讨论整编中国军队，此种目的已在三人小组向蒋介石委员长和毛泽东主席所提出的建议中陈述明白，其后又被批准，这种对军事小组职责的解释也已在政协决议中提出。周恩来将军建议采用一种能够反映小组会谈的明白措词和协定实际内容的名称。会谈过程中，国民政府代表总是小心地避免使用危及国民政府军队合法地位的名称，希望强调协定的目的是整编和统编共产党军队。共产党代表则想明白表示，整编和统编对于国民政府军队和共产党军队同样适用。所采用的名称“军队整编及统编中共部队为国军之基本方案”就是这两种观点的一种折中。

（b）宪兵和铁路警卫队

会谈中国共两党间最难解决的分歧是宪兵和铁路警察的问题。（应当说明，中国宪兵是按照日本的方法组织起来的，并处于军政部作战局的控制之下，但其职责并不像西方国家那样，只限于军事性质，而是包括检查旅客及其行李，逮捕民众和搜查民众住宅。）构成共产党对国民党不信任的，多属于对其宪兵和特务组织的担心。会谈期间，周恩来将军反复提到在协定中规定保护民政不受宪兵干扰的必要性。在同我私下谈话中，他对据传在国民政府特务头子戴笠领导下组织十八个团的铁路警卫队表示担心。在正式会议上，周将军提到在交通部领导下组织十八个团铁路警卫队的计划，强烈反对在政府各别的机构下建立独立的部队。周将军希望在协定中限制宪兵的数额，并限定其职责为军事的，因为它与民事相对立，并指出，宪兵在大城市尤其活跃。张治中将军显然不愿使宪兵的地位与兵力问题包括在协定中，建议说，根据政协决议规定的改组政府方案，共产党有代表参加行政院，共产党可在政府高一级提出这一问题。此问题经过冗长讨论，双方都没有愿从自己立场退让的明显表示，最后一致同意由张治中将军向行政院建议，授权他与周将军商谈铁路警卫队问题，在宪兵问题与铁路警卫队问题解决之前，恢复交通的协议继续适用，根据该协议，国民党军队和中共军队的指挥官在各自区域内保护铁路线。此种一致同意的意见在会议记录中作为一个事项记录下来。

关东军宪兵司令部

宪兵队袖章

（c）整编与统编

关于整编与统编的一般问题，政协国民政府代表团成员张群将军告诉我，政府在政协军事小组会议上建议，整编与统编方案应在一个月内展开；为了有必要的监督与筹划，此种包括统编中共军队在内的方案应由在军事委员会领导下建立的一个机构在其后的两个月内予以执行。方案也设想在六个月内将国民政府军队整编为九十个师。周恩来将军是这个政协军事小组的成员，据说他曾反对任何此类计划，除非军事委员会加以改组，规定共产党代表参加其中。

我的意见是，在六个月内将国民政府军队复员并从二百五十个师裁减到九十个师是过于急速了，而且这样做可能没有适当的准备以防止土匪活动和安排处理武器装备。我认为复员与统编应逐步同时进行，所有军队最后整编为总共六十个师，应在第一阶段十二个月之后的一段时期内完成。对这些问题，中肯的是周恩来将军陈述的意见，即，与国民党相比，裁减军队对共产党来说倒不是什么问题，因为大量的共产党军队早已在参加农业生产活动。

讨论统编中共部队为国军的问题时表露了共产党对统编过速的忧虑和国民政府对尽快实现完全统编的愿望。与此种态度相一致的是，国民政府赞成在为期十二个月的第一阶段完成统编，而共产党则希望把统编他们的军队延期到方案规定的最后六个月的第二阶段。国民政府代表指出，政府希望避免方案所设想的于十八个月终了时存在单独的国民党军队的师与中共军队的师，并建议不要像协定规定的那样在十八个月终了时有国民政府的五十个师与中共军队的十个师的区分。他希望这些师应编在一起成为一支国军。共产党代表说，政治协商会议一致同意统编军队，而不是将军队合并。他解释说，共产党情愿将统编延期到方案规定的第二阶段。我着重指出，使军队的统编落后于政治统一太远是不适当的，并建议对六个月内开始统编的可能性应予考虑。

后来的会谈表明，共产党希望将他们军队的统编延期到第十三个月月初，延安当局反对早日统编他们的军队，并反对合并，但不是反对统编。因此我建议，作为初期统编的一种手段，从第七个月开始组成集团军，每个集团军包括国民政府一个军，中共一个军；第二阶段期间通过将师统编为军而完成统编，集团军遂告解散。认为统编成集团军出现的困难较少，因为这种集团军的大小及其就地分隔使这种办法在初期阶段更能行得通，同时也认为，这样做能集中精力对所要保留的各师进行训练与装备。

在这方面，一般相信共产党不愿同意早日统编其军队（这一点必然引起国民党的对比），大部分是由于他们的部队缺乏正式编制而引起的，而此种不情愿通过提供帮助对他们指定要保留的十个师的代表在编制方面进行三个月的初步基本训练与指导是可以克服的。因此经国民政府在军事小组内的代表赞同，我向周恩来将军转达了一项建议，在他们的军队统编之前由美国军官从中共军队中挑选人员进行此种指导。周将军欢迎此项建议，其后并告诉我，毛泽东主席热情接受我所建议的分两阶段统编，以及为中共军队官兵建立过渡的训练学校的计划。周将军解释说，共产党耽延接受我的建议是由于共产党预见到中共军队准备统编有某些困难。就此而论，按照以后延安电台要求美军和美国军事顾问团从中国撤退的广播，饶有趣味的是这次周将军告诉我，共产党希望为中共军队建立的训练学校继续存在两三年，而且共产党将欢迎美军顾问团所指定的训练部队到中共军队各师去。

十四

向军调部发出的履行“军队整编及统编中共部队为国军之基本方案”的指令

军事小组于1946年2月27日就一项指令达成协议，指示军调部履行军队整编及统编中共部队为国军之基本方案。指令的英文和中文文本于3月17日由张治中将军代表国民政府、周恩来将军代表中共、吉伦将军在我回国期间代表我签字。

指令突出的几点如下：军调部为执行此基本方案之机构，并建立一监督小组以筹划和监督与执行方案有关之事项，监督小组由国民政府、中共和美国人员组成。军调部执行小组就地监督国民政府军队和中共军队复员、配置和统编。复员要求逐步消除比军司令部一级为高的军事指挥权。完全遣散伪军部队，自开始之日三个月内完成。伪军手中的军事装备和军需品移交当地补给区（如已建立）或按军调部指示办理。为国民政府和共产党指定保留的各师制定为期十二周的基本训练计划。也将在美军临时军事顾问团领导下为方案规定最后六个月中共军队指定统编的十个师建立一个初等教导学校，此种学校将在编制、训练程序和行政管理方面提供为期三个月的一系列基本教程。学校的筹划与军调部协同进行。部队重新配置和统编所需要的调动由军调部按照国防部（或军事委员会）的一般指示下令进行；复员、重新配置和统编工作的后勤需求，协同该部（或军事委员会）办理。军调部将为复员人员制定后方勤务和行政管理的详细计划。

在导致此项指令达成协议的会谈中，对日军装备的处理问题和建立复员委员会的问题给予了特别的注意。关于日军装备，一致同意将这一协定载入记录备案：此种装备的发出或使用，如发现需要作为一种临时措施，可由军调部指示交给要保留在国军的六十个师的部队，但如此种措施已经完成，完整的部队将以此来装备。可以理解，除了中国人未必同意其他任何办法之外，中国军事装备的匮乏将会阻止实行销毁日军军事装备的措施。

在美国特使马歇尔的调停下，国内双方签订停战协议，实施停战令

国民政府代表在军事小组会议上流露，政府已制定出一项军队遣散人员的使用计划。我感到在指令中包括建立一个复员委员会的建议是合乎需要的，该委员会应与国民政府、共产党、民政机构、救济组织及军调部协同努力；并认为该委员会宜在被遣散人员开始流动的两个月内行使职责。我也认为，军调部在与这一问题有关的计划中，避开直接属于政府各部会或机构的事情是适当的。普遍同意军调部不负责这些事情的实施，而由军事小组进一步考虑复员委员会的问题。以后事情的进展拖延了军队整编基本方案的贯彻执行，阻挠了建立此一委员会的建议草案的实行。得到同样结果的，是关于建立补给区和保安队的建议，这些建议的草案已经拟定，准备最后研究。

在军调部之下组成监督小组以实现基本方案的实际履行是很重要的。我的意见，应当考虑对国民政府和共产党各有关机构的方法和步骤实行恰当的结合，使问题的决定符合中国的传统办法，但又不因此失去其有效性。有这种危险：过于匆促地接受美国的建议，可能会缺乏理解和采取不适当的步骤。为防止此种情况，就需要谨慎的和恰当的结合及准备工作。因此在联合的基础上在重庆建立了监督小组，经过充分的筹划与准备，将其移交给北平的军事调处执行部，以实现方案的实际履行，过渡期间与军调部保持联系。

1946年2月25日签字的军队整编及统编中共部队为国军的协定的第四条第一节，要求国民政府在协定公布后三星期内拟具并向军事小组提交所保留的九十个师的表册和最初两个月部队复员的次序。协定同样规定，中共在协定公布后三星期内，应拟具并向军事小组提交其所有部队的全部表册，以及所保留的十八个师的表册和头两个月部队复员的次序。并规定，协定公布后六星期内国民政府和中共均应向军事小组送交所拟复员部队的表册。1946年3月26日，中国武装部队参谋长陈诚将军向军事小组送交了国民政府所拟保留的九十个师的表册和头两个月部队复员的次序。但中共拒绝提交所要求的此种表册，并坚持说，因为国民党未能履行一致同意的政协决议，因此直到达成履行政协决议的完全公开的协议，他们才会提交指定参加国民政府委员会的人员名单，或所要求的部队表册。在这种情况下，军队整编方案的贯彻必然是无限期地搁置起来。

十五 停战令在满洲的应用；军事调处执行部执行小组进入满洲

1月10日发出的停战令，除关于军队的调动外，未提到中国任何地区作为例外。此种例外包括在附加于停战令的条款中，经同意作为三人小组的一项记录备案，并在1月10日宣布停战令的新闻稿中加以公布。条文如下：

1. 停战令第二节[1]对国民政府为继续实施整军计划而在长江以南之军队调动，并不影响。

2. 停战令第二节对国民政府军队为恢复中国主权而开入东北或在东北境内调动，并不影响。

中共三人小组代表周恩来将军在同我商谈中以及在三人小组会议上，都明确承认国民政府为恢复中国主权有权将军队开入满洲。他也表示理解：此种军队调动与1945年8月中苏条约是一致的，美国帮助国民政府将军队运送至这一地区是根据美国政府对中华民国政府承担的义务。在三人小组会议上，没有不把满洲包括在停战令范围之内的表示或含义。

但在1月18日军调部三委员在北平举行的一次记者招待会上，委员们在回答报纸记者提出的问题时说，军调部在满洲无裁判权。普遍承认，还是不向当时被

[1] 停战令第二节为：除另有规定者外，所有中国境内军事调动一律停止。唯对于复员、换防、给养、行政及地方安全必要之军事行动，乃属例外。

苏军占领的满洲各地派遣执行小组为好；但我非常强烈地感到，为了避免将来苏军从满洲撤离时中国对立双方部队可能发生的冲突与纠葛，军调部在满洲的职权必须坚持。当然，由于苏军继续拖延撤退使事情复杂化了，终于使国民政府方面对苏联在满洲的用心和目的的怀疑日益增加，并使国民政府对该地区无力控制。

我心中记着这种情况，在接到南满港口营口附近发生严重冲突的报告之后，遂于1946年1月24日将内容相同的备忘录送交三人小组的两位中国代表，建议三人小组指示军调部立即派遣一个执行小组前往营口。我还建议，停战令实施期间万一将来在满洲发生此类战事，三人小组应指示军调部采取同样行动。国民政府三人小组代表张群将军于1月28日通知我的总部，蒋介石委员长因怕执行小组内出现一个美国人可能引起与苏联当局的麻烦，不希望向营口派遣执行小组。但共产党赞同派遣一个执行小组到营口的建议，2月14日，周恩来将军接到营口地区又发生冲突的报告后，再次提出这一问题。

1933年2月，日本侵略热河，由此爆发热河战役

在热河省的赤峰事件中，已看到了苏联对军调部执行小组在苏军控制地区活动可能持的态度的某种迹象。军调部在北平建立后不久，在想派出一个执行小组之前，派往赤峰侦察机场的飞机人员因误解命令而在机场着陆。机上人员和飞机立即被苏联驻军拘留。但当军调部另一架飞机次日在赤峰撒下传单对飞机的任务加以解释，而且显然在接到在满洲的上级苏联当局的指示后，机上人员和飞机即被释放，军调部小组即前往赤峰。该小组在赤峰行使职责未受到该地苏军的阻挠。

蒋委员长反对向满洲派遣执行小组的理由是苏联可能要求参加执行小组的工作。以后我得出结论，他拒不赞成此一行动的一个原因是希望避免承认在满洲的共产党军队。在我看来，他在该地区的指挥官也希望避免受命制止当时零星战斗的军调部小组进行任何干涉。后来在国民政府占领的满洲各城市的社论和布告中，看到了不愿承认共产党军队存在的各种证据。这些社论和布告把共产党军队称为“土匪”，对中共军队的存在始终不予任何承认，因为这样一来国民政府可能就不得不根据在重庆达成的协议条款来对待他们。

三人小组的共产党代表或许部分地由于相反的原因，不断催促派遣军调部小组到满洲去。2月18日，周恩来将军通知我，共产党希望派遣执行小组进入满洲解决争执的问题，以促进国民政府接收主权。周将军指出，由于整编军队包括国民政府军队和共产党军队，他不相信苏联会反对军调部小组进入满洲。据我看，周将军不断坚持向营口派遣一个执行小组，部分原因是希望有助于他操纵自己的某些军事指挥官。2月20日，我再次向军事小组国民政府代表张治中将军提出派遣军调部小组进入满洲的问题，指出：制止可能发生的冲突和根据军队整编统编方案建立军队复员的基础，都需要这样的小组，但未成功。2月21日，周恩来从延安归来，告诉我，他已和毛泽东主席讨论了满洲问题，并得出如下结论：（1）三人小组应去满洲；（2）停战令适用于满洲；（3）军队整编方案包括满洲。2月25日，在同我进一步讨论这一问题时，周将军重申，停战令和军队整编方案都规定在满洲的适当机构有裁判权，并说他已将此事的意见通知张治中将军。周将军说，后者注意倾听，但不置可否。周将军强调，现在制定一项关于满洲的政策，以免以后误解是重要的。我同意此种观点，并指出，重要的是达成和平解决，而不是制造另外的麻烦。2月27日，在三人小组前往北平和华北其他地方巡视之前，再次讨论了满洲问题，作为对记者或其他人可能提问的回答。周将军和我都同意，我们应当说，基本协定均适用于满洲；至于停战协定，由于与满洲问题有关，我们只应说问题正在考虑。在此次讨论中，国民政府代表自动提出无意见。

在三人小组旅外期间，3月4日访问延安时，我与毛泽东主席谈话中有机会提出满洲问题。毛先生说，他希望停战令适用于满洲，军调部小组应派往该地。在此期间，国民政府不顾满洲局势的恶化，在派遣军调部小组进入满洲的问题上仍固执己见。鉴于我计划短期返美磋商与我的使命有关的某些问题，以及尽早派遣军调部小组到满洲的明显的紧迫需要，我感到在我启程前派遣军调部小组进入满洲的问题有必要实行，并就此再度向蒋委员长提出交涉。我终于获得了他对此种行动原则上的认可，但又有一系列条件的限制，我把这些条件草拟在对此种小组的指令中，提交三人小组的中国委员考虑。

3月11日，三人小组讨论此草案，但未获致协议。草案如下：

关于执行小组进入满洲对军凋部之指示草案：

以精选人员所组成之执行小组，将根据下列条件立即派往满洲：

1. 小组之任务仅限于军事问题；

2. 小组应伴随政府部队，避免进出仍为苏军占领之地区；

3. 小组应前往冲突地点或政府军与中共军密接地点，使其停止战斗，并作必要之调处，以免将来之麻烦。小组应访问中共军队指挥官及司令部；

4. 政府军队受权重建中国在满洲的主权。尤其在中苏条约所述二铁路两侧三十公里之狭长地带，将实行单独管辖；

5. 要求中共军队撤离政府军队为重建主权而必需占领之地区，包括煤矿在内。苏军撤离之地区，中共军队不得开入占领。

讨论此草案时，周恩来将军提到第一条，并要求三人小组同时处理政治问题，应向军调部执行小组发出关于满洲政治问题的指示。他指出，关于满洲主权，那是毫无问题的，因为停战令规定了国民政府军队进入满洲恢复主权，军队整编基本方案也规定了国民政府军队在数量上占绝对优势。但他解释说，中共在这些方面作出让步，为的是不仅在中国其他地区，而且也在满洲建立民主机构，并说共产党希望组织东北政治会议，建立地方自治。他怕这些政治问题与军事问题如不同时解决，就会产生因各地区政治制度不同而引起行政混乱的纠纷。周将军还说，国民政府那时没有足够的军队接管满洲所有的地方，他认为政府派往满洲部队的数量和要接管的地方，应按照一个确定的计划和时间表来决定。他指出，军队整编方案要在两周内生效，根据方案，军队驻防地点将会建立起来，因此他建议，国民政府接收主权和军队整编应协同进行。周将军说，这个指令草案只是一个临时措施，而重要的是停止战斗。因此他觉得三人小组应前往满洲，在那里他可以当场向共产党战地指挥官说明局势。

张治中将军对三人小组有权讨论满洲政治问题表示怀疑，并说还是派执行小组到满洲澄清局势为好，政治问题亦可因此而易于解决。他指出，停战令适用于全国，是同军事问题有关，而不是同政治问题有关，周将军会有其他机会讨论政治问题，而现在要考虑的是在满洲停止冲突的问题。

周恩来将军依次发言时指出，满洲局势与中国其他地方不同，因为尽管军队调动在其他地方冻结，满洲还在开入军队，因而政治问题的解决不能拖延。周将军继续说，政府在苏军撤离的地方接管主权，以及接管中苏条约规定的两条铁路，都是毫无问题的，但指出，指令草案有一项包括一切地方在内的条款，规定国民政府接收这些地方是在满洲恢复主权的需要，这就可能引起纠纷和误解，如果国民政府军队开进共产党占有地区的话。

上述会谈情况报告得详细一点，因为这种会谈足以突出中国双方关于满洲这一至关重要问题的对立观点。从会谈看，周恩来将军显然预料要他们在满洲的军事指挥官听从他的指示或三人小组达成的决定是有困难的，除非他能够当场和他们商谈这些问题。他显然顾虑国民政府军队可能开入中共军队当时占有的地区，或开入苏军撤离后他以为中共军队将要开进的地区。他也忧虑共产党在其占领地区正在建立的地方政府的问题。张治中将军反映了国民政府调动自己的军队在满洲恢复中国主权的决心，因而无论如何也不愿限制停战令规定的国民政府为恢复主权向满洲任何地方调动军队的权利。每个中国代表都乐于同意建议草案的前三条，都承认派遣执行小组到满洲合乎需要，但对有争议的地方都不愿让步。我以为，国民政府方面自1月24日以来拒不赞成派军调部小组到满洲去是一个严重的错误，致使以后局势发展到实际上无法控制的地步。共产党由于军队北撤以及由于随后的情况发展撤到日军武器装备区域之内，它的地位在不断加强，而国民政府在尾随苏军撤退前进时，漫长的交通线却使它处于一种过分伸展的危险境地。政府军队未能充分迅速地推进以阻挠中共占领苏军撤退的地方，苏联官员也不帮助配给铁路车辆，而是正相反。

3月11日的这次三人小组会议是我当晚启程赴美前参加的最后一次会议，在我离华期间，我以为关于执行小组进入满洲的一项指令的折中协议已达成协定。在我离华赴美期间，经国民政府和共产党认可，我指定美国吉伦中将为我在三人小组的代表。

在3月13日三人小组的下一次会议上，周将军声明，他尚未接到延安对他请求作进一步指示的答复，鉴于他与延安和满洲通讯缓慢，他建议在两项计划中任择一项：（1）三人小组前往苏军已撤离的沈阳，此种办法将使他能够向满洲的中共军队指挥官阐明局势，从而避免将来产生纠纷，并使三人小组能够当场拟出一项最后的指令；（2）三人小组等待他从延安接到进一步的指示。在此项声明之后的一般讨论中，中国双方代表都建议，最好派遣执行小组去满洲搜集材料，作为三人小组拟定一项指令的依据，但吉伦将军坚持说，执行小组赴满洲之前，应在一项指令中提出指导原则，否则他们的活动就没有依据。张治中将军说，既然共产党已同意国民政府单独控制铁路线和苏军撤离的地区，而国民政府又没有足够的部队接管满洲的每一处地方，那就没有再争论的理由了。在打破僵局的努力中，吉伦将军建议修正原草案，准许国民政府占领铁路线及铁路两侧的三十公里狭长地带，禁止共产党占领苏军撤离的地方；但删去一项包括一切地方的条款，这项条款准许政府军队因恢复主权之需要而接收这些地方。张将军反对此种修正，说这将限制政府恢复铁路及苏军占领地区主权的权利。吉伦将军于是建议，只保留草案的前三条作为对执行小组的指令，并在执行小组到达后三人小组及早启程前往满洲。张将军也反对此种办法，理由是苏军撤离时中国双方军队都会开入，冲突终将发生。（按照后来事情的发展和最后批准的实质上包括草案前三条的指令，这证明国民政府方面在策略上犯了一个明显的错误，而且是一个有严重后果的错误，因为它使执行小组的启程延宕了两星期。）张将军继续说，国民政府不愿在限制它能够恢复主权的地方作出让步， 因为这是停战令规定的，要发出的指令必须包括这一原则。

在3月17日的三人小组会议上，据说3月15日中国两委员在私下商谈中已达成了关于一项七点指令草案的近似协议，但国民政府以后又拒绝批准此一折中协议，因为：（1）一项条款中使用“现在”一词赋予国民党的权利是将军队开入苏军“现在”正在撤离的地方；（2）共产党希望通过商谈安排政府军队开入那时中共军队占领的地区。张将军指出，使用“现在”一词的限制将阻止政府军队开入以后苏军撤离的地区，而且政府宁愿通过执行小组而不愿通过与共产党商谈来安排将军队开入共产党占有地区的问题。周将军强调，指令是用来实现执行小组进入满洲的一项临时措施，并非要对满洲的一切问题提供一个全面的解决。

3月18日举行的三人小组另一次会议表明，双方协议能否达成，端看保留还是删去上节所说的“现在”一词而定。周将军指出，他已超越了他谈判的权力范围，他必须等待延安的进一步指示。他敦促将折中建议草案的前三条作为一项指令，执行小组启程后会谈继续进行。

在谈起政府未按停战令要求向军调部呈报其军队调动的每日报告时，周将军表现有点刻薄。（屡次不提供这些报告是事实。）他还提到广州地区的局势，那里的国民政府军事长官依然拒绝承认停战令适用于该地区，并提到汉口地区，中共军队在该地区被政府军队所包围，据说粮食供应遇到困难。他透露他已受到延安的批评，因为他未能在这些问题上获得适当解决，而同时在有关华北和满洲的问题上却作出了让步。

解放军进驻广州

广州地区的问题牵涉该地区二千五百至三千人的中共军队部队，共产党称之为抗日东江纵队。派往广州地区调查该地区情况（因与这些部队有关）的军调部小组接到国民政府广州军事长官的通知，说该地区并无中共军队，只有土匪，而且军调部的职权并不及于长江以南。执行小组无法与中共军队接触。其后的几个月，周将军继续敦促承认这些中共军队，但国民政府驻广州的军事长官不顾三人小组政府代表再三保证已向他发出照此行事的命令，继续固执己见，拒不承认该地区的中共军队，经过长时间的复杂的谈判与商讨，问题终于解决，由美国海军坦克登陆舰将这些中共军队从广东运送至山东共产党占据的一个海港烟台。

汉口地区的问题牵涉鄂北豫南地区被国民政府军队包围的大约六万名中共军队。在停战令签字之前的会谈中，周将军曾力求获致协议，将这些部队调出这一地区，或调往西北，或向东调至安徽、苏北地区，但未成功。他说，这些部队的粮食供应问题使这种调动成为必要的。国民政府曾反复向他保证，将作出规定使这些部队能得到粮食供应，在汉口的执行小组所作的一项地方协议安排中也制订办法使这一地区的共产党能买到粮食。其后数月，又有几次再度提出这一问题，国民政府再三保证帮助解决这些部队的粮食问题。但这些诺言显然从未履行过。5月，作为周将军指责政府准备对这些被围的中共军队发动进攻加以消灭的结果，周将军在一位国民政府代表与一位美国代表陪同下对这一地区作了一次专门的巡视调查，对粮食问题又进行了讨论。但到7月，声称中共军队发动攻势竭力突围的国民政府，确实对汉口以北的中共军队进行了一场进攻，而中共军队突破包围，逃往西北。

这两个问题以及周将军就此获致任何解决的连续失败，据信使他受到了延安的严厉批评，这就最终足以妨碍他作为三人小组成员所进行的谈判。就是在谈判关于执行小组进入满洲的这一阶段，周将军因广州和汉口地区局势受到批评，并为得到进一步指示而返回延安。令人担心的是他返回重庆恢复谈判可能要无限期地拖延下去。鉴于此种可能性，我的重庆本部的一位成员哈特·考伊上校飞往延安与周将军商谈执行小组进入满洲的指令的可能折中方案，以及他返回重庆恢复三人小组会谈的问题。只是经无线电报确知关于指令的协议事实上得到保证之后，周将军才回到重庆。

周将军从延安返回不久，3月27日，为发出一项指令的折中协议在三人小组内达成，这项指令实质上和我赴美前所提草案的前三条相同。三人小组议事录中记载了一项协定：小组将进一步讨论军事问题，关于政治问题另行商谈。这项协议由三人小组诸委员签字并于3月27日在报上发表。

在3月27日的三人小组会议上，周将军说，张群将军在过去的小组会议上曾声称，派到满洲去的政府军队数量不大，三人小组的美国代表也曾解释过，美国承担义务运送政府五个军到满洲[1]。周将军说，这一数字现已达到，而且这也是军队整编方案所要求的数字。他表示担心，如果政府将另外的军队派往满洲，就

[1] 此种说法是不正确的，因美国承担的义务是以美同交通工具运送政府七个军到满洲，所承担的此项义务我已通知周将军。

有进一步发生冲突的危险，并指出，国民政府应按照停战令将调入满洲的军队数字通知军调部。周将军于是提出正式建议：政府不将另外的军队开入满洲；指示军调部派遣执行小组到沈阳与中国双方建立联系；此后不久三人小组即赴沈阳。

张治中将军措词谨慎地回答说，依照军队整编方案，国民政府将有五个军在东北，军队整编后政府也无意超过此数，并说此外的军队调动将报告军调部，而不保守秘密。张将军也指出，共产党从山东半岛至大连并从山西经陆路完成了到东北的军队调动；尽管国民政府报告了它的军队调动，中共军队却在秘密地开进东北。周将军否认停战令签字后有此种中共军队调动发生，但承认可能有个别军官前往满洲。

这种关于国民政府在满洲军队数量的会谈是重要的，因为共产党在其以后的宣传中声称，国民政府由于美国帮助提供运输，业已超过了经他们同意应驻在满洲的军队数量。此种说法是没有根据的，因为对于国民政府在东北军队数量的限制，按军队整编方案所说，将在十二个月终了时生效，那时政府军队将改编为五个军，每军三个师。如果共产党的主张是正当的，那末它的军队就要被限制为一个军（三个师），即军队整编方案所规定的在头十二个月终了时的军队数量。然而此时共产党却在声称，它在满洲的军队，连同共产党领导下的部队在内，共达三十万人。尽管国民政府宣传机构不时地攻击共产党将军队开入满洲，但政府从未把它作为正式争论的问题，大概因为这样做就等于承认停战令适用于满洲，并承认中共军队在满洲的存在。国民政府是故意避免对承认这两点有任何表示的。

在限制满洲军队的会谈中，三人小组两位中国委员的态度没有任何真正的改变，接着吉伦将军建议并经同意，向军调部发一电报，命令执行小组立即前往沈阳，经在沈阳作初步考察，使执行小组能够决定何处需要优先进行小组调查之后，再从沈阳前往危急地区。他又建议并经同意，通知军调部，三人小组即将赴沈阳视察，以帮助决定危急地区，并在三人小组认为必要时对执行小组进行调整。

这样，经过致命的拖延和不必要的迟误之后，终于使军调部将裁判权扩展到满洲成为可能。向该地区派遣执行小组的延期迟误，先是起因于国民政府拒不认可此种行动，后来又因两位中国代表未能对向执行小组发一适当指令取得一致意见，此种迟误业已造成严重局势。虽然据以派遣执行小组的指令所提供的，是一种不充分的行动根据，但此时为军调部在满洲行使职权打下某种基础却是绝对必要的，即使此项指令是一个不完整不充足的文件。

十六 不履行政协决议的背景

中国公众对宣布政协决议的直接反应是一种热情的赞许，同时也认识到，决议的履行将是衡量敌对两党有无诚意的严峻考验。国民党内占统治地位的CC系对政协的强烈憎恨，国民政府军队内有势力的黄埔将领们反对威胁他们地位的任何军事整编，都被看做是国民党方面成功地履行决议的障碍。骚乱事件，如所说的国民党便衣人员袭击重庆庆祝政协胜利的群众集会，警察干涉出席政协的少数党派代表，以及袭击共产党在重庆的报馆，凡此种种都足以加强人们对国民党顽固分子反对政协的忧虑。

新華日報

太行版

全部超過計劃

国共内战时期的《新华日报》

随着政协会议的结束，主要的问题就是整编军队及统编中共部队为国军。政协休会后不久军事小组的会谈终于产生了关于这些问题的协议，“军队整编及统编中共部队为国军之基本方案”也于2月25日在重庆签字。此种协议的缔结标志着给中国带来和平并为国家的统一奠定一个基础的第三个重要步骤。停战令是要停止实际战斗，以便解决政治问题和军事问题的谈判能够在一种和平气氛中进行。政协决议为极为重要的政府改组问题和建立立宪政体问题提供了一种协议。同样的，军队整编基本方案为统编中共部队为国军及在民主基础上整编一切中国军队这一至关重要的问题提供了一种协议。

下一个步骤是国民政府采取法律行动批准政协决议。这一程序必须由国民党中央执行委员会（以下简称中执会）批准，该中执会为审议和通过政协决议自3月1日至17日在重庆召开。与中执会会议同时进行的，还有在重庆召开的政协综合小组会议与政协宪草审议小组会议，该会议所讨论的，据报是中执会希望加以修改的问题。尽管中执会结束时宣布它已完全批准了政协决议，但有迹象表明，此种批准受到许多保留条件的阻挠，而国民党内顽固分子则竭力破坏政协纲领。据传他们力图修改政协批准作为修改宪法草案基础的原则，坚持1936年“五五宪草”，该宪草就是原来国民党在历次政协会议上所坚持的。

国民党中执会闭幕不久，3月20日，立法院长孙科主持的、包括作为国民党组员的外交部长王世杰及国民党秘书长吴铁城在内的政协综合小组，据可靠方面传出，达成了如下三点协议：

1. 目前政协宪草审议小组依据政协协议对宪法所提出之原则准备的宪法草案，乃确定的、提交国民大会承认之唯一文件。

2. 一切党派均有道义上之义务，使其出席国民大会之代表支持大会所提出之宪法草案。

3. 国民党中执会只任命参加国民政府委员会之国民党员，其他成员由各该党派分别任命，社会贤达由蒋委员长任命。

据说孙科博士说过，蒋介石委员长曾明确授权参加综合小组的国民党员规定这几点。预料当时正在起草的体现这几点的声明不久将在报上发表。但其后综合小组的会议表明，该小组的国民党员不能授权公布一项明确表示国民党同意这三点的声明。国民党参加综合小组的代表似乎在该党右翼分子的压力下，正在谋求修改政协批准的宪法原则，以便：（1）将行政部门对普选的立法机构负责的制度改变为最高权力归总统而不规定如美国政府中所存在的牵制与均衡的制度；（2）设立每隔两三年集会一次的国民大会，该大会名义上有选举权、罢免权、创制权和复决权；（3）严格限制省的自治权。

在此期间，共产党和民主同盟的代表坚持政协决议业经各党派得到充分授权的代表一致同意这种一般立场，并表明他们反对有助于导致继续实行一党统治或创建一个“独裁主义”国家的任何重大改变。因此共产党和民主同盟坚持，在国民党宣布对已经通过的政协决议的任何修改并声明国民党负责确实履行修改后的政协纲领之前，拒绝推派人员出席国民政府委员会，以参加改组后的政府。同时，共产党将其原定于3月31日召开以通过政协决议的中央委员会会议延期，并拒绝送交其全部军事单位的表册，包括要保留的十八个师的表册和头两个月军队复员的次序，尽管已有规定，在军队整编协定颁布后三星期内要送交此种表册[1]。在此情况下，政协宪草审议小组准备将修改过的宪法提交原定5月5日召开的国民大会的工作被迫陷于停顿。

与商讨政协决议中的僵局相一致并密切相关的，是当时满洲局势的发展。中共于苏军正在撤离的地方（显然至少得到苏联默许）和交通线之间没有占领军的腹地，都在不断地扩大其所控制的地区[2]。虽然停战令规定，国民政府军队为恢复中国主权得开入满洲并在满洲移动，但国民政府军队在满洲的继续推进却受到

[1] 1946年2月25日签字的“军队整编及统编中共部队为国军之基本方案”第四条第一节规定，协定颁布后三星期内送交这些表册。国民政府已于3月26日向军事小组送交了这些表册。

[2] 中共军队显然由于匆促组织或补充的部队从察哈尔和热河调来而得到加强。虽则此种调动开始于1945年8、9月间，但事实证明，在1946年1月10日以后未经认可的调动仍在继续进行。

苏军延宕撤退的严重阻碍。进一步的拖延及国民政府与共产党之间的日益互不信任起因于国民政府东北保安部队[1]司令长官杜聿明将军无情的做法，他谋求在离开主要交通线的乡村地区建立国民政府的军事控制，那些地区没有军调部执行小组来缓和或调节国民党军队与中共军队的接触。此种策略使他与中共军队在腹地发生激烈冲突，并引起共产党的怀疑，认为他的主要目的是消灭他们的军队，而不是在满洲恢复中国主权。当苏联军队果然向北撤退时，国民政府发现自己的交通线太长，铁路车辆有限，及时开进苏军撤离地区以阻挠中共占领这些地区的军队不足。

这种局势使商讨政协决议中僵局的解决更加无可估量地困难起来，因为它在中国人中间对于中共与苏联的关系造成了很大的疑虑，并加强了国民党内顽固分子的地位，他们在任何情况下都是反对政协协定的。不过满洲的局势向他们提供了一种貌似有理的借口，以抗拒在此种情况下对政府权力的任何限制。

十年内战时期的红军官兵

解放战争时期的国民党军士兵

[1] 国民政府在满洲的军队是在东北保安部队的名义下组织起来的。

尽管一般局势恶化，政协综合小组还是在4月1日达成了关于国民大会的协议。根据这项协议，建立在立宪政体之下的国民大会将是政府的实际机构，每六年召开一次，或根据需要召开，行使下列职权：选举和罢免总统；发起对宪法的修改；通过政府立法机构提出的宪法修正案。这样建立的国民大会据信是来自一项折中办法，以满足国民党将孙中山的选举、罢免、创制、复决"四权"包括在正式政府机构内的愿望。在此项协议之后，政协综合小组的各次会议结果都陷于僵局，而且随着满洲局势的更加恶化。显然，只要满洲问题未解决，中国的政体问题和宪法问题就得不到真正的解决。

4月初，双方在报纸上加剧了在满洲问题上的互相责备，而蒋介石委员长据传在4月1日国民参政会的演说中声明：国民政府的主权在东北不建立，就不讨论该地区的政治问题。4月7日，延安报纸对蒋委员长进行了尖酸刻薄的人身攻击，指责他为了自私的理由助长在满洲的内战。政府报纸则反唇相讥，同样刻薄地公开谴责中共与苏联在满洲存在联系的事实。此种事态的发展使政协决议的任何履行都更加困难，希望也更加渺茫了，虽然双方都在继续公开宣布，他们要坚持政协的决议，并愿实现这些决议。

在对政协决议问题的任何考虑中，蒋介石委员长的态度都是极为重要的。他所发表的关于政协纲领的公开声明，已表明他是赞成履行该纲领的。不过这位委员长作为国家元首和党魁，具有双重身份，因此就产生了一个问题，即他作为党魁是否有足够的权威制服国民党右翼对政协决议的强烈反对。对照行政协决议唯一的反对来自一些国民党内重要而有势力的人物，这似乎是无疑问的。但共产党和民主同盟（在较小的程度上）坚持说，蒋委员长本人就居于通过一部"独裁主义"宪法运动的幕后，他希望建立一个装璜门面的联合政府，以影响美国舆论，以此为他获得美国财政经济援助铺平道路。由于对这位委员长的权威没有任何有力的挑战的迹象，一般相信，满洲问题的满意解决将会使他能够不顾国民党内部的反对，履行不在实质上作进一步修改的政协决议。

十七 军事调处执行部的组织与任务[1]

如本报告前面一章所述，军事调处执行部根据1946年1月10日三人小组在重庆签订的一项协定设立于北平，作为履行同日签字的停战令的机构。军调部三委员及其直属人员于1月13日抵达北平，次日军调部即开始办公。1月18日，军调部在北平协和医学院大楼设立了办公室，该学院是用来作为军调部办事处的。

规定设立军调部的文件所提出的军调部任务如下：

军事调处执行部应实行业经商定之停战政策。本执行部为增订必需之附属协定，俾停战命令之实施更为有效，得为各种建议。此种建议，包括解除门军武装，恢复各项交通线，及配合移送日军至海岸线，以便遣返之各项措施。经三委员一致同意之正式训令，以中华民国政府主席名义发布之。

如重庆签订的协定所规定，军调部由三委员领导；郑介民中将代表国民政府，叶剑英中将代表中共，罗伯逊先生代表美国并担任主席。如协定所说，三委员达成的决定必须是一致同意的；他们不能达成协议的问题，则提交三人小组决

[1] Executive Headquarters，中文名称为军事调处执行部（即Military Adjustment Executive Headquarters）。鉴于该部有各种不同的任务，译成中文名称又累赘，所用英文名称简称为“Executive Headquarters”（即执行部）。（本书遵从中国习惯名称，一律译为军调部——译者）

定，而视为最后遵行的程序。

1946年，美方代表在军事调处执行部办公楼门口合影

三委员直接下属并直接对三委员负责的是一位执行主任。按建立军调部的协定所说，由一位美国军官担任执行科（以后改为执行处）主任，据此，白罗德准将被指定为执行主任。执行处作为军调部的执行机构，执行三委员的决定和指令。执行主任的职责为：草拟计划与指令，以执行三委员所作出的决定，履行停战令，以及三人小组为要求军调郎采取行动而达成的其他协定。该主任的工作通过参谋长联合小组进行，该小组由国民政府、 中共及美国各派一名代表参加，并指定美国代表为主席。参谋长联合小组的职责为：领受执行主任交来的指令，并商定为执行此等指令所需要的补充决定。要求参谋长联合小组指导各自的参谋人员研究并制定涉及他们一级的任何问题的计划，并在接受这些计划后调解其中的任何分歧。然后将取得一致意见的计划提交执行主任执行。

军调部发出的一切命令和指令均由三委员签字，以中华民国政府主席名义发出。关于军调部活动情况的每日报告，经三委员一致同意，以电报送交蒋介石委员长、毛泽东主席和我，这些都采取由三委员分别向他们各自的首长报告的形式。

军调部活动的初期，在执行处之下设立了以下各科：计划执行科、后方勤务科和对外联络科。编制规定在军调部内三方各级都有平行的科和联合职责。其后，又增加了几个科，并把“科”的名称改为“组”。截至1946年8月30日，军调部在执行处之下共有下列各组：控制冲突组（原计划执行科的一部分），交通组（原后方勤务科），军队整编组，对外联络组。军调部美国方面包括通行科，该科原为计划执行科的一部分，该科接办了计划执行科情报与报道的职权。

军调部美方的后勤工作由北平本部组担任，设立该组是作为美国陆军在华的一个指挥机构，以白罗德准将为指挥官，其任务是在后勤及行政方面为军调部美国方面提供支援[1]。

计划执行科[2]的职责为：接收和登记有关一切军队（国民政府军、中共军队和日军）兵力、驻地和调动的情报，每天向三委员提交情况报告；通过参谋长联合小组领受执行主任交下的指令，并根据这些指令提出必要的补充决定，这些决定以计划的形式提交参谋长联合小组；拟定给执行小组的指令，以保证这些计划的实施。

后方勤务科[3]的职责为：领受并实施执行主任交下的关于给养、运输及交通线的状况和维护等一切事宜的指令；筹划并协调给养和运输任务，以支持军调部的计划、指令和命令；登记交通线状况并提出关于维护和修复交通线的建议；提出建议以协调日军的缴械和遣返[4]；计划并提出措施，以掌握和处理日本军事装备和给养。

对外联络科的职责为：制定和坚持与军调部目标一致的对外联络政策；直接

[1] 美方人员，包括执行小组在内，几乎全部由美国陆军军官、军士和士兵所组成，补充了几名美国海军陆战队军官和一些美国及外国文职人员，后者用于不涉及安全考虑的工作。

[2] 计划执行科的职责其后划分给控制冲突组和军调部美方通行科。

[3] 该科名称其后改为铁路控制科，由于职责范围扩大，后来又改为交通组。

[4] 日本人自华遣返问题在本报告另一章中论述。

处理属于报纸、广播及其他公开报道机构的一切事宜；保证军调部三方面平行的对外联络科同时联合发布消息的政策。

军事小组于2月25日达成整编中国军队及统编中共部队为国军的协定之后，军调部又建立了另一个部门，叫做军队整编组。该组起初在重庆组成，在实际合并到军调部之前就已奠定了它职责的基础。

军调部行使职权首要的问题是从北平向派遣执行小组的各地点运送人员和装备。由于中国缺少正常的交通，实际上对所有执行小组所在地的运输，唯一可能的交通工具就是飞机。因此美国在华陆军的空军第332军运中队就以北平为基地，作为北平与各执行小组间运送人员和给养的运输机构。在组织军调部的早期，该中队由美国海军陆战队空军给以帮助，海军陆战队空军在执行侦察任务及散发传单保证中国各武装部队收到停战令的任务中，做了无法估价的工作。

军调部在中国广大地区履行职责的主要人员是执行小组的组员。执行小组由军调部三方每方代表各一人组成，一代表国民政府，一代表中共，一代表美国。每方在其执行小组成员中包括有通讯人员及翻译人员。战地的旅行主要依靠由飞机运往小组所在地的吉普车，而这又使小组需要修理人员。一个小组中每方所用的组员人数原来并无限制，其后发现，一个单独执行小组每方组员数字以限制在十二个为宜，此数字包括当地军事长官根据军调部指令规定可能就地指派的来自当地部队的联络人员。采取此种限制，是因为共产党为其小组配备人员表册时，用了过多的人员，这些人被怀疑是用来做宣传活动，而不是作为执行小组组员履行职责的。

执行小组的职责为：领受并执行军调部的命令；向战地适当的军事长官传达军调部的命令；断定命令和指令是否在被贯彻；如命令未被贯彻，即向有关部队提出劝告，令其采取必要的行动以贯彻这些命令和指令；有关部队未采纳小组劝告时，即确定不遵守命令的责任，并将事实报告军调部。

起初，决定三人小组及军调部三委员据以工作的一致表决原则，也适用于军调部各科工作和执行小组工作。以执行小组而言，在一封关于“执行小组职权的信”中，特别提出了这一原则，这封信1月18日经参谋长联合小组起草和批准，并发给“国民政府军队和中共军队一切部队司令长官”。在这封信中，特别说到，“该小组共同达成的关于停战令的任何决定，得以该三组员的名义传达给国民政府军和中共军队各指挥官，使其遵行”。

执行小组后来在战地的经验表明，如果执行小组的一个中国组员否决了可能不利于该组员一方的任何建议，执行小组的效率就能受到妨碍，而且必要的调查实际上也被阻止。鉴于此种情况，军调部美国方面在3月31日的一次委员会议上，建议对一致表决的要求加以修改。建议：假如为调查据报违反停战令的事件而调动一个小组的问题在组员中达不成一致协议时，应允许美国组员以主席资格作出决定，从而打破僵局。指出：此种决定权不包括调查的结果或所采取的行动，而只是授权美国组员决定执行小组前往何处调查。国民政府委员赞成此项建议，但共产党委员说，不采取一致协议的任何行动都牵涉军调部据以活动的原则，工作程序的此种改变，必须由政府和共产党较高一级的当局作出决定。5月初， 由于共产党组员拒不同意调动执行小组，军调部遇到的小组调查受阻的事例日益增加——尤其在热河省是如此——军调部美国方面因而向三委员提出一项建议，规定调查的决定由组员多数表决确定。国民政府委员赞成这一建议，但共产党委员又拒不同意此种办法，并重复以前所提出的论点。

三人小组在华北视察期间，事情已变得很明显，执行小组为作出决定所需要的全体一致原则的作用，有时甚至阻碍着小组调查结果报告的提交，因为这个或那个中国组员拒不同意。因此三人小组商定，如遇此种情况，执行小组作不出一致决定时，美国组员作为主席即授权向三委员提交他自己的报告，并附上他本人关于采取行动的建议。不用说持异议的中国组员的意见也能包括在报告中，如果后者希望这样做的话。采用此种办法，在对小组调查结果无休止的讨论中，避免了长时间的拖延，从而使军调部能够得到执行小组活动的情报，否则这种情报的获得有时就可能无限期地拖延下去。在组员中有长时间严重不一致时，常将小组从战地召回，使三委员能听到小组第一手的报告，并解决阻挠取得一致意见的分歧。

在处理有争议的问题时，不论在军调部还是在执行小组，中国的每一方都经常热衷于持久的讨论，企图从争论中强求得到适合其目的的可能的和最后的好处，而不是对主要的原则和妥协感兴趣，以创造一种有助于双方解决分歧的精神。一方或他方都想阻挠对据报破坏停战令的一切调查，除非它也同样调查对方，即使这种对于对方的调查与所讨论的事件毫无关系。经常遇到中国双方互不信任的事实，而且军调部的三委员会议及其他一级的会议中交换意见时的尖锐激烈，也暴露了双方互相仇视的情绪。国民政府委派戴笠将军盖世太保组织第二号有势力的人物郑介民将军为委员，以及戴笠的其他门徒在军调部占据要职，增加了共产党方面的不信任。互不信任也由于牵涉执行小组的事件而进一步加剧。共产党埋怨说，他们执行小组的组员有几次被逮捕和殴打，有时他们的代表被绑架，从此杳无音信。在两次事件中中共军队击毙了国民政府执行小组组员，在另一次事件中，一个美国执行小组的组员因中共军队狙击兵子弹而负了轻伤。为了向执行小组进行宣传，双方显然都在自己控制的地区内组织了群众示威。这些示威有时失去控制，终于导致对执行小组组员近乎攻击的事件。最不能使人谅解的群众示威，或许是从河北省共产党地区来的所谓难民对军调部共产党方面的攻击了。这次事件终于使一群数百人的暴徒袭击了军调部本身。虽然示威的参加者在事件发生前几小时即已开始公开集合，但国民政府的宪兵和北平市的警察并未作出努力以制止此种袭击行动。在共产党区域发生过暴徒示威反对美国组员的类似事件，而这时照例在该组员住房围墙门口站岗的警卫显然在事先计划好的情况下撤岗了。虽然这些事件本身不应不适当地加以夸大，但这些都是中国双方之间仇视的征兆，并表明了军调部及其执行小组行使职权的某些困难处境。

执行小组的美国组员经常驻在原始的生活条件困难的孤立地方，这是很值得赞扬的。执行小组是实现停止冲突的主要人员，就地监督贯彻军调部所发指令的就是他们。这些指令，连同执行小组执行的其他任务，处理各种问题，如：审查实际冲突的报告；确定1月13日午夜停战令生效时敌对双方军队的位置；就地分隔敌对的军队；报告军队的调动；制订办法，使发生冲突的部队能够分隔，从冲突地点的撤退能够进行；使食品和药品安全通过进入被围困的城镇；与联合国救济总署及中国行政院救济总署的代表进行联络，使其救济物资能够通过；商讨能够解决敌对军队之间冲突的地方协议或办法；全面监督铁路和其他交通设备的修建；与执行小组辖区内的地方部队司令官建立联系；商定办法，使与恢复铁路交通有关的煤矿重新开工或营业；遣返日本人；复员与整编中国军队。这些任务是执行小组组员的一部分日常例行公事，包括广阔地区，有时是在对小组组员有实际危险的情况下执行的，这种危险来自要调查的地区正在进行的冲突。执行小组的美国组员往往冒着炮火，乘吉普车通过几乎无法通过的道路执行任务，并努力以各种方式完成了使中国双方获致合作的奇迹。

曾经做出一切努力，以保证执行小组的美国组员公正无私的态度，因为如果他们被认为有所偏袒，他们的作用就要归于无效。不可避免地不时会有一种感觉，认为某些美国组员表现有所偏袒，此种责难主要来自共产党方面。但一般认为，这主要是由于共产党报纸和广播反对他们所描绘的美国援助国民党的宣传所引起的，这种经常不太符合事实的宣传，自然足以在中共军队下级官兵中激起激烈的反美情绪。一般不相信，执行小组的任何美国组员在处理小组所掌握的问题时会有意识地或故意表现偏袒。引起误解主要是由于上述宣传运动，有时或许是由于判断中诚实的和无意的错误所引起，这在某种情况下是不可避免的，可能会对某一方面有利。

军调部建立时立即要做的工作，就是向据报国共双方军队发生冲突的地区尽快派遣执行小组，因为军调部在其初创阶段的首要任务就是实现停止冲突。1月17日，第一个执行小组到达热河省的赤峰，到2月底，向下列各地点派遣了执行小组：绥远省的集宁，山西省的太原，江苏省的徐州，察哈尔省的张家口，山东省的济南，广东省的广州，湖北省的汉口，河南省的新乡，热河省的承德。小组的驻地六个在国民政府管辖地区，四个在共产党控制地区。军调部决定，高级小组驻重要的中心地点，并让在其全面监督下的从属小组驻在附近地点，这就使采取迅速行动以保证所要进行的调查成为可能。以后，随着军调部铁路控制科（后来通称交通组）的组成，铁路执行小组被派到铁路修复的主要地区，其任务为帮助加速铁路修筑工作，铁路修筑和运行的技术方面的细则，则是处于军调部全面监督之下的交通部代表的任务。正式的执行小组有时被分派处理铁路问题，铁路小组又时常被授权处理其所辖地区的停战问题。军调部也不时地派遣专门小组到战地调查，有几次经三委员批准，单派一位美国观察员到指定地点，如山东的烟台、察哈尔的多伦，以调查所称的中共军队调动。截至9月11日，军调部执行小组总数共达三十六个，并建立了广泛的通讯联络网，将这些前哨与设在北平的军调部连接起来。

随着三人小组3月27日关于执行小组进入满洲协议的达成，使军调部第一次有可能将执行小组派到东北。在此之前，除一个小组驻在广州外，执行小组一直都只是在华北和华中工作。派到满洲的执行小组的效能因小组据以工作的指令[1]不当而受到妨害，但他们仍能取得一定的结果和成功。随着4月底苏军从满洲撤退，以及国民政府军队向北推进到长春，军调部在该城市设立了一个前进指挥所。执行小组在满洲所经受的困难大部分起因于停战令在满洲是否适用的问题，这一问题在本报告的另一章中已讨论过。然而如果在满洲没有执行小组，相信局势将会完全失去控制，从而将影响中国其他地区的局势，并且几乎不可避免地导致全国冲突的普遍爆发。

军调部建立时，其主要任务为实施停战。军调部其他同样重要的任务，是恢复交通，遣返日本军民人员，复员和整编中国军队，这些任务或者是军调部建立时原来协定所设想的，或者是后来三人小组（或军事小组）达成的协定所设想的。有一种有趣的评论，认为上述任务军调部所能顺利完成的，只有遣返日本军民人员一端而已。恢复交通及复员、整编中国军队则必然有赖于停止冲突。只要武装冲突继续进行，所涉及的政治问题不能解决，则这两个任务中的任何一个都不能完成，甚至无法顺利地着手工作。军调部所取得的实在成果是，它在其可能

[1] 见本报告“停战令在满洲的应用”一章。

的限度内极为顺利地执行了任务，而且它的成功大部分取决于整个的政治局势。国民政府与中共关系的恶化，很快就反映在军调部及其执行小组有效防止破坏停战令或贯彻业经通过的指令和决定方面所经历的日益增加的困难中。

但无论如何，军调部作为履行中国双方间达成的非政治性主要协定的机构，在努力实现中国的和平与统一及恢复国家的国民经济上，是起了必要的重要作用的。如果军调部的努力未能取得完全成功的话，责任也不在军调部，而应归之于中国人士，他们的互相仇视和不信任使执行小组的和平目的遭受失败。

十八
日本军民人员从中国的遣返

1945年12月15日杜鲁门总统在美国政策声明中所提出的目标之一，就是实现日本军队从中国遣返，以消除日本在中国的影响。声明指出，美国已承担解除日军武装并将日军自中国撤离的明确义务，美国正在并将继续帮助中国政府实现这一目标。

日侨、日俘登上遣返船返回日本

虽然这一政策声明指出，消除日本在中国的影响将通过撤走日军而完成，但显而易见，要消除日本在中国的影响，还要遣返日本平民。他们留在中国，日本的影响就将继续存在，而且其中的许多人如果允许留下，他们就会秘密挣扎，以图在亚洲大陆复活日本的势力和影响。但我们也认识到，一些地区的中国当局已表示需要日本技术人员的服务，如果从中国撵走一切日本技术人员，又没有适当数量训练有素的中国人接替他们在工业、交通、矿山及其他方面的工作，其结果就会损害中国的国民经济。国务院原已表示，将日本人（包括“技术人员”）留在中国是非常讨厌的，而且也与美国消除日本在华（包括台湾）影响的政策不相一致。但也认识到，从中国遣返日本平民是中国的内政问题，美国当然不能强迫中国接受自己的意志。

1945年10月25日至27日在东京举行的有中国代表参加的关于遣返日本人问题的联席会议，商定由中国政府负责从中国战区遣返解除武装的日本军事人员及平民。为与波茨坦宣言条款相一致，如12月15日总统对华政策声明所述，美国政府将协助完成这一遣返计划。

1946年2月6日，盟国最高统帅部，美国海军太平洋舰队总司令，中国兵站总监，中国全国军事委员会和中国军队最高统帅部一致同意一项中国战区遣返计划。在这项计划中，声明“中国国民政府负责遣返日本一切军民人员，特别负责解除一切被遣返人员之武装，将其移交港口地区，并办理乘船准备工作”。办理和移送日本人至上船港口的直接责任交给了中国军队最高统帅部。这项计划指出，中国战区美军[1]在这方面的任务是，向中国国民政府提供意见，并在中国军队最高统帅部、中国国民政府、美国海军第七舰队、盟国最高统帅部及日本航运管制处之间保持联络。让第七舰队负责载运日本人，包括使用美国海军船舶，并让日本航运管制处负责用日本人操作的船舶[2]载运。根据计划，中国战区美军授权拟定自中国各遣返港口遣送的优先次序，并从该指挥部可利用的船舶中分派船只。

从中国遣返日本人的问题与停止冲突是密切相关的，因为日军在华北的继续

[1] 包括美国在华海军陆战队。

[2] 日本航运管制处的船舶，由登陆艇、自由轮和俘获的日本船组成，均配备日本水手并由他们操作。

存在是对该地区和平的非常确实的威胁。由于国民政府继续利用武装的日军驻守华北各铁路沿线的某些据点，共产党坚持其部队有权接受日军投降，这点尤其真实。因为记着这些情况，遂在三人小组关于停止冲突和建立军调部的会谈中提出讨论遣返日本人问题。在建立军调部的协定中规定，由军调部提出解除日军武装及配合移送这些日军至遣返海岸的措施的建议。

1946年2月16日，中国战区美军遣返科科长向军调部三委员及军调部有关人员提出了一个截至当时遣返情况的概况。希望军调部在这一任务中所起的作用是，促进将被遣返的日本人移送至离境港口塘沽和青岛。军调部后方勤务科[1]在军调部内部负责军调部在遣返计划中需要采取行动时所承担的那些任务。遣返科长的报告表明，华南、海南岛和台湾的遣返工作将于5月1日完成；华中和华北的遣返工作预计6月1日完成；满洲的遣返工作，由于日本人的实际数字和驻地可得到的情报不多，预计可于5月1日开始，9月30日完成。与军调部特别有关系的，是报告所提要从华北和满洲遣返的日本人总数的估计：华北三十万零七千人，满洲一百六十万零三千人。

2月18日，军调部三委员一致通过并向一切执行小组、一切执行小组组员和国共双方在华北的一切军事长官发出一项关于遣返日本人的总指令。此项指令指出，从目前驻地有秩序地移送日本人至离境港口是一件与军调部直接有关的事，可得到的情报表明，在华北约有十二万日本军事人员和十八万九千日本平民将经由塘沽和青岛两港遣送回国。军调部在这方面的责任是：协同中国政府和中国战区安排建立食品站，安排移送日本被遣返者至离境港口；采取步骤，保证与此种移送有关的铁路用煤；根据可利用的铁路设备，或沿撤离路线的生活条件，以及当前驻地食品情况，决定从各地区移送日本人的先后次序。指令说明，船舶和港口设备当时能处理的流动速度是，经塘沽一天三千人，经青岛一天一千五百人；从华北遣返日本人的工作，将按与可得到的船舶相一致的最快速度完成。指令解

[1]　后改为铁路控制组，最后改为交通组。

释说，日本人从连云港和徐州地区遣返，不需要军调部的行动或协同。（日本人从这些地区撤走将经过连云港和上海，而军调部在遣返计划中的责任只限于华北和满洲。）命令一切军事长官主动帮助他们所在地区或经过他们所在地区的日本人遣返工作，移送的路线和时间由军调部确定。

军调部发出这项指令并积极参加这一遣返工作之后，显而易见，遣返一切日本人的工作因为面临中国希望保留日本技术人员将遇到某种困难。经中国最高当局与中国战区美军多次讨论，4月2日作出决定，允许台湾中国军政长官暂时保留五千六百名文职技术人员及二万二千四百名左右的受赡养者，共二万八千人。不用说，1947年1月1日以前这批日本技术人员及受赡养者的遣返将由中国政府负责[1]，美国将于4月15日完成除上述二万八千人之外的台湾一切日本军民人员的遣返工作。

至4月12日，原来估计在中国（满洲除外）、台湾和印度支那北部的二百一十一万六千三百零七名日本军民中，一百三十七万九千二百七十六人（占百分之六十五）已遣返完毕。至同一日期，自华南和台湾的遣返也接近完成。其时留在中国（满洲除外）的七十万零六千四百二十七名日本人中，有四十二万四千九百八十八人（占百分之六十）在华中。据报在华北的六万零二百一十五名日本军事人员中，约有五万四千人（超过百分之九十）是在山西省。

与日本人问题有关的山西局势，具有某种利害关系。因为一般相信，这批日本人有些还是武装人员或在易于接近武装的地区，可能被省当局用来反对共产党。山西省政府主席坚持保留日本技术人员，以及该地区和北平地区的国民政府军事长官对遣返计划缺乏合作，终于形成了一种局面，使两条船因得不到要遣返的日本人运送，只好空着从港口开走。

鉴于此种情况，我于1946年5月16日写信给中国外交部长，信中提到国民政府保留日本技术人员的明显愿望，并询问中国关于此事的希望，以便就所涉及的

[1] 其后中国政府要求盟国最高统帅部并得到允许，从9月开始以中国船舶遣送这批日本人。

船运作出明确计划。6月5日，外交部长复函说，为保证中国收复区某些企业工作不致中断，国民政府感到，“在目前过渡期间”有必要保留一批日本技术人员的服务。他说，除满洲与台湾外，要保留的数字约为一万二千人。

中国战区美军5月24日所编制的遣返统计说明，预定从华南遣返所有日本军民人员的工作已于4月25日完成，从印度支那北部遣返的4月21日完成，从台湾遣返的4月23日完成。截至5月22日，总数一百七十五万九千五百名日本人（九十九万两千零五十四名军事人员，七十六万七千四百四十六名平民）已从中国战区（包括满洲[1]）遣返完毕。5月22日尚待遣返的日本人数字（在满洲的除外）如下：从华北遣返的，七千零七十名军事人员和一万四千九百七十名平民，自华中遣返的，二十四万零三百三十三名军事人员和三万三千五百五十五名平民——两地区总共二十四万七千四百零三名军事人员和四万八千五百二十五名平民。到6月21日，尚留在华北的约有一万四千五百名日本人，虽然原定完成从华北遣返的日期为5月15日，而且在此之后有十艘登陆艇在塘沽等候被遣返者到来达九天之久，但因无任何日本人上船，登陆艇最后开往葫芦岛。此时美军当局通知中国军队最高统帅部，1946年7月15日以后华北将无船舶可用，而且到7月15日止，经塘沽和青岛的遣返计划将认为业已完成。要求中国当局将经此两港遣返的日本人确切数字和留在中国的日本人数字通知中国战区。

中国战区美军编制的关于华中的最后数字表明，自该地区遣返日本人的工作于7月11日完成，总共八十一万零二百二十六名日本人（六十八万三千四百七十四名军事人员，十二万六千七百五十二名平民）已撤离华中。据报中国人保留了四千九百一十名日本人，其中二千零八十三人为军事人员，二千八百二十七人为平民。

7月16日，军调部正式承担了自华北和满洲遣返日本人的任务，从而免除了中国战区美军为这些地区遣返计划所负的任何进一步的责任。军调

[1]　经葫芦岛从满洲遣返日本人，于4月下半月开始。

部所编制的统计表明，从华北遣返日本人的工作于1946年8月11日正式完成，总共五十五万一千五百名日本人（二十三万九千二百六十六名军事人员，三十一万二千二百三十四名平民）已撤回日本。华北中国当局说，共有六千七百三十七名日本人，包括战争罪犯、技术人员及其家属，将留在该地区。估计另有一千五百名日本人（这些人中军事人员和平民的比例不明）未能到达海岸。当这些人能召集到一起时将集中于北平，由中国人经铁路运往葫芦岛遣返。

在这一点上，鉴于从中国遣返一切日本平民对美国有好处，在南京的美国大使馆奉国务院指示，于1946年7月6日正式照会中国外交部长，表示美国政府希望一切日本国民均应在最近的将来遣返回国，并希望中国政府将其大部分，包括一切希望遣返的日本人，尽快遣返。照会并说，美国政府非常希望只允许将这样的日本人留在中国：因无相当于他们的专门才能或技术专长的中国人，因而他们显系不可缺少，他们的履历又能表明他们对中国的和平与安全并无任何威胁。

由于缺少从满洲遣返日本人数字的准确情报，给制订从该地区遣返日本人的确切计划造成了困难，因为船舶、铁路运输、食品及处理等问题都要求事先了解需要。船舶问题尤其如此，因为要求中国战区配合遣返计划，是按照麦克阿瑟将军总部可获船舶和其中能用于从中国战区遣返日本人的那部分船舶进行的。2月后半月，美军当局努力从一切可得到的资料中获得关于满洲日本军民人员数字及其地理位置的情报，结果所得到的数字是一百五十万至三百万之间。中国战区美军即以此为暂时依据，作为他们计划从满洲遣返九十万日本军事人员和七十万零三千日本平民的数字。由于苏军这时继续占领满洲和中国对该地区缺乏控制，不可能从中国方面获得日本人在满洲的数字和位置的充分情报。

随后事情变得很明显，按照当时保持的遣返时间表，到4月30日，华南、台湾、海南岛和印度支那北部要遣返的日本人将清理完毕，用以遣返的船舶早在4月15日就会开始过剩。鉴于这种情况，派遣一个美军遣返小组前往满洲收集有关该地区日本军民人员的人数和部署，以及有关遣返的交通、住宿和集结待运地区设备的情报，以此在满洲制定遣返计划，似乎是适宜的。因此，中国战区美军通知中国军队最高统帅部，中国战区正在计划于4月15日以后派遣一个遣返小组前往葫芦岛（国民政府占有的一个南满港口），在开展一项从满洲遣返的完整计划之前，按照一个大致的基本方案于4月下半月开始从满洲遣返日本人。要求中国当局在葫芦岛建立必要的遣返机构，并拟订遣返计划。4月18日，中国军队最高统帅部通知中国战区，其遣返机构已在葫芦岛建立，已将大约六万日本人集中该地准备遣返。由五名军官和八名士兵组成的美军小组，名叫葫芦岛遣返小组，于4月下半月前往葫芦岛，并做出安排，以便日本航运管制处的十条船届时到达，为被遣返者提供运输。

从满洲遣返的计划开始时，　中国战区美军与军调部举行了一次联席会议，以保证满洲军调部执行小组有关移送被遣返者至离境港口的行动，如像执行小组在华北所进行的一样。中国战区美军对被遣返者的必要处理办法作出规定，并承担责任在遣返计划与步骤方面同盟国最高统帅部协作。如在中国其他地区一样，处理办法由美国人员掌握，因为中国缺乏有训练的人员担负这类任务。

关于自满洲遣返日本人问题，经国务卿同意[1]，我于1946年3月9日致函苏联驻华大使，内称，用于遣返日本人的船舶将自4月15日起逐步解放出来，该大使如愿弄清苏联政府关于自满洲撤离日本军民人员的意见，将不胜感谢。信中指出，如果这些日本人员自4月15日起能到达满洲港口，可用的船舶即可专用于遣送日益增多的大量日本人员，因为从中国本部的撤离已接近完成。并向该大使解释，早日答复将有助益，因所涉及的船舶将被指定不是用于遣返，就是用于复员。

4月2日，我离华返美期间充当我在三人小组代表的吉伦中将依照我的电报指示，向苏联大使发出一信。信中说，4月15日麦克阿瑟将军将有七十五艘日本人操作的自由轮可用于自满洲遣返日本人。谈到我3月9日给该大使的信，吉伦将军询问，苏联政府是否已作出关于自满洲遣返日本人的什么决定。强调了因与所涉及的船舶部署有关，需及早得到答复，但对这些信一封也没有接到答复。4月15

[1] 据认为，在其他更为迫切的淡判中，此种办法可以使由国务院正式向苏联政府打交道成为不必要的。

日，我在华的参谋人员哈特·考伊上校代表吉伦将军致函苏联大使，进一步询问此事。

4月27日，我从美国返华后，又向苏联大使发去一函，通知他可以得到船舶，而且一个美国遣返小组正在前往葫芦岛，以配合从南满移送日本人经该港口遣返。我还告诉该大使，来自中国军队最高统帅部的报告表明，在沈阳至大连的走廊地带有大量的日本人，为了促进对这些日本人的遣返，在大连暂驻一个只配合移送被遣返日本人的美国遣返小组将是有助益的。要求该大使尽早将他的政府对此事的态度通知我。我告诉他，如果希望此事提到高一级处理，我将因受到通知而表示感谢。

鉴于对这位苏联大使的各种联系依然未接到收函通知或答复，5月14日，我电告美国驻莫斯科大使，要求他就此事向苏联政府交涉，并指出，这纯粹是一种经济地利用船舶以免不必要的延误的事务性问题。5月29日，美国驻莫斯科大使电告我，他已就派遣一个美国遣返小组去大连一事向苏联外长提出交涉，外长已同意尽早将苏联政府的决定通知他。6月29日，美国驻莫斯科大使经国务院用电报送给我苏联对他询问的答复的译文。苏联政府建议，住在大连和旅顺海军基地地区的日本人，应以类似苏联代表在东京建议的从北朝鲜遣返日本人的方法经大连遣返。复函并说，旅顺苏军当局将负责移送日本人至大连，负责他们的体格检查和上船，而希望麦克阿瑟将军总部负责以归该总部使用的船只将他们从大连运往日本。建议在东京订出细则。复函最后说，大连和海军基地地区以外的日本人应经附近的满洲其他港口遣送。7月4日，苏联驻华大使给我送来一封同样意思的信。

约在此时，沈阳日军总部告知军调部，在大石桥以南沿关东半岛有三十六万四千名日本人，分布如下：二十五万名在大连，十万名在旅顺海军基地地区，一万四千名在半岛的大连以北地区。由于这一万四千人[1]的遣返需要经沈阳长途乘火车、卡车和步行，而在冬季到来之前经葫芦岛一港完成遣返或许有困

[1] 这批人据报在大连和海军基地地区以外，因而按苏联建议将经附近的满洲其他港口遣返。

难，我遂于7月22日又向美国驻莫斯科大使发去电报，建议他向苏联政府交涉，获得它的同意，将这一地区的三十六万四千名日本人全部经大连遣返。

8月19日，还没有从东京的联合国对日管制委员会接到关于此事的进一步发展的消息[1]，我向盟国最高统帅部发去电报，探询是否已接受苏联上述建议，制定了什么遣返计划。我感到为了便于计划冬季工作，此种情报是必要的；可以想象，在大连和旅顺海军基地地区的三十五万日本人可能要被北移，因而将给已因葫芦岛港口拥挤而受到妨碍的军调部遣返计划增加一种额外的沉重负担。

其后联合国对日管制委员会通知我，从苏联控制地区遣返日本人的一般问题当时正由国务院在政府最高一级处理，并指明，在东京的苏联代表根据指示不能讨论除平民之外的军事人员的遣返问题，已将讨论限制在苏联控制的某些地区，而且也未能就遣返船舶的燃料供应问题取得一致意见。

虽然关于从苏联控制的大连和旅顺地区撤离日本人未取得进展，但满洲中国人控制地区被遣返的日本平民却以稳定的速度继续流动。军调部对于从北满共产党占有地区遣返曰人问题作了安排，这些日本人的遣送是穿过国民政府和共产党控制地区之间的一条路线，南经沈阳，在可利用的设备允许范围内尽快运送至离境港口。到9月6日，从满洲撤离的日本人总数已达六十八万二千六百二十九人。军调部估计，尚待从该地区撤离的，另有七十二万二千五百九十八人。

按照军调部的数字，截至9月6日，从满洲遣返的六十八万二千六百二十九名日本人中，只有九千五百七十五人是军事人员。但根据美国太平洋陆军总司令至9月1日为止这一期间从满洲遣返的日本人数字，表明在满洲的全部总数中，共有三万八千九百十四名日本军事人员，包括九百五十二名海军人员在内。一般相信，日本军事人员在某种情况下将军服换成便服，而在抵达日本时这些人为了退伍又承认他们曾参加军队，因而已被美国太平洋陆军总司令算作军事人员。这些军事人员之所以不愿承认自己的身份，有时或许是因为害怕被中国人认出，在其

[1] 联合国对日管制委员会一直掌握着关于从满洲遣返日本人的一切进展情况的情报。

他情况下，则是希望取得平民资格，从而许可保留数量较大的日元，这种数量的日元只准平民保留而不准军事人员保留。军调部的军事人员数字只包括了那些有组织的部队中穿军服的日本被遣返者。

但以上所说并未提供一种适当的解释，说明为什么从满洲遣返开始约四个月后，只有一小批日本军事人员从该地区撤走。从战争结束后，日本关东军所属的单位或人员的所在地就不清楚。据推测，大批人员被送往西伯利亚。少数据报在4月份中共部队夺取长春时为其所用。在满洲的一个提供消息的日本人断言，一支装备精良的日本大军仍然留在满洲。这个消息提供者说，部队之间保持着电报通讯，士气旺盛，纪律良好，虽然保持中立，但倾向于赞助中国国民政府。我们一直未能获得证实此种报告的任何材料，或证明其可靠性的任何部分的证据。这里提到它，只是作为满洲局势中有一种可能存在但似乎不一定真实的错综复杂情况的迹象。

从中国战区遣返日本人的最后数字[1]，包括直到9月6日从满洲遣返的数字，如下：

地区	遣返总数	军事人员总数	平民总数	中国报告被保留者
华北	551,500[2]	239,266	312,234	6,737
华中	810,226[3]	683,474	126,752	4,910
华南	134,830	113,660	21,170	972
台湾	454,152	157,976	296,176	28,000
满洲[4]	682,629	9,575	673,054	
印度支那北部	30,888	29,198	1,690	
共计	2,664,225	1,233,149	1,431,076	40,619

[1] 中国战区美军及军调部编制。

[2] 华北遣返计划正式完成时，另有一千五百名日本人留待中国当局经由铁路至葫芦岛遣返。

[3] 据军调部报告，约有六百名日本人（其类型不详）可望于9月经上海遣返。

[4] 满洲的数字截至1946年9月6日。军调部估计截至此时待从满洲遣返者为七十二万二千五百九十八人。未从中国当局得到他们要在满洲保留的日本人数字的情报。

截至9月20日，从中国遣返的日本人总数为二百七十一万一千九百五十一名，其中一百二十三万一千二百五十一名为军事人员，一百四十八万零七百为平民[1]。至此，从中国领土遣返日本人的任务大部分已经完成。这是一种非常巨大的任务，涉及要从内地各处将被遣返的日本人经由不充足的交通线移送至离境港口。这一任务要求军调部交通组（它负责在这一计划中执行军调部的职责），执行小组，美国海军当局和盟国最高统帅部（它控制着用于遣返的大部分船舶）之间进行仔细的和密切的协作。这涉及被遣返者从内地到达离境港口的流动要按这样的时间安排和规定进行，使遣返船舶开出时间的拖延达到最小限度，不给遣返小组可利用的处理及宿营设备造成过重负担。这要求在沿途必要的地点设立食宿站。这是对筹划和执行遣返计划效率的一种颂辞，因为从中国战区撤离这样庞大数量的日本人，是在比较短的时间内完成的。

留在中国的日本人可能扮演何种角色，他们的影响重要程度如何，这是一个可以争论的问题。但在最近的将来，留下的日本人通过直接参与中国事务而在中国舞台上所起的影响，似乎未必能成为一种重要的因素，除非由于满洲可能存在大量的日本军事人员而使事物的发展出现这种情况。

[1] 关于遣返计划另外的情报，得到进一步统计后即送上。

十九 军事调处执行部执行小组进入满洲；满洲的局势

按照3月27日就军调部执行小组进入满洲达成的协议，白罗德将军和少数的美国人员于3月29日经由锦州前往沈阳。在军调部接到这项协议的通知时，白罗德将军在取得参加军调部的中国双方同意派遣执行小组进入满洲方面遇到了困难。中国共产党方面声称，那个时候它缺少充分的人员，而国民政府方面声称，蒋委员长在锦州的行营没有接到蒋委员长关于这项新协议的通知，因此不能与军调部洽办此事。蒋委员长东北行营主任熊式辉将军于3月28日通知参加军调部的国民政府代表说，执行小组不得进入满洲。不可避免地会引起这样的怀疑，即国民政府的官员们有意地使这件事情耽误下去，以便阻止执行小组进入满洲，直至国民政府有占领长春的时间。这种怀疑，显然被国民政府的一位参加军调部的高级成员与白罗德将军的谈话所证实了。国民政府的军事领袖们担心，执行小组会停止他们军队的调动，因而阻止政府占领长春（苏联军队不久就将从长春撤退）。在吉伦将军就此事与张治中将军和蒋委员长交涉之后，蒋委员长于4月1日向熊式辉将军发出命令，要他与军调部满洲执行小组充分合作。

3月30日，美国和国民政府参加满洲执行小组的人员前往沈阳，4月2日，共产党参加满洲执行小组的四十名成员抵达该城市。此后不久，共产党与美国在沈阳的小组成员之间就派遣小组进入战地达成了协议。然而，4月3日，国民政府的小组成员声称，他们没有权力采取行动，因为他们小组的领导人还在锦州。虽然白罗德将军作为军调部执行组主任有权按照发出的命令规定派遣各小组进入战地，然而如果没有国民政府的代表参加，小组就难以离开沈阳。鉴于执行小组在满洲的活动面临着这个持续的障碍，吉伦将军于4月7日送一份备忘录给蒋委员长。在备忘录中他描述了上述局势，提到了报纸的报道，即政府是在故意拖延，以便它有时间占领长春，并要求蒋委员长立即发出适当的训令，以保证国民政府在沈阳的执行小组成员的合作。

1946年5月，满洲国时期的沈阳帝国饭店被征用为国军指挥部，此时苏联军队刚撤离不久，苏联管辖时期的画像和俄文标语还在

这时满洲的局势由于与苏联从该地区撤退有关的发展而复杂化了。在苏联军队从沈阳撤退以后，在满洲的苏联军事当局拒绝同意国民政府利用向北通往长春的铁路运送中国军队，宣称这是中苏条约的条款所禁止的。又据报道，苏联当局已拒绝了中国政府的一项要求，即在苏军正在撤退的若干据点保留少数苏联驻

军，直至国民政府的军队到达这些地方接收主权。中苏关系由于经济谈判的情况而更为复杂。这项谈判由于苏联的要求在长春开始举行，但是由于苏联在2月1日（这是要求苏联军队撤离满洲的日期）以后继续占领满洲的结果，中国的谈判代表离开了长春，使谈判陷于停顿。此后苏联政府曾要求中国当局在长春继续讨论有关满洲的经济事务，但是后者拒绝参加这种讨论，除非讨论移往重庆举行。事情就这样陷于停顿，直至3月25日，苏联驻华大使通知中国政府，苏联政府愿意在重庆进行讨论在满洲的经济合作问题。

1946年5月，沈阳市民正在看贴在墙上的时局海报（消息来源是美国新闻署，当时满洲上空国共双发剑拔弩张）

军调部执行小组就是在这样的背景之下前往沈阳的。4月5日，中国当局送给吉伦将军一份苏联从满洲撤退的时间表，这是苏联在满洲的当局提供给中国政府的。时间表规定，自4月6日开始至4月29日止，苏联军队逐步地并完全地从满洲撤退。鉴于苏联军队继续驻在满洲，即使3月27日的协议已经明白规定，执行小组不得前往苏联占领下的地点，白罗德将军还是向吉伦将军建议，把执行小组进入满洲正式通知苏联在满洲的军事当局是可取的。吉伦将军于是于4月1日向蒋委员长建议，由国民政府把执行小组进入满洲和派它们进入满洲的目的——即履行

3月27日的协议——通知苏联当局。4月4日，中国当局通知吉伦将军，蒋委员长已命令熊式辉将军把派遣执行小组进入满洲和指导它们活动的指示通知苏联在长春的司令部。

满洲局势的另一方面，即中国共产党时常以之作为宣传攻势的主题的，是与以美国交通工具运送国民政府军队有关的问题。正是在这个期间，共产党第一次力图证明它的争论是正当的，即国民政府在满洲的军队数目被限制为五个军，这个限制是2月25日达成的军队整编和统编协定规定的。3月28日，军调部的共方委员抗议政府军队开入满洲。3月31日，周恩来将军以三人小组的共产党代表的资格向吉伦将军提出抗议，反对再用美国船只运送政府军队进入满洲，声称2月25日的军队整编方案把政府在满洲的军队数目限制为五个军。吉伦将军答复说，这个争论的根据是不正确的，因为在军队整编方案里所规定的对政府在满洲的军队限制在十二个月终了时方才生效，而政府军队开入满洲，是1月10日的停战令里所规定的。这项规定使禁止军队调动有一项例外，以便允许政府军队开入满洲，以恢复中国的主权。吉伦将军并且请共产党方面注意这个事实：即使五个军的限制适用于还很遥远的时期，当时政府在满洲的军队总数还远远低于在五个军的基础上所准许的人数。虽然这个主题暂时被搁置了，但是这个问题此后还是被共产党三番五次地提出来，并且在它反对它所谓的美国帮助国民党的宣传攻势中起了重要的作用。

在就执行小组进入满洲达成协议时，有这样的打算：三人小组将访问沈阳，以便帮助决定哪些地区是危急的，并且在三人小组认为必要时，对执行小组的地点加以调整。然而，直至4月8日，在沈阳的执行小组才就派遣小组进入满洲发生冲突的地区最后达成协议，那一天两个执行小组被分别派遣到沈阳的北方和东南方地区。4月14日，代理三人小组（国、共、美三方每一方有一位代理人，代表三人小组原来的成员）与军调部的三位委员一道，离开北平前往沈阳，进行一次调查局势的视察，以便在我从美国返华后可以把满洲的实际情况向在重庆的三人小组汇报。这次的视察实际上成为一次调查事实的旅行，因为执行小组留在发生冲突的地区的时间太短，不可能获得任何有效的结果。代理三人小组于4月16日回到北平，并于4月18日前往重庆。

4月14日，苏联军队从长春向北沿铁路线撤退到哈尔滨。在苏军撤退后一个小时内，该地区的中共军队就对飞机场开始攻击。次日，中共军队向长春发起进攻，并于当日攻下了市区里的主要据点，虽然零星战斗一直继续到18日（这一天国民政府军队的所有抵抗都停止了）。据报道，中共军队约有两三万名装备精良、训练有素的士兵，抵抗他们的国民政府军队约有一万五千名士兵，其中大部分是以前的满洲伪军，是在苏联占领期间从北平飞往长春的。据一名官方的美国观察员报告，中共军队在交战时曾雇用了少数日本人，其中主要是坦克手。这位观察员又报告说，在长春陷落以前，国民政府军队杀死了三十多名苏联公民，在这次屠杀中有些苏联公民被拷打和切断肢体，在中共军队占领长春以后，苏联官员和大部分有地位的苏联公民离开长春，前往哈尔滨。

中共进攻并占领长春是对停战令的重大违犯，而且如后来的发展所显示的，是会引起严重后果的行动。这个行动使在满洲取得胜利的共产党将领们过于自信，并且更不愿意同国民政府妥协，但是这个行动对于国民政府的影响更是灾难性的。这个行动使我在谈判中的地位和我的努力，即说服蒋委员长和国民政府领袖们，采取某种妥协的行动方针是可取的，要更加困难得多。这个行动大大加强了国民政府中极端反动集团的势力，他们现在能够批评我以前的劝告，并且说，共产党现已表明他们从来没有打算坚持履行达成的协议，这种说法始终是这些国民党领袖提出的论点。

要确实地解释共产党进攻长春的原因是困难的。一个可能的解释是：共产党力图迫使国民政府结束在满洲的冲突，停止把它的军队从沈阳向北调动，并且从事谈判以求得一项解决办法。这个解释由于中共军队在四平街（沈阳以北铁路线上的一个重要交叉点）进行的坚决抵抗而加强了，在那里中共军队成功地抵御了强大的政府军队的进攻达一个多月之久，该城市最后于5月19日被政府军队攻占。共产党进攻长春的行动也可以同华北的一般局势联系起来。在华北，铁路重建工作在成功的和有希望的开端以后，在对平毁防御工事问题的辩论中陷于停顿。政治形势也明确地恶化了，有迹象表明，国民党力图对政治协商会议于1月作出的各项重要决议进行修改。因此，共产党可能希望，这个时刻它在满洲成功的军事活动，连同华北正在恶化的局势以及共产党努力阻止国民政府再把军队开入满洲，可能会使国民政府更愿意从事谈判，以求得满洲问题的解决办法。但是，不管这个行动的原因是什么，它显然是共产党方面一个策略上的严重错误，这个行动今后反复地烦扰他们。

周恩来将军对于共产党进攻长春的解释是：在1945年底，当政府军队正在沿铁路线从锦州向沈阳前进时，共产党曾力劝政府前往沈阳同苏联人谈判关于接收主权的事，并且曾经通知政府，如果政府军队为了接收在苏军控制下地方的主权而向沈阳前进，共产党不会阻拦。周将军解释说，曾经警告政府，如果它的军队向西调动，进攻共产党的军队，就会有发生冲突的危险。他进一步说，政府军队改变了进军路线，并向西对热河发起进攻；甚至在1月份签订了停止冲突协议以后，曾再一次要求政府不要进攻共产党。周将军说，迟至3月15日，共产党还曾力劝政府接收沈阳和中长铁路，3月27日，他本人曾经声明：如果在满洲的冲突停止了，“可以向政府保证维持长春、哈尔滨和其他城市的现状”。他最后说，共产党曾一贯地向政府保证，如果政府停止满洲的冲突，长春可以一直维持到4月15日，但是政府不愿这样做——在这种情况下，共产党除攻占长春外没有其它选择。

二十
在我回到中国时局势的恶化；各种事件导致达成满洲临时休战协议

我于4月18日回到中国时，局势全面恶化了。我在北平短期停留，了解与军调部的活动有关的情况以后，前往重庆。

在我回到重庆立即与蒋委员长举行的第一次会谈中，他就全面的局势作了一次坦率的谈话，其大意是：现在我应该清楚了，我以前争辩说，共产党会履行他们的协议，是错误的，这由下面的事情可以证明：他们未能交出2月25日达成的军队整编协议所规定的应于三星期内交出的他们准备保留的师的名册，他们进攻了长春，他们拒绝继续恢复华北的交通；政府在满洲的各个师有被歼灭的危险；他不认为在满洲能够进一步前进，撤退一部分军队可能是必须的；他甚至考虑到完全撤出满洲，把满洲问题提交到国际上解决。

对于这一番谈话，我回答说，虽然我认识到满洲的危急局势，并且考虑到共产党进攻长春是明显违犯他们的协议，但同时我感到，鉴于在中国的局势中本来存在的深刻的不信任和怀疑，政府过去的行为是致命的挑衅，而且有时是不可原谅的愚蠢。我痛惜政府的军事长官在满洲的行为和政府长期拒绝军调部执行小组进入满洲。我反对他的看法即撤出满洲，或者实行重大的撤退。我认为仍然还有相当的希望可以达成妥协，对于政府来说，这样要比一次可能的撤退有利得多。我说，我不同意他关于共产党拒绝继续恢复交通的说法，因为，按照我的意见，在批评政府交通部人员的态度方面，共产党是有许多话可说的。

1948年国共内战，长春围城致使数十万人饿死

作为这次会谈的结果，我起草了一项在满洲达成折中安排的建议，特别注意与长春及长春以北地区有关的问题。然而，当我于次日傍晚会见蒋委员长时，他不再提到局势的危险（政府各个师被歼灭的危险）或可能的撤退，而似乎在考虑一项积极进取的政策。因此，我根据头一天他所陈述的观点所拟定的折中建议是不合适了，所以我就放弃了它。这个建议包括这样的内容，即政府再把两个军（第六十军和第九十三军）运进满洲（一个军大部分已在船上，另一个军刚刚开始上船），这两个军后来由美国船只运往满洲。蒋委员长反对限制用美国交通工具运送国民政府的军队前往满洲，并且坚持除第六十军和第九十三军外，由美国海军再运送两个军往满洲。我一直都拒绝批准这项运输，我在这两者之间，即在业经商定的由美国援助国民政府运送军队进入满洲以恢复国民政府的主权与援助一次自相残杀的战争之间，划了一条界限。我必须衡量国民政府在共产党在北方日益增加的军事集中以及在武器（取自日本在满洲的弹药库）方面也同样增加的情况下在一个广大地区接收主权的正当（根据我的意见）需要。

在我返华后与国民政府官员们的最初的讨论中，我力图强调目前局势的严重性，寻求解决办法的困难和我自己对于局势的估计。我对政府代表们说，目前的许多困难国民政府早些时候本来是可以避免的，但是局势现在逆转了。国共双方都完全缺乏诚意而且互不信任，每一方在对方的所有建议后面都看到邪恶的动机；国民政府阻碍了派遣执行小组进入满洲，而执行小组或许是能够控制局势的；共产党说停战令适用于全中国，而国民政府却反对停战令适用于满洲；当国民政府的军队开进满洲时，他们采取了鲁莽的行动，企图消灭在内地的共产党军队。我不得不作出结论：蒋委员长的军事顾问们所表现的判断力是很低劣的。在许多事例中国民政府当局给共产党提供了指责他们缺乏诚意的机会：（一）汉口的局势，那里的中共军队被集中的政府大军所包围；（二）政府军队向热河省赤峰移动，违犯了停战令（这次进军的命令是由重庆国民政府统帅部发出的）；（三）驻广州的司令长官张发奎拒绝承认该区的中共军队，并拒绝承认军调部和重庆国民政府的命令；（四）何应钦将军的陆军总部没有依照停战令中明白的规定，提出关于长江以南军队调动的每日报告；（五）在北平搜查共产党人员的住所并封闭共产党的报社；（六）政府飞机在延安飞机场上空“侦察”；（七）在沈阳飞机场扣留共产党执行小组人员。所有这些都是对于国民政府没有裨益的愚蠢行为，这些行为不但成为共产党指责国民政府的借口，而且更严重得多的是，激发了共产党对国民政府意图的怀疑。国民党曾经有过在满洲获致和平的机会，但是它没有利用这个机会。现在共产党正在利用当前局势，并且日益强大起来，因而使国民政府处于很危险的军事地位，即战线过长，兵力不断地日益分散。

我在与徐永昌将军（军政部作战局局长，于4月23日被国民政府任命为参加三人小组和三人军事小组的代表）会谈时，表示了与上述意见相同的看法，并且指出局势的悲剧性——自1945年12月开始谈判以来，政府曾经有过几次满意地解决问题的机会，但是现在共产党却能够向政府提出过分的要求了。根据我听到的情况来看，国民政府所犯的大错包括对较小的事情采取强硬的态度，这种态度达不到有益的目的，却引起了严重的僵局。

在我返华后与周恩来将军的第一次会谈中，他详细说明他从事谈判的能力减小了，以此来强调求得解决办法的困难。他说，在满洲的共产党领袖们现在关心他们适应军队整编方案的方式，延安当局感到，2月25日达成的军队整编协议所规定的在十八个月终了时，在满洲共产党一个师对政府十四个师的比例已经不合适了。他说，延安希望重新考虑在满洲的兵力比例，并且坚决反对政府再往满洲增调军队。

伪满洲警察

关于以美国船只运送国民政府的军队往满洲的问题，我在努力澄清美国地位的谈话中，把美国船只运送政府军队往满洲的确切数字告诉了周将军：第十三军、第五十二军、新一军、新六军和第七十一军或总数为十四万五千名的军队业已运往；东北警备司令部的六千五百名士兵和一万两千名后勤部队业已运送，以便在秦皇岛和（或）葫芦岛建立一个较大的供应基地；根据现在承担的义务，尚需以美国船只运送第六十军（三万两千名士兵），第九十三军（三万名士兵）和第一集团军司令部（两千六百名士兵）——当这些运输完成时，至6月1日（预定完成这些运输的日期）美国交通工具将运送共计二十二万八千名政府军队。（应该指出，按照2月25日达成的军队整编协定，在头十二个月终了时，国民政府在满洲可有五个军［每军三师］，每师不得超过一万四千人。该协议又规定，各军配置直属部队的人数，不得超过其总兵力百分之十五，因此，按照该协议，在头十二个月终了时，国民政府在满洲的总兵力约为二十四万人，这个数目要比美国按照以前向中国政府承担的义务运送的军队数目多。）

在4月27日和29日与周恩来将军的进一步会谈中，我把蒋委员长为解决满洲局势交给我的新建议传达给他，那时满洲局势支配着中国的整个局势。蒋委员长提出，停止冲突的主要条件是共产党军队撤出长春并由政府军队占领它，并且说，在政府军队占领长春之后，政府就愿意由三人小组来考虑军事和政治局势的各方面问题。蒋委员长明确地建议：（一）执行停战令；（二）按照2月25日达成的军队整编协议的规定确定国共双方军队的兵力；（三）由政府控制中苏条约中载明的铁路以及铁路线两侧三十里地带，以重新建立中国在满洲的主权；（四）进一步讨论政治事务。

就在这个时期里，民主同盟的代表参加了关于解决满洲问题的讨论，并提出一项建议，其要点如下：任命三个社会贤达代表参加东北参政会，解除国民政府军事长官所担任的该参政会主席之职；改组东北政治委员会和经济委员会；政府代表驻在关键地点，诸如铁路沿线的哈尔滨、长春、齐齐哈尔和其他城市；禁止政府军队在铁路线上调动；共产党军队从铁路线撤退到三十里以外的地点——在发出停火令以后，组织一个联合委员会以调查满洲的局势。蒋委员长拒绝了这些建议，而周将军本人则似乎认为这些建议是肤浅的，他声称，主要问题是与控制铁路有关的，这可由下面任何一种办法来完成：（一）由地方民兵控制铁路；（二）对铁路实行完全的军事控制；（三）设立一个委员会来控制铁路。

4月29日，周将军通知我说，他已把蒋委员长和民主同盟的建议送往延安，他倾向于接受在发出全面停火令以后组织一个联合委员会以调查满洲局势的意见，这个委员会处理下列问题：（一）把双方的军队分隔开来；（二）控制交通线；（三）改组政治委员会和经济委员会；（四）考虑各省省政府的状况。他说，共产党强烈反对再增调政府军队，并愿在谈判之前发出停火令。周将军感到，如国民政府坚持占领长春所表明的，它愿意先打仗然后谈判，而共产党则愿意停止战斗并且讨论全面的问题。他说，共产党可以接受蒋委员长提出的在谈判以前占领长春的建议，并且提出下列几点作为一项解决办法：（一）将紧密接触的双方军队分隔开来；（二）禁止双方调动军队；（三）解决交通问题；（四）派遣军调部执行小组至双方军队紧密接触的地点和主要铁路沿线。周将军建议对这四点立即采取行动，以后再讨论另外的四点：（一）检查在满洲的军事部署；（二）执行复员计划；（三）双方军队重新配置；（四）调整双方军队的兵力。

在答复周将军提出的这些建议时，我告诉他，我认为双方立场根本的差异在于满洲的主权问题；主权暗含的意义是控制，除非国民政府占领长春，否则它不能掌握这种控制；蒋委员长已向共产党作了重大让步，即倘若中共军队撤离长春，他愿意开诚布公谈判关于其他的满洲问题。我进一步声称，在仔细和深刻地考虑过去几天里的讨论以后，我遗憾地感到必须向周将军提出下列口头声明：

我已竭尽所能努力为这个危急的局势进行谈判。现在提出这个声明，即表示我实际上已不经手调解这件事情。我看不出我再进行调解，能有什么更多的成就，我认为最好这一点能为人所了解。在使各种立场和看法取得妥协的努力中，我已竭尽我的智谋，我看不出进一步同蒋委员长讨论这个特殊问题如何能获得任何更多的进展。如我以前告诉你的，我的立场现在大大地改变了，因为在所有以前的协议中，我都不断地遇到政府方面这样的说法，即不管我提出怎样的协议，共产党都不会执行。现在我力图说服国民政府采取各种行动方针的立场，已因共产党在满洲的行动而遭到了严重的损害。我再重复说一遍，对于你所说的国民政府不遵守协议的行动，我是完全熟悉的。例如：广州的局势，军调部在满洲的权限问题；国民政府军队在满洲采取战斗行动，而不依靠执行小组到场阻止冲突。但是事实仍然是：我已竭尽我的智谋，而且我已试图把我认为可以与政府达成协议的基础告诉你了。

周将军在一次解释共产党对目前局势态度的冗长谈话中说，蒋委员长以武力攻占长春的态度已经引起了困难，而且要说服蒋委员长是困难的——第一，他不愿承认在满洲的共产党军队；第二，当他谈判失败时，他就渴望使用武力；第三，他渴望行使国民政府的权力，只是在被迫时才作出让步。周将军声称，蒋委员长达成以前的协议是勉强的，他是同国民党内的“顽固分子”一致的，由于他不批评或不努力纠正他们的行动，就可以证明这种想法是正确的。周将军指出，轻易地占领长春，将诱使国民政府企图攻占哈尔滨；满洲的主权问题已经有很大的变化，因为日本和苏联军队已不再占领着东北，与建立中国主权有关的各种基本考虑已不再存在。在解释共产党对于美国给予国民政府一笔贷款的攻击时，周将军说，这些攻击是真诚的而且是以这样的坚定信念为基础的，即在这方面暂时停止行动，是避免中国内战的最可靠的方法之一，而国民政府军队的继续调动和给予国民政府一笔贷款，将会造成与美国的希望相反的结果。

在这个时候，我退出了为解决满洲问题在两党之间的调解地位。已经陷于僵局，我认为，我退出调解地位，可以对双方施加压力，使它们在各自的立场上作出让步。不过，我继续同双方的代表举行会谈，以努力阻止华北的局势恶化。

在5月4日与徐永昌将军的一次谈话中，我考虑到国民政府坚持要占领长春和共产党反对撤离该城市的强硬立场，第一次提出了一项可能解决满洲问题的意见。我向徐将军提出的意见是：共产党撤出长春，在长春设立军调部的前进指挥所以维持治安；任命一名市长，他可以组织一支保安部队，以维持地方秩序和安全。5月8日，我在与交通部长同时也是我与蒋委员长的联络人俞大维将军的谈话中再一次提出了这个计划。我建议：共产党撤离长春，在长春设立军凋部的前进指挥所，并且规定国民政府军队在六个月左右的时间内进入长春。

5月10日，依照蒋委员长要我把关于满洲问题可能获致协议的基础意见提供给他的要求，我送给他一份备忘录，提出了某些考虑和建议，其要点如下：

军事 在满洲的国民政府军队的配置，应根据下列各项考虑决定：

第一，根据国民政府对于中国共产党的未来行动和苏联与此有关的可能反应不能断定的情况；第二，根据用以运输供应品和维持交通的交通工具的情况——这两项考虑表明，国民政府军队应集中在南满，主要集中在沈阳地区和葫芦岛以北。第三项考虑是共产党要求增加在满洲的兵力——如果他们坚持要有一个军，国民政府可以把它的兵力增加一个师，这样来保持五与一的比例。国民政府应把它的兵力配置在长春和长春以南各地点，并且同意让共产党军队（作为国民政府军队未来的一部分）配置在哈尔滨以西至满洲里之间。国民政府军队驻扎在长春与满洲里之间作为政府权力的象征，或许会妨碍谈判，而且即使得到共产党的同意，也会成为经常发生麻烦的根源。[1]在为停止冲突达成协议的基础以前，国民政府军队向北进军是危险的。这样，达成协议的希望就会很小，除非把在满洲的中共军队消灭掉，而这种行动不是国民政府的力量能办到的。如果国民政府继续向北进军并且被打败了，那时国民政府的立场就将受到严重的损害。共产党是否会同意撤离长春，并允许国民政府军队最后占领长春，还不知道，但是希望共产党将会同意，并且会为国民政府占领长春而接受某种妥协安排。如果这可以实现，建议军调部在长春设立前进指挥所，在谈判期间控制该城市。虽然蒋委员长声称，他的建议是不可能让步的，然而求得一项可以接受的妥协基础，对国民政府是有利的，因为时间对共产党有利，而且华北的局势也是严重的——所有这些可能导致全面的内战。

政治　共产党和民主同盟希望改组东北政治委员会和经济委员会，而且这两个委员会须不受军人控制，并且希望指定共产党和满洲的代表将会使所有其他谈判易于进行。共产党明确声称，它坚持须有在其监督下选举出来的满洲地方自治政府，在谈判就满洲未来的政治安排获致解决办法以前，这种自治政府继续存在。他们或许也会坚持在这些地方自治政府和各省省政府中须有共产党的代表——这可以通过就共产党军队的配置问题取得的妥协予以安排。目前共产党控制着长春以北几乎所有的满洲地方，这很可能使他们会有拼命讨价还价的倾向，但是这个问题必须予以正视，除非满洲的大部分地区将予以放弃，如果那样，也就会使华北完全崩溃。

结论　国民政府在满洲的军事地位是软弱的，而共产党在那里拥有战略上的优势。政府方面为获致和平而作某种妥协，在心理影响上将不致损害政府的威信，而且可以表明蒋委员长正在尽力求得和平。在长春利用军调部这个建议可以支持蒋委员长正在力求和平的信念。最后，某种妥协必须尽速获致，否则中国将面临在军事、财政、经济方面的混乱局势。

5月11日，由于俞大维将军的要求，我准备了我为获致满洲问题的折中解决

[1]　国民政府的代表坚决地坚持在哈尔滨以西驻扎象征部队，虽然我继续不断地警告他们，这种显示政府权力的行动是无用的，在共产党控制的地区内驻扎国民政府军队可能会引起事件。

办法而提出的建议的一份摘要，供他与蒋委员长讨论之用，其中的四点如下：

一、马歇尔将军建议：共产党撤离长春，在长春设立军调部的前进指挥所，作为进入谈判之前停止冲突的基础。

二、当为接受上述第一点而进行安排时，马歇尔将军将与共产党代表达成协定：政府军队随后将在至多不超过六个月的时间内占领长春，如早日占领更好。

三、此外，马歇尔将军将就修改在满洲的军队比例问题以不超过中共军队一个军对政府军五个军为基础与共产党代表达成初步协定。

四、马歇尔将军将运用他的影响以阻止中共军队占领长春以北的关键性城市。

像我向蒋委员长和国民政府代表继续指出的，时间的因素是极关重要的。华北的局势越来越严重，因为有两件重大的刺激性的事情影响着那里的局势——悬而未决的拆毁铁路防御工事问题和国民政府未将军队每日调动情形报告军调部。当然，华北的局势是受满洲的结局支配的，人们担心，满洲问题继续未能获得解决将使军调部完全失掉作用。蒋委员长一再坚持，共产党若不撤离长春交由国民政府占领，他决不签署或同意任何解决办法，而且除非国民政府完全掌握满洲的主权，他决不接受任何条件，于是满洲问题的解决越发困难了。根据上述情况，我感到我以调解人的资格重新参加谈判，实属不智，因为我知道共产党方面没有提供一个达成协议的基础，而且我也不愿意陷于无力避免某种僵局的地位。

5月12日，蒋委员长提到我关于解决满洲问题的可能基础的备忘录，通知我说，他大体上同意其中关于军事条款的建议，但是，他补充说，必须有一项明确的条件，即共产党不应占领哈尔滨。关于政治因素，蒋委员长只是说，国民政府在满洲的军事司令部（大概是以熊式辉将军为首的蒋委员长东北行营）和东北政治委员会及经济委员会应予撤消，然后国民政府将直接通过九个省政府主席实行控制。虽然我强调华北的危急情况，并且说，迟误将是危险的，并且可能会引起不可挽回的崩溃，然而蒋委员长要求我，不要作出努力同共产党代表开始讨论，最好由共产党提出初步建议。

关于华北恶化的局势，周恩来将军于5月13日告知我说，他希望制止华北地区动乱和困难的蔓延。他认为，共产党被指责违犯休战协定，是不公平的；国民党正试图激起动乱并引起一场内战，同时把责任加在共产党身上。我回答说，军调部执行小组效力的减低是特别重要的一件事；军调部及其执行小组威信的降低是极为严重的；军调部过去数周的报告透露，共产党代表在军调部内的执行组和执行小组里完全反对执行小组所应采取的任何合乎常识的行动；美国陆军军官原来对于共产党的高度合作精神有深刻的印象，但是共产党现在的阻挠行动的政策减低了美国人对他们的信赖；所有这些行动只能增加怀疑和不信任。

当执行小组需要进行的调查由于小组成员不能达成一致决定而受到妨碍，因而使执行小组不起作用的这个问题，在一段时间里减低了执行小组的效率。为了执行小组就进行调查事宜能达成一致决定，曾作出多次努力，建议由担任小组主席的美方代表作最后决定，或由小组三方代表的多数票作出决定，都由于共产党反对而受到阻碍。白罗德将军建议，就这样一项文件达成协议，即关于执行小组进行调查的问题，准许小组的美方代表作最后决定。周恩来将军最近提出包含六点内容的反建议，作为对白罗德将军建议的答复。我向周将军指出，他的建议太复杂了，因为它规定，军队的调动只是在牵涉一定的兵员数额时才进行调查，并且规定对虚伪报告实行惩罚的程序。现在极端重要的是，执行小组的执行程序须作某些修改，将现行执行制度中对于即时行动的限制取消。5月14日，三人小组就一项文件达成协议，这项文件是为了保证更迅速地调查各地报告的违犯停战令的事件。文件中与此有关的部分要求执行小组的美方代表在国共双方代表不能取得同意时即将不同意事项立即呈报军调部的三位委员，三委员在二十四小时内或达成一致决定，或将他们不能取得同意的事项呈报三人小组。这远不是令人满意的安排，虽然军调部的国民政府方面的人员希望准许执行小组的美方代表在关于进行调查方面有决定之权，但共方代表在这一点上不愿让步。这一件事我报告得详细一些，因为以后的发展使执行小组美方代表作出决定的问题具有某种重要性。

5月13日，在上面提到的与周将军的讨论中间，我第一次向他提出解决满洲问题的可能性：共产党撤离长春，在长春设立军调部的前进指挥所，国民政府的军队留驻他们目前的阵地，那时便开始就军队配置和政治问题进行进一步的谈判。我强调说，如果周将军同意我的建议，我必须对于共产党关于调整满洲的军事和政治局势的要求预先有一个全面的了解，因为除非我看到达成协议的有希望的前景，我就不愿做调解人。我又指出，不管就满洲问题达成什么样的协议，必须对于拆毁华北铁路沿线的防御工事问题和执行小组的自由行动问题（如前面一段所述，次日就这一点达成了妥协的协议）求得平行的解决——总之，须有全面的解决。周将军回答说，他要把这些建议转达延安，并且说，他不愿我放弃调解的努力。

5月17日，在我与周将军进一步讨论目前局势时，他描述了民主同盟提出的三点建议如下：（一）改组东北政治委员会和经济委员会，其成员比例为三名政府代表，三名中共代表，三名由满洲团体选出的无党派代表，改组后的两个委员会的办公处设置在长春；（二）任命一名既非政府人员又非共产党的长春市长，在长春市市政委员会里，有国共双方的代表；（三）地方治安的维持由市长组织的警察负责，这种警察的性质是中立的。周将军描述他对于满洲问题的看法如下：（一）东北的政治委员会和东北各省的各种委员会应予改组；（二）应依照政治协商会议的决议，在各县推行自治政府；（三）所有交通应予恢复，交通事宜由一个临时管理委员会管理；（四）满洲的军队整编方案应以实际情况为根据，并必须规定调整国共两党在满洲的驻军人数。关于中国本部，周将军说，他的了解是，满洲问题的解决，要同下列问题一同处理，即停战令、政治协商会议的决议、军队整编方案、宪法草案和保障人民的各项自由——所有这些要同满洲问题一起解决，作为全面的解决。为了达到此目的，他建议可以召开政治协商会议综合小组，谋求与整个中国有关的问题的解决，而满洲问题则由三人小组加以讨论。

我回答周将军说，我以前曾力图向他解释我退出与满洲问题有关的调解地位，是因为共产党进攻长春的结果，使我对中国政府的地位如此困难，因此我必须使我的政府不卷进另一次僵局。我指出，除非我能相当确实地知道共产党对于军事和政治问题的立场，我就不可能重做调解人；除非我对获致顺利的结果有相当的把握，我就不能再作为一方参加签订一个包括规定就极其重要的或根本的分歧进行谈判的条款的协定。

我向周将军解释了我对于满洲问题的看法：一旦国共双方达成了口头协议，周将军就要为在长春立即接待军调部的前进指挥所作出安排。同时，国民政府和共产党应向战地的司令官们发出命令，说明即将就停止冲突作出安排，在过渡期间，国共双方军队应禁止前进、攻击或追击。军调部的前进指挥所将设置在长春，而共产党军队撤离长春的程序即须开始。在共产党军队撤退时，军调部前进指挥所即采取步骤组织一个有秩序的市政府。同时从长春至少派出三四个执行小组，以实现在双方同意的时间完全停止冲突，并对双方军队进行必要的调整，以保证停止敌对接触。军调部前进指挥所的职责也包括领导整个满洲执行小组的权力，以实现停止战斗和必要的调整。关于军事问题，将于以后的谈判中达成协议，因此我必须知道共产党对于未来的军队配置的要求——配置在什么地区，在什么情况之下配置，兵员人数多少。必须在监督方面达成协议，因为双方互不信任，除非每一方看到对方减少军队的确实证据，就不会减少军队。在这件事情上必须加速采取行动，以便在最近的将来而不是在十八个月终了时为军队配置作出安排。关于政治方面，必须对共产党的要求有详细的了解，而且必须记住，蒋委员长不欢迎民主同盟提出的改组东北政治委员会和经济委员会的建议。

我告知周将军，我感到，试图影响蒋委员长，使他放弃其确定了的关于长春的想法，对我来说是无用的；继续希望我仍然处于可能实现一项解决办法的地位，可能是不足取的。我强调我不愿再一次被卷进僵局中去，并且作出结论说，我的意见是，另一次僵局将不仅更加降低我的影响，而且也将不可避免地导致冲突。周将军在答复中指责说，国民政府即使现在还在忙于拟定作战计划，包括进攻长春的计划，政府的领袖们最近曾出席一次针对此项目的的会议。

5月21日，周将军通知我说，他已经把我对满洲局势的意见转达延安。共产党当局对于把他们的军队撤离长春表示有些犹豫，并曾就这一点征询在满洲的共产党领袖们的意见。他们感到必须考虑两种可能性：（一）如果政府感到它在短期内能够攻占长春，共产党担心它将不会同意我的建议；（二）如果政府占领了长春，它将提出其他地方（例如哈尔滨）的问题。因此，共产党当局怀疑政府是否会考虑这样一种建议。周将军描述了共产党对于其他问题的态度如下：

政治 供考虑的几点是：将东北政治委员会和经济委员会改组成为一个根据三一三一三的比例组成的行政委员会；任命一名社会贤达为长春市长；国共两党的代表参加长春市“市政委员会”。共产党强烈希望长春成为一个和平城市，不允许秘密警察渗透进来——这对于处理下面的问题是有重要性的：由中立的市长组织警察，而不是采用政府的警察制度，由国民政府加以控制。一旦决定了并履行了军队整编方案，决定了军队的配置，军事事务就应该与民政事务分开，军队整编事宜由军调部掌管，而民政事务则由行政委员会管理。这样就可保证将政治事务与军事事务分开，并向所有有关方面重行提出保证。

军事 应依照双方同意的整编方案实行复员，并采用一项步骤以区别国民政府军队与地方部队。共产党希望在满洲的军队整编方案里规定共产党可在满洲驻扎五个师，并愿同意早日完成军队整编方案。国民政府和共产党的军队驻防在不同的地区，共产党的军队驻扎在目前处于共产党控制之下的主要城市。

我告知周将军，我认为，为了避免他设想的可能性——国民政府进攻长春——必须迅速达成协议，由于华北的局势，也同样迫切地需要这样做。关于延安的担心，即政府占领长春可能会导致提出对其他城市（如哈尔滨）的要求，我说，我对国民政府的态度，将与共产党攻占长春后目前我对共产党的态度一样。谈论到共产党希望在满洲驻扎五个师的要求，我指出，这是原来军队整编协定所规定的兵员数的五倍，将不可避免地导致政府提出相应增加其兵员数的要求。我向周将军建议，最好将兵员总数降低，规定共产党在满洲驻扎一个军，国民政府驻扎五个军，这样就同军队整编方案以前规定的在十二个月终了时五对一的比例相一致。我向他指出，关键性的因素是调整兵员数与决定军队配置的方法与速度。关于军队配置，我注意到，鉴于共产党军队目前的配置，并由于政府在长春以北只驻扎少量部队，共产党可能愿意把它的主力驻扎在长春以北，但是如果政府军队的配置局限于长春以南的地区，政府最后会坚持要实际占领长春。

在5月22日以前的几天里，我几乎每天与蒋委员长讨论下列问题：关于军事协定的详细条款；军队的重新分布，作为发布停火令之前的先决条件和进一步解决关于长春及其以北地区问题之前的临时安排，使共产党能自动撤离长春，并使军调部前进指挥所能控制长春。5月22日，蒋委员长通知我说，他已经三天没有得到他在满洲的军队司令官们的消息了，他担心他们在四平街成功（经过一个多月的战斗之后，政府军队于5月19日攻下了四平街）之后，正在向长春前进。蒋委员长表示同意我的见解：在与共产党达成协议的基础实际上已经完成的时候，政府军队占领长春是不合宜的，并且说，为了控制局势，他将于5月24日动身到沈阳去。我指出，如果局势是像他描述的那样，拖延两天是太长了。蒋委员长回答说，他早先已有约会，必须履行，他将于5月24曰前往沈阳，并尽速回来，以便我们可以继续完成谈判。蒋委员长和蒋夫人于5月23日动身前往沈阳，他这次出行开始了一连串的事件，这些事件对于局势几乎发生了完全灾难性的影响。

5月23日，我把蒋委员长动身之前提出的作为获致任何一般协定的先决条件的三点建议送达周恩来将军：（一）共产党必须竭尽全力促成交通的恢复；（二）在关于满洲问题的任何协定里，必须规定在一定日期之内实行军队复员和整编方案；（三）蒋委员长表示，双方应达成协定，当执行小组或高级参谋小组的成员由于意见不一致而陷于僵局时，应由美方成员作最后决定，否则他不愿受进一步的协定的约束。

在详尽阐述这三点时，我向周将军解释说，我已告知蒋委员长，共产党坚决认为，所有其他交通，同铁路交通一样，也需恢复；拆毁铁路沿线的防御工事问题，长期以来已成为障碍。蒋委员长表示，他愿将这些问题交给周将军和国民政府交通部长俞大维将军去讨论。我进一步解释说，关于军队人数的调整，虽然蒋委员长没有受明确的约束，但我的印象是，他不排除重新考虑这一点。我向周将军强调说，蒋委员长对第三点极为坚持；必须信托某一个人，以便防止各种异议，这些异议可能会使为努力求得解决所做的一切归于无效——我愿保证美国成员的公正。虽然蒋委员长没有分析这一点，但是我设想他说的由美方成员作最后决定的事情是指日常事务而言，例如执行小组的行动；我告诉周将军，我不认为蒋委员长提出这一点时，心里想的是军调部的三位委员或三人小组，他肯定不会授权一位美方成员就政治改组问题作最后决定。

在蒋委员长动身赴沈阳时，我提请他考虑在沈阳作出决定以便他可以在那里就停止冲突发表声明的好处——如果他认为我的建议在原则上是可以接受的，他可以通知我，如果我可以取得共产党的同意，我也通知他。如果这样，紧接着可以立即发出禁止前进、攻击或追击的命令，然后军调部前进指挥所进入长春。蒋委员长允诺，他将派人从沈阳送急信给我。像我告知周将军那样，那时我对形势发展的了解就是这么多。

我问周将军，共产党是否同意我的建议：中共军队撤离长春，军调部前进指挥所进入长春，政府军队停止继续前进。我告诉周将军，我也希望知道他对于蒋委员长的三项条件的反应，并建议我们以此为基础向蒋委员长发出联名的信件。

周将军声称，他可以向我保证，共产党接受这样的安排，即中共军队撤离长春，在长春设立军调部前进指挥所，政府军队停止向长春前进，双方发出停止前进、攻击和追击的命令。他又说，不过，蒋委员长的三项条件是新的，并提出意见如下：他将尽力依照下列方针与俞大维将军商谈解决交通问题：铁路沿线防御工事，除保护铁路防备土匪所必需者外，均予拆毁，恢复所有各种交通，两党都取消对邮电交通的检查，共产党参加铁路管理。周将军不反对遵守第二项条件。第三项条件——美方代表有决定之权——是新的，他将尝试说服他的同事，但是他在能够作出答复以前需要有时间。周将军表示他的担心：蒋委员长到沈阳去是为了在这个时刻不出席谈判，使用武力解决满洲问题可能仍然是蒋委员长的意图。他也表示他的关心：国民政府在满洲的军队司令官们会说服蒋委员长以武力谋求解决。

国民政府军队于5月19日攻下四平街之后，中共军队就很少抵抗，或者没有抵抗。共产党撤离长春以后，国民政府军队于5月23日进占长春。蒋委员长在这个时刻不在南京，南京与沈阳之间联络的困难，以及不可能与蒋委员长直接接触，在这最紧急的时候造成了一种十分不能令人满意的形势。预计到沈阳的短期访问最后延长到十一天之久，蒋委员长和蒋夫人方才回到南京。尽管我用无线电向蒋委员长紧急呼吁下令停止进攻行动，他没有采取那样的行动，虽然他以前曾经坚持，中共军队撤离长春并由国民政府军队进占是进一步谈判和发出停火令的先决条件。使事情更加严重的是，政府军队占领长春之后，继续沿铁路线往北向哈尔滨、往东向吉林进展，结果增加了共产党对政府诺言的怀疑和不信任，而且就共产党来说，我自己作为一个可能的调解人的公正立场，也大成问题了。现在双方的地位颠倒了。从前，困难的发生是由于共产党公然违反停战令进攻长春及其后在满洲的共产党将领们采取了比较强硬的立场，现在的局势直接操在满洲的国民政府司令官们手中，他们觉得一定能用武力解决问题，所以不愿与共产党妥协。

在这个时期里，由于两党进行激烈的报纸和无线电宣传战，使局势大为恶化了。我感到举行停止冲突的讨论时周围的气氛渐渐变得如此仇恨，必须采取某些步骤以缓和这种宣传战，而我或许是能够在这方面采取任何行动的唯一的人。我认识到，我出面告诉中国人如何管理他们自己的事务，可能会受到批评攻击，但是在这个时刻某种这样的行动似乎是绝对必要的。因此，5月20日，我向报界发表一项声明，在声明中请人们注意满洲和华北局势的严重性，注意为了恢复和平正在作出的努力，注意双方正在从事的“不顾后果的仇恨和怀疑的宣传战”的严重危险。在发表这项声明的当天，国民党的宣传部长就访问了我，保证与我配合，并且询问，在帮助缓和宣传战方面，他能做些什么。我告诉他，我倘若不了解共产党将采取什么行动，就不能向国民政府提出意见，并且指出，这种宣传战的影响对双方都是有害的，并且足以使美国公众确信，这是在中国发生的一场不顾事实的人人都可参加的混战。我承认，我不了解这种宣传战在中国的影响，但是我确实知道，它使谋求和平的谈判几乎不可能进行。周恩来将军于5月21日通知我，他同意我的声明，并已将声明全文电达延安。他说，为了决定为停止宣传战所需采取的措施，他将访问国民党宣传部长，并与他讨论这件事。后来宣传部长与周将军的会谈导致他们之间就停止宣传战和歪曲报道军事活动至少达成了暂时的协定，在一个短时期内，双方的宣传攻击有非常明显的缓和。

从延安播送的共产党广播的宣传攻击后来集中于美国在中国的立场，这种宣传攻击足以表明共产党由于国民政府军队在占领长春之后未能停止北进而产生的对于美国政府和我个人的怀疑。

由于我提出了共产党撤离长春和就满洲及其他问题重开谈判，并陈述了蒋委员长的条件，因而使我在后来的谈判中的地位遭到严重的损害。

为了了解这一时期局势的发展，必须详细叙述在蒋委员长离开南京期间我同他交换信件及有关情况。

依照蒋委员长于5月23日离南京赴沈阳时的协定，送给我一封由蒋夫人具名的5月24日的信，信中蒋委员长提出作为与共产党达成协定的基础的下列条件：

一、依照停战令的字面规定和精神实质予以执行。

二、依照计划进行复员和整编军队。

三、恢复交通必须完成。

四、程序办法：（甲）共产党不得阻碍国民政府依照中苏条约接收主权；（乙）共产党不得干涉或阻碍国民政府修复中国各地铁路的努力，这些铁路在军调部规定的一定时间内开始恢复运输；（丙）在执行三项协定（停战令、军队整编方案与恢复交通协定）中，国共双方观点有分歧时，在军调部或执行小组里的美国军官必须有决定权以及执行和解释之权。

这封信的结尾要求我通知蒋委员长，共产党是否同意这些条件，美国代表是否愿意“保证”共产党的诚意。信中对于蒋委员长是否有意或愿意发布一道制止军队前进、攻击和追击的命令，或是同意在长春设立军调部前进指挥所的事，一字未提，而在他动身到沈阳去的时候，曾经设想过这两件事。

在蒋夫人自沈阳发出的第二封信（信上的日期为5月24日）里声称，如果共产党接受前一封信里所说的建议，蒋委员长希望我通知共产党，他可能接受我的建议，即共产党在满洲可驻扎三个师，政府在满洲驻扎十五个师——增加的这些人数包括在军队整编方案规定的总人数之内。蒋委员长并声称，在满洲的中共军队应驻扎在黑龙江省新省界之内；关于政治问题，声称，中共军队驻扎的地区内的省政府主席人选，可于军事问题决定时解决之。

5月25日，在我接到上述蒋夫人的两封信之前，我同周恩来将军讨论了局势，表示我希望立即停止冲突，我指出，我当时的担心同上一个月的担心相同——上一个月我担心在长春打了胜仗的共产党将领们会提出政府不能接受的条件，因为他们感到在攻下长春之后他们自己处于强有力的地位；现在国民政府的将领们将会采取同样的态度，其结果将是相同的。地方上的司令官们往往仅仅按照地方的局势来考虑问题，而看不到全面的局势。我向周将军指出，在我们接到蒋委员长的信件之前，除蒋委员长以前提出的三点建议外，没有谈判的基础。

5月26日，周将军在得悉蒋夫人自沈阳发出的第一封信里提出的条件以后，把他的答复送给我，其大意如下：

在国民政府军队进入长春之后，如果政府愿意以其一个月以前所发表的一旦占领长春就能立即实行休战的声明为基础重开谈判的话，那么现在是这样做的时候了。军调部应立即派遣一支分遣队到长春去，担负起制止冲突的任务。

共产党原则上同意立即履行蒋夫人在信里提到的三项协定，但是还应该包括第四项协定——即3月27日为执行小组进入满洲达成的协定。关于满洲的主权问题，如果这是指从苏联手里接收主权，那么，苏联军队已经撤退，接收主权的程序已经完成。如果这是指军队的配置，那么，这是须由三人小组在讨论满洲的复员和整编军队时决定的事情。如果这是指满洲的民政管理，那么，我建议将东北政治委员会和经济委员会改组为一个民主的东北行政委员会。关于恢复交通，共产党愿意依照恢复交通协定立即加速修复铁路，周将军将就详细措施与俞大维将军开始会谈，这些措施以后将呈送三人小组批准。关于美国军官的决定权问题，周将军将以马歇尔将军以前的建议（即在进行调查的程序方面给予执行小组美国代表以决定权）为基础作进一步努力。

5月26日，在与周将军讨论向蒋委员长提出的条件之后，我向在沈阳的蒋委员长发出一封信件，其大意如下：

周将军正就你关于一般条件的声明里包含的某些细节草拟一项关于协定和约束的声明，但是他不能就关于政府接收主权的程序和建议给予美国军官权力的范围的细节表态。

在此期间，我提出下列建议和意见：（一）周将军和我建议立即在长春设立军调部前进指挥所；（二）我劝你立即发出在二十四小时内停止国民政府军队前进和追击的命令，公开宣布这一命令，并声称：这是为了促进你的结束战斗的愿望，并以谈判的和平方法解决问题。

如果增进你目前的军事优势，将使国民政府在满洲初期经历的不幸结果和最近在长春的共产党将领们的好战态度导致的结果重复出现。无论如何，如果你不能做到上述两点，就将违反你最近向共产党提出的建议。

关于给予美国军官以决定权的建议，我并不感到在军调部的美方委员应能就不久就将发生的重大事务作出决定，我建议把美方人员的决定权限制于特定的事务——例如，执行小组应于何时出发，应赴何处，应如何前往，它们应会见何人，涉及地方局势的决定以及前进指挥所对于一切即时部署和与满洲停止冲突有关的事务的最后决定。这种特定的事务也应包括军调部对于执行小组或其主席请示军调部委员的事务的决定和有关恢复交通的事务。在所有这些决定中，不应包括对政治事务的决定权，除非以后的协定中的特殊条款对此有所规定。在结尾时，我要求蒋委员长解释“保证共产党的诚意”这句话的意思。

5月28日，蒋夫人从沈阳寄给我一封信，其要点如下：

蒋委员长答复你5月26日通过宋子文博士转来的信件。（蒋委员长要我在他不在南京期间通过宋博士同他通信。）蒋委员长对于周将军所说的他“原则上”同意履行三项协定（是在周将军于5月26日给我的信中说的）感到恼怒，蒋委员长说，如果你和政府立场坚决，共产党就会让步。万一共产党不让步，蒋委员长说，剩下的唯一办法是占领满洲各战略中心，这样共产党就将被迫履行协定。

蒋委员长在5月28日（在南京于5月30日收到）从沈阳发出的信里通知我：

我“基本上同意”你5月26日的建议，为了实行你的建议，提出以下几点，以便使它们的意思和目的更为清楚。由于过去五个月的经验，我发现同共产党打交道必须更为精确和明确。这几点是：

（一）我的希望和我到沈阳去的目的是发出停止前进和追击的命令，但是你必须取得共产党的保证，即军队整编方案将立即付诸实施，并首先在东北实行。你必须立即制定实行军队整编方案的具体措施，并将这些措施通知我。军调部前进指挥所将于发出停火令之日设立。

（二）国民政府不能放弃接收任何地区的权利，但是可以同意在国民政府军队进展停止之后，只派行政官员和维持地方秩序与交通所绝对需要的军队与警察前往。这些代表将接收迄今尚未接收的各地区和曾经一度接收但后来被共产党占去的地区的行政——共产党必须不妨碍这种接收的行动。

（三）必须给予美国代表以关于修复铁路与其他交通以及关于完成这项工作的时限的决定权。

（四）同意美国代表的决定权应限于特定事务，但所有关于修复铁路与其他交通的行政事务必须包括在这种决定权的范围之内。

（五）关于保证共产党的诚意，期望你对你所参与的一切协定的实施规定时限，并负责监督共产党方面严格遵守这些协定。

5月29日，由于没有接到蒋委员长对我5月26日的信的答复（上述蒋委员长的信于5月30日送达南京），并鉴于国民政府军队在满洲继续前进，蒋委员长并未采取任何行动以停止冲突，与蒋夫人5月24日信中所提的一般条件全不相符，我感到我必须澄清我对于目前局势的立场，因此我要求宋子文博士将下列电报转达在沈阳的蒋委员长：

国民政府军队在满洲继续前进，你并未采取任何行动以停止冲突，与你经由蒋夫人5月24日信中所提条件全不相符，使我作为一个可能的调解人的工作陷于十分困难，也许不久实际上陷于不可能了。

5月30日，我与周将军讨论蒋委员长5月28日信中的建议，在讨论中看出，共产党担心国民政府无意制止其军队前进，而是试图以武力解决问题。共产党担心，虽然长春问题现已解决，然而国民政府仍然计划把战争进行下去，特别是在满洲，直至他们攻下了大城市并占领铁路线为止。周将军表示他的信念：政府那时将考虑重新开始谈判；它已经组织实行其计划，即使得不到美国进一步的援助，也将照计划进行。我告知周将军，在我能够估计目前进行谈判能否成功的前景以前，我必须同蒋委员长本人讨论各项问题。蒋委员长曾经声称，关于军队整编方案的修改、军队配置和政治改组问题，他同意只有三人小组可以作为谈判者，并拒绝了民主同盟提出的改组东北政治委员会并由民主同盟参与改组地方政府的建议。由于三人小组参与讨论军事和政治问题一定会牵涉到我，我决定，倘若没有达成妥协的相当可靠的基础，我就不作为一个调解人重新参加谈判，并把这个想法告知周将军。

关于满洲的局势，我向周将军指出，国民政府的将领们现在可以会见蒋委员长，而我当然是不可能会见他。我请周将军回忆，共产党在4月向长春发起有充分准备的进攻的行动几乎破坏了我同国民政府谈判的能力；虽然停止冲突的前景看来是暗淡的，但是我不会在一次战斗的中途放弃我的工作；我不是一个悲观主义者。不过，我重复说，我必须同蒋委员长会谈，以便了解他的意图。

5月31日，在接到蒋委员长经由军调部的美方委员转来的一封电报（告知我他在回南京以前预期在北平逗留两三天）之后，我又拍了一封电报给蒋委员长，其中的有关部分摘引于下：

我未收到你对我5月29日电报的答复。因此我必须重申：在政府军队在满洲继续前进的情况下，我的调解工作不仅日益困难，而且即将达到这样的地步：我的正直诚实的地位要成为严重的疑问了。因此我再一次请求你立即发布停止政府军队前进、攻击或追击的命令，并准许军调部前进指挥所立刻出发到长春去。

6月1日，蒋委员长答复我前一封电报如下：

我刚刚接到你由罗勃逊先生转来的电报。我推测你已经接到我由宋博士转上的5月28日的电报。你可以放心，在我的一切决定中，我都记住你处境的困难，并且尽力促成和保证你的工作的成功。我将于明天或星期一回到南京，那时我将亲自告诉你我看到的满洲的局势。倘若我不能立即发布停止政府军队前进的命令，我准备同意你提出的派遣军调部前进指挥所到长春去以便进行初步工作的建议。

6月3日，蒋委员长返回南京。同他详细讨论局势之后，我于6月4日送给周恩来将军一份备忘录，在其中陈述了蒋委员长为获致解决办法提出的建议：

蒋委员长已准许立刻派遣军调部前进指挥所到长春去，在那里设立起来，准备执行为了停止冲突可能达成的任何协定。这个前进指挥所的设立之所以拖延，是由于我要求此事的电报译错之故。我正命令军调部就此事采取行动。

蒋委员长愿意立即向在满洲的国民政府军队发布停止前进、攻击和追击的命令，为期十天，给予共产党就下列各点与国民政府完成谈判的机会：

（甲）制定在满洲停止敌对行动的详细办法；（乙）制定于一定期限内完全恢复华北交通的明确办法；（丙）确立立即实行军队整编方案的基础。

蒋委员长就上述建议同我会谈时，原来规定在一个星期之内应完成全面解决的谈判，后来同意延长为十天。他又非常强调地声称，这是他同共产党打交道的最后努力，因为国内经济情况迅速恶化，交通瓦解，全面的经济停滞，即使进行全力以赴的战争，也比这种情况为好。

周将军于6月4日通知我，他接受蒋委员长的建议，但是反对十天的谈判期限，因方这个期限太短，难以就须加讨论的几项极其重要的问题达成协议。周将军建议把谈判期限延长为一个月，我后来说服蒋委员长把期限延长为十五天。

在实际发出停止前进、攻击和追击的命令之前，作出安排由周将军同俞大维将军和美方人员希尔上校（军调部交通组主席）讨论恢复交通问题。我业已就美国军官在某种情况下有决定权的问题草拟了一项建议草案，并已将此项草案提交国共双方研究，以后再由三人小组加以讨沦。另外的重要问题是整编军队问题。我向周将军（他这时正准备返回延安，同共产党领袖们讨论蒋委员长的建议）指出，没有得到关于中共军队配置的资料，因此难以就满洲的军队整编和重新配置起草一项声明草案。周将军说，他在延安将取得关于这项问题的详细资料。

在周将军返回延安之前，我于6月6日同他会谈时，再一次强调了由于国共双方都抱有深刻的怀疑和每一方采取的许多愚蠢和不必要的行动有助于增进那种怀疑，造成了困难。像我向国民政府代表强调的那样，我向周将军强调，在这个极端关键的期间，避免那种没有什么效果而同时会引起怀疑招致很大损害的措施，是极为可取的；不等待对方提出建议就作出让步，也是可取的——这将有助于建立信任和诚意，鉴于在新协议中规定的在休战期间举行谈判的有限的时间，这也是非常必需的。

二十一

满洲暂时休战的声明；在长春设立军事调处执行部前进指挥所

1946年6月6日，蒋委员长向新闻界发表了满洲暂时休战的声明。这项声明的原文如下：

余已于今日正午对我在东北各军下令，自6月7日正午起，停止一切前进、攻击和追击，其期限为十五日。此举在使中共获得一个机会，使其能表示履行其以前所签订之协定之诚意。政府采取此量措施，绝不影响其根据中苏条约有恢复东北主权之权利。

下列各点必须在此十五日内获得完满之解决：

一、完全停止东北冲突之详细办法；

二、完全恢复国内交通之详细办法及进度；

三、获得一确切之基础，迅即实施1946年2月25日关于全国军队复员、整编、统编之协定。

周恩来将军于同一天代表共产党向新闻界发表了满洲暂时休战的声明，虽然他表示，他认为遗憾的是没有由两党发表一项联合声明，因为他担心，政府的声明会被人们看做是一项最后通牒。我在早些时候准备了一份新闻稿，其形式为三人小组关于满洲休战的声明，但是蒋委员长拒绝就此事和我们共同发布新闻。共产党发布的声明原文如下：

不论对于中国本部的冲突，或者对于东北的冲突，中国共产党始终都是主张无条件而且真正地停止内战的。由于中共的坚持，中国人民的愿望和马歇尔将军的努力，才得蒋委员长下令停止在东北的一切前进、攻击和追击十五天，进行下列事项的谈判：

一、完全停止东北冲突之详细办法；

二、完全恢复国内交通之详细办法及进度；

三、获得一确切之基础，迅即实施1946年2月25日关于全国军队复员、整编、统编之协定。

我们虽然担心这十五天期限的短促，且谈判中又必然要牵连到东北乃至全国性的政治问题，需要更多时间从事讨论，但我们为不放弃任何机会以求和平之实现，故仍同意这一休战十五天的办法。我们愿尽一切努力，谋取谈判成功。我们希望国民党方面，能尽最大至诚，使过去一切协议见诸实施，并使暂时休战成为长期休战，永远停止前进、攻击和追击，以符合中国人民及世界友邦之愿望。

应该注意到，每一方的新闻稿都含有两党之间的怀疑和抱怨的口气，而且对于未能实施以前的协定，都含蓄地责备对方。

在接到蒋委员长同意在长春设立军调部前进指挥所的通知以后，我于6月4日用电报把这项通知转告军调部，并且指示：采取这项行动应“有这样的了解，即规定这个前进指挥所的职权的专门训令将于晚些时候发出”。6月5日，三人小组批准发表一份新闻稿，宣布设立军调部前进指挥所，“准备实施为了停止冲突可能达成的任何协定”。另外还宣布，白罗德将军将是这个前进指挥所的高级美国军官，廷伯曼准将将暂时代理白罗德将军的军调部执行组主任的职务。6月5日，三人小组的政府成员徐永昌将军把即将在长春设立军调部前进指挥所的事通知在满洲的政府军事当局，并且指示：“在筹备时期，你们应给予该机构以各种帮助和便利。”这个前进指挥所的实际活动由于蒋委员长6月6日给我的信里包含的规定而受到限制，他在这封信里声称：“关于阁下和共产党代表建议的派遣军调部前进指挥所赴东北的事，可以派遣它到长春去从事筹备工作，但当然是直至具体措施获得解决时才开始工作。”

拉法战斗后，中、美、蒋三方谈判旧址

拉法反击战第三十三谈判小组中共代表成员

白罗德将军率领了一小批美国军官于6月6日正午在长春正式开设了军调部前进指挥所。对于前进指挥所职权的限制给予在满洲执行小组的障碍不久就显示出来了，这时在长春东北的拉法爆发了战斗，那里的政府军队指挥官们指控共产党在6月7日下午攻击了他们，这个时候正是休战时期开始的时候。在当时情况下，在满洲有四个执行小组，由在北平的军调部领导，而不是由前进指挥所在当地领导。白罗德将军立即派遣一名美国军官作为观察员前往据报发生冲突的地点，但是，纯粹由于行政效率的问题和为了便于采取及时行动，由前进指挥所领导这几个执行小组显然是可取的。因此，我于6月10日送了一份备忘录给徐永昌将军，要求他为此事取得蒋委员长的同意：由在长春的前进指挥所直接领导在满洲的执行小组，但严格地遵守3月27日协定的限制条款。6月11日，我同徐将军讨论这个问题并且指出：唯一的问题是行政效率的问题；此事是由于政府军队指挥官们呼吁的结果才提出来的，他们要求给予帮助以解决拉法冲突。徐将军再三强调，蒋委员长不愿前进指挥所在十五天的休战期内有所活动。因此，我在答复军调部对此事的询问时，通知它：蒋委员长发出的专门训令使前进指挥所不能行使职责，直至达成协议。

在这个期间，白罗德将军按照我的要求于6月9日向军调部和三人小组呈送一份前进指挥所和满洲的执行小组的工作计划草案，这项计划设想在满洲初步使用八个执行小组，并由白罗德将军立即把这些小组的成员派遣到指定的地点，为迎接小组的中国成员作准备， 因为执行小组是应该有中方成员参加的。6月15日三人小组批准了这项计划，并指示军调部迅即实行。发出的训令指出，在满洲的执行小组按照3月27日为执行小组进入满洲达成的协议进行工作。

二十二

满洲休战十五天期间的谈判

休战期间的头几天由于满洲和山东省发生扰乱事件而受到损害。在满洲的国民政府军队指挥官们指控，中共军队于休战时期开始时曾向拉法（在长春东北的一个城市）进攻。由于前进指挥所没有领导执行小组，白罗德将军立即派遣一名美国观察员前往那个地区。由于中共军队撤离拉法，这个事件不久就解决了，但是由于在满洲的国民政府司令官杜聿明发了一封电报给蒋委员长而使事情复杂化了，他在电报里声称："如果他们（共产党）不表现出有诚意的迹象并继续攻击政府军队，那么我的意图是命令在我指挥下的军队重新攻击和追击。"我认为这是一件严重的事情，因为杜将军自行承担了解释应付局势须采取的措施的责任，而且，虽然杜将军采取防御措施或者在共产党攻击之下命令在一个防区里进行反击，是正当的，但是，如果他命令重新前进、攻击和追击，局势可能会再一次完全失去控制，因为暂时休战的命令是明确地禁止这样做的。由于我抗议的结果，政府向杜将军发出了命令，训令他严格地保持防御态势。

由于中共军队于6月7日在山东省胶济铁路沿线和沿津浦铁路的济南南北各地展开攻击，又造成了困难。在那个地区的共产党指挥官企图以下面的说法来证明他的行动是正当的：这是对于政府军队在苏北攻击共产党占领的城镇的报复，而且他仅仅攻击了在伪军占领下的据点。当然，这些攻击是当地的指挥官在得悉休战的消息以前拟定了计划和下达了命令的。在6月8日以后继续进行这些攻击，就成为一件严重的事情，后来产生了反响，政府方面采取了报复行动，它调了两个军进入山东—— 一个军调往青岛，另一个军调往济南——以应付共产党对这两个城市的可能的威胁。此外，这些攻击也向政府提供了共产党不遵守正式协定——休战——的一个例证。

1946年，在青岛街头的美国海军陆战队

共产党攻击青岛的可能性也提出了驻扎在青岛的美国海军陆战队卷入中国内战的问题（美国海军陆战队在青岛正在训练中国的海军部队）。周恩来将军明确地声明，中共军队不会攻击青岛和济南， 因为共产党仅仅攻击了以前的伪军所占领的城镇，但是关于万一共产党进攻青岛时美国海军陆战队可能起的作用，在报纸上有很多推测，而且种种迹象表明，在青岛的政府当局希望在保卫该城市方面得到美国的援助。

寒冷的天气中，美国海军和海军陆战队在郊外远足训练

这些事件导致报复行动和惯常的剧烈地互相指责，增加了局势的困难，而且几乎立即接着就发生了政府军队占领法库（沈阳西北的一个城市）的事件，共产党指控，该地是被政府军队于6月9日占领的。这种指控和反指控反映在报纸上，并使暂时的和短暂的宣传方面的休战受到破坏，在这种背景之下，报纸上的讨论开始瞻望在十五天休战期间之内能否就两党之间的争论问题达成协议。

驻青岛美军司令部

在我同国共双方的代表分别讨论中，决定在十五天休战期间首先处理交通问题，其次讨论停止冲突的详细办法，然后讨论修改军队整编方案的问题。周恩来将军就交通问题与俞大维将军和希尔上校举行初步会谈，不能达成协议的问题将呈请三人小组解决。在同周将军讨论需要达成的协定时，我表示了这样的意见：关于在未来六个月期间里在满洲的军队的重新调整问题应有一项详细协定，这应该写入2月25日整编军队协定的一项专门附件里，这项附件应包括头三个月的每月军队人数和以后的一个季度的军队人数。我指出，这个问题比交通和停止冲突问题更难解决，并且是须加考虑的最主要的问题。

关于解决将要达成的协定中包含的政治问题，我认为与军队重新配置有关的地方政府的地位极端重要，可能表明是修改军队整编方案的障碍。几位政治协商会议代表访问了我，建议在这时召开政协综合小组会议，同时处理政治问题，而三人小组则处理军事问题。我告诉他们说，这种事情不在我的权限之内，不过后来我把这件事情转告了徐永昌将军。蒋委员长时常说，在他占领满洲之前，他不谈政治问题。不过,后来他说，在政府占领长春之后，他准备谈判政治问题和军事问题。周恩来将军说明共产党对于在这时讨论政治问题的态度，认为包括四种可能的方式：（一）在讨论军队整编问题时，最好不讨论政治问题，在各地区保持现状；（二）过去曾经建议在东北组织一个临时行政委员会，负责处理政治、经济和交通问题，虽然蒋委员长没有同意，这项建议仍应予以考虑；（三）蒋委员长曾建议赋予三人小组以解决行政问题的权力，虽然马歇尔将军不愿意接受这个建议，周将军觉得应该加以进一步的考虑——由于马歇尔将军不愿意卷入政治问题的决定中，这可以利用日后的联合政府所同意的一项政纲加以解决，而且三人小组可以在十五天休战期结束时前往满洲视察；（四）在十五天休战期结束时，立即讨论改组政府的问题，满洲的政府将作为全面解决改组政府问题的一部分来处理；关于地方政府，周将军觉得一旦政府改组之后，地方行政官员即须经由依照政治协商会议通过的和平建国纲领进行选举的方法从事改组地方政府，在进行选举之前，他们可以维持现状。

（A）恢复交通

码头上堆积的军用物资

军调部交通组主席希尔上校为恢复交通草拟了一项建议草案，提交国共双方，以供研究，并在三人小组会议上进行讨论。

周恩来将军于6月14日告知我，希尔上校的草案中关于重新开放交通的那些部分一般是可以接受的，但是关于铁路管理和经营的部分，虽然在原则上似乎是可行的，却包含着某些需要重新考虑的地方。周将军同意国民政府代表俞大维将军的意见，即首先应在陇海、津浦和胶济铁路线上开始工作。但是周将军指出，俞将军曾建议对草案进行修改——这些修改包括删去第一段（这一段是对于重新开放交通的一般陈述），并规定使用武装的铁路警察，而不是使用非武装的铁路警卫队。周将军说，俞将军也拒绝接受草案中关于铁路管理和经营的建议。

我向周将军解释说，删去对于重新开放交通的一般陈述没有什么困难，因为这项一般陈述包括在俞将军草拟的另外一份一般文件中，这份文件包含了周将军希望实行的原则。关于铁路警察问题，俞将军说，保护铁路沿线的设备过去始终是铁路警察的责任，为了这项目的而使用军队，将表示改变一项沿用已久的制度。我告诉周将军说，我向俞将军解释说，共产党反对使用铁路警察，是由于他们担心使用秘密警察从事并非保护铁路的目的，但是俞将军不讨论这一点。在我同周将军谈到这一点时，希尔上校指出，原来的交通协定曾规定，由铁路经过地区的地方军队保护铁路线，如果在共产党占领的地区里使用新的铁路警卫队，就将意味着使用以前未曾达成协议的另一种警卫的形式。希尔上校又解释说，关于铁路的管理和经营，俞将军不希望在目前讨论这个问题，因为在十五天休战期间里没有充分时间就一个不需要立即决定的问题作出决定。俞将军建议，可以就一项管理计划开始工作，但是对它的讨论应予延期，直至有足够时间，可以进行充分讨论和作出最后决定。在评论这一点时，周将军说，在他作出任何决定之前，他希望知道俞将军对于下列三点的看法：（一）在达成一项新协定之前，现在的铁路机构应予保持，在此期间应保持现状；（二）在建立直达运输之前，须作出安排；（三）在讨论管理和经营问题时，应以希尔上校的草案作为讨论的基础。在作结论时，我说，困难问题似乎是共产党地区内铁路和铁路警卫队的性质，这种困难与共产党抱有的怀疑有关——所有其他细节似乎是易于调整的。

6月23日，三人小组开会讨论恢复交通的建议草案。俞大维将军提出下列四点以供讨论：（一）拆毁防御工事；（二）在铁路管理中使用共产党人员；（三）共产党希望政府不派遣铁路警察前往修复了的铁路线；（四）共产党希望不仅恢复铁路交通，而且恢复一切交通。俞将军评论说，政府在原则上同意最后一点，但是，作为第一步特别着重于恢复铁路线。俞将军说，政府准备拆毁在铁路线两侧一千米以内的一切防御工事、碉堡等等，但同意马歇尔将军提出的折中解决办法，即为防护火车站、桥梁、隧道、工场、仓库和水塔所必需的防御工事应予除外。希尔上校评论说，显然已经对下面的一点达成一致意见：除为防护极端重要的铁路设备所必需的防御工事外，其余的防御工事应予拆毁，但是对于规定何种设备构成极端重要的设备，尚未获得一致意见。希尔上校建议，把一、二、三等火车站、一切隧道、全长在五米以上的桥梁规定为极端重要的设备。

周恩来将军评论说，2月份曾就恢复交通问题达成协议，但是由于拆毁防御工事问题，这项协议的实行受到了妨碍；虽然许多执行小组曾决定，防御工事应予拆毁，然而参加军调部的中国方面的人员对于这个问题的一种解释不能取得一致意见；4月份，军调部的委员们把这件事呈请三人小组考虑解决，由于满洲的局势，三人小组未能对这个问题进行讨论；结果，恢复铁路交通和拆毁防御工事就一直拖延到现在未能解决。周将军继续说，他同意对于修复铁路应给予优先考虑，他和俞将军一致同意初步恢复三条铁路线。他并不坚持在铁路线上和沿铁路线的一切防御工事都应拆毁。谈到铁路管理的问题，周将军觉得，在改组政府之前，必须作出临时安排，并且表示同意希尔上校的草案中提出的下列几点：（一）铁路处于交通部统一管理之下；（二）国民政府承认，在共产党占领的地区内，共产党可推荐人员参加军调部铁路管理小组举行的考试；共产党有权派代表参与同共产党有关系的那些铁路线的管理和监督。关于铁路警察问题，周将军说，这是一项完全新的建议，在恢复交通的协议中以前从未提到过，保护铁路线以前是国共两党的地方部队和非武装的铁路警卫队的责任。由于这个建议违反以前的协议，共产党强烈反对组织这样的铁路警察，周将军认为这个建议是不能接受的。

接着对于各种火车站的问题进行了进一步的讨论，在讨论的过程中透露出，津浦铁路线上的火车站约有四分之三是三等站，只有几个车站是四等站，即招呼站。周将军同意接受这样的规定：在一等和二等火车站一千米以内的防御工事和在三等火车站两百米（这是讨论后折中的距离）以内的防御工事予以保留，并规定全长在五米以内的桥梁为极端重要的设备（希尔上校解释说，五米是能用木梁修复的最大长度，较此为长的长度需用钢梁修复，而钢梁很难得到）。周将军虽然表示他同意这项规定，但是指出，结果将是防御上事都不会被拆毁，对此俞将军回答说，这些防御工事将仅仅用来保护铁路线以防土匪，除非铁路线遭到攻击，将不构筑新的防御工事。我建议（并得到三人小组的同意），在协定中规定，只是为了应付对铁路线本身的攻击并得到交通小组批准，才能构筑新的防御工事。

6月24日，在进一步讨论恢复交通的问题时，对于拆毁徐州以西的陇海铁路沿线的防御工事达成了一项折中的协议，拆毁的日期由俞将军和周将军晚些时候加以解决，因为此事与军队整编方案有关系。谈到共产党参与重新开放的铁路线的经营问题时，周将军指出，有些铁路，例如平绥铁路，大部分是在共产党地区内，为了经营这条铁路，共产党有自己单独的和独立的管理系统。因此，他觉得共产党人员不仅应参与这条铁路的重新开放部分的经营，而且也应参与这条铁路的全面管理。俞将军回答说，他无权同意这个建议。这个问题最后以在协议中写入这样一句话予以解决："合格的中共铁路人员可被交通部依照即将决定之方案任用。"这项协议进一步说，此种人员之资格由交通小组或军调部交通组予以考核而决定之。

这项讨论结束时，就一份题为"关于重开华北华中交通指令"的文件达成了协议。这份文件规定立即恢复华北华中的一切交通线；规定修筑各铁路线的明确时间，长短不等，从陇海铁路徐州至海州段的三十天至平汉铁路元氏至安阳段的一百五十天；规定修筑津浦、胶济、陇海、平绥、平汉、平古和同蒲铁路的十一个路段；规定修筑工作受各交通小组之监督，并受交通部之管制；规定拆毁防御工事，如上所述；规定在铁路管理中任用共产党的人员；并规定以后讨论恢复所有其他交通线的问题。

这样，对于须在十五天休战期间加以解决的三项主要问题中的第一项问题就达成了协议，根据取得的协定，依照蒋委员长的规定，所有达成协议的文件须同时签字。

（B）在满洲停止冲突

白罗德将军草拟了一份在满洲停止冲突的建议草案，分送国共双方代表研究，并供三人小组晚些时候加以讨论。白罗德将军在进行这项工作时，力求草拟一项尽可能简单的文件，因为若干复杂问题将写入另一项文件，即规定修改军队整编方案中与满洲有关部分的文件。

在同我讨论这项建议草案时，周恩来将军表示，希望这项文件不仅包括1月10日的停战令，而且也把3月27日派遣执行小组进入满洲的协议包括进去，因为后者是专为满洲起草的。他指出，局势已改变了，这两项协议的若干部分已过时了。他表示特别关心停战令中关于为重新建立中国主权而把政府军队开进满洲的规定，他希望把停战令的若干条款（例如上面提到的这一条款，由于苏联军队的完全撤退，该条款已不再有效了）删除掉。他觉得这一点必须包括进去，因为否则政府可能会坚持要派军队到现在处于共产党控制下的诸如哈尔滨和齐齐哈尔等地去，其理由为：这些地方以前曾被苏联军队占领，因此政府尚未完成恢复主权的程序。我向周将军指出，政府占领哪些地方的问题，将包括在关于在满洲的军队于规定时间内重新配置的协定中，而这个文件仅仅涉及与停止冲突直接有关的细节。因此，我认为这类事情不应包含在关于停止冲突的文件里。

在三人小组于6月22日举行会议[1]讨沦这个建议草案时，周恩来将军建议，从这个文件中删去白罗德将军在草案中原来写入的关于前进指挥所的美国高级军官的决定权问题的任何规定，并且起草一项关于执行小组和美国军官决定权问题的所有事务的单独文件，以便既适用于满洲，也适用于中国本部。这个建议得到徐永昌将

[1] 这是三人小组自三月份以来的第一次会议，并且标志着我以调解人的身份正式重新参加谈判。

军的同意，他指出，恢复交通、在满洲停止冲突和修改军队整编方案这三个问题构成了全面的问题，这些问题将一起解决，体现这些问题的协议的文件须同时签字。

6月24日，三人小组通过了题为“结束东北冲突之训令”的文件，训令的“丙”条是根据下面的协定才取得一致意见的：细节和关于美国军官的决定权问题将包含在另一项单独文件中。我向三人小组解释说，这个文件的“己”条是我写的，目的是要避免反对政府军队调赴满洲的不幸宣传。所通过的这一条条文如下：“政府和共产党将不再调战斗部队赴东北。但政府部队之个别补充，其为达到今后将予订正之1946年2月25日整编统编基本方案所允准之兵力者，应予批准。”

这个文件采取了三人小组为结束在东北之冲突致军调部三委员的训令的形式。这个训令规定，除该训令中或其后由三人小组修订者外，1946年1月10日的停战令适用于满洲；接触紧密或有敌对性接触的双方军队实行隔离；以据信于1946年6月7日中午所存在的形势为基础实行军队的调整；停止一切战术性的调动；对于不遵行该训令的条款的指挥官加以处分；在该训令生效后之十五天内，双方将在满洲的一切军事单位，兵力和驻地造册送交军调部前进指挥所。

对于这项文件达成协议，标志着解决了须在十五天休战期间加以解决的三项主要问题中的第二项问题。如下面在叙述修改军队整编方案时所解释的，休战期限延长到6月30日中午。

国共内战期间的国民党官兵

（C）美方代表的决定权

如这个报告上面若干章所指出的，执行小组美方成员的决定权问题长时间以来就是一个辩论的题目，准许执行小组的美方主席决定小组调查的先后次序的建议曾在军调部三委员和三人小组的会议上提出过。国民政府支持这样的建议，美国代表也劝告采取这样一种解决办法，作为保证能采取即时行动以调查各地报告的违犯停战令事件的一种手段。军调部的共方代表和周恩来将军则反对这些建议，因为这些建议背离了军调部及其执行小组从一开始就实行的一致同意的原则。结果对这个问题仅仅取得了折中的解决，这项解决办法写入三人小组于5月14日签署的一项文件中。该项文件规定，若执行小组成员一直不能取得同意，美方成员应将不同意事项直接呈报军调部的三位委员，三委员于二十四小时内达成一致决定，或将该事项呈报三人小组决定。

蒋委员长使这个问题再一次突出起来。在他于5月23日赴沈阳之前，他通知我说，如果没有这样的协定即当执行小组成员或相应的高级参谋团体陷于僵局时，应由美方成员作出最后决定，那么他就不愿受进一步协议的约束。虽然蒋委员长那时没有详细分析这种情况，显然它超出了以前为了对执行小组调查的先后次序作出决定而提出的建议。

在三人小组于休战期间举行的各次会议中，在6月22日讨论在满洲停止冲突的建议草案时，第一次发生了这个问题。这个草案规定，若各方不能取得同意，应接受在长春的军调部前进指挥所的美方高级军官的决定。周恩来将军早些时候曾建议将这个规定修改如下：“在长春的美方高级军官将情况呈报在北平的军调部或在南京的三人小组，视情况的紧急程度而定。”然而，在这次会议的讨论中，他建议起草一项关于执行小组和美方代表的决定权问题的一切事务的单独文件，并使这样一项文件既适用于满洲也适用于中国本部。这项建议得到会议的同意，周将军后来起草了两份建议草案，一份是关于执行小组的行动的，另一份是关于在执行小组和军调部里不能取得同意时的解决办法的。

6月24日，在三人小组的一次会议上，周将军的关于执行小组行动的建议草案被提出来讨论。这项建议采取三人小组给军调部三委员的训令的形式，训令规定了执行小组在四种明确地描述的情况中所采取的行动，其目的在帮助执行小组按照一致的标准实施停止满洲冲突协定的条款。这项建议也希望能应用于紧密接触或实际发生冲突的军队的一切情况中。这项文件在这次会议上未加讨论，因为俞将军未有机会预先研究这项建议，因此留待以后讨论。

在6月24日这个同一次的三人小组会议上，就一项题为“关于解决执行小组和交通小组、北平军调部及长春军调分部中某些争执之规定”的文件达成了协议，虽然对这项文件加以补充的建议留待以后进一步研究和讨论。

周将军建议这项文件补充一段如下：“若对于重开交通线的训令的解释不能取得一致意见时，军调部交通组的美方高级军官有权作出决定。”对这项建议没有采取行动。

俞大维将军建议这项文件补充两段如下：这是三人小组自三月份以来的第一次会议，并且标志着我以调解人的身份正式重新参加谈判。这是三人小组自三月份以来的第一次会议，并且标志着我以调解人的身份正式重新参加谈判。（一）若关于派遣执行小组前往何处和何时派遣意见不能一致时，北平军调部的美方委员有权作出决定；（二）若关于所有协定的解释和执行这些协定的方式意见不能一致时，由三人小组的多数票决定之。我立刻说，俞将军建议的第二段是应由国共两党之间谈判的问题，而对于这项问题的讨论不应当着我的面进行。周将军在评论俞将军建议的第一段时指出：当三人小组发出派遣执行小组的指示时，若意见不能一致，美国军官有权根据刚才业已达成协议的文件第二条乙款的规定指导该项命令之执行，并派遣执行小组；他进一步说，如果以前没有发出派遣执行小组的指示，美方委员可根据上述文件第二条甲款的规定向三人小组提出报告，请求指示。因此，周将军请求给他更多的时间，以便研究俞将军提出的这两段文字。

上述达成协议的文件规定：（一）遇有紧急事件而意见不能一致时，执行小组或交通小组的美方代表可将情况直接向北平军调部或长春军调分部提出报告，请求指示；（二）倘意见不能一致时，执行小组美方代表有权决定该执行小组在其管辖地区以内何时何地进行有关军事行动的调查；（三）在有关停止冲突和隔离部队的事项上，意见不能一致时，执行小组美方代表有权以军调部名义向当地的国共双方指挥官发布命令；（四）在意见不能一致时，北平或长春军调部的美方高级人员可向北平军调部或三人小组提出报告，请求指示；（五）若对于执行上级的命令或指示意见不能一致时，北平或长春军调部的美方高级人员有权指导该项命令或指示的执行，除非该命令或指示已由上级修改或取消。

到了这时，三人小组已就恢复交通和满洲停止冲突问题达成协议，并且已就一项关于美国代表的决定权问题的文件达成协议，在进一步研究和讨论之后，有可能对这项文件加以补充。尚待解决的，只剩下修改军队整编方案这一项重要问题了。

（D）修改2月25日的军队整编基本方案

就修改2月25日的军队整编基本方案达成协议的问题，乃是三人小组在休战期间面临的最困难的任务，因为它包含军队分布、军队兵力、复员及不能与修改基本方案问题分开的有关的政治考虑等等问题。

6月14日，周恩来将军重复提出了共产党的希望：在满洲能有五个师，并且提出，在军队重新分布方案中，共产党希望在满洲五个大城市（未说出五个城市的名称）中各驻扎一个师。他说，共产党军队应驻扎在当时处于共产党控制之下的地区，但是他指出，关于军队的重新分布问题，国民政府占领着满洲最重要的、最发达的和人口最稠密的地区。因此国民政府军队比共产党军队能够拥有更多的食物和供应——共产党占领着满洲北部，该地区人口稀少，军队的食物供应较成问题。因此周将军觉得，关于军队的重新分布，有四个因素须加考虑：（一）军队的数目；（二）分布的地区；（三）运输条件；（四）供应条件。

我告知周将军说，我已经把共产党在满洲驻扎五个师的希望告诉了蒋委员长，虽然蒋委员长没有明确地说，我相信政府会愿意接受国共两党在满洲军队的比例为五与一之比，以代替2月25日的军队整编协定中规定的十四与一之比。我说，这可以用把满洲的兵力增加到六个军的办法来实现，其中三个师是共产党军队，十五个师是国民政府军队。我指出政治考虑与军队重新分布之间不可避免的关系，并且提出，共产党军队的配置可能与由共产党员担任省政府主席的那些省的问题有关系。我补充说，我不知道哪些省是这样的情况。我又说，虽然我愿意避免一切政治纠纷，但是共产党关于其军队重新分布的决定似乎会牵涉到政治问题，不管对于当地县参议会的性质是否承担了任何义务。

周将军对于政府军队的重新分布和兵力的比例问题没有提出意见，但是提出，关于共产党驻扎在满洲的军队兵力，在共产党希望的五个师和我提出的三个师之间得出一个数字，应该是可能的。他觉得，每一个师集中在一个地方，应该可以使政府安心。

6月17日，我告知周将军，关于修改军队整编方案，虽然我现在不能说政府的条件或建议是什么，但是我最大的困难是共产党迄今还没有提出任何明确的建议。因此，我担心我说服国民党降低条件的努力可能由于我对共产党的条件一无所知而受到妨害。我指出，我指望当天晚上去会见蒋委员长，弄清楚政府的建议，但是，共产党认为公平的调整办法是什么，我仅能加以猜测而已，因此，在这个关键时刻，我不能影响事情的进展。我提醒周将军说，他仅仅对我作过非常一般的陈述，对于共产党的立场，我所了解的就是那些。

周将军回答说，在以前同我的讨论中，他试图使我对于共产党对这个问题的态度有一个一般的印象和了解；他没有作具体的陈述，是因为在目前的谈判中共产党采取了愿意作出让步的态度，以便达成一项解决办法。对于政治问题，共产党是有一些建议要提出的，但是宁愿延迟到以后再提，因为担心目前提出这些建议会影响对于须立即作出决定的事情的谈判。周将军说，简单地说，共产党没有提出建议，是因为它愿意作出让步。

6月17日，在与蒋委员长举行会谈以后，我向周将军提出一份备忘录，并附有三份文件，这三份文件构成了国民政府为在休战期间达成协议所提的主要建议：（一）政府关于与建议的满洲驻军的重新分布有关的华北问题的条款；（二）满洲附加条款（修改后的1946年2月25日协定的附加条款）；（三）关于恢复交通的文件。[1]

关于修改军队整编基本方案的第一次建议，国民政府是于6月12日向我提出的。由于某些建议特别是关于满洲的建议不合理的性质，我于6月15日起草了一份关于修改军队整编基本方案的草案，送给蒋委员长，并于16日同他进行了讨论。6月17日，徐永昌将军把政府对于这个草案的修改意见送给我，我把这些修改和国民政府的代表们向我口头提出的其他意见写入一项文件，以供讨论。这项文件包括政府关于华北问题的条款、军队整编基本方案的修正条款、满洲附加条款和华北附加条款。如前面一段所述，政府关于华北问题的条款和满洲附加条款已送给周将军加以研究。不过，对于修改军队整编基本方案①[2]·②[3]·③[4]的充分讨论这时暂时停止，以便使关于恢复交通、满洲停止冲突和美方代表的决定权的文件得以完成。当后来的讨论显示军队整编基本方案的修正条款不可能在延长了的休战期于6月30日满期以前达成协议时，谈判便集中于只包括主要争论问题的初步协定，不过取得这样的协定，即在完成初步协定之后，再谈判军队整编基本方案的工正式修改。

6月18日我同周将军举行了一次会谈，讨论6月17日送给他的国民政府的建议。这些文件中的第一项文件提出如下要求：共产党军队于1946年9月1日之前撤离热河和察哈尔；政府军队占领山东省的烟台和威海卫；国民政府以一个军增援青岛，以便驻扎在该城市的美国海军陆战队可以撤退；共产党于1946年7月1日以前撤离中共军队于1946年6月7日中午以后强占的所有山东省各地，至少须撤至这

[1] 这个文件上面已经论述过了。

[2] 国民政府的“真正实行《军队整编及统编中共部队为国军之基本方案》的补充办法草案”，于6月12日提交给我。

[3] 徐永昌将军于1946年6月17日给我的备忘录，附有对于《军队整编及统编中共部队为国军之基本方案》的修改意见信。这项奋忘录指出了政府希望共产党军队集中的地区。

[4] 1946年6月17日为修改军队整编基本方案草拟的建议草案，这项草案以政府原来的建议为基础，并写入徐永昌将军6月17日的备忘录和政府代表们口头所提的修改意见。这项草案的附件只包括军队整编基本方案的修正条款，至于政府关于华北的条款和满洲附加条款（构成这项建议草案的一部分）则作为本报告的第42号和43号附件。

些地点的三十里以外；政府驻军立即占领这些地点；政府自1946年9月1日开始以一个军增援天津地区，以便驻扎在该地区的美国海军陆战队可以撤退。

在评论这些文件时，周将军对于在关于华北的条款中所描述的与中国本部有关的这些部分表示惊讶，并且相信这完全是蒋委员长的意思。他说，除了关于在山东省恢复6月7日以前状况的那些部分外，他不能考虑这项建议。他把这项建议的其他部分描述为是完全料想不到的，并且说这对他是一个沉重的打击，因为他本来是试图对于讨论的各项问题尽可能地作出妥协的。他觉得政府的意图是不想谋求问题的解决，而公众的反应也会与他的意见相同。周将军许诺，他将把这些建议用电报向延安报告，并且说，他觉得他必须返回延安，就谈判的进展情况提出报告。他解释说，在休战期间他本来试图遵循马歇尔将军提出的妥协路线进行工作，因此在他给延安的报告中采取了乐观的态度。现在接到这些新的建议，周将军感到很难过，虽然在过去几天里有种种迹象表明政府的态度有某些转变，像传闻的流言和俞大维将军在恢复交通问题的谈判中所显示的那样。

周将军谈到政府的建议中所包含的具体问题时说，除了在山东恢复6月7日以前的状况外，其他各项都不能加以考虑。他并且指出，6月7日这个日期只应适用于满洲，而在中国本部恢复原状应以停战令和军调部的训令为根据——这就需要以1月13日作为开始休战和确定原状的日期。周将军在答复政府提出的共产党攻击政府占领的地区和中共军队调动的指责时指出：国民党是对离开铁路线的共产党占领的地方进攻的，因此没有引起注意，并且又说，中共军队的调动是不能与政府军队的调动相比的，因为中共军队的移动是靠步行，并且是小规模的，而自一月份发布停战令以来，政府已调动了一百一十八个师。周将军指责说，关于共产党攻击满洲的拉法一事，政府发动了一场宣传运动，但是在此期间它却占领了法库，虽然共产党业已撤离拉法，政府军队却仍然占领着法库。他继续说，共产党住山东的攻击，是对国民政府在五六月份占领五六个城镇的报复，而且这些攻击只针对伪军占领的地方。谈到政府要求共产党撤离察哈尔和热河省，周将军说，政府不能为这样一种要求提出根据，政府要占领烟台和威海卫的要求也同样是没有根据的。周将军说，如果蒋委员长不修正这些要求，他返回延安是无用的。

谈到满洲附加条款中提出的政府的建议草案，周将军指出，根据这项建议，政府军队将进入当时处于中共军队占领下的许多地方，如哈尔滨、牡丹江、白城、安东和通化。关于满洲，他考虑两个问题：（一）共产党的兵力，这个问题仍在讨论中；（二）军队的分布。他的建议是：中共军队驻扎在当时处于共产党控制下的地区，而这一点政府在起草这个建议时显然已给予考虑。这个问题的另一方面是，若干地方不配置军队驻防；国民政府军队不应进入这时处于共产党控制下的地方。周将军说，局势的关键现在似乎是，蒋委员长是否真正愿意解决问题，或者他是否愿意使事情复杂到极点。他指出在恢复交通的协定中他已经作出的让步，并且说，政府现在试图迫使共产党作出远远超过一、二月份协定的让步，而同时对于争论的政治问题却不给予保证。周将军最后说，如果他只是一名共产党代表，而不关心他作为一个中国公民的地位和中苏合作问题，他就将辞职，因为他所进行的谈判似乎是完全的失败。

我于6月18日同徐永昌将军和俞大维将军会谈时告知俞将军：依照我的看法，蒋委员长的条件是太苛刻了，并且询问，蒋委员长是否可以撤回这些条件。俞将军说：蒋委员长曾经向他指出，在军队重新分布方案中，他（蒋）愿给予共产党以较为富饶的地区。俞将军并且给我看一幅地图，地图上绘出了根据政府的建议中共军队在四个月内集中驻扎的地区。我告诉他说，如果共产党同意这样一种建议，他们就将完全处于政府的军事控制之下，因此，我觉得共产党不可能接受这个建议。关于在满洲的中共军队的重新配置问题，徐将军说，政府赞成两个中共军队师驻扎在齐齐哈尔和海拉尔地区，一个中共军队师驻扎在靠近朝鲜的边界。

6月20日，在同俞大维将军讨论这个问题时，我告诉他说，或许必须考虑下列各点作为进一步讨论的基础：将关于热河、察哈尔和山东的条款删去，并将这些省份包括在军队重新分布方案以内；在第一阶段，增调一个政府军进入华北，在第二阶段，再增调一个政府军进入华北，而不是在第一阶段就增调两个军；同意共产党控制某些铁路；共产党保留赤峰；将十五天休战期至少延长五天。

在讨论延长休战期时，俞将军建议将期限延长一天。我回答说，这是不够的，因为许多未解决的事情尚待讨论，他的意见是不现实的，这或许是以他的感觉为基础的，即美国会支持中国的内战。我强调地告诉他，美国不会支持一场中国的内战，因为他在这方面提出的问题似乎表明，他对于中国如发生内战美国可能采取的态度深感兴趣。

在6月21日同周将军进一步讨论政府的建议时，我告诉他说，我已向蒋委员长建议：（一）将关于华北的条款删去，将这些条款写入修改过的军队整编协定中关于军队在华北的重新分布那一部分；（二）将于6月22日中午满期的暂时休战期予以延长。关于第一点，虽然我不能从蒋委员长那里获得坚定的许诺，但是据我了解，政府有接受我建议的修改的可能性，因此我同周将军谈判细节似乎可以有一个较好的基础。我再一次请周将军注意，由于没有一个共产党建议的明确纲领，进行谈判很困难，在最近的讨论中使我很为难。我解释说，政府关于华北的条款是由于我设法使政府原来关于满洲的建议获得修改而产生的——蒋委员长每在原来的建议中作出一次让步，就增加一项关于华北的条款。我又指出，我扩大了政府规定的在第一个阶段中共军队配置的地区，因为中国陆军参谋部没有考虑到在这个阶段里须加以处理的大量军队。由于华北军队复员很少，使国民政府和共产党军队的配置问题复杂化了。国民政府军队的复员限于华南和华西，进一步的复员将大部分限于华北和满洲。这次复员采取将名额不足的师缩编为旅的办法，师部的官兵实行复员。真正的问题是，依照目前政府的这个建议，从1946年7月1日至1947年1月1日这个期间，国共双方都要将许多军队复员。

周将军回答说，他反对在十五天休战期间讨论华北和华中的军队配置问题，因为这个问题应由军事小组和两党的人员制订方案。他解释说，这是第一次同他讨论这个问题，他对此没有准备。他指出，这是政府单方面的建议，依照这种安排，除张家口地区外，中共军队将集中在离开铁路线的地方。他指责说，这是蒋委员长的意思，为的是使中共军队集中在对他的地位威胁最小的地区，这样他就可以在得便时把中共军队消灭掉。他的意见是，如果共产党接受这样一个建议，蒋委员长就能以和平方法达到其目的；如果共产党拒绝这个建议，蒋委员长就会以武力达到其目的——唯一的区别只是使用的方法不同而已。周将军说，他不能接受这个建议，并且说，延安共产党当局命令他提出下列建议：（一）三人小组应立即停止在满洲与中国本部的冲突，发布一个新的停止敌对行为的命令，并附带规定执行小组的美国军官应有权力执行这个命令和决定由小组进行调查；（二）冲突停止之后，三人小组应拟制恢复交通方案，共产党保证修复铁路工作须占最优先的地位；（三）敌对行为停止之后，三人小组应拟制包括满洲的全国军队整编复员办法，国共两党人员在美国人员领导之下应拟制方案提交三人小组批准；（四）应举行第二次三人小组会议，讨论政府改组、保障人民权利、解决人民生活问题，地方政府应予改组并实行选举。周将军表示相信蒋委员长最关心军队整编统编及训练问题。因此他提出了使共产党发生顾虑的要求，因为倘若共产党接受这些要求，对于尚未谈判的许多其他问题就将没有保证。周将军说，这是问题的焦点。因此他建议在军队整编时期，中共军队在共产党区域整编，政府军队在政府区域整编，至于训练则由双方委托的美国军官执行，经过这个过渡时期以后，国共两军合在一起实行统编。

我向周将军指出，蒋委员长在他的6月6日关于休战时期的声明里很清楚地说过，应该为立即实行2月25日的中国军队复员、整编、统编协定建立一个基础，当蒋委员长提出目前的这些建议时，他心里在想着这个问题。我强调说，我们必须明确了解共产党关于华北军队重新分布的要求，而且这种要求应该在三四月间共产党提出军队复员报告表的时候决定。国民政府已提出这种报告表，但共产党没有这样办。由于没有这种报告表，有关人员就不能拟制华北军队重新分布的方案。我最后说，因此，我不认为蒋委员长坚持要解决全国的军队配置问题是不合逻辑的，特别鉴于他关于这方面的公开声明。

正谈到这里时，接到了蒋委员长的电话，说，他已向他的军队司令官们发出命令，把停止前进、攻击和追击延长到6月30日中午。（关于这一点，前一天晚上我未能从他那里获得坚定的许诺。）

鉴于休战期限延长了，我紧急地向周将军呼吁，不要破坏在6月30日满期的这个期间里就军事问题达成初步协定的最后可能性。我告诉他说，我将尽量努力说服蒋委员长就政治协商会议的决议和与改组政府有关的某些其他问题发表一项声明或作出明确的许诺。我又说，我想到几项关于政府政治性事务的其他建议，对此蒋委员长可以立即采取行动，这些建议目前我不准备进行讨论，但它们是具有实际的性质的——这就是说，它们不须辩论或拖延，就能立即实行。

二十三
将满洲的休战期限延长到6月30日；在这个期间的谈判

6月21日，蒋委员长发表下列声明，公开宣布延长满洲的十五天休战期限：

为了再一次给予中国共产党一个机会，以便对军事冲突、恢复交通、军队整编与重新配置等问题获得完满的解决，余已命令我军各司令官将余以前的停止前进、攻击和追击的命令的有效期限延长至1946年6月30日中午。

虽然我在前一天未能从蒋委员长那里获得延长休战期限的坚定许诺，但是俞大维将军于6月21日打电话到我的总部，把蒋委员长在这方面的决定通知我，并且通知我两点附加的要求，要我转告共产党：（一）胶济铁路沿线的中共军队必须于1946年8月1日前撤退到铁路两侧三十公里以外的地区；（二）三人小组和军调部的一致表决程序必须于1946年6月30日以前加以修订。

满洲四平街附属地

6月21日，周恩来将军得悉蒋委员长延长休战期限的决定以后，通知我说，虽然他以前没有准备讨论华北和华中军队重新分布问题，他现在同意把这些问题列入议事日程，并且起草一项关于共产党对这个问题的建议的声明。他指出，这个问题是国共两党之间的鸿沟。他并且表示相信：蒋委员长希望中共军队撤离他们目前驻防的地方，集中到较为贫瘠的地区；在军区制度下，政府方面将扩大其占领地区；虽然蒋委员长在军事问题上迫使共产党让步，但是他对于政治问题的解决并没有提出保证。

我于是向周将军描述了在目前局势中的困难：若干政府高级官员坚定地认为，共产党的办法是拖延谈判，在讨论中又提出新问题，而且，如果达成协议，就设法阻碍其实行。政府并且担心，共产党的政策或是同苏联协调，或是受苏联的指使。另一方面，共产党领袖们同样深信，政府不会实行达成的协议，要不然就迫使共产党接受使其继续生存受到威胁的条件。共产党担心，政府会以下列各种办法来达到这样的目的：不实行为改组政府使之具有民主性质而同意采取的各种措施；使用秘密警察来威吓或妨碍共产党；控制报刊和通讯社；由某些深信武力政策可以解决问题的政府军队司令官采取行动。我告诉周将军说，我同样坦率地同政府代表们谈过，为的是作一次最后的努力，来消除两党之间的深刻怀疑，这种怀疑使甚至就最简单的事情达成协议也几乎成为不可能。

满洲四平街三马路

周将军回答说，他希望这不是最后的努力，因为看来许多事情可能在延长了的休战期限八天之内获得解决，还有许多问题可能得不到解决，这就必须在休战期限以后求得解决。他断言，在这些谈判中间，共产党并未提出新的要求，而且并未试图拖延谈判，而国民政府则继续提出新的要求，例如美方代表的最后决定权、铁路警察和修改希尔上校关于恢复交通的草案等等。他觉得局势是非常危急的，如果蒋委员长期待在六个月之内以武力达到其目的，那他就将冒很大的风险。他提出，蒋委员长可能想到美国的支持，但同时他应该想到如果发生内战他得不到美国支持的可能性。他说，另一方面，共产党应该想到美国继续援助政府的可能性。因此，他觉得如果两党都想到这些可能性，那么达成解决办法就会容易得多。关于苏联影响共产党政策的担心，周将军说，这样一种指责是完全没有根据的，共产党此时正在谋求美国的合作，在停止冲突之后，欢迎派遣美国代表和人员前来调查在共产党控制之下的地区。他指出，这一点以及其他各方面都表明中国共产党政策同苏联政策之间的差异。

我提醒周将军说，在判断目前局势并且说政府不希望成功地结束谈判，特别是当谈到在满洲的政府军队司令官们的态度时，他应该记得我以前关于在占领长春时的满洲中共将领所说的话。他也应该记得他自己常用“情况变了”这句话来辩护某些建议，而现在政府提出新的条件也在利用这句话。我说，我憎恨这样一种观点，我的努力是在最后讨论之前尽可能地消除怀疑。

如本报告书前一章所述，在延长了的休战期限开始之后不久，就对于恢复交通、在满洲停止冲突和美方代表的决定权等项文件达成了协议，只剩下修订2月25日的军队整编协定问题须于6月30日之前加以解决。

6月26日，我通知周恩来将军说，政府已同意以五与一的比例作为满洲兵力的基础，但是我不认为政府会同意共产党在满洲驻扎五个师并将中共军队总数增加到二十个师。我又说，我从同政府代表们讨论得到的看法是，在对整编、统编军队问题达成某种协议，表明谈判有了和平的基础而不致有重新爆发冲突的前景之前，政府不会同意共产党继续占领江苏北部；政府认为共产党继续占领承德是一个极为重要的问题。

周将军回答说，共产党的困难在于，当它在军事事务上作出让步并达成协议时，它不知道政府日后对于政治问题采取什么态度。共产党的观点是：军队与民政应该分离；在（中央）政府和地方政府改组之后，中共军队就集中到共产党控制的地区，政府军队就集中到政府控制的地区；由于地方自治政府和选举制度的建立，军队可与民政分离。不过，他觉得政府的观点是行政应该按照控制某个特定地区的军队性质加以调整，这是违反军队服从民政的原则的。政府军队进入共产党控制的无论哪个地区，都把现有的地方民政机构废除掉，而以自己的政府来替代它们。看来按照政府的建议，政府军队要开入许多共产党的地区，结果当地的民政机构就要被改变。周将军看不出为了复员的目的而把政府军队开入共产党地区有什么理由，因为这就意味着通过谈判来占领共产党地区，以代替武力占领。这种办法既不符合政协会议关于这类问题的决议，又不符合一般的协定。周将军说，为了消除政府对于共产党威胁的疑惧起见，共产党愿意撤离某些地区，但是他觉得这些地区不得由政府军队驻防。他解释说，热河和山东大部分在共产党控制之下，所以期望政府撤出这两个省份比要求共产党这样做更合情理。他继续说，如果共产党不同意政府关于撤出热河和苏北各地以及胶济铁路和徐州—济南铁路沿线的要求，政府就会以武力来占领这些地方，并且已经为此拟订了计划。

我向周将军指出支配着目前局势的某些基本情况：共产党觉得在军事上它必须不让自己被置于严重削弱其防御力量的地位，这种地位对于共产党在以后的政治谈判中的努力将会有不利的影响。另一方面，国民政府则担心共产党通过武力来影响政治谈判进程的努力。此外，政府的某些军事官员还直率地表示以武力解决问题的愿望。

周将军回答说，共产党愿意在军事问题上作出让步，以便使政府在政治上作出让步，趋向于政府民主化和军队国家化，但目前谈判限于军事问题，因此共产党担心政治解决的结果。共产党的担心是：如果共产党人削弱他们的军事力量，他们在政治问题上就可能失去讨价还价的力量；国民政府将进入共产党地区并解散当地的行政机构，而共产党是希望这些地方不得由政府军队驻防的。周将军继续说，如果共产党人作出让步以致允许政府进入共产党地区并将共产党人为了农民的利益而实行的改革取消，那就意味着共产党的失败。他于是提出两个可供选择的办法：（一）先实行那些有许多问题能够容易地取得一致的协定——即在满洲停止冲突和恢复铁路交通——然后会有时间来讨论军队整编方案；（二）确定关于军队整编的几项原则（如果政府坚持要同时解决所有问题的话）——例如，可以规定：在军队整编期间两党军队各驻扎在不威胁对方的地点；民政由改组后的政府决定而不受军队干涉；在整编期间政府地区和共产党地区都有某些地方可以不由双方军队驻防；最初可以拟订对满洲的解决办法。

我告诉周将军说，我觉得确实无疑的是，政府不会同意他的第一个建议，因为它坚持要同时解决三个主要问题，但是它或许可以考虑第二个建议。我指出，现在没有时间来玩弄策略和拖延下去，由于日益增长的动乱和骚动与恶意宣传的持续威胁，延长谈判并不是实际可行的。

6月27日，我同蒋委员长举行了会谈，在会谈中他描述了自从政治协商会议开会和2月25日达成军队整编协定以来共产党的拖延和阻碍的策略，并且把未能实行改组政府和军队的复员与整编归咎于共产党。他说，除非实施军事调整作为避免冲突的手段，目前政治调整纵非不可能，也是困难的。他于是提出具体的军事调整的建议：中共军队应在十天之内撤出苏北、胶济铁路、承德、古北口、安东省和哈尔滨，这些地方在一个月之内由政府军队占领；中共军队应在一个月之内从其他应该撤走的地方撤退，但是政府军队的开入可以延缓两三个月。作为一项折中办法，我建议满洲的新黑龙江省、兴安省、嫩江省和察哈尔省的共产党官员由政府承认，作为临时办法，将来在政治改组时再行考虑。

我告诉蒋委员长说，虽然他对于共产党的指责在表面上是正确的，然而其他因素对于这个时期里事件的进程也发生了深刻的影响。国民党中央执行委员会的决议引起了对于政府实行政协决议的意图的严重怀疑，在政府地区发生了许多次反对共产党个别人员和办事处的激烈的示威游行。我说，这些示威游行或者是政府的行动或者是政府准许的行动，它们妨碍了实行协定。我说，政府现在向共产党提出关于华北的非常严厉的条件，共产党会接受这些条件，或者能够接受这些条件而不觉得党的继续存在受到严重危害，都是非常不可能的。我最后说，蒋委员长关于江苏、热河和哈尔滨的条件尤其不会被共产党接受，因此，必须寻求某种妥协的基础。

在上述同蒋委员长的会谈之后，我于同一天把蒋委员长提出的条件和政府特别坚持要中共军队撤出苏北的要求告诉了周恩来将军。我补充说，蒋委员长在谈到共产党提出的为农民谋利益的说法时说，没有迹象说明有难民从政府地区进入共产党地区，而约有五百万难民从共产党地区进入国民政府地区，这表明，在政府控制下的地区情况较为令人满意。

周将军对蒋委员长的指责，即未能实行政府改组和军队的复员和整编须由共产党负责，提出详细答复说，在共产党代表对于政协的宪法原则中的三项问题作出妥协之后，政府坚持要进行进一步的修改；在满洲继续发生冲突的情况下，共产党不能将其在那个地区军队的清册交出来。他又说，有几百万难民从政府地区进入共产党地区，但是共产党的办法是帮助他们重建家园，而不是像国民政府那样，为了宣传目的和制造混乱而利用他们。他描述共产党的目的是：减租减息，提高农民的生产率，增加拥有土地的农民人数。他指出，这些改革使得地主们离开了共产党地区，他们是敌视这样一种纲领的。他们和渗入共产党地区的秘密警察特务散布共产党实行屠杀和恐怖主义的谣言。

周将军在评论蒋委员长的条件时说：驻军绝对不得干涉当地的行政。他说，虽然共产党愿意考虑关于哈尔滨的调整和国共两军在若干特定地区驻防的细节问题，但是不能接受政府对于胶济铁路、承德、古北口及其他地方的要求。不过，倘若政府感觉在苏北和山东（铁路沿线）的中共军队对政府构成一种威胁，共产党愿意把它在这些地区的军队减少或者完全撤退，但是政府军队不得进入共产党地区；共产党同意先讨论军事问题，然后讨论政治问题，但是它不能让在其地区里的人民遭受政府军队的压迫，因为这将构成共产党的失败，并将导致人民转而反对共产党。周将军明确地说，共产党愿意依照2月25日的军队整编协定的规定，减少苏北驻军，用少数军队驻防苏北；倘若政府同意只驻防济南、潍县和青岛，共产党愿意把它的军队撤离胶济铁路；枣庄煤矿区的中共军队可以完全撤退，不留一点驻军，让铁路线专作与煤矿有关的营业，并成立一个委员会来管理枣庄煤矿区。他强调说，不过，这些撤退决不应使共产党在那些地区建立的地方行政受到损害。

6月28日，蒋委员长把他对于某些中共军队配置的意见通知了我：中共军队应撤出滕县（徐州以北，在津浦铁路线上）；他反对中共军队驻防菏泽（山东省西南部）、大名（河北省南部）和闻喜（山西省西南部，在同蒲铁路线上）；他同意中共军队驻防邢台（河北省南部，在平汉铁路线上）。

在当日向周恩来将军解释这些意见时，我指出，我的印象是：蒋委员长也同意中共军队驻防长治（山西省东南部），但是他对于下面的中共军队配置——中共军队驻防淮安（江苏）以北，撤出江苏和安徽省大运河以西和黄河故道淮阴与东海之间的南方和东方，取得这样的协定即中共军队驻防淮阴和宿迁（均在苏北）——的反应却没有明确的表示。我说，我以此项配置可被接受为基础正在继续进行工作，我告诉蒋委员长说，我将努力说服共产党撤出自平泉（热河）至承德铁路以南的地区以及自丰宁（热河西南部）至沽源（察哈尔东南部）并从那里沿外长城以南通过张家口至绥远边境一线。在我同蒋委员长会谈结束时，他对于要求中共军队驻防东满的延吉仍然是强硬的，并且不同意完全撤出哈尔滨，坚持要在那个城市驻防大批政府军队。

我告诉周将军说，我向蒋委员长指出，要在6月30日以前就正式修订军队整编协定的文件的确切措词达成协议是不可能的，因此，我建议起草一项特殊文件，在文件中写明对于目前讨论的关键性因素所达成的协议——这项文件可以作为详细修改军队整编协定的基础，于6月30日以后进行谈判。我也告诉蒋委员长说，照我看来，进一步延长休战期限，恐难以实行，因为在军队和人民中目前混乱和极为危险的状况下，将会发生致命的决裂，冲突将全面蔓延，这样将妨碍谈判的进行。

周将军表示原则上同意这个建议，并且说，我们应该为军队整编继续作详细的部署。他指出目前局势的危险，并且指责说，蒋委员长向他在郑州和汉口的司令官发出命令，要他们消灭在汉口以北的共产党军队，作为这道命令的结果，这样一种攻击已于6月26日开始了。我同意他的意见，即局势是危急的，但是我指出，我听到了事情的两方面的情况，政府对于中共军队在大同附近大量集结表示担心。

在评论蒋委员长对于中共军队配置的意见时，周将军说，显然蒋委员长没有接受共产党提出的基本原则——这就是，在军队整编期间中共军队撤出的地区不得由政府军队占领。周将军说，共产党只能根据这项原则来考虑对方的建议；共产党同意撤出某些地区完全是单方面的让步，因为共产党并没有建议在政府控制下的任何地方应不由双方军队驻防，而且甚至建议政府军队可以在共产党控制下的所有战略地点驻防；共产党并没有建议中共军队应在政府控制下的地区驻扎。他指出，蒋委员长没有表示地方民政机构可以继续执行职务，直至政府实行改组。周将军指责说，共产党依照蒋委员长的要求撤退的结果，将把中共军队分隔成五个孤立的地区，只有两个地方是在铁路线上（张家口和邢台），只有两个大城市——在满洲的齐齐哈尔和在中国本部的张家口。如果共产党撤离所有的铁路线和公路，他们的交通线将被放弃，共产党地区将被分割成若干块，容易受到包围。他最后说，不过，在就军队整编方案的详细修订达成协议以前，他同意对于军队整编拟订某些条款，作为初步文件。

我于是告诉周将军说，我草拟了一份初步协定的草案，以指导2月25日的军队整编方案的修改和执行，这将是三人小组须予以通过的条件的一份专门的备忘录。我解释说，这不是一份完整的指示，起草这份草案是为了避免把所有条款都写入一份军队整编协定的正式修订文件的困难。这份草案包括了激烈争论之点，草案中所包含的问题将决定共产党和国民政府能否在剩下的短时间内获致协议。

我建议可将这份草案的摘要向报界发表，在2月25日军队整编协定的正式修订文件获致协议时再将草案的细节公布。我最后说，在我看来共产党的主要考虑是：指定军队驻防于特定地点而不是特定地区，禁止政府军队开入中共军队撤出的地区，目前的地方政府继续执行职务。

同日（6月28日），按照蒋委员长要我谈谈对于谈判现状的看法的要求，我送给他一份备忘录，其内容如下：

按照蒋委员长要我谈谈对于谈判现状和2月25日军队整编协定规定的军队分布办法的看法的要求，我感到国民政府的要求和共产党的立场目前在下列各点上是不可调和的：中共军队完全撤出江苏，中共军队撤出承德，共产党坚持在中共军队撤出的地区内地方政府不应受到干扰，直至改组过的政府成立。蒋委员长最近告诉我说，在成功地签订军事协定之后三四个月内他将不考虑进行任何政治讨论。我相信这样一种拖延几乎不可避免地会有严重的后果。虽然从蒋委员长的观点看来，这种拖延的目的是考验共产党的意图是否良好，但是由于对目前紧张的政治状态颇为正常的反应，实际上十之八九它会导致冲突的重新爆发。

在我看来明显的是，2月25日军队整编协定的正式的详细修订文件在6月30日中午以前不能制定出来，而且我认为，如果把休战期限延长到6月30日以后，就会使局势完全崩溃。因此，我建议达成一项包含对于危急地区的足够详细的解决办法的特殊协定，以充分地保护政府的利益，以便可于6月30日发出停止冲突的命令。

6月29日，我同蒋委员长讨论了关于一项特殊文件的折中解决办法，起草这项文件，是为了可能在6月30日中午以前达成一项协定。蒋委员长拒绝改变他提出的关于中共军队配置的条件。特别是，他坚持要中共军队撤出承德，整个江苏省（而不是淮安以南的整个地区）和满洲的安东省，并且坚持在中共军队撤出的地区里将现有的地方政府撤销。

我告诉蒋委员长说，我觉得进一步谈判是没有基础的，因为政府提出的仅限于关于华北的要求，而且除了很少的修正外，对于这些要求没有作出妥协。当蒋委员长再一次谈到他过去同共产党谈判的经验和必须谋求永久的而不是暂时的办法时，我回答说，同样的逻辑可以推论到这样的程度，即作为可以保持中国和平的唯一办法，完全消灭共产党和中共军队也是正当的。我又指出，由于政府高级官员们、特别是在满洲的司令官们直率地和公开地发表意见，使谈判特别困难；他们说，即使达成协定，也是无关紧要的，他们决心采取武力政策。国民党内的政治领袖们也表示同样的意见，他们反对谈判，而赞成使用武力解决问题。我说，不管根据过去的经验可能有什么想法，中国政府将被世界舆论而且一定被美国舆论判断为以其不可改变的要求和执行一项以武力解决问题的明显愿望不必要地使国家陷于混乱之中。蒋委员长在回答中表示对谈判失败感到遗憾，对我的努力表示感谢，并起草了一份其中提到我的声明草稿（显然是供向报界发表的），在声明中他表达了他的希望即我将继续我的进行调解的努力。我对声明中称赞我的话向他表示感谢，但是说，我宁愿不要提到我，而且，我不愿作一名战场上的裁判员。我最后说，我将立刻去会见周恩来将军，但是看来很难达成任何完满的协议。

6月29日下午，我同周将军举行会谈，把蒋委员长对于题为《关于修改及执行1946年2月25日军队整编方案的初步协定》的建议草案的评论告诉了他。蒋委员长不愿同意把这项文件的第五条[1]只适用于满洲。关于处理哈尔滨现状的第六条，蒋委员长同意任命一名市长，而且要选任一个共产党能接受的人。关于第七

[1]　6月29日拟定的这项文件的第三稿第五条如下：“军调部将立即决定1946年6月7日中午以后在满洲的国民党军队或共产党军队所占领的据点，并要求有关部队除有特殊命令者外，在本协定签字后十天内撤出此等据点。”

条[1]，蒋委员长最初表示完全不赞成，他最后的态度也没有清楚地表示出来——他同意共产党的地方政府，但是不能同意江苏省境内的这样一种地方政府，因为他觉得这样要有许多难民遭受那里现有的地方政府的虐待。他接受兵力等于一个县的地方治安部队的保安队的办法。蒋委员长不愿接受政府军队只占领苏北的一部分的办法，而坚持中共军队须在六个星期之内往北撤到淮安，在三个月至六个月之内撤到陇海铁路以北。他还要求中共军队撤离胶济铁路须包括沿线煤矿，特别是博山须包括在内（在自张店南行的支线上）。他坚决要求中共军队撤离承德，并且说中共军队须在一个月之内撤离承德纬线以南的热河各地，在三个月之内撤离承德。他要求中共军队在一个月之内撤出安东省。他最后说，要在这个文件上加一个条款——要求在十天之内完成对2月25日军队整编协定的修正工作。关于他已同意的满洲附加条款，他说，满洲的全部复员和统编计划应在1946年11月1日以前完成，而原来的文件上规定应在1947年1月1日完成。

周将军回答说，他不能同意蒋委员长要把苏北作为一个例外的愿望，因为在没有一个联合政府的情况下，共产党不能把那个地区的两千万人民交给国民党统治。他又说，共产党愿意在那个地区仅仅驻扎最少的军队，在第二阶段，该地区的驻军将以两个师为限。由于这两个师将与政府军队实行统编，由政府军官充任军长，政府似乎不应觉得受到这样一支共产党部队的威胁。当我指出，蒋委员长觉得，如果从那个地区逃出来的大量难民在这个地区处于共产党控制下的时候回去，他们的和平和安全将受到威胁时，周将军说，难民的人数并没有像政府指责的那样多，无论如何，如果政府军队回到那个地区，那么受政府军队压迫的人民的人数将比散布在南京一上海地区的难民人数多得多。周将军于是提出一项解决办法：在今年或在国民政府改组以后，在国民党和其他政党监督下举行选举。

[1] 6月29日拟定的这项文件的第三稿的第七条如下："中共同意集中其军队于特定地点。根据协定，国民党军队不调入关内在此情况下撤退之地区。现在建立的地方政府及为维持地方治安而成立之保安队仍继续存在。现进一步协议，此等地区对进出口贸易不加限制，并将保证其与邻近地区之自由交通。"

在评论这个初步协定的附件时，周将军说，他不能接受蒋委员长所希望的时间限制，因为他不充分了解实际情况，不知道中共军队在指定的地区里实行集中需要多少时间。因此，他建议规定一至三个月的时间，为中共军队实行集中的时间——在某些地区只需要一个月，在其他地区则需要较多的时间。周将军继续说，由于山东省几乎完全处于共产党占领之下，如果中共军队完全撤离胶济铁路，他们应在津浦线上占有某些城市。他觉得中共军队应放弃胶济铁路线上所有的煤矿这项规定在原则上是不能接受的，即使共产党并无意在那些地方驻扎军队。这项要求似乎表明，蒋委员长正试图扼杀共产党。周将军认为，关于承德，进一步让步是不可能的，并且说，他已经向政府作出许多让步，除了建议在满洲增加几个中共军队师外，没有向政府提出任何要求，他现在请求延安核准将那项建议撤回。关于安东，周将军说，他以前以为要中共军队撤出的这项要求指的是安东这个城市，而不是安东省，现在他在作出答复以前，不得不把这件事提请他在满洲的同事考虑。

周将军对我的努力表示赞赏，但是说，蒋委员长的建议使他陷于困境，因为他已经作出他能够作出的一切让步，在承担义务以前，关于几项问题他必须取得延安和满洲的同意。如果对于这项初步文件不能达成协议，他担心随着政府重新开始进攻，同时企图继续谈判，继之而来的或许是完全的崩溃。他警告说，蒋委员长已经完成进攻山东、热河和江苏省的准备，并且说，虽然他已经做了一切他能够做的事，并且被我对于和平的强烈愿望所感动，但是共产党在这种情况下不能接受蒋委员长的条件。

我向周将军指出，由于共产党在山东和大同附近的进攻行动，使我在谈判中遇到严重困难，这种进攻行动使我难以说服政府改变其立场。我又说，我知道政府的行动使中共军队的阵地受到威胁，所有这些情况使我的工作非常困难。我不觉得在延长了的休战期限终了时谈判可以成功地结束，而且我也不知道政府将采取何种办法。我的印象是，局势是如此紧张，因此，如果目前的无约束的所谓休战基础继续下去的话，局势或许会无法控制。因此，我的希望是，及时就这项初步文件取得协议，以保证发出在满洲停止冲突的文件和在中国本部停止战斗的命令。

周将军在回答我要他提出建议的要求时说，除去牵涉中共军队撤离苏北和政府军队占领那个地区的地方民政问题之外，他准备考虑任何方案。他建议我同王世杰博士（中国外交部长）、陈诚将军（国民政府参谋总长）和邵力子先生（参加政协会议的主要政府成员）商议，并且说，他也要同这些官员会谈，努力使政府在6月30日中午以前接受这项文件的主要条文。他说，除一两项次要问题外，这个文件的主要条文共产党几乎完全可以接受。周将军说，如果这些努力被证明是不成功的，可以制订立即停止冲突的办法，这种办法可以规定解决这个初步文件中所包含的主要问题的时限，在这个时限里可以接着进行进一步的讨论。如果那样，在时限终了时政府仍然可以自由采取行动。

6月30日，蒋委员长通知我说，关于承德问题，他愿意接受稍微折中的办法，但是他坚持在江苏的中共军队撤到陇海铁路以北须在一个月之内完成。

在回答蒋委员长提出的关于共产党愿意在那些条件下妥协的可能性的询问时，我说，我不相信共产党会作出妥协。我告诉他，江苏的问题是严重的；在一个月之内撤到陇海铁路以北在军事运输上是不可能的；如果中共军队在一个月以内撤到淮安以北为蒋委员长所接受，我或许可以说服共产党在三个月以内撤到陇海铁路以北。我指出，最严重的因素是共产党坚持继续保持他们的地方政府和保安队。我说，因此我希望看到一种以继续保持地方政府为基础的折中办法，这种办法包括召集一个政治团体或某种特别选择的团体，以获致关于改组这些地方政府和保安队问题的协议。当蒋委员长表示，除非他的要求得到满足，否则他担心难以获得和平时，我指出，所有关于华北的要求都是政府提出的，而且除去条件的某些修改外，政府没有向共产党作出让步。我说，再者，局势是被政府里的军事集团控制着：何应钦将军，他对于谈判的立场是众所周知的，他虽然不担任参谋总长了，但还是视察了包括北平、沈阳和长春在内的关键地区；政府的参谋总长曾在满洲发表对时局的公开声明；国民党的政治领袖陈立夫也曾发表声明。所有这些都向我表明，政府现正摈绝任何民主程序，而遵循一项使用武力的独裁政策。我告诉蒋委员长，将日本的军人独裁（这导致那个国家的毁灭）与中国军事领袖们现在的行为相对比，将是不可避免的。蒋委员长对于中国官员们的言论拒绝承担任何责任，他说，这些官员是在行使他们的言论自由的权利，但是他谈到他对于成千成万难民的责任。他最后说，他已经向他的军队发出命令：除为了自卫外，不得采取任何进攻行动。他表示他的希望：由于继续停止冲突，谈判可以成功地完成。他要求我为了那个目的运用我的影响。

我告诉蒋委员长，我认为我们此刻必须开始进行某种政治讨论，并且提到周恩来将军早一天提出的建议（这也是我原来建议的）：由三名高级政府官员——两名文官和一名武官，即外交部长、参谋总长和一名政协的主要成员——与相应的共产党官员会谈，努力制订关于地方政府和目前谈判中的任何其他问题的解决办法，以便共产党或许可以作出妥协。蒋委员长同意向周恩来将军建议由这个特别的团体进行会谈，而且在回答我提出的由他亲自同周将军会晤的建议时，也表示同意。

在进行上述谈话的当天下午，我通知周将军说，蒋委员长已经发出命令，规定他的军队不得从事任何进攻行动，但应保卫他们目前的阵地，他也表示了继续进行谈判的意图。我又说，我没有提出关于延长禁止进攻行动的时限的建议，因为我担心，由于紧张的局势，仅仅延长时限会导致冲突的猛烈爆发。我指出，我反对在命令中规定时限，但是不知道蒋委员长在他发给军队的命令中是否规定了任何这样的时限。我解释说，蒋委员长和我本人的愿望是尽可能快地完成谈判，但是我担心在完成谈判以前，危急的和紧张的局势就会使大规模的冲突爆发。我告诉周将军，蒋委员长愿意同他会谈，并且建议他在会谈时讨论初步的特殊协定，因为讨论2月25日的军队整编基本方案的全部修改问题将需时太多。

在讨论目前的局势和谈判面临的困难时，周将军描述了各地的冲突和为冲突所作的准备，并且说，主要的困难在于苏北、热河和津浦铁路沿线，因为蒋委员长对于与这三个地方有关的问题是非常顽固的。我表示这样的信念：地方政府的问题，即在希望中共军队撤离的那些地区里的地方政府的问题，同样是困难的。

在我看来，需要立即解决的问题是制止在华北的进一步冲突，由于政府觉得中共军队于6月9日至6月13或14日在山东的行动是非常有敌意的和挑衅的，由于中共军队在大同周围集中现在具有威胁的性质，由于中共军队最近毁坏桥梁并非诚意的证据，使制止冲突很困难。我继续说，在共产党这方面，则觉得政府军队在湖北北部和山西同蒲铁路沿线的行动构成了挑衅的行动。因此，由于双方采取报复行动以夺回自6月7日以来失去的阵地，使局势复杂化了。

6月30日下午，国民党宣传部长公开宣布，虽然休战期限已在6月30日中午满期，虽然双方尚未达成满意的协定，政府已经要求我继续调处，以期和平解决。政府对共产党军队将不发动任何攻击，而命令它的军队采取守势，等待问题的解决。政府给了我一份蒋委员长于7月1日向他的司令官们发布的命令的抄件，在命令中规定："如中共军队不进攻我军，则我军亦不进攻中共军队。设中共军队向我军进攻，则我军为自卫、保护人民之生命财产及维持地方治安计，将集中力量予以反击……"

周恩来将军随后交给我一份命令的抄件，他说，这是毛泽东主席与朱德将军于7月1日向共产党军队发布的命令，其内容与国民政府向其军队发布的命令相同。

这样的没有任何时限的停止冲突，为谈判提供了延长的时间，不过，没有发布任何正式的停战令。对于使两党不和的几项极其重要的争端已经达成协议，只是在关于军队整编方案的修改问题达成部分的协议之后，谈判才陷于破裂，这次破裂主要是由于未能找到能为双方接受的关于地方政府的方案。不管是什么原因，看来清楚的是，在休战期间的谈判中，共产党是比较愿意就停止冲突达成协议的，而政府则提出如此苛刻的条件，共产党接受这些条件是不大可能的。看来同样清楚的是，某些国民党文武领袖的力量和权力是以武力解决为目标的，他们的信念是，全面战争要比目前伴之以经济与政治停滞的半战争状态为好。

二十四

五人会议举行会议讨论地方政府问题；冲突的蔓延和局势的恶化

在我于延长了的休战期限满期以前与蒋委员长的最后一次会谈（6月30日）中，我曾指出，由于他的军事领袖们要他立即执行武力政策（为此他们已制订了一切计划）解决问题的明显和强大的压力，局势是危险的。面临局势的这个危急的方面和谈判的僵局，我于7月2日发了一份电报给副国务卿，在电报中我要求他把他和范宣德先生对于局势和或许会突然发生的问题的坦率和非正式的估计告诉我。在提出这个要求时，我解释说，由于我如此紧密地卷入局势的发展之中，因此我担心我或许会缺乏恰当的看法。副国务卿在其7月4日的答复中一般地肯定了我对局势的估计，并且表示同意这样的看法：由高级官员们会谈，讨论问题的政治解决，似乎是一种稳妥的策略行动。

在上述6月30日的会谈中间，蒋委员长说，他将考虑我的建议，即召集一个由政府和共产党代表组成的特别小组，讨论中共军队依照政府要求而撤出的地区里的地方政府问题。他同意亲自会见周恩来将军，并且说，如果我的建议得到批准，他将亲自向周将军提出这样一种办法。

通称为五人会议的这个特别小组的召集，为政府所批准，这个会议的第一次会议于7月3日举行。政府参加这个会议的代表是：外交部长王世杰博士、参谋总长陈诚将军和政协的主要成员邵力子先生。共产党的代表是周恩来将军和董必武先生，后者是共产党中央执行委员会成员和政协代表。这个小组的任务是解决地方政府的问题，这是阻碍两党获致解决办法的唯一的严重问题，这个问题也导致谈判于6月底陷于僵局。

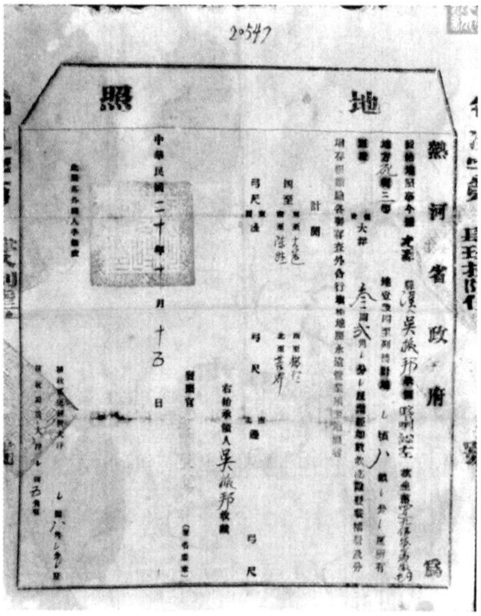

民国时期热河省政府地照

7月9日，我同五人会议的政府代表们讨论了他们会议的结果。他们指出，政府坚持中共军队须撤离下列四个地区：热河省承德以南（包括承德）、满洲的安东省、胶济铁路和苏北。他们解释说，政府并不要求共产党在它的军队撤出的所有地区里既交出军事控制权又交出地方政府，而只是要求在上述四个特别指定的地区里这样做；这是为了消除对政府的任何威胁，并且为政府提供安全。这些代表们说，在中共军队撤出的所有其他地区里的地方政府问题可由政治协商会议或政治协商会议综合小组讨论解决，但上述四个地区里的地方政府问题必须在能够发布永远停止冲突的命令之前予以解决。邵力子先生解释说，五人会议举行三次会议之后，没有达成协议，已于7月6日休会，没有约定进一步谈判的日期，据协定，会议的政府代表须向蒋委员长报告，共产党代表须向延安报告。蒋委员长最初说，他需要时间来考虑局势，后来他指示政府代表同共产党继续谈判，但是关于进行谈判的方式至今尚未作出决定。

民国时期的安东省政府

我对于蒋委员长准许由五人会议进行进一步的讨论表示高兴，并且强调解决地方政府问题的极端重要性，因为这是目前阻碍发布停止冲突命令的唯一的严重问题。我并且指出，除非达成某种协议，冲突的蔓延是非常危险的。与政府的信念相反，我的意见是：共产党强烈地渴望这一项临时安排获致协议，这项安排将容许立即发布停战令。我说，周恩来将军担心政府企图完全抛弃政治协商会议，因此对于目前问题的一项处理办法或许是同意在最近的一个指定日期召开政治协商会议或它的综合小组，讨论地方政府问题，这样来向共产党提供保证。我最后说，现在已就有关停止冲突、恢复交通和在军调部执行小组里的美国代表解决意见不一致的权力的文件达成协议，没有解决的唯一的重要问题是地方政府问题。

7月11日，在与俞大维将军会谈时，我表示这样的意见：对于目前问题的解决在于从五人会议获得结果，这个会议正在讨论地方政府问题。我建议，以在江苏的关键地区设立由国民政府、共产党和美国的文职代表组成的若干小组来处理这个问题或许是可取的。这些小组将作为上诉法院，对公平分配财产作出裁决，并且阻止违犯就控制地方政府及其管辖下的民政达成的协议的行为。

我于7月13日向周恩来将军提出同样的意见。我说，目前的僵局似乎起因于政府与共产党之间的根本问题——这就是：农民问题、土地问题、农民与地主之间的租税和关系。我指出，我不充分熟悉所有这些问题，因此提不出解决中国这个根本问题的办法。我建议说，或许可以为逃亡地主返回家园制订一项过渡政策，并且设置一个由一名国民政府文职委员、一名共产党文职委员和一名熟悉中国情况的美国文职委员组成的特设机构，全面监督这项政策的执行。这个特设机构又可以在各县设置下级机构，这些下级机构可以控制逃亡者返回家园的比率，并且在过渡期间对有关土地调整的政策作出仲裁或加以解释，直至制宪会议对全部问题作出决定。

胶济铁路线上的老火车站

周将军回答说，由于牵涉整个土地政策问题，因此有发生许多争论的危险，不仅在四个指定的地区里，而且在其他地区也是如此。他解释说，共产党的土地政策与政府的土地法区别很少，因为两者都是以孙中山先生的原则即耕者有其田和平均地权为基础的。他断言说，国民党的主要兴趣不在土地问题上，而是在控制地方政府的问题上，并且指出对目前僵局的三种可能的解决办法：（一）处理难民问题——他说，这未曾得到政府的同意；（二）解决土地问题——这是极为复杂的，将需要很多时间；（三）准许国民政府接受中共军队撤出的地区里的地方政府——这是共产党不能接受的。周将军说，他相信，说服国民党先解决军事问题，把地方政府问题留待以后解决，是可取的。

在我于7月11日与俞大维将军的会谈中，我对于五人会议未能为地方政府问题寻求一项解决办法表示失望，并且指出，未能求得一项解决办法（即使是在暂时基础上的解决办法），在这个时刻将不可避免地导致内战，特别是鉴于危急的军事局势。我说，似乎蒋委员长同意这个五人会议举行会议是为了使我高兴，而同时却向政府代表们发出如此明确和详细的指示，因此他们在讨论中采取顽固态度，以致没有妥协的基础。 7月11日晚些时候周恩来将军告诉我说，五人会议曾于7月9日和10日举行会议，政府代表们于10日表示，他们不能改变蒋委员长关于四个地区里的地方政府和民政的指示的实质。他们只能许诺，当政府接受这些地区时，他们将考虑在这些地区里的现存的共产党机构。这项基础没有被周将军接受，他建议全面讨论关于在所有共产党控制地区里的地方政府问题，以便不仅在所有其他地区，也在四个指定地区获得一项解决办法。他说，政府代表们回答说，其他共产党控制地区的问题只能在国民政府改组以后才可加以讨论。周将军担心共产党交出这四个地区而没有为其他共产党占领的地区获得任何保证，因此他说，虽然共产党可以考虑进一步减少它在四个地区里的军队，但是它不能接受把中共军队和共产党的地方政府从这些地区完全撤出的要求。

在7月份的这个期间里，军事局势开始逐渐恶化，冲突蔓延到中国本部的各个地点。军调部的委员们曾力图以下面的办法使局势得到控制：于7月5日向所有的执行小组和在长春的前进指挥所发出一份电报，在电报中说，国民政府和共产党业已声明，在进一步谈判获得结果以前，在全国继续实行休战。委员们命令所有的司令官不得采取包括前进、攻击和追击的进攻行动。这道命令的效力是短命的，发生了其他事件，这些事件表明，军事局势和政治局势都进一步恶化了。

7月8日，周恩来将军送给我一份备忘录，附有一份中国共产党中央执行委员会于7月7日即中日战争爆发周年纪念日发表的宣言。这份宣言强烈而狠毒地攻击美国的对华政策，并且抗议共产党所认为的美国给予国民政府的鼓励了国民党内战政策的军事和财政援助。我以前对这类宣传攻势不加评论，但是事件的巧合使我告诉周恩来将军，这种宣传攻势给予我同国民政府的谈判以严重的打击，因为莫斯科也发出了同样的宣传，当这种宣传攻势继续下去时，我在调处和停止冲突方面就无能为力了。[1]

由于五人小组的讨论没有结果和它不继续开会，显然我的调处努力将越来越困难。7月14日，蒋委员长从南京动身到牯岭去，这是于事无补的，这意味着他不在南京期间谈判将大受阻碍。

同蒲铁路

从军事观点来看，局势有益趋严重的迹象。政府军队继续追击在汉口以北突围向西北逃走的中共军队。在中共军队对胶济铁路的攻击（于6月7日开始）平息之后，政府军队沿该铁路线反攻，公开宣布要收复中共军队自6月7日以来占去的地方。7月11日，共产党指责说，政府军队从西安地区进入山西南部，并且正在沿同蒲铁路向北进攻共产党地区。政府指责说，中共军队于7月13日在苏北开始进行一次攻击，而共产党则反指责说，政府军队于7月15日在这个地区发动了一次攻击，并且向我展示一份据称是为部署这样一次攻击而发布的命令的抄件。政府代表们说，共产党在冀东正在准备一次攻势，并且指责说，苏联的顾问和飞行员正在各地为共产党服务。像通常一样，目前的问题是国共双方采取报复行动的严重结果。我告诉政府代表们说，政府军队继续进行胶济铁路沿线的战役是错误的，特别是由于这次战役牵涉并非是中共军队于6月7日以后占领的若干地方。我

[1] 本报告书的单独一章将论述共产党对美国的态度。

又告诉政府代表们，或许可以很快地取得共产党的同意，撤离于6月7日以后占领的地方，而不须进行一次战役来夺回它们。我告诉周将军，在此期间，政府促使我注意下列情况：中共军队在南京以北不远大运河之西的威胁行动；中共军队从南北两方对胶济铁路线的威胁行动；中共军队针对沧县与德县之间的津浦铁路的军事行动。

随着军事局势的恶化，某些国民党官员便压制对国民政府公开的批评。中国民主同盟的两位著名的自由主义分子在昆明被身份不明的人（后来据透露是昆明警备司令部的特务）暗杀了，而且有种种迹象表明，国民党特务正在国内其他地方恐吓民主同盟重要的盟员和中国的自由主义份子。这个时期里共产党的活动与延安对美国对华政策的宣传攻势相配合，开始集中对付美国驻华的海军陆战队。7月中旬，牵涉共产党和美国海军陆战队的第一个严重事件发生了——共产党在冀东绑架美国海军陆战队员七人，拘禁了好几天才释放。接着是共产党于7月底计划周密地伏击美国海军陆战队护送的从天津开往北平的汽车运输队，在伏击中美国人被打死三名，受伤十二名。[1]

我于7月13日同俞大维将军讨论局势时向他指出，三人小组正面临一个困难时期，鉴于蒋委员长即将前往牯岭，在这个时期中或许不可能进行谈判；必须作出一切努力稳定军事局势，以便避免内战。我谈到政府明显地不愿意派遣执行小组到汉口以北的关键地区去，并且表示我对这种态度的关切，因为唯一明显的理由可能是容许政府在这个关键时期继续采取军事行动而不受到监视。如果事情是这样，如果进攻的军事行动有所发展，我将被迫退出谈判。我又补充说，当然，除非政府的军事行动发展为敌对行动的明确步骤，我不能提出任何具体的指责。

俞将军在评论谈判的现状时告诉我说，如果周恩来将军愿意，蒋委员长将再一次参与地方政府问题的讨论，但是共产党必须撤回它要在中共军队撤出的地区里保留保安队的要求。（蒋委员长以前曾同意保留这种部队。）

[1] 这个事件将于本报告书的后面的一章中予以描述。

在同一天即7月13日，周恩来将军向我指出，迫切需要全面休战。他解释说，如果国民党实行其于7月15日在苏北进攻的计划，像他担心会发生的那样，一定会在山东爆发战斗，因为这两个地区是在同一个中共军队司令员指挥之下。在山西省南部也存在同样的危险，在那里，在胡宗南将军和阎锡山将军指挥下的政府军队即将发动攻势，如果那样，共产党将以进攻大同来报复。周将军觉得，地方性的休战是无效的，如果要避免报复，必须实行全面休战。谈到地方政府的问题，周将军说，如果国民政府不改组，这个问题不能得到解决。他又说政府的立场是前后矛盾的，因为它曾经声明，在军事问题获得解决以前，将不讨论政治问题，现在它却又坚持要解决地方政府问题，而这纯粹是一个政治问题。

俞将军于7月16日告诉我，在江苏长江北岸的共产党军队在前一天发起一次攻击，力图消灭在那个地区的精锐的政府军队。我表示不同意俞将军的话，因为我不相信共产党军队能够这样做，并且指出，这是同政府的说法即它能在三至六个月的时间里消灭中国的所有中共军队相违背的。我提出，中共军队进行这次攻击，或许是想抵消他们所担心的政府军队在苏北准备发动的攻击的。我向俞将军描述了中国财政和经济结构的弱点，并且说，如果蒋委员长对谈判继续采取目前的态度，内战是不可避免的（中国人民强烈地反对内战）。我认为，蒋委员长相信，在谈判的暂停期间，军事形势的发展可能对政府有利，但是形势可能并不依照他的信念而发展。我指出，一项完全停止冲突的协定在6月份业已起草并经双方同意，它的履行仅仅等待地方政府问题的解决，在这个问题上蒋委员长继续拖延。我说，蒋委员长的司令官们正在引导他进入一种难以控制的局势，当这样一种局势实现时，这些司令官就将呼吁援助，而援助是不会有的。在以后几天同俞将军进一步的讨论中，我提到在昆明暗杀两名民主同盟成员以及在这种环境下其他相信他们的生命受到威胁的中国人到昆明美国领事馆避难的事，并且说，谈判是不能在这样的气氛下进行的。当俞将军说中共军队已在江苏开始进攻并必须承担由此引起的后果的责任时，我指出，继续采取这种态度将必然导致内战，并警告他说，政府军队在山西南部进一步前进，就可能导致中共军队进攻大同近郊。

我最后说，军调部的努力显然同谈判一样陷于停顿，但是我愿意作出最后的最大努力以便获得解决。

7月16日晚些时候，我同周将军讨论了局势。我说，关于军队配置问题，我们已非常接近于获得解决，我觉得必须作出格外的努力，对地方政府问题寻求一项解决办法。我告诉周将军说，虽然他显然担心，如果他同意对于地方政府问题的一项决定，那么在进一步考虑全面的政治解决时，政治协商会议的决议或许会被排除，但是他应该记住，我或许能够为召开一次政治协商会议取得国民党的同意；而且，如果局势恶化，发生内战，政治协商会议将不能适用于任何有用的目的。我解释说，除非我们能就特殊的初步文件达成协议，我就不能说服蒋委员长发出停战令。我又说，从军事观点看，争论的问题是小问题，但是从政治观点看，这些问题却是非常困难的问题。我于是提出一项建议供周将军考虑：共产党保持在日本投降以前占领的县，而撤出在日本投降以后占领的县，并允许政府予以接收；在由政府接收的县里，关于土地问题达成某种临时协议，在那些长期处于共产党控制下的县里，土地调整的问题等待国民政府改组后再行解决。

7月17日，周将军告诉我说，由于冲突蔓延和政治性的暗杀，他发现要说服他的人民接受政府关于苏北问题的要求越来越困难。谈到我建议的解决办法，他说，在政治协商会议开会以前，国民党曾经提出一项和我的建议相同的建议。他指出，在日本人占领期间，日本军队仅仅控制某些城市和少数的主要交通线，而城市和交通线周围的地区和许多村庄则在共产党的正规军和游击部队手中。他说，目前，在日本人撤出的地方，共产党都建立了地方政府，因此，如果中共军队撤出这些地方，政府军队开入，两党的军队将如此密切接触，以致一定会发生冲突。周将军继续说，自中共军队撤离长春以来，共产党发现我提出的军事方案几乎是完全可以接受的。他又说，不过，如果蒋委员长以武力和威胁或以迫使共产党让步的办法努力达到其目的，共产党被赶进一个角落，那么共产党宁愿抵抗而不屈服，因为屈服将意味着蒋委员长会提出越来越高的要求。

中国局势的恶化和围绕着蒋委员长的反动的政治和军事集团所表现的决定

性的势力使我确信，在调解的努力中，最好能获得一位德高望重并且在中国有长久经验的美国人的帮助。有了这种意图后，我便推荐北平燕京大学的校长司徒雷登博士担任美国的驻华大使。7月11日，美国参议院批准任命司徒雷登为驻华大使。此后不久，他就前往南京呈递国书并且开始同两党的代表进行讨论。司徒雷登博士了解中国及其人民心理，对中国语言运用自如，他受到国民党和共产党同样的尊敬，这使他具备了参与调解的努力的极好条件。他的出场将可抵消对于我不了解中国事物的批评。

司徒雷登博士抵达南京不久，7月26日，周将军在谈到冲突的蔓延和国民党秘密警察的恐怖活动时提出，只有两项办法可以摆脱目前的僵局：（一）立刻颁发无条件的停战令，同时将休战期间于6月份完成的各项协议付诸实行，特别是在满洲停止冲突和重新颁发在中国本部停战的命令。如果能就这两项文件达成协议，其他协议就应付诸实行，例如恢复交通、在执行小组和军调部内部意见不一致时的决定权、在特殊的初步文件中包含的对军队整编方案的补充规定——这些文件付诸实行可以不涉及地方政府问题。然后可以依照政治协商会议的决议对改组政府问题举行讨论，随后再讨论地方政府问题。周将军说，他乐于沿着这些路线讨论详细的程序，并建议政府和共产党的代表同司徒雷登博士会晤，就国民政府和地方政府的改组问题进行初步讨论。当这些初步讨论达成协议时，就必须召开政治协商会议的综合小组，以便获得它对这样一种协议的批准，因为依照政治协商会议的决议改组政府是需要所有党派同意的。周将军继续说，我应该处理停止冲突的问题，而上述的其他人则从事于讨论改组政府问题。（二）周将军说，除上述办法外，唯一的可供选择的办法就是全面内战。如果发生那种情况，他认为美国就将被迫重新考虑它对中国的政策，并且将不会援助一个被内战所分裂的国家。

在进一步讨论摆脱目前僵局的两项办法中的第一项办法时，周将军表示担心，蒋委员长在同各党派就改组政府问题进行商议以后，或许会以他个人的名义宣布政府将予改组，而不是通过召开政治协商会议的综合小组。这样的行动将构成进一步的迹象，表明蒋委员长的意图是一点一点地抛弃政治协商会议的决议，直至达到这样的程度，那时这些决议将完全被抛弃。

7月31日，我同俞大维将军坦白地讨论了目前的局势，并竭力使他获得这样的印象：按照我和司徒雷登博士的意见，从美国报纸对中国发生的事件的反应看来，主要的损失是蒋委员长威望的降低，这是悲惨的，因为蒋委员长或许是这时中国所拥有的最伟大的首脑人物。蒋委员长的顾问们正在给予他以如此狭窄和抱有偏见的劝告，以致局势看来似乎没有希望。蒋委员长自己的幕僚曾告诉我一些事情，而这些事情是不能公开发表的。我坚持说，目前政治局势比军事局势更为重要，局势向内战的方向恶化要求在最高一级谋求解决。目前局势中的一个危险因素是秘密警察，许多曾经表示过任何自由观点的人都受到他们的监视。最近发生的事件是一位在美国大学获得哲学博士学位的人士的死亡，他在秘密警察的追捕下躲藏在两个不同的地方，最后中风而死。上海的一个和平代表团在抵达南京时遭到粗暴的攻击，这种攻击持续了五个多小时，没有任何积极行动去制止。当我把这些事情告诉蒋委员长请他注意时，他说，他处于困难地位，他必须使许多自由主义者处于监视之下，免得他们发生什么事情，政府要因此受到责难。我向俞将军谈到，在昆明发生暗杀事件之前，一位消息灵通的美国人就曾告诉我，这样一种行动就将开始了。对美国人说来，中国对于受过最高等教育和最具有自由主义思想的人士的明显的迫害和压制报纸和出版物，同民主政治的每一种概念都是相反的。

8月1日，周恩来将军向我描述，政府继续追击在苏北、山东和山西的共产党军队，并且有政府准备对哈尔滨和安东采取军事行动的种种迹象，并且说，这些活动似乎表明，政府的军事计划是以政府在6月底提出的要中共军队撤出某些地区的要求为根据的。他说，如果这些攻击持续下去，共产党无疑将予反击，并且也在其他地区发起攻击，这样就会使内战蔓延。他觉得，政府中的好战分子赞成打一场全面的内战，这样就可使调解的努力终止。周将军宣称，共产党愿意避免内战，他想到三个可供选择的办法：（一）由于内战已蔓延到广大地区，应立即宣布在全国范围内休战；在6月30日以前起草的所有文件应予签字并且公布，地方政府问题留待将来讨论；（二）用首先处理冲突最严重的地区（例如湖北北部、苏北和山东）的办法逐个地解决冲突；应派遣执行小组到那些地方去，一处一处地解决冲突，以便最后能实现全面休战；（三）军事问题应与政治问题一道解决。

周将军说，他已向司徒雷登博士建议，如果不能立即达成全面休战，最好讨论政治问题并为改组政府制订程序，以便政治问题与军事问题能同时解决。他又说，如果政府拒绝上述所有的三项建议，那么相当明显的是，政府倾向于扩大内战，那样，共产党只能采取两种可能的行动方针：（一）由于政府继续攻击和占领共产党控制的地区，共产党必须在那些地区和其他地区发起反击，其结果将是内战蔓延；（二）共产党将发出致中国和美国人民的公开声明，宣布在中国存在着全面内战，而局势将进一步恶化。周将军的意见是，如果争论的问题最后以1月10日（中国本部）和6月7日（满洲）据守的阵地为基础通过谈判求得解决，则双方军队须分别撤退到1月10日和6月7日据守的阵地。因此，他不能理解政府继续拖延谈判的意图，除非它想保持目前占领的若干地方。周将军说，如果两党都坚持这种态度，那么谈判就将陷于停顿，休战的整个目的就将化为泡影。周将军最后建议说，鉴于最近发生的牵涉在华北的美国海军陆战队的事件，可以草拟一项将他们撤退的计划，计划中包括下列规定：军调部派出执行小组保护北平至山海关之间的铁路；政府保证其军队不利用该铁路作为进攻邻近的中共军队占领地区的基地。

我告诉周将军说，由于把中国推向混乱边缘的军事冲突是严重的，我得出这个结论：虽然立即获致军事解决以便停止冲突是必须的，但是立即就组织联合政府开始采取第一个步骤的问题获致协议，似乎也是为挽救局势所必须的。司徒雷登博士和我的意见是，就组织国民政府委员会获致协议，是此刻唯一的切实可行的行动。

8月3日，我告诉周将军说，8月1日司徒雷登博士在牯岭同蒋委员长的一次长谈中，建议组织一个特别小组，包括政府和共产党的代表，由司徒雷登博士任主席，旨在获致协议，立即组织国民政府委员会。我解释说，蒋委员长原则上同意司徒雷登博士的建议，但是愿意展缓他的决定，直至他有机会同司徒雷登博士和我再一次讨论这件事情。因此，我要求司徒雷登博士留在牯岭，直至我抵达那里。（在蒋委员长自7月14日至9月底居住在牯岭期间，我访问牯岭九次，每一次的访问都持续数日。）

周将军回答说，他觉得在为休战协议进行谈判时，我们力图解决政府改组问题是可取的，但是他怀疑政府试图以开始政治讨论的办法来进行拖延，而同时则进行全面内战。他谈到他刚刚接到的政府飞机于8月2日轰炸延安的报告以及政府计划从徐州以北向山东南部进攻的种种迹象。他担心，如果共产党进行报复，这可能给予蒋委员长以如此施用策略的机会：如果共产党在谈判中同意他的要求，他就可以占领有争议的地区，这样就可以结束冲突；如果他不能通过谈判取得这些地区，他就将宣布进行一次全面内战。周将军强调说，如果这个问题不从首先获得休战协议的观点出发加以处理，我们就可能面临这样一种局势：当关于政治问题的讨论正在进行时，冲突可能越来越猛烈，局势可能完全无法控制。因此，他觉得当政治讨论正在进行时，我们必须谋求某种实行休战的方法。

我提醒周将军说，在此刻进行政治讨论的建议是司徒雷登博士而不是政府提出的，对于正在迅速崩溃的军事局势，我们是知道的。问题是如何为停止冲突获致协议。正是由于这个原因，我特别认为牵涉共产党攻击美国海军陆战队的安平事件是令人遗憾的，因为我觉得确实无疑的是，政府对于这一事件的反应将不会有助于停止冲突。

周将军在评论司徒雷登博士的建议时说，他和我有同样的看法，即关于政府改组举行一次非正式的会议是可取的，并认为一旦找到改组的合适基础，就应将全部计划提交政协综合小组。在谈话结束时，他表示希望司徒雷登博士在讨论的过程中同其他少数党接触，以便使它们不会感到被完全孤立于谈判之外。

在8月初，看来挽救局势的主要希望在于以司徒雷登博士任主席的小型的非正式的小组的召开，这个小组的目的是就组织政协决议中所设想的国民政府委员会达成协议。鉴于在目前情况下要就发出停战令获致蒋委员长的同意显然是不可能的，司徒雷登博士和我觉得从另一个角度即从这个小组的角度来处理问题是可取的。我们的信念是，如果这个小组取得一些进展，蒋委员长将乐于同意停战，而这时战斗在华北正在日益扩大，并有蔓延及于满洲之虞。

二十五

八月份的谈判；召开以司徒雷登博士为主席的五人小组会议的努力未获成功；杜鲁门总统和蒋委员长之间的函电往来；军事和经济形势的继续恶化

1946，司徒雷登在南京接受任命成为美国驻华大使

8月5日，蒋委员长通知司徒雷登博士，同意他提出的建议，即成立一个小型的、非正式的小组，由国民政府和共产党的代表组成，以司徒雷登博士为主席，以获致组织国民政府委员会的协议。然而，在第二天，他又制订了几项共产党必须接受的初步条件。蒋委员长说，小组（以下称“五人小组”[1]）的目标是：（1）实行1月10日的停战令；（2）实行2月9日的恢复交通协议；（3）实行2月25日的军队整编方案。他提出了以下各项规定，要在一个月至六个星期内实行：

[1] 由两名国民政府代表和两名共产党代表组成，以司徒雷登博士为主席。

（1）苏北中共军队应撤至陇海铁路以北；（2）中共军队应自胶济铁路撤退；（3）中共军队应自承德及热河省承德以南的地区内撤出；（4）中共军队应退入东北的两个半省内（新黑龙江，嫩江和兴安省）；（5）中共军队应撤离6月7日以后在山西和山东两省内所占领的地区[1]。蒋委员长说，如果在五人小组第一次会议上，共产党接受上述五项条件，就立即停火，小组将再次开会并恢复谈判。

8月6日，司徒雷登博士向周恩来将军转达了这些条件。周将军指出，蒋委员长未提及地方政府一事，在共产党撤离苏北和其他地区之后，应按照政协决议解决地方政府问题。他解释说，共产党拒绝接受国民政府要求接管中共军队撤退地区的地方行政（这导致6月底的谈判陷于僵局），其理由在于这样的办法是违反政协决议的[2]。周将军继续说，在以王世杰博士为首的五人会议7月份谈判期间，国民政府所提到的地区，要比蒋委员长现在所提出的地区少。五人会议的国民政府代表最后承认，如果地方政府的问题能首先在一个地区（大概是苏北）解决，则可以认为，对这件事的处理是令人满意的。周将军认为，国民政府也应该撤出其军队自6月7日以来在山西和山东所占的地区，并说，应该注意到，6月底的临时性协议包括关于满洲和中国本部地区的军队配置的规定。周将军说，现在提出的要求比以前提出的一切要求更为苛刻，他不能同意蒋委员长的任何一项条件。周将军指责蒋委员长对于当前形势怀有三种意图：（1）他想使用武力，然后通过谈判来达到其目的；（2）他能够一方面继续使用武力，另一方面进行谈判；（3）如果共产党拒绝谈判，他就能把内战的责任推给共产党。周将军说，蒋委员长所处的军事地位，要比我到达中国时更有利，因此，他（蒋委员长）相信，在三个月左右的时间内，使用武力能达到其目的。周将军说，共产党仍然要求无条件的停战命令和召开政协的综合小组和宪草审议委员会，而不能接受蒋委员长

[1] 这五项规定就是众所周知的国民政府的五项条件。

[2] 题为“和平建国纲领”的政协决议附记（1）中写明：“凡收复区有争执之地方政府，暂维现状，俟国民政府改组后，依施政纲领政治项第六、第七、第八三条之规定解决之。”

的五项条件中的任何一项。

周将军继续说，美国的态度是期待某些民主分子来领导国民政府和共产党当局，但在中国，这样的民主分子实际上是不存在的。他还表明了他的看法，即美国已开始感到共产党的力量发展得过于强大，这可能对美国不利。周将军认为，应该消除这样的顾虑，否则就会造成以下两种结果：（1）内战会延长并恶化，这种状况对美国是不利的，而且美国将不可能给国民党公开的援助，这样做的结果是使中国的内战长期地继续下去；（2）可能会有国际干涉或联合国组织进行调查，上述任何一种情况对中国都不利。所以，他认为，美国应该继续调解中国的争端，但是也应考虑共产党是否可怕，与他们合作是否不现实的问题。周将军同意我到中国时所阐述的美国的政策，并表示，希望美国会继续执行这项政策。

周将军在评论国民政府委员会的否决权问题时说，否决权的使用将限于防止推翻政协的纲领，改变政协纲领要有三分之二的委员同意。并指出，其他的问题就不受这种限制。[1]

周将军表示，希望我继续为中国的和平而努力，但补充说，如果美国帮助国民党来消灭共产党，从而改变它的政策，则不需要我按照这样的路线进行工作。然而，周将军不相信美国会那样做。他声明，共产党愿意同意同时举行军事和政治的协商，但不能接受国民政府的五项条件，以此作为政治协商之前必须同意的先决条件。他解释说，如果他接受这些条件，则只能认为，这些条件是军事方面的未解决的问题。如果想要使这些条件成为在政治谈判时讨论的课题，就不能把它们作为政治协商前的先决条件。他说，他的意见是政治谈判应包括地方政府的问题。

---

[1]　题为“政府组织法”的政协决议中有关国民政府委员会的第一节第6款中写明：“国民政府委员会之一般议案，以出席委员之过半数通过之。国民政府委员会所讨论之议案，如有涉及施政纲领（Administrative Policy）之变更者，须有出席委员三分之二之赞成始得决议。某一议案，如其内容是否涉及施政纲领之变更发生疑义时，由出席委员之过半数解释之。”

应该指出，以上条款中所提到的“Administrative Policy”在中文本中译成“施政纲领”。这也是政治协商会议第二个决议的标题，在国民党宣传部发表的官方翻译中与该标题相应的英文词是“Program for Peaceful National Reconstruction”。

8月8日，我与蒋委员长在牯岭进行了一次十分坦率的谈话。我首先告诉他，司徒雷登博士和周将军的协商毫无进展。周将军认为，五项条件的提出又回到了6月30日的僵局，由于包括了新增加的苛刻的规定，使这些条件更严酷了。随后，我向蒋委员长简略地谈了我对形势的估计：华北的冲突不久就会完全无法控制，一旦它蔓延到热河省，就会波及满洲，然后会扩展到全国各地。我的目标是促成一个统一的新生的中国，不是与蒋委员长的某些顾问所想象的那样——使共产党就范，而是完全相反。我与蒋委员长及其亲密的顾问们的意见不同，我认为他们目前的做法可能导致共产党控制全中国。现在正在发展中的混乱状况不仅将削弱国民党，而且将为共产党提供一个破坏国民政府的绝好良机。它也会给予苏联以特殊的机会，直接地或隐蔽地用对中国共产党有利的方式，来从事干涉。我从多方面所获得的情报表明，国民党的威信严重下降，对国民党政府所采取的措施的批评也与日俱增。甚至更为严重的后果将会在这时出现。中国最近的局势已引起了美国的许多议论，即出版自由和言论自由正遭到禁止，知识分子，特别是在国外大学受过教育的那些知识分子受到蓄意的迫害，并且肯定地处于镇压措施之下，想要威胁他们并防止他们发表不利于国民政府的观点。这种情况所引起的最严重的后果，是对蒋委员长威望的极大损害，而他的威望也许是中国最大的本钱。美国知识界有一种感觉，即中国对自由主义见解的压制与德国所实行的做法相同，它已使全世界震惊和愤怒。我提醒蒋委员长，共产党在过去的两个月中不断地要求先停止冲突，然后通过谈判以解决有争论的问题。我指出，共产党急切期望政协的决议和程序能够被遵循。他们认为，国民政府故意回避政协。我提到某些国民党军事将领的十分狭隘的观点，他们只看到本地区直接的军事目标，完全忘掉了采取足以控制形势发展的措施，满洲的情况尤其是这样。在那里，国民政府的军事行动，在失业工人中间是促进而不是削弱共产主义，——既没有采取任何措施把他们安排在日本人撤离后所空缺的技术岗位上进行训练，也没有任何迹象表明地方军事长官关心他们的前途。

昆明学生举行反内战、争民主的示威游行

蒋委员长在谈到昆明的暗杀时说，唯一的办法是查出并惩罚罪犯，这就是他决心要采取的行动。他认为，共产党和民主同盟对这件事的许多谴责，是故意歪曲国民政府保护人身不受侵犯的目的，这必然会引起对国民政府的指责。

我指出，还有对国民政府的行动和意图作完全不同解释的其他因素。我请他注意我那天早上刚收到的关于禁止发行昆明六份报纸或杂志的报告。虽然宣传部长告诉我说，这次的禁止发行，是由于这些出版物未履行正当的出版登记手续，但是我认为，在这一特殊的时期，国民政府禁止昆明出版物是鲁莽的。而且在美国也没有一个人会接受这样的解释，这只会使美国公众相信，国民政府正在进行一场针对受过高等教育的人们的恐吓运动。美国人民一定会把这种行动与一些最爱寻衅的国民政府军事将领对教育的广泛限制加以对比。在我看来，这些将领正在助长内战。会谈结束时，蒋委员长要求我，如我在南京与周恩来将军协商后，估计有达成协议的任何可能性，就把协商的结果通知他。

8月9日，我从牯岭回来后，俞大维将军告诉我，整个的军事形势不仅没有好转，而且是在恶化，最明显的特点是山西省的严重局势，在那里，共产党已向大同推进，并占领了飞机场和该市的发电厂。他说，中共军队还破坏了太原和山西——河北交界之间，以及同蒲铁路太原以南的几段铁路。

在答复俞将军的询问时，我告诉他，司徒雷登博士向共产党代表提出蒋委员长的五项条件，一直毫无结果，因为这些条件比6月底所提出的条款更为苛刻。我的看法是，形势极其严重，双方的对立情绪达到了这样的程度，以致几乎阻碍了任何和平解决的进展；从国民政府内部的形势来看，我很难看到有什么办法，即使提出合理的方法，也无济于事。

同日（8月9日），司徒雷登博士向我叙述了他与周将军的会谈，在会谈中间，他向周将军转达了蒋委员长的五项条件。周将军似乎很震惊，他说，整个问题也许应当回到6月份所进行的完全结束敌对行动的讨论，作为未完成的条款。他反对任何一项条件，而只对一方面加以评论，这就是有关共产党撤离6月7日以后所占领的山东省和山西省一些地方的可能性问题。司徒雷登博士告诉我说，他已向周将军指出，如果共产党接受国民政府的条件，则他（司徒雷登博士）就将使共产党在履行条件方面得到公平的待遇，而且由于接受这些条件，共产党就会向全世界表明他们希望中国和平的诚意。

在这期间，由于共产党阻碍军调部对安平事件进行调查的办法，使事态变得更加复杂。在这一事件中，中共军队伏击了行驶在北平和天津之间的由美国海军陆战队护送的汽车运输队。无论是延安当局还是军调部的共产党方面，都显然力图以指责军调部的美国和中国政府方面延误调查，而共产党则敦促采取迅速行动的说法大肆渲染，混淆视听。形势是这样的不可容忍，以致我认真地考虑向军调部美国方面发出指示，要他们退出调查，在退出时，我要对我所认为的当时的事实发表公开的声明。我所以没有这样做，只是由于担心这样的声明可能会影响总的停战谈判获得成功。这样的声明足以使国民党内部的极端保守分子确信，他们经常提到的对共产党的指责是准确的，即共产党的态度总是拖延和阻挠，不可能与共产党继续进行正式的谈判，如果他们参加政府，也不可能管理政府的行政事务。

8月9日，周恩来将军在对我评述由司徒雷登博士向他提出的蒋委员长的五项条件时，谈了他对最近几个月谈判的看法的冗长的梗概：蒋委员长和国民政府已选定了行动路线，不管形势如何，蒋委员长都不会改变这条路线。自4月份政协综合小组的最后一次会议以来，这条路线就一直在发展，那次会议决定了推迟国民大会的召开。关于执行政协决议的争论，自政协综合小组这最后一次会议以来一直在继续。虽然关于满洲的主权问题存在着分歧，但长期以来就一直存在着调解关于满洲问题分歧的可能性——在蒋委员长于4月下旬由重庆到南京时，由于他改变了对这一问题的整个态度，致使解决满洲问题的可能性不复存在了。周将军继续说，从4月下旬以来，蒋委员长追求的目标一直是明确的，当他能通过谈判达到这些目标时（如哈尔滨的情况），他就停止军事行动；当谈判失败时（如苏北的情况），他就诉诸武力。现在，他的目标日益扩大——他在修改关于恢复6月7日以前的阵地的条件，这种条件要求中共军队撤到这些阵地，但不要求国民政府军队这样做。所有这一切表明，他不顾政协的决议，企图不同其他党派协商就改组国民政府，这种做法可能导致国家的分裂。蒋委员长试图用这一切办法把共产党置于引起内战和分裂国家的地位。这样做的目的在于欺骗共产党和美国代表，这种行动路线的每一个步骤都是为了宣传，而不是为了和平解决。周将军说，共产党攻击美国对中国的政策，虽然我一定会感到其中的某些批评是针对我的，然而实际上这是针对美国在中国问题和平解决之前继续援助国民政府的政策。周将军补充说，他对我的建议充满了信心，并坚决相信，我一直在为和平进行工作。然而，国民党的军事力量由于美国的援助已得到加强，当美国装备的国民党军队向中共军队进攻时，当国民政府军队由美国船只运送到中共军队驻地附近时，共产党是有怀疑的。这就是在实行真正的休战之前，共产党不愿把它的部队表册送交军调部的理由。共产党对由于我的协助而达成的基本协议从不动摇，它仍然宣布坚持这些协议。周将军说，然而，国民政府的计划却完全不同，它打算使共产党处于这样的地位，致使他们将被迫投降或遭受攻击。在过去的六个月里，周将军对美国调解的努力是完全有信心的，虽然在某些事情上，共产党攻击了美国的政策，然而其基本态度从来也没有背离杜鲁门总统宣布的政策声明。周将军认为，美国对中国人民有道义上的责任，在把中国引入这样一个进退两难的局面之后，美国应该寻求某些解决问题的办法。要解决问题，需要美国调解的努力。共产党希望与国民党和美国合作，不希望改变美国目前在中国所占有的无可争议的首要地位，但共产党与美国的关系正接近于两难的局面，使共产党的处境很困难。周将军表示，他不能接受蒋委员长的条款，并解释说，他之所以没有提出反建议是因为他确实认为，他的建议不会得到蒋委员长的赞同。他最后说，对各项条件进行详细的讨论，只会使谈判更加拖延。在这期间，蒋委员长会继续进行内战，开始改组国民政府，以及召开国民大会，从而使共产党面临该采取什么步骤的问题。

我告诉周将军说，司徒雷登博士和我都曾探索各种可能性，努力寻求一种方式，以此来施加压力，迫使作出停止冲突的决定。根据我们对形势的共同了解，我们有达到这种结果的良好基础，在这种复杂的、悲剧性的形势下，这是有可能的。我最后说，然而，人身攻击、猜疑和仇恨起了重要的作用，而在野党正常的态度与执政党为保持个人的或党的权力而斗争所持的不可避免的态度是相对立的——所有这一切就是形势及其包含的种种困难的各个方面。

次日（8月10日），司徒雷登博士和我与周将军进行了长时间的协商。周将军叙述了三种可能解决争端的办法：（1）立即颁布全国范围的停战命令，之后，签署并履行6月29日以前所制订的一切文件，把地方政府的问题留到以后再讨论；（2）同时解决国民政府的改组和军事问题，关于改组国民政府所达成的任何协议须经政协综合小组批准；（3）如头两项办法不能达到，则在谈判过程中可逐步解决停战问题，以便防止战火蔓延。周将军认为，国民政府没有想解决分歧的意向，只是提出各种条件，而它知道这些条件是共产党所不能接受的。现在，这些条件超过了6月20日之前所提出的条件和7月初在五人会议上讨论过的条件，所以他看不出能够履行这些条件的任何途径。周将军指责说，蒋委员长于6月份曾告诉他的军事将领说，他认为在一年内完全有把握解决军事问题。他的参谋长陈诚将军在记者招待会上说，国民政府将以武力来解决局势。周将军叙述了国民政府正在使用其长江以北的大部分军事力量来进攻共产党，并说，如果蒋委员长要共产党撤出某些地区的要求没有满足，就会在长江以北的整个地区爆发战争。他重复以前的说法，即政府企图不与其他政党协商就改组国民政府，并说，共产党主张，通过与少数党协商，并遵循司徒雷登博士所提出的方针，进行国民政府的改组。

周将军在评论美国在中国的作用时说，他相信，国民党希望在今后两三个月内，美国会站在局外，不采取任何行动来停止冲突，从而使国民政府在企图占领更多的共产党所占地区和改组国民政府、召开国民大会等方面自由行动。周将军认为，如果美国站在局外，那对中国是非常不幸的，也是不利的。从中国的立场出发，最大的希望是，美国按照杜鲁门总统的声明有成效地继续进行调解。他进一步说明，如果美国的调解失败，只有两种抉择：一种是使中国陷于内战的混乱局面，这将是彻底的悲剧；另一种是“国际干涉”，这是非常不受欢迎的。周将军谈到一份国民党报纸最近的社论时说，该社论表明国民政府不怕国际干涉，并暗示很乐意让我暂时回避一下——国民党希望用这种手段迫使共产党陷入绝境，而不给它任何出路。周将军尖锐地评论说，国民政府不能指望共产党发现自己被迫陷入绝境而不去努力摆脱其困境。他继续说，共产党已放弃了前一年制订的在解放区召开会议的计划，努力避免国家的分裂，但如果听任国民党在今后几个月内采取自由行动，则共产党就将被迫考虑他们应该采取什么措施，在这种情况下，中国可能实际上分裂成两部分。他说，这将违背中国的利益，对世界和美国也不利。周将军说，为此，他多么盼望司徒雷登博士和我继续努力调解，他希望我们在目前的危急时期加倍努力。

随后，司徒雷登博士向周将军提出一项非正式的建议，作为司徒雷登博士和我的共同意见，供他考虑，即：中共军队应（1）自整个苏北地区撤至陇海铁路以北；（2）自胶济铁路撤退；（3）自承德及热河省承德以南的一切地区撤出；（4）退入以前提出的东北的两个半省内（即新黑龙江、嫩江和兴安省）。如果共产党同意这几点，则司徒雷登博士和我就会敦促国民政府尽早安排非正式的五人小组会议，接着召开政协综合小组会议和设立国民政府委员会，该委员会实际上将形成一个改组的国民政府，其中，共产党有代表参加。这个改组的政府能处理一切事务，如地方政府问题，不仅是现在考虑中的地区的，而且也是所有地区的地方政府问题。司徒雷登博士和我将进一步向美国政府建议，要千方百计地协助改革和改组国民政府的计划。

周将军回答说，司徒雷登博士提出的几点，都是6月29日以前，也是在五人会议上讨论过的老问题。他解释说，就军事方面来说，他以前曾建议，共产党只保留苏北的一小部分部队，并将其军队撤离胶济铁路和热河南部地区；哈尔滨的问题已经解决[1]；他愿意讨论安东的问题，从军事观点来看，这是唯一没有解决的问题。他补充说，局势的政治方面困难得多，因为国民政府坚持要接收共产党所撤离的那些地方——这种办法是违反政协决议的，而蒋委员长一再表示他要遵守政协决议。这些决议详细地说明了，关于有争议地区的地方政府问题的讨论，要在国民政府改组后才进行。他说，他同意召开非正式的五人小组会议，以便在国民政府改组前对共产党地区的地方政府的全部问题进行初步讨论，但他又说，讨论不应限于在国民政府的条件中所规定的某些共产党地区。周将军在谈话结束时，提出把问题区分开来的建议：关于6月29日以前没有解决的军事事务的任何建议，应在这时解决；地方政府的问题应提交政协的政治小组处理，该小组应该全面地，而不是局部地讨论这个问题——否则，就是把这些地区交给国民政府，等于共产党让出地方。

同一天（8月10日）下午，我与俞大维将军讨论了形势。我告诉他，共产党担心蒋委员长的五项条件正逼得他们走投无路，这是由于条款苛刻，也由于他们认为蒋委员长不想达成协议，而只是为了赢得军事行动的时间而进行谈判。在我看来，共产党担心的主要是，国民政府不仅对执行政协决议不感兴趣，而且企图隐瞒其中的任何含义。

俞将军叙述了形势的全面恶化，并认为，虽然共产党关于执行政协决议的理论是正确的，但他们的行动却违背了这种理论，因此，他把形势全面恶化的责任

[1] 6月份同意国民政府驻防哈尔滨，兵力不超过五千人，并同意国民政府委派一名共产党同意的市长。

推给共产党。

我表示了这样的看法，即总的形势的恶化，倒不如说是由于这样一个事实：双方进行了军事报复行动，而且每一方都不能正确估计对方。我指出，虽然蒋委员长在其政府中不要共产主义，但国民政府目前所遵循的策略却是这样的：在防止共产主义的努力中，它正在创造对共产党政权有利的种种条件——例如，目前的财政、经济情况，由于军事行动的继续将变得更加严重，内战以及随之而来的经济混乱将给共产主义提供肥沃的土壤，

这时的形势又陷于僵局，这是由于共产党拒绝参加司徒雷登博士建议的非正式的五人小组，以及国民政府拒绝撤回它所坚持的主张，即要共产党在五人小组对其须加处理的事务进行具体讨论之前就接受五项条件。军事形势看来没有好转，国共双方都指责对方的军事行动违反1月份所达成的协议。共产党进攻山西省北部的大同地区，于8月初包围该城。国民政府指责说，共产党还严重地威胁着太原；中共军队破坏了秦皇岛以北的一个矿山；共产党在破坏苏北、山东和河南北部许多地方的运河和河流的堤岸；中共军队在陇海铁路沿线徐州和郑州之间发动了大规模的进攻。共产党反驳说，国民政府正在攻击平津地区的中共军队；国民政府的飞机正在轰炸和扫射河北、山东和河南等地共产党控制地区的城市；中共军队在山西的军事行动是由于日本人和阎锡山将军手下的前伪军所进行的挑衅性的进攻，以及政府在山西南部同蒲铁路沿线以及在安徽、苏北地区和胶济铁路沿线的进攻所引起的。

面临着这种危急的形势和谈判陷于僵局，司徒雷登博士和我于8月10日向报界发表了一项联合声明，这是为了使舆论界认识到危机和即将来临的混乱，并使舆论界对国共双方施加压力，以解决他们的分歧。

声明中叙述了我们对停止冲突和创始真正的民主政府所作的努力，以及中国人民对和平解决的几乎一致的愿望。我们指出，双方似乎无法就可以容许颁布一项总停战令的那些问题达成协议；其中的若干问题与军队的重新配置有关；使谈判陷于僵局的根本问题是所撤出地区的地方政府的性质问题，撤离这些地区是由

于在国民大会对于这个问题作出基本决议之前进行军队重行配置的结果。

在此期间，司徒雷登博士和我也考虑到发表美国对华政策声明的可能性，但我们认为，此时发表这种声明不如总统以私人名义致蒋介石委员长的机密信件有益。所以，我们起草了建议信件的草稿，寄给总统批准并采取适宜的行动。后来，我被告知，国务院于8月10日把一封总统于当日致蒋委员长的信件交给中国驻华盛顿大使馆，信的内容与我们草稿上所建议的内容相同。

在这封信中，总统对我显然已证明为无效的努力表示遗憾。他说，他确信，我已向蒋委员长反映了美国政府和消息灵通的美国舆论界全面的态度和政策。他谈到美国人民对中国日益恶化的政治和军事形势深为关切，并谈到国共两党的极端分子阻挠解决局势所负的责任。他叙述了美国对未能履行政协决议的失望，美国愈益相信，有人在企图依靠强权、军队或秘密警察，而不是以民主的方法来解决主要的社会问题，美国政府和人民仍然希望帮助中国，在真正的民主政府之下，取得和平与稳定的经济。总统指出，除非在和平解决中国内部问题上确保短期内有真正的进展，否则不能期望美国舆论对中国仍持慷慨大方的态度，他认为有必要对美国人民说明和重新解释美国政府的立场。

周恩来将军首先表明了共产党对由司徒雷登博士和我发表的联合声明的反应，8月11日，他告诉司徒雷登博士说，这项声明明确表明了美国认为我的使命失败了。司徒雷登博士回答说，情况肯定不是这样。随后，周将军简要地提出了下列条款，根据这些条款共产党可以接受蒋委员长的五项条件：（1）苏北——按照2月25日的军队整编协定，共产党在开始阶段在这个地区可以配置三个师，现在考虑在苏北只配置一个师；（2）胶济铁路——共产党将完全撤出这一线；（3）热河省——假若允许共产党在承德保留军队，他们就将其军队自热河省南部撤走；（4）满洲——安东是所涉及的唯一的主要问题，也许会解决得令人满意；（5）山东—山西——只要国民政府采取同样行动，共产党同意将其军队撤出6月7日以来所占领的城镇。周将军继续说，大部分军事问题能够解决，但与此同时，总是要冒出地方政府的问题，这是一个造成观点日益分歧的问题。他解释说，共产党不能放弃苏北，因为当地人口众多；也因为，如果作出这样的让步，国民政府就会要求他们在中国的其他地方作更大的让步。

8月16日，我与蒋委员长在牯岭进行了一次长时间的谈话。他刚收到杜鲁门总统的信件（这封信在传递过程中耽误了），并催促我回到牯岭。在会谈中，虽然蒋委员长没有明确提到总统的私人信件，但他所进行的讨论和他所提的问题都与信件直接有关。他指责说，共产党在江苏、大同及陇海铁路沿线的进攻违反了休战协定的一切条款；他们的建议是没有诚意的，他们把谈判作为拖延的手段，以便获得军事利益；他们正与苏联政府紧密配合；他们对组织联合政府不作任何安排。他进一步指责说，国民政府不相信如果发布停战的正式命令共产党就会停战。他在谈话结束时声明说，共产党的目标是要推翻国民政府而夺取政权，并且提出下面的问题（这个问题显然与总统的信件有关）：如果中国政府由于包括少数党代表和其他有名望的人士而加以扩大，但不包括共产党或其代表，美国是否会把这看作是走向组成联合政府的真诚行动？

蒋委员长没有详细地论述这一问题，但很明显，由于国民政府所采取的行动，或是由于共产党坚持除非满足他们的某些条件就拒绝参加政府，这两种情况都可能导致吸收还是排斥共产党。周恩来将军不止一次地争论说：国民政府正在单方面造成这样一种局势，在这种局势下，它可以处于这样一种地位，说它已经给予共产党参加政府的机会。但是情况将是这样的：共产党如果不能容忍由国民党完全控制的政府继续存在，很可能就不会参加政府。

当时，我没有回答蒋委员长以上所述的问题，但答应他的要求，提出我对形势的估计：共产党向我阐述的观点与蒋委员长所阐述的几乎完全相反。共产党坚持认为，国民政府已开始军事进攻，共产党的反应是防御性的，以免被逼入绝境。在蒋委员长去牯岭前我与他进行最后一次谈话之后的几个星期中所发生的事件，与我那时的预料几乎完全相符——那时蒋委员长说，他能控制满洲局势，华北的战争将是地方性的，如果我有耐心的话，共产党会来请求解决，并乐意作出为这一解决所需要的妥协。我提醒他，我曾说过，华北的局势将扩大到不可控制，战事也许会在热河重新开始，而这又可能在满洲燃起战火，结果将成为一场他或共产党都无法控制的全面内战。我说，这将是一场灾祸，因为它将给共产党提供一个理想的扩大动乱的机会，并给苏联政府提供公开或秘密地支持中共的机会。我指出，这时的敌对行动对政府损失多而得益小，可能使政府垮台，国家经济崩溃。必须记住，中国漫长的交通线和边境山地有利于共产党运用游击战术。我敦促蒋委员长同意司徒雷登博士的建议，即推派一两名代表与共产党同样人数的代表进行会谈，由司徒雷登博士任主席，力求就国府委员会包括共产党的明确条款达成协议，作为政府真正改组的第一步。在蒋委员长谈到共产党拒绝推派国府委员会成员时，我提醒他说，这在重庆谈判时是事实，但现在民主同盟的首脑告诉我说，共产党准备提出他们的成员的名单，并正就联合政府及其混合的各部的问题交换意见。

看来很清楚，此时蒋委员长倾向于把武力政策作为唯一可能的解决办法，尽管我非常坦率地表示相信，在战争继续的时候，不可能进行政治谈判，只要不让战争发展到不可控制的地步，就能使战争停止。8月14日，日本投降一周年，蒋委员长发表了一项公开声明，这项声明表明了他的态度。他把谈判的破裂和国家经济窘困的责任完全归于共产党。他说："我们必须戡乱"，并阐述政府的政策如下：（1）结束训政时期，建立立宪政府，为此，确定于11月12日召开国民大会；（2）坚持政协决议；（3）扩大国民政府的基础，容纳各党派及社会贤达，以实现政协的和平建国纲领；（4）遵守1月10日的停战协定，只是要求共产党撤出若干"已经构成和平威胁和阻碍交通"的地区；（5）只有当共产党保证并证明将实行所达成的各项协议时，才用政治方式来解决政治分歧；（6）保护人民及其财产的安全，解除对和平的任何威胁。这一声明的调子不是和解的。

8月17日，在与蒋委员长的上述会谈之后，宋子文博士来访，对我说，依他的看法，蒋委员长的立场是正确的，他（宋博士）无论如何不相信，共产党会愿意在正常的基础上进行政府改组。

鉴于蒋委员长谈到共产党不向国府委员会指派自己的代表，我于8月17日指示我在南京的代表询问周恩来将军，他是否将采取这样的行动。我的代表就这件事与周将军商谈后电告我，周将军说他随时准备提名共产党代表参加国府委员会，只是要满足两个条件：（1）履行政协决议；（2）履行停战协定。但周将军补充说明，鉴于政府对其改组显得勉强，没有更加实际的协定，他愿将以上条件修改如下：（1）停战协定的条款已有安排；（2）司徒雷登博士为首的五人小组已拟定政府改组的基本原则。周将军还提出，三个政治问题必须在五人小组里讨论：（1）详细阐明有关国府委员会席位问题的第一个政协决议[1]；（2）明确政协决议中所规定的否决权[2]；（3）改组行政院，以包括其他政党[3]。周将军补充说，还有地方政府的问题，按照政协决议，这个问题应该在改组国民政府之后再决定，但他愿意现在把这个问题也提交五人小组处理。他认为，这些问题应在小组内取得一致意见，然后提交其他少数党派讨论，最后提请政协综合小组批准。

---

[1]　题为“政府组织法”的政协决议中有关国府委员会席位问题的部分如下：

（1）国民政府委会员名额定为四十人，内有行政院、立法院、司法院、考试院、监察院等五院院长为当然委员。

（2）国民政府委员由国民政府主席就中国国民党内外人士选任之。

附注：

（A）国民政府主席提请选任各党派人士为国府委员时，由各党派自行提名，但主席不同意时，由各党派另提人选。

（B）国民政府主席提请选任社会贤达为国府委员时，如有所提人选有为各被选人三分之一所反对者，则主席须重新考虑，另行选任之。

（C）国府委员会名额之半数由国民党人员充任，其余半数由其他各党派及社会贤达充任，其分配另行商定。

[2]　题为“政府组织法”的政协决议中有关否决权问题的部分如下：

（5）国民政府主席对于国民政府委员会之决议，如认为执行有困难时，得提交复议；复议时如有五分之三以上委员仍主张维持原案，原案应予执行。

（6）国民政府委员会之一般议案，以出席委员之过半数通过之。国民政府委员会所讨论之议案，如有涉及施政纲领之变更者，须有出席委员三分之二之赞成始得决议。某一议案，如其内容是否涉及施政纲领之变更发生疑义时，由出席委员之过半数解释之。

[3]　题为“政府组织法”的政协决议中有关行政院的部分如下：

二、关于行政院方面者：

（1）行政院各部会长官均为政务委员，并得设不管部会之政务委员三人至五

（2）行政院不管部会之政务委员及部会长官，均可由各党派及社会贤达参加。

8月19日，我与蒋委员长在牯岭进行了另一次谈话，在谈话中，他重申了他先前对形势的看法，并说，他愿意就成立国府委员会的问题继续采取所建议的行动。然而，他不希望五人小组讨论政协协定所包括的任何其他问题。只有国府委员会的问题达成协议，他才同意发布停战命令。他补充说，这是政府方面的重大让步，采取这样的行动显然是冒风险的。

我回答说，我不理解国民政府同意停战会冒什么风险，因为在我看来，事实恰恰相反，从长远来看，战争的一再拖延，对政府是不利的。

次日（8月20日），俞大维将军通知我说，蒋委员长特别坚持，在我与共产党代表商谈时什么也不要说，不要给人这样的印象，即蒋委员长建议对组织国府委员会作出努力，更重要的是，虽然在五人小组内不应讨论其他问题，但这一禁令是蒋委员长强加的这一事实也不要让人知道。俞将军解释说，如果让人知道，共产党必然会指责蒋委员长在取消政协决议，然而蒋委员长是准备在适当的时候贯彻政协决议的。

8月21日，我回到南京后不久，司徒雷登博士告诉我说，周恩来将军那天问他，如果五人小组开会解决当前局势中突出的几个政治问题，蒋委员长作为停战先决条件所强加的五项条件是否适用。我回答说，我与蒋委员长没有明确讨论过这个问题，但我理解，这些条件仍然是适用的。司徒雷登博士继续说，看来周将军对问题能有一个解决是乐观的，也确信能作出必要的安排，但他提出明确的要求，即小组所达成的协议应由政协综合小组批准，并应得到蒋委员长的保证，使五人小组所达成的协议在政府的高一级机构会被接受。

虽然我确认蒋委员长没有撤销他的五项条件，但8月22日，我还是询问宋子文博士（此时他已参加谈判），在五人小组寻求一项政治解决时是否把这些条件搁在一边，同时指出，这是周将军主要关心的问题。看来宋博士不太熟悉谈判的过程，因而不能回答这个问题。我指出了共产党愿意向国府委员会推派自己代表的条件（在此期间，共产党已向新闻界公布了这些条件），并说，如果不提出另外的条件，如果关于国府委员会的协议能早日达成，则达成军事问题的协议应当不太困难。宋博士说，他将与周将军讨论局势，我赞成这一行动。

司徒雷登博士也想了解蒋委员长的五项条件是否仍然坚持，并于8月22日就这一问题询问俞大维将军。司徒雷登博士指出，问题差不多已得到解决，非常重要的是，只要有和平的希望，就要继续探索一切可能性。

俞将军回答说，由于共产党军队沿陇海铁路发动了进攻，整个军事形势发生了如此的变化，即使共产党完全接受蒋委员长的五项条件，也不会对问题的解决有实质性的帮助。他补充说，看来蒋委员长愿意对解决政治争端作一尝试，但他又有些勉强而犹豫地说，蒋委员长想在继续努力解决政治争端的同时继续作战。俞将军强调了蒋委员长的希望，即要特别注意防止任何的暗示，说明他在主动地建议建立国府委员会，俞将军解释说，蒋委员长希望避免给予共产党以任何机会让他们指责说，虽然他们将要参加国府委员会，但事实上他们已被阻止参加行政院。

司徒雷登博士提出，寻求国府委员会问题的政治解决是一个好主意。他希望，即使军事形势仍然没有变化，但随着政治分歧的解决，国共双方会有较好的协定。他指出，周将军向他表示，他愿意着手处理有关国府委员会的问题，而让其他一切问题，例如有关行政院问题，推迟到以后解决，但周将军坚持认为，对五项条件应该有清楚的理解。

俞将军悲观地说，中国没有和平的希望，而且苏联对中国构成一种威胁。他解释说，蒋委员长的五项条件实质上是政府的最低的条件。蒋委员长显然愿意把共产党在满洲的行动作为既成事实加以接受，愿把满洲的两个半省让给共产党，尽管他认为这是违反政协协定的。假如共产党愿意以接受五项条件为代价，蒋委员长就愿意这样做。

8月22日，周恩来将军通知司徒雷登博士，表示他愿意讨论国府委员会的问题，例如委员会中各党派的席位问题和要确立的否决权安排。在司徒雷登博士把这事通知我时，他建议我要求蒋委员长委派五人小组的国民政府成员，而且尽可能地采取一切步骤，为组成国府委员会并使它开始工作铺平道路。他认为，我应该继续给蒋委员长施加压力，迫使他发布停战命令，因为在作出各种努力用和平方式解决政治分歧的时候，继续作战是不合适的。司徒雷登博士说，虽然五项条件无疑将被再次提出，但如军事问题的讨论有进展，周将军还是愿意继续进行政治问题的讨论。我同意司徒雷登博士的建议，并决定于次日去牯岭，努力说服蒋委员长同意指派五人小组的国民政府成员，以便讨论组织国府委员会的问题。但我向司徒雷登博士指出，发布停战命令的问题将立即牵涉地方政府的问题。

次日（8月23日）上午，在我与俞大维将军的商谈中，俞将军告诉我，虽然蒋委员长的五项条件与五人小组要进行的政治谈判没有联系，但政府并不是放弃这些条件，而是想把它们先搁在一边，直到五人小组能够达成协议为止。我把周将军同意参加五人小组一事通知俞将军，并指出，在这期间，形势在继续恶化。有可能迫使共产党寻求外部的支援，例如苏联的援助，这最终会使得完成和平解决的任务更加困难。

8月23日我去牯岭前不久，同周恩来将军进行了一次长谈。周将军说，他认为有几个问题应该澄清，因为从他（周将军）与宋博士的会谈和司徒雷登博士与俞大维将军的谈话来判断，关于国府委员会和蒋委员长五项条件的问题，国民政府显然还没有决定自己的立场。

我告诉周将军说，我已建议宋博士与他会见，因为他是行政院院长，关心与地方事务有关的经济形势。然后我向周将军解释剩余物资的转售事宜，当时宋博士正同国外物资清理局局长托马斯·B·麦克勒先生和陆军部及海军部的代表在上海讨论这个问题。这些美国官员已来到中国，因为这个问题已到了必须最后解决的时候，而以前则不可能解决，因为出现过种种困难，如：陆军部和海军部强行将在太平洋的剩余物资的精选部分用海船运回美国；由于美国武装部队的迅速复员和他们从各岛屿的撤离，已不可能获得大量物资的准确的清单；联合国善后救济总署和菲律宾群岛有购买剩余物资的优先权，等。所有这些都使得可供中国政府购买的物资难以确定。解决购买剩余物资的问题，当时正由麦克勒代表团在上海进行讨论，这个代表团把陆军部和海军部的代表包括进去，以防止在中国达成的协议被华盛顿的那些部搞垮。我指出，在这些转售中，国民政府所获得的剩余物资不包括军用品，仅包括机器、机动车辆、军用定额口粮、医药用品以及各种民用项目的物资。（我乘此时机向周将军解释这次剩余物资的转售，以预防共产党可能产生的任何忧虑，即认为美国政府在使中国政府得到军用物资。）

关于五人小组问题，我指出，司徒雷登博士和我不考虑军事形势，而建议成立这个小组，以便立即努力做完某种事情，好使其他问题比较容易得到解决。我解释说，从一种意义上来说，它与蒋委员长的五项条件无关；但从另一种意义上来说，依我们的看法，它代表了可能通向和平调解的途径。我们尽力使小组开始会谈，以期小组一旦达成协议，我们就能找到一种解决军事僵局的直接的基础，重要的问题就是打破此种僵局，避免内战的扩大。我向周将军建议，有条件的安排应当尽可能少一些，因为过去它们造成过极大的困难。

周将军回答说，看来组织国府委员会是个简单的问题，因为除以下两个问题外，主要问题在政治协商会议中已得到了解决：（1）委员会中各党派的席位分配问题；（2）委员会中与改组后的国民政府实施和平建国纲领有关的否决权问题，该纲领由政协通过，并成为政协的决议之一。周将军说，改组后的国民政府应实施这一纲领，三分之一的否决权应适用于这一纲领，或者说这一政纲。周将军说，他还认为，政府改组的协议将有助于实现停止冲突，停止冲突是使政府改组获得成功的必要因素；如果内战还在继续，就不能指望共产党代表参加国民政府。他说，他已得知，在今后的两三个星期内将开始大规模的战争，他认为，必须立即采取行动。他还得知，国民政府准备在军事行动中使用毒气，这就像国民政府使用飞机一样，将引起共产党越来越大的忿恨，因为这两者他们都没有。

我向周将军指出，虽然双方经常都有大量的对于对方罪恶目的的指责，但从这次对当前形势的观点来看，我还从未见过如此完全的对立：国民政府说，共产党在挑起战争，并利用谈判作为获得军事利益的一种手段，而共产党对国民政府也进行了完全相似的指责。我说，我已尝试了用一切可能的方法来结束战争，目前正转向国府委员会的问题。直到现在，我不得不把我的努力限制在有关军事事务方面，而蒋委员长在同意考虑问题的政治方面、包括江苏和其他一些规定地区的地方政府问题之前，仍坚持具有军事性质的某些条件。现在我已说服他同意以司徒雷登博士为首的五人小组作为建立国府委员会的一种手段。这件事必须尽快地进行，一旦提出候选人，我们就能够在停战方面很快得到协定。我同意周将军的意见：当战争还在继续时，政治问题的实际讨论能够在新建立的国府委员会中进行，那是不能想象的。我说，我的目标是就国府委员会的提名达成协议，然后以此种双方得到的和解为根据，转到停战问题上来。

周将军回答说，军事上的主动权一个时期掌握在一方手里，而另一个时期掌握在另一方手里，当国民政府发动进攻时，共产党就反击。他补充说，国民政府和共产党态度的重大的区别在于以下两个方面：（1）从今年4月以来，国民政府在满洲和中国本部所占领的地方比共产党所占领的多。共产党主张，双方应将1月13日在中国本部及6月7日在满洲所占的阵地归还，但国民政府要求共产党撤离在这两个日期之后所占领的地方，而它自己却不愿从它在同一时期所占领的地方撤走。（2）共产党继续提倡实行没有任何附加军事条件的无条件休战，而国民政府在其休战条款中附加各种条件，以致使休战条款变得越来越苛刻。看来当国民政府处境不利时，它也愿意休战，而当形势对它有利时，它就不愿这样做了。周将军认为，国民政府的态度是，战争拖得越长，共产党失的地方就越多，因此，国民政府决心把战争进行到底。周将军说，正是因为此种原因，共产党才在最近广播了总动员令。他解释说，发布这项命令的目的在于全面抵抗，这种抵抗将在共产党军队驻防的所有地方进行，包括对老百姓的动员。他补充说，这是防御措施，共产党没有从其占领的地区打出来的意图，也不打算推翻国民政府。但周将军提出警告，如果战争无限地继续下去，形势就可能发生变化，从而迫使共产党进行全国性的战争。他最后说，如果国民党召开没有共产党参加的国民大会，共产党就会被迫召开一个在其管辖下的解放区的大会。正如我所担心的那样，尽管我事先努力向周将军作了解释，但共产党还是立即就曲解了正在上海谈判的剩余物资的转售。8月26日，周将军通过我在南京的总部，将抗议这项交易的信件在牯岭转交给我。他显然已去上海尽力阻止这件事获得成功，在那里的共产党发言人已发表一项公开声明，攻击美国扩大对国民政府的援助。正如我8月29日从牯岭回来后向他指出的那样，他的主要指责（也许是他所进行的指责中最严重的一次）是与一项民用航空协定有关。在这次指责中，共产党竭力表明，中国政府正打算用“分享中国航空权”作为对美国战争物资的酬劳。我告诉周将军，麦克勃使团和航空协定之间的唯一联系是麦克勃先生从华盛顿出发前的一个晚上，同意将他的飞机的通航权给予国务院的一位代表，而与剩余物资的转售无关. 那位代表已到中国，经取得中国同意缔结一项远航程的民用航空协定——这一协定是因最近在旧金山举行的国际航空会议而产生的。

鉴于上海报纸发表的报道指责麦克勃使团来中国是为安排向中国政府交付大量战争物资，所以麦克勃使团在我的同意下于8月27日向新闻界发表了一项声明，解释剩余物资的转售问题，并驳斥共产党关于为向国民政府出售大量军事装备而进行秘密谈判的指责。共产党对剩余物资转售的反应，表明该党对于他们可能将其解释为美国对中国政府援助的美国的每一个行动都抱有深刻的不信任与怀疑。显然没有什么解释能说服共产党，使他们相信这次转售的剩余物资不包括大量的军需品、飞机和军用物资。

8月27日我与蒋委员长在牯岭举行了另一次长时间的会谈，力求得到他的同意，提出参加以司徒雷登博士为首的五人小组的国民政府成员名单。蒋委员长最后表示同意，并说，他将指示宋博士选派小组的国民政府成员。关于周恩来将军与民主同盟的领袖们最近发表的要求发布停战命令和重新召开政协会议的公开声明，蒋委员长声称，不需要发布停战命令，因为这项命令在1月10日的停战协定中已作了规定，需要的只是共产党停止作战。至于政治协商会议，他说，这个组织由于就政协各项决议达成了协议，已完成了它的使命。虽然他认为政协综合小组为解决履行政协各项决议所涉及的一些细节问题是必要的，但再次召集政协会议已没有什么意义。说到我们8月23日的会谈（在那次会谈中我向蒋委员长口头转达了周恩来将军的一项书面声明，声明指责国民政府在山东和承德发动军事进攻，并计划在徐州地区使用毒气），蒋委员长说，只要共产党发动进攻，他们所指望得到的必然是政府的军事行动，最近共产党的动员令就是公开背叛政府的宣言。关于这一点，他指出，承德和大同处于同一个战区，而共产党这时正包围着大同。

我告诉蒋委员长，虽然我没有看到他所提到的周将军和民主同盟领袖所发表的声明，但我的看法是，他们与其说是要求重新召开政治协商会议，倒不如说是要国民政府承认，保证实现政协各项决议。在周将军坚持所达成的任何协议均应提交政协综合小组批准时，他已表明了此种态度，无论是关于7月初的五人会议，还是关于以司徒雷登博士为首的五人小组，都是如此。我指出，共产党认为，蒋委员长是在尽量绕开政治协商会议的程序和所承担的义务，而他们却坚决要求有确实的证据，表明政协决议现在仍然受到尊重。共产党也担心国民政府不顾其他少数党派，而他们，共产党，则希望这些党派参与已达成的各项协议。谈到蒋委员长因有1月10日停战协定因此不必发布停战命令的说法时，我向他提出1月10日以来军事布局的巨大变化和这项停战协定的应用问题，这项停战协定要求国民政府从1月13日以来所占领的一切地方撤军。他告诉我，他不打算从那些地方撤军。我还提请他注意6月谈判期间满洲停战文件中已经商定的各点，并指出，这包括从6月7日以后所占领的满洲各地的撤军。

我提到蒋委员长作为停战先决条件的五项条件，提到他所提出的允许国民政府在共产党撤出江苏和其他地区后接管那些地区地方政府的其他规定（这是与政协决议相矛盾的）。我问他，他现在是否打算像周将军一贯主张的那样，让这些问题在国府委员会组成后由国府委员会解决；或者他是否认为，他关于国府委员会直接职能的总声明有一些例外。

蒋委员长在回答中明确表示，他仍然坚持国民政府接管江苏、胶济铁路沿线和热河省承德以南的地方政府（虽然他没提到安东省，但或许也包括该省的地方政府），但他表示，这一问题本身可与其他地区的同类问题一起以后在国府委员会中解决。

我指出，他提出的发布停战命令与组织国府委员会有关的这种看法看来是暗示，在该委员会开会讨论总的问题时，战争仍将继续进行，而在我看来，这是十分不现实的。我说，他可能沿着以下的思路来考虑要进行的程序：以司徒雷登博士为首的五人小组达成协议，按时提出国府委员会成员名单，接着可能就正式召开国府委员会，到那时，就会以6月份满洲停战文件所规定的临时性协议的方式来休战。

蒋委员长回答说，这是一个很好的主意，对此，他要慎重地考虑，他还要考虑军队的重新配置是否能由国府委员会决定。关于满洲的形势问题，他说，如果共产党认为他们有力量在满洲成功采取军事行动，那时在那里就会引起战争。我提醒他说，这是与他在几个月前的声明不一致的，即中国共产党和苏联政府都不希望在满洲公开行动，而希望在国民政府的掩护下达到他们的目的，即获得控制权。蒋委员长对此未作回答。

8月28日，在我从牯岭回南京后，我向俞大维将军叙述了我与蒋委员长会谈的情况，并指出，蒋委员长作了说明，看来准备解决问题，但在我仔细地询问了他的意思之后，才发现是他以前提出的几项条件或规定的继续。这关系到国府委员会解决一切政治问题的权限，对于这些政治问题，蒋委员长加了一项例外，即江苏和共产党要撤离的其他地区的地方政府的问题。同样作为例外的是1月10日停战令的应用，蒋委员长说，政府军队自1月13日以来没有占领任何本来属于共产党区域的地方。当我表示不同意他的说明时，他说，对此他要核实。在回答俞将军的问题时，我说，我的明确看法是，共产党希望停止冲突，这是他们长期以来的论点。我不认为他们想对重新召开政治协商会议提出强烈的要求，但是他们担心蒋委员长在竭力摆脱政协及政协决议。所以他们坚决要求有确实的证据，表明政协决议仍然是得到公认的，这说明了他们坚持要使五人小组达成的协议由政协综合小组批准的原因。我最后说，我认为，共产党无疑是希望停战的，另一方面我也认为，国民政府的军事首脑们无疑希望继续战争，竭力想取得地方的利益。

俞将军指出，共产党应当清楚地懂得，只要他们继续占领某些地区，而不放弃那些非法占有的地区，国民政府就不会接受停战安排。俞将军问我，是否知道他们愿意交出哪些地区。（他没有解释“非法”的含义，也许是指1月10日停战协定之后所占领的那些地区，或是日本投降和1月10日之间所占领的地区。）

我回答说，我目前还不知道共产党愿意放弃哪些地区，但知道他们大概继续坚持1月10日停战协定的基本原则，而国民政府却从未公正地试行这一协定。我指出，拖延和再进行一个月的调查直到谈判的形势成为过去，是没有什么意义的。我解释说，司徒雷登博士和我建议成立这个五人小组是为了取得一个基本的步骤，我们将使小组的讨论只限于组织国府委员会的问题，避免讨论政协的细节。如果共产党提出其他问题，也许有必要将以上的意见加以说明，但我们目前不希望这样做。我告诉俞将军，主要有两点要他考虑：（1）应尽早建立国府委员会，作为导致和平解决的谈判的步骤；（2）毫无疑问，共产党是想要停战的，但又不能肯定他们这样主张会继续多久——如果战争蔓延到满洲，那也许意味着招致苏联政府介入中国事务，而这将表明是国民政府的祸根。

同一天（8月28日）晚些时候，俞将军来访，说经蒋委员长批准，国民政府指派了五人小组的下列成员：国民党秘书长吴铁城将军和内政部长张厉生先生。他还谈到，蒋委员长从牯岭用电话通知他说，蒋委员长向马歇尔将军所说的话无论如何都不应损害蒋委员长五项条件的立场。

我从牯岭一回来，就把我与蒋委员长的会谈情况向司徒雷登博士作了说明，后来，他把蒋委员长的说法通知了周恩来将军：鉴于有1月10日的停战协定，不需要发布停战命令，需要的只是共产党停止作战。未提及蒋委员长所提到的例外。周将军认为这项声明的意思是，如果共产党向他们的军队发布一项停战命令，国民政府也会愿意这样做。他向司徒雷登博士表示，毛泽东主席可能向共产党方面的战地指挥员发布这样的命令，在规定的时期内实行停火。只要我对蒋委员长施加压力，要他采取同样的行动。

周将军于次日拜会我并讨论这个问题。我告诉他说，他显然没有得到关于蒋委员长谈话内容的充分的消息，因为那个谈话仍然坚持五项条件。

我把与蒋委员长在牯岭的最近一次谈话向周将军作了全面概要的说明，并告诉他说，只是在这次会谈期间，我才得到了蒋委员长对于以司徒雷登博士为首的五人小组以及该小组所达成的任何决定由政协综合小组批准的完全同意。然后，我叙述了我对共产党当前态度的估计（这种估计在这次与蒋委员长的会谈中对我说明问题是有用的）：我曾设想，共产党实际上已得出结论，国民政府至少为了取得更有利的地位，打算从事军事作战，并继续遵循使用武力的总政策；我设想，共产党尽力防止国民政府军队使他们处于虚弱的地位，同时竭力给予一切可能的打击，希望从此使国民政府相信，武力政策是无利可图的；我并设想，如果上述的看法是对的，那么共产党就希望毫无阻碍地进行我所关心的任何的谈判。这就是对我进行宣传攻击的原因。我对国民政府态度的估计是：我设想，国民政府中的个人，特别是军事首脑们，坚信武力政策是唯一实际的行动方针，而且他们有能力实现这一方针；我也设想，国民政府中某些政治集团与这个军事集团是一致的，但也有一个相当大的自由主义集团持有不同的看法。

关于共产党发布停战命令的问题，周将军说，他的建议是他即席提出的，还未报告延安当局，也就是说，尚未与延安讨论。现在他听了我对这一问题的解释认为，虽然他的建议还可能被考虑，但已是多余的了。他继续说，他本来就赞成召集以司徒雷登博士为首的五人小组会议，并接受我的建议，首先集中精力来讨论国民政府的改组问题，以便一旦达成协议，就能停战。根据目前的情况来看，他认为，他的希望是没有根据的。虽然共产党指望，国民政府改组的商谈一经完成，共产党以参加国民政府的行动来证明它的诚意，国民政府就会同意发布停战命令，但现在看来，蒋委员长仍然坚持要在改组国民政府之后和达成关于地方政府问题的任何协议之前，接管苏北、胶济铁路以及承德和热河省承德以南的地区。周将军补充说，如果蒋委员长不能以和平的方式达到这一目标，那么他就会使用武力——在这种情况下，即使国民政府的改组问题达成协议，即使共产党参加国民政府，战争的恢复还是无法阻止。所以他认为，如果共产党现在答应蒋委员长的要求，他们将无法得到停战的保证。蒋委员长的要求意味着：（1）或是共产党交出有争议的那些地方，而这是违反政协决议的；（2）或是蒋委员长用武力占领那些地方，其结果与司徒雷登博士和共产党原来的希望都是相反的。关于政治协商会议，周将军说，通过国府委员会改组国民政府的问题，应由五人小组解决，但宪法草案不能由该委员会处理，因为政协本身已为此而设立了一个专门的机构。他补充说，关于国民大会的代表也是一样，这些代表的最后安排要由政协综合小组作出，因为他们不是在国府委员会的管辖之下。

我向周将军指出所牵涉的许多困难。我说，在我与蒋委员长会谈的过程中，曾试图摆出这些困难问题，以便能有一个清楚的理解。我当前的问题是，试图寻找一个我们对它能达成协议的东西，它将显示出联合政府开端的确实的证据——因此就提出了关于五人小组的建议。

周将军回答说，如国民政府不打算利用谈判作为拖延的手段，看来达成关于改组国民政府的协议是容易的，但仍然不能肯定，在五人小组达成关于国府委员会的协议之后，国民政府是否会发布停战命令。所以他担心，由于五人小组的会谈，可能会产生虚假的乐观情绪和对即将来临的和平的幻想，而实际上并没有这样的前景。在这种情况下，美国政府可能会继续援助中国，其结果将是，虽然共产党作出各种许诺，但国民政府中的好战分子将会继续享有各种便利条件来继续进行战争。周将军说，他正在考虑，发表一项关于形势的公开声明是可取的，声明要指出，尽管共产党已为和平作了各种努力，但国民政府中的某些分子仍然坚持战争，不愿妥协。他希望通过对形势的这种揭露，公众舆论将起来反对战争，美国政府将会停止对中国政府的援助。他说，他也希望司徒雷登博士和我作出某种保证，即如果达成关于停战命令的协议，我将作某种说明，以表明国民政府对继续进行战争的责任。换句话说，他希望美国政府在这种形势下澄清自己的立场。他最后说，这就是他对五人小组的态度。

我向周将军强调说，我费尽口舌，好不容易才说服国民政府赞同五人小组，因为国民政府坚持认为，共产党不会实行任何协议，只奉行一种阻碍政策。迫切要求赞同五人小组的是我，而不是国民政府。至于他关于美国对国民政府援助的意见，我说，在我看来，他混淆了宣传和事实，中国的宣传和事实相差很远，在宣传上宁可利用任何一条可能的新闻，而不管它对所涉及的情况如何缺乏实际根据。我告诉周将军，我认为，我几乎已停止了对国民政府军事方面的一切直接支持，然而宣传似乎还表明，如果没有美国的援助，战争继续不了一个星期之久。我继续说，共产党这时进行的宣传运动实际上是指向美国政府对华关系的一切方面的。我认为这是一种政治宣传，因为事实上，它在实际效果上与当前的军事行动无关，但这种宣传已谈得太久，以致制造它的那些人或许已经开始相信它了。我相信，周将军不会让所有这些荒谬的论述欺骗他，使他作出在我看来是对共产党的利益致命的决定。我揭露说，我注意到，苏联的宣传在上海攻击我，国民政府的宣传也时时批评我，延安的宣传攻击过我，现在苏联的宣传与延安的宣传一起都在攻击我。在所有这些宣传中，就有完全不顾事实的，而几乎在一切情况下都夹杂着其他的考虑。我指出，我发现自己处于困难的地位，国民党内的顽固分子大部分反对我所作的努力，而为共产党对我的宣传攻击感到高兴，因为这对他们有利。我最后说，我自己所处的这种地位完全不是我个人的——我确实表示，我自己所处的地位完全不是我个人的——我不生气，不恼火，但我非常担心这种宣传运动的程度会使停战更加困难，或者成为不可能。

8月30日，在与俞大维将军的会谈中，我告诉他，虽然周将军对五人小组不寄予特别的希望，并倾向于认为，五人小组只会使战争延长，而又使中国人民对局势的看法太乐观，但他还是同意与五人小组一起前进。我补充说，共产党似乎已受到他们自己宣传的损害，并继续发挥着他们的宣传主题，即国民党的每一项成就，过去和将来都依赖于他们从美国所得到的直接支持。

这时俞将军告诉我说，中国政府刚得到通知说，美国国务院没有批准中国政府希望在美国购买弹药的必要的出口许可证。提出的理由是，只有把弹药供给联合政府之下的代表国家的军队，才会给予批准。俞将军说，这是限制美国援助中国的第一个真正重要的迹象，这将使国民政府处于非常困难的地位。

我告诉俞将军说，这件事的处理与我无关，但我因这件事这样发生而感到高兴，因为它恰恰证实了我一些时候以来一直对他和蒋委员长说过的话。我最后说，我预料过会有某种这样的行动，并曾警告他们说，采取这一步骤仅仅是个时间问题。

本月早些时候，我看过一封信的抄件，这封信是蒋介石委员长打算送给杜鲁门总统作为对总统8月10日的私人机密信件的答复的。我当时在给总统和国务卿的一封信中评论说，蒋委员长信件意义的大小，取决于谈判和形势的发展。蒋委员长的这封信由中国驻华盛顿大使馆于8月29日递交杜鲁门总统。按照信件递交时的形势，这封信是不能令人满意的。它把责任推给共产党，并责怪共产党想用武力夺取政权，使中国问题的和平解决遭受失败。它指责共产党犯有严重违反已达成的协议的罪行，而且，虽然承认“国民政府方面的某些部下”犯有错误，但又说，政府对这些犯错误者已严加处理。它说明国民政府的政策是扩大政府基础，容纳所有党派和无党派人士，以贯彻政协纲领，并表示：“我们的成功必须取决于共产党响应我们呼吁的诚意。”

经过一个月主要致力于召开以司徒雷登博士为主席的非正式五人小组会议的谈判之后，我们依旧未能促成该小组会议的召开。蒋委员长对我们关于五人小组建议的同意，是伴随着他对五项条件重申的，而他所提出的希望共产党从中撤离的那些地区的地方政府问题的规定仍未解决，尽管国民政府对其中某些地区的军事占领已足以部分地达到他的目的。共产党表示愿意参加五人小组，但拒绝这样做，除非国民政府同意，关于国府委员会协议的基本原则一旦达成，国民政府就发布停战命令，而这是国民政府不愿保证采取的行动。共产党担忧的，主要是国民政府力图回避政协各项决议和不顾其他的少数党派。蒋委员长企图以同意共产党的要求来应付共产党的这种忧虑，共产党的要求是：五人小组所达成的任何协议均呈交政协综合小组批准，这种做法与政协的程序是一致的。

这一时期的军事形势继续恶化。在国民政府方面，突出地表现为：它占领了苏北的一些重要城镇，特别是占领了胶济铁路的全线和承德（在共产党撤退后，于8月29日占领），以及用飞机轰炸了延安飞机场。在共产党方面，其突出的两点是：中共军队继续包围大同；在陇海铁路的徐州和郑州间发动进攻。

经济形势也是令人担心的原因。国民政府预算的主要部分都用于军事开支。在当前的形势下国民政府能支持多久是成问题的。宋子文博士7月份告诉我，国民政府继续进行内战，从经济上来说，可能支持六个月；到8月份，他又表示这样的看法，即在当前情况下，国民政府的经济力量支持不了两个月以上。国民政府面临着庞大军队的吃饭穿衣问题，以及在交通运输不足和被破坏的情况下恢复国家经济生活的问题。然而，当我与蒋委员长讨论到这些问题时，他似乎对经济崩溃的可能性不太担心。

8月份的形势没有好转的原因是：共产党继续破坏对安平事件进行正当的调查，在这一事件中，美国海军陆战队员因遭共产党的伏击而造成伤亡；共产党的宣传对美国日益猛烈地攻击；共产党对剩余物资转售的反应；以及国民政府所指使的、对批评政府的自由主义分子进行的恐怖和恫吓运动。

司徒雷登博士和我采取各种办法，努力打开僵局。我们于8月10日发表了一项公开联合声明，杜鲁门总统根据我们的建议，于同日向蒋委员长发出一封私人机密信件。蒋委员长在8月14日的公开声明和8月29日致总统的回信中，表明了他的态度。

二十六
继续努力召开以司徒雷登博士为主席的五人小组会议未获成功；周恩来将军赴上海

鉴于蒋介石委员长8月29日对杜鲁门总统私人信件的复信总的来说不能令人满意的性质，加之谈判继续陷于僵局，美国国务院认为，总统再度致函蒋委员长是适宜的，信中要向他表明，美国对华进一步的援助将取决于停止冲突和国内政治统一的完成。一封提出这种性质的建议的信件草稿送给我征求我的同意。我接受了这一建议，这封信随后交中国驻华盛顿大使馆，转呈蒋委员长。信中强调，通过建立政治统一而迅速结束中国内战的威胁，将使美国在中国工业和农业的经济复兴中，易于按照总统1945年12月发表的政策声明的最后一段进行其援华计划。

在此期间，司徒雷登博士和我与在南京的国民政府代表和共产党代表继续讨论，由我每周去牯岭一次，与蒋委员长进行磋商。

到9月3日，非正式的五人小组的全体成员名单决定如下：美国——司徒雷登博士，任主席；国民政府——吴铁城将军（国民党的秘书长）和张厉生先生（内政部长）；共产党——周恩来将军和董必武先生（政治协商会议的共产党代表、共产党中央委员会委员）。然而，获致组成五人小组的协议并不意味着小组会议有了保证。在讨论这一点时，出现了问题：共产党继续坚持要国民政府给予发布停止冲突命令的保证，作为共产党同意参加小组的先决条件。

9月4日，周恩来将军向我叙述了国民党宣传部长和一名国民政府主要官员发表的公开声明，声明指责冲突是由共产党的进攻造成的，因为国民政府自1月10日的停战协定以来就未作任何进攻。他谈到吴铁城将军在牯岭的一个同样的声明，吴将军在声明中说，不存在休战的问题，因为自1月10日以来的一切冲突都是由共产党发动的，不能放弃蒋委员长的五项条件。周将军说，所有这一切都意味着在召集五人小组会议之前，国民政府就已经表明了坚决拒绝考虑停止冲突和放弃五项条件的问题。周将军继续说，他已去过上海，发现剩余物资的转售业已完成，他只能在报纸上表明共产党的态度。总之，共产党在谈判的紧要阶段尖锐地批评了这次交易的缔结，它大大地加强了国民政府的力量，而使共产党处于窘迫的地位。在谈到五人小组的国民政府代表对他的拜会时，他引用他们的话说，由于发动一切冲突的责任在于共产党，所以不存在休战问题，问题不是蒋委员长是否放弃五项条件，而是“在各个地区实现五项条件”的问题。他说，今天的报纸引用五人小组的这些政府成员的话说，关于休战和在各地区实现五项条件的一切未解决的问题，均应由国府委员会讨论。周将军对这些声明表示惊异，因为他曾明确地告诉过他们，如果不停战，共产党就不提交国府委员会成员的名单。

在谈到我们以前讨论过的关于共产党发布一项停战命令的可能性时，我问周将军，他是否得到有关延安对此作出决定的任何消息。

周将军回答说，他已向延安发电，电文列举了四种可能的办法：（1）共产党发布一项停战命令，蒋委员长随后发布一项同样的命令，他认为，这可能使蒋委员长尴尬；（2）双方同时发布停战命令，这是共产党欣然同意的办法；（3）国民政府采取主动发布此项命令，在此情况下，共产党将发布同样的命令；（4）如果共产党发布停战命令，国民政府可能会说，共产党应当这样做，因为共产党曾挑起了一切冲突，因而国民政府不必发布同样的命令——这是共产党不能接受的，因为这似乎要共产党单独承担战争的责任，而且国民政府将继续作战，如果共产党反击，它就会指责共产党破坏自己的诺言。

我回答说，我已通知司徒雷登博士，直到得到延安对此作出决定的消息，我才向蒋委员长谈及此一行动的可能性。我说，我的看法与周将军的稍有不同，因为我曾认为，毛泽东主席会不管蒋委员长如何行动，不经任何协议或与这一办法有关的联合行动，而向共产党的指挥官发布一项为期四天的停战命令。我再次提醒周将军，不应以国民政府或共产党的宣传作为他作出决定和逻辑推理的根据。国民政府发言人所发表的如他所叙述的那些声明，以及随之而来的不可避免的否认和反指责，只会引起误解和日益增加的不信任。在谈到国府委员会时，我指出，他应当清楚地记得，司徒雷登博士和我因看到谈判陷于绝境，才建议采取这一办法。我们希望，非正式的五人小组的集会和国府委员会的组成将产生不同的心理状态，这也许会使达成停止冲突的协议成为可能。我们已决心使这个小组只限于讨论关于国府委员会的问题，如果提出其他问题，司徒雷登博士就不再担任主席，因为这会自然而然地涉及那么多的其他考虑，以致将一事无成。我解释说，只是在我们方面坚持之后，蒋委员长才赞同了这个小组。现在使我非常泄气的是，我发现甚至在五人小组开会之前，就在提出与国府委员会无关的条件，就在开始讨论不是五人小组规定要讨论的问题。

在回答周将军对剩余物资转售的意见时，我向他解释说，这个问题自去年1月以来就在讨论，而且在3月份我动身返美时，差不多就已决定。我在美国逗留期间已解决了其中的大部分困难，2月份此事未达成协议，是因为中国政府要努力改善转售条件。我继续说，在此期间，发现了某些复杂情况：由于军事经费的削减，美国陆军部和海军部开始把剩余物资的“精华”运回美国；由于美国政策的改变，菲律宾共和国获得了大量的剩余物资；美国政府不能继续保存这些物资，因为这些物资存放在露天库房，正在迅速地损坏、变质。这纯粹是这样一个问题：美国或者与中国完成谈判，或者立即将这些物资的“精华”部分售给远东其他国家的政府，而将其余部分倾倒到海里去。在后两种情况下，中国人民就不会获得对于国家经济复兴具有巨大重要作用的物资。我提醒周将军说，这不是完成转售前三个星期所提出的问题，而是已经谈判了六个多月的问题，如果接受了共产党的建议，所有的剩余物资就会不给中国人民。我最后说，中国共产党的宣传将这次转售说成是一切可能的恶意，而一切可能的损害均因此而产生。虽然我对这样的宣传感到极端厌倦，但我承认这是不可避免的，不过如果像成立国府委员会一类的建议由于此种宣传而遭到破坏，我将感到极大的不安。

周将军解释说，他重视宣传部长的声明，因为这项声明是根据蒋委员长的指示发表的。之后，我对我们的非正式的五人小组的建议作了如下的声明：在向蒋委员长提出这项建议时，他说，这项建议不是有效的办法，因为共产党会立即提出其他问题，使讨论如此复杂化，以致使讨论毫无进展。我回答说，司徒雷登搏士只是在讨论国府委员会的问题时行使主席的职责，如提出其他问题，唯一的办法就是停止以司徒雷登博士为主席的会谈。我已竭尽一切努力，费了不少口舌，以图打开目前僵局，停止冲突。对于对我个人的攻击，无论是众所周知的，还是来自国民党内的一些个人（这些人对我试图要做的几乎每一件事都进行攻击）的，我都置之不顾。现在宣传似乎要获胜了，但其结果将引起混乱。我最近访问牯岭结束离开时，受到一些鼓舞，因为我使蒋委员长详细讨论了在政协安排下准备宪法草案的问题，探讨了实现建立在普遍基础上而不是单方面基础上的国民大会的方法问题。在整个讨论过程中，我始终坚持，在战争继续的同时，要进行国府委员会所主持的谈判是完全不可能的。我的希望是，一旦关于国府委员会的基本原则达成协议，并由政协综合小组批准，就提名候选人，也许就宣誓就职。到那时我们就找到了一种解决停止冲突问题的办法。

周将军回答说，他要重申共产党已表示过的接受关于五人小组的建议的基本原则：他曾几次告诉司徒雷登博士，一俟得到实行停火安排的保证，得到国民政府在五人小组获致政府改组方案后放弃其五项条件的保证，共产党就接受关于五人小组的建议。他还告诉我说，不能想象在战争继续的同时，共产党会提出国府委员会委员的名单。共产党在这时讨论国府委员会问题，是因为国民政府的官员，包括蒋委员长在内，曾一再表示，如果没有政治解决，一旦停火，国民政府也不会有什么保证。现在按照我提出的办法，在停火之前甚至就可能召开国府委员会，这个办法是不可思议的，而且在这种情况下共产党也无法向国府委员会指派他们的代表。当我的代表请周将军谈谈在什么条件下共产党准备指派其代表时，他对此作了说明。周将军说，那时他就提出了两个条件：（1）已停止冲突；（2）已根据政协决议实现国民政府的改组。他认为，蒋委员长的想法是停战问题应留给改组后的国府委员会讨论。

我问周将军，蒋委员长的这种想法是在何处提出的。周将军回答说，报纸有一项记载，报道了蒋委员长对政府在这个问题上的观点所作的解释。他进一步说明如下：他的意见是应按照1月10日的停战令和6月达成的临时性协议实现停战安排。如果问题留给国府委员会处理，则国民党和青年党合在一起将掌握多数票，而达成任何协议都将依据国民党的条件。在这种情况下，由三人小组处理停战安排是合适的。如果在五人小组讨论后发布一项停战命令仍得不到保证，那么进行这样的讨论就益处不大。报纸曾引用吴铁城将军（五人小组的国民政府成员）的话说，停战安排将由改组后的国府委员会实现。

我指出，共产党对停战问题也发表过公开声明，所有这一切只不过表明，普遍的宣传运动使事事都陷入了混乱状态。现在在我看来，在目前的情况下没有希望召开五人小组会议。

周将军说，司徒雷登博士曾告诉他说，国民政府发布停战命令仍然没有保证，但要努力获得这样的保证。之后，周将军就他对几个问题的观点作了冗长的说明：关于共产党发布停战命令的问题，说共产党将单方面发布这样一个命令，这从来不是他的想法，因为国民党会抓住这一点证明它的论点，即发动军事进攻仅仅是共产党的罪过。关于剩余物资的转售问题，他不同意我的观点，即此时对中国人民是有利的，因为物资项目中，如卡车、交通器材、军队定额干粮以及军用服装都可作内战之用，其他项目的物资则在市场上出售，而将售得的款项作为军事费用，因此中国人民将承担偿还的责任，所以，它不符合人民的利益。4月份，当我告诉他关于此种转售的问题时，共产党认为，国民政府将很快改组，一切物资将转用于建设事业，而不是用于战争——现在形势逆转，共产党不认为这是事实。关于中国共产党和苏联宣传之间的关系问题，他因怕为难，以前避免对此作出任何声明。共产党的宣传经常采取与美国舆论和美国政府同样的方针——共产党批评过美国拖延从中国撤军，这在美国也是受到过批评的。他有一次也说过，共产党赞成苏联迅速从中国撤军，因此可以看出，在这一点上，共产党的态度是一致的，不管军队是苏联的还是美国的。

司徒雷登与傅泾波

周将军最后说，在与司徒雷登博士的会谈中，傅泾波先生（中国人，任司徒雷登博士的私人顾问）所起的作用使他迷惑不解。他说，傅先生向报界透露了讨论的细节并几次批评共产党，这种行动对司徒雷登博士作为调解人的身份是不适当的。

9月5日，我向俞大维将军叙述我与蒋委员长在牯岭的会谈情况时说，蒋委员长相信，共产党在五人小组试图解决国府委员会的问题时就会立即要求改组行政院，他还认为，在行政院改组之后，共产党才会参加国民大会。蒋委员长说，他希望使国府委员会在双十节开会并安排各种事务，好让共产党在停止冲突的时候提出国民大会的代表名单。我说，拖延到双十节才实行停止冲突会导致全面战争而无法控制，虽然我觉得如果按照政协原则的宪法草案不被通过，共产党就决不会参加国民大会，但我认为他们也不会首先着重于行政院的改组，我向俞将军指出，由于国民政府发言人在牯岭、南京和上海发表关于蒋委员长的五项条件的声明，也使局势复杂化了。我说，蒋委员长明白表示不希望军事问题和政治问题同时讨论或联系起来，而周将军坚持两个问题同时讨论。俞将军说，据他所知，蒋委员长未曾讨论过把军事问题与五人小组商定的政治问题联系起来的意见。我认为这种解释是正确的，但指出，在我看来，毫无疑问，蒋委员长是了解共产党对这件事的态度的。我解释说，我已把周将军8月17日向我的代表所作的声明通知了蒋委员长，周将军在声明中表示，只有在未解决的政治问题和军事问题达成协议后，才愿意参加国府委员会。

随后，我告诉俞将军说，现在周将军谈到剩余物资转售的难题，他说，国民政府正在利用通过转售所得到的款项，加上在美国的黄金储备来进行战争。我补充说，国民政府的军事将领们和顾问们实际上是在利用我通过这种办法在中国制造混乱局面。我最后说，我不能在不完全败坏国民党的情况下，让全世界知道问题的这一方面，因为这样做我将破坏美国通过我给予中国政府的信任。

俞将军随即又提到美国国务院拒绝同意签发中国政府最近要求的弹药所必需的出口许可证的问题，并表示了如下的看法，即拒绝同意签发此种许可证，除把弹药供给统编的军队这一点外，实际上是宣布了一项美国不想宣布的政策。

同一天（9月5日）稍晚，司徒雷登博士和我与周恩来将军就五人小组的问题举行了长时间的会议。周将军表明了他的如下看法：当司徒雷登博士建议成立五人小组时，他（周将军）担心，改组国民政府的方案一经商定，国民党不会发布停战命令，相反，国民政府和蒋委员长打算拖延此项命令的发布，以便国民政府军队可以占领更多的城镇，此后，它就提出在国府委员会中讨论蒋委员长的五项条件。当司徒雷登博士提议召开五人小组会议，以便在讨论结束时即可发布停战命令时，周将军要把这一点弄清楚：在改组国民政府的问题讨论之后，一定要发布停战命令，并一劳永逸地放弃五项条件。但国民政府只同意召开五人小组会议，而对停战问题的回答却是含糊的。五人小组的两位国民政府代表于9月3日通知他说，关于停战命令，蒋委员长未给他们任何指示。在向新闻界发表的一项声明中，他们重复了这种说法，并补充说，停战命令的问题由国府委员会处理，这种办法的意思是只有在国府委员会举行成立典礼以后，才能提出这个问题。司徒雷登博士和我曾使他相信，如果没有停止冲突的保证，国府委员会将是无用的，但在前一天，国民政府参谋长陈诚将军发表了和政府其他主要官员同样的关于停战问题的声明。从他与我9月4日的谈话中，他了解到蒋委员长对这件事的想法是，直到召开国府委员会，发布停战命令或许才有保证，他（周将军）的理解是，当国府委员会开会时，蒋委员长将会再次提出五项条件。要是这样，则国民党就会同青年党一起，凭借其在国府委员会中的多数，在该委员会内批准要求共产党交出五项条件所指定的地方的建议，如果共产党不交出这些地方，他们就会被谴责为背信。其结果是，这种办法将在国府委员会内引起分裂并导致重新开战。虽然他不认为，鉴于国民政府竭力拖延问题的解决，这时讨论国民政府的改组会有什么结果，但他还是要给予这个问题的解决以另一次机会。国民政府的军事领袖们现正发出警告说，国民政府将进攻张家口和延安，因此尽管致力于改组政府的讨论，国民政府还会逐个地进攻共产党的地区。如果国民政府保证，五人小组一结束关于国府委员会的会谈，就发布停战命令，则他将高兴地参加会谈，甚至准备作出让步，以期国民政府改组的问题开一次会就可解决。然而如果不能获得保证，那么他的让步也是无益的，同时也难于说服延安，在国民政府不作任何让步并坚持少数党派和无党派委员的席位比例为8：4：4：4的情况下，承担关于改组国民政府的任何义务。如果共产党参加会谈，国民政府就会迫使他们提出候选人名单；如果答应这种要求，国民政府就会坚持在讨论停战命令之前召开国府委员会——这就意味着，他将逐步地被迫承担责任。看来，在这样的情况下，参加会谈是没有意义的，这场会谈将一事无成，因为他知道，解决停战问题是没有希望的。所以他赞成三人小组会议和非正式的五人小组会议同时召开。但如果直至召集国府委员会时，才保证发布停战命令，如果只是在召集国府委员会时三人小组才讨论停战命令的问题，那么他就不能同意这种办法。在这种情况下，蒋委员长就会玩弄花招，拖延关于国府委员会的讨论，直至国民政府处于有利的军事地位为止。

当我评论说这就意味着已成了僵局时，周将军重申了共产党的立场：假如具备了协议的基础，停战命令将得以发布，共产党就参加五人小组的会谈。他补充说，应该发布无条件的停战命令，否则就立即召开三人小组会议讨论这个问题。

他进一步说明，即使国民政府否认，战争状态实际上还是存在的。随后他问道，我是否认为存在战争状态，我和美国政府对此抱什么态度。他也问到美国方面是否能给予保证，如果共产党参加关于国府委员会问题的会谈，就可发布停战命令。他认为，如果战争继续，就不能认为我的使命已经结束，我应该尝试要求国民政府方面停止战争，国民政府应对此作出明确的答复。他说，否则，那就很清楚，国民政府明确的意图就是继续进行战争，战争就不可能停止。由于美国方面似乎没有什么办法停止冲突，所以在公众看来，美国实际上是在赞助国民党。他最后说，美国继续援助国民政府引起了共产党的许多忧虑。

我在回答这些意见时说，我不认为战争是在继续进行，但我不能提出停止冲突的保证。我说，我不愿讨论美国援助国民党的问题，因为这会导致无休止的争论，但我的确希望就周将军前一天所发表的一项声明——出售剩余物资所得的钱可以用来促进国民政府的战争努力——作出说明，我告诉他，这是正确的，但我希望补充说明，即在周将军提出这个问题之前，我已与蒋委员长按非常明确的条件处理了这一问题；我曾告诉蒋委员长说，我不仅反对这种办法，而且要采取一切措施阻止它。我继续就国府委员会的问题作了说明：周将军发表的关于国民政府即蒋委员长的立场的几项声明，与蒋委员长以个人名义给我的声明不一致。蒋委员长并未以个人名义告诉我，必须要国府委员会实际上揭幕，然后才决定停止冲突的基本原则。他曾以一般的方式提及下述的事实，即许多争论的问题，甚至军事问题，将在国府委员会讨论，但他并未说，国府委员会要在采取任何其他的行动之前揭幕。我曾向蒋委员长概述过可能进行的程序，后来我又向周将军叙述了这一程序，即假定五人小组达成协议，并得到政协综合小组的批准，假定国府委员会各方面的委员名单都已提出，那么我们就可转到停止冲突的问题上来。我进一步说，我们甚至可以进行国府委员会的揭幕，但我不能想象，在战争进行的同时，国府委员会能进行任何谈判。蒋委员长回答说，这是一个有意思的说明，对此他要慎重考虑，但他从未对我说过周将军刚才所表明的当作国民政府立场的那些话。司徒雷登博士和我建议以这个五人小组作为摆脱困境的唯一方法，此种方法也许能打开僵局，提供达成协定以便停止冲突的可能性，但这项建议已被宣传和复杂情况弄得模糊不清了。然后我问周将军："我们是否停止谈判，让战争继续下去，并放弃达成作为成立国府委员会基本原则的协议的任何可能性？"

这时，司徒雷登博士说，他认为五人小组为美国人提供了可能是最好的方式来帮助完成他们最为渴望的事情——结束战争。他解释说，我们不能作出任何保证，但能答应做我们能做的一切，我们可以说，我们希望双方都参加联合政府，在此之前我们希望结束战争。

周将军回答说，国民政府，包括蒋委员长，不愿答应在五人小组讨论结束之后停战，美国调解人也不能作出这样的许诺。他指责说，国民政府不断地提高其要求：起先是长春，其次是哈尔滨和苏北，接着又是另外的四项条件。他说，共产党现在愿意结束战争和讨论国府委员会的问题，但必须首先保证一定要停火。他准备在国府委员会问题上作出让步，以便一次会议就能议决。他说，一开始就很清楚，国民党不想作出保证以结束战争，但他却没有想到美国方面也不能作出这样的许诺。他最后说，司徒雷登博士曾说，必须得到这样的保证，他（司徒雷登博士）将运用他和美国政府的一切力量竭力做到这一点，现在才明白，要得到这样的保证，几乎是没有希望的。

司徒雷登博士表示相信，并不是毫无希望，并说，如果五人小组为国府委员会铺平了道路，并为此而取得了成果，那么就有希望得到所要求的保证。他补充说，他要作进一步的说明，他认为，一旦五人小组取得某些成果，就应当作出这样的保证。当周将军要求解说"成果"一词的含义时，司徒雷登博士回答说，如果关于国府委员会问题的争论点——席位的分配和否决权问题——在五人小组中得到解决并由政协综合小组批准，那么看来他和我就会有一种可对国民政府运用的关于发布停战命令问题的非常有力的论据。

我告诉周将军，蒋委员长和我都未曾提出过要以国府委员会委员揭幕作为条件，但如谈判达到了提名该委员会委员的程度，并规定直到停战他们才就任，那么司徒雷登博士和我就有较多的机会说服国民政府同意停战。最后我重复了我所提的万一不召开五人小组会议时可能采取的行动方针的问题。

周将军回答说，他不知道下一个步骤应该是什么，对这个问题他得作进一步考虑。他表示希望我们继续努力进行调解。他断言，国民政府原来不愿意接受我们关于五人小组的建议，是因为担心这可能导致停战。但国民政府现在觉得，即使五人小组制定出方案，它仍然能继续进行战争，并进一步拖延问题的解决，因此，国民政府正在试图利用这项建议，而同时又不对发布停战命令表态。他说，司徒雷登博士的说法表明，他只能保证作进一步的努力，以获得国民政府同意发布停战命令，但不能保证停战命令本身。于是他接着描述了他认为国民政府能够用来拖延问题和避免实际结束冲突的各种手段。他说，在他那方面，他一个又一个地作出让步，但毫无结果，只是到了今天，他才明白，美国方面不能保证发布停战命令。最后他说，他愿意参加五人小组的原因就是为了获得这项命令的发布。

我向周将军强调说，如果司徒雷登博士和我能够保证发布停战命令，战争早就停止了，我不理解他的意思。我指出，司徒雷登博士和我不是中国的国民政府，我以前就拒绝过蒋委员长要我对共产党的行动作出保证的要求；我不是共产党的首脑，提供此种保证不在司徒雷登博士和我本人的权力范围之内。最后我谈到他所说的让步，并指出在这种特定的问题上，我没看到他作出任何的让步。

周将军回答说，共产党一开始就寻求无条件休战，并于6月就在各种问题上作了一些让步。这些让步现在仍然有效。但在那时他就已说过，不应在会谈中提出新问题。因此他认为，他同意参加关于国府委员会问题的会谈，就说明了进一步的让步，因为这是6月份议事日程中未包括的课题。他补充说，司徒雷登博士以前说过，假如五人小组的会谈结束后接着而来的不是停战命令，他（司徒雷登博士）就会“出来批评国民政府”。

于是我就此向周将军作了如下的说明：“如果就已组成国府委员会的基本原则达成一项协议，并经政协综合小组通过，然后共产党声明，到停战时他们才提出自己的国府委员会委员名单，那么我就以他们的行动证实了我的看法，即到停战时他们才有履行推派其委员的义务。换句话说，在此限度内，我将竭力保护共产党，反对那种认为共产党在此种情况下拒绝与国府委员会共同前进，因而表现无诚意的谴责。因此，国民政府进行这样的谴责就是没有理由的。”我补充说，我是否会比这一声明更进一步，这要取决于停止冲突的条件，我未直接提到蒋委员长的五项条件，但涉及自6月初以来所普遍存在的混乱局面，我将不得不决定及时召开三人小组会议讨论军队重新配置的问题。

9月6日，俞大维将军告诉我，蒋委员长对召集五人小组会议取得进展很感兴趣，并特别希望了解周恩来将军是否坚持同时讨论停战安排。我回答说，周将军坚持同时讨论政治问题和军事问题，并希望，如果在五人小组的会谈中取得令人满意的解决，就保证要发布一项停战命令。我最后说，国民政府的宣传运动正在使问题的解决日益困难。

同日（9月6日）下午，周恩来将军向司徒雷登博士和我表示了他的理解，即五人小组的讨论只限于国府委员会的问题，并说，小组达成的协议提交政协综合小组时，政协综合小组可能超越这个范围来讨论行政院及其他的问题。然后周将军要求澄清两个问题：（1）发布停战命令的问题将提交三人小组解决，这是否是我们的理解？（2）国民政府是否可能想提出与停止冲突有关的某些要求（例如五项条件）？

我回答说，我的想法是三人小组要讨论停止冲突问题，但国民政府对此未作明确的说明。我说，我相信国民政府对停止冲突会提出某些要求，对此我作了如下的解释：蒋委员长有一次曾告诉我，对共产党来说，完全需要的只有停止作战，1月10日停战协定的条款仍然是适用的。当我为了完全理解他的意思，紧接着向他询问时，我发现，他每一次都不对他的五项条件让步。我们的希望是，司徒雷登博士和我也许能说服国民政府将它的要求调节到共产党能够接受的程度。当我们陷于僵局时，作为最后的手段，我们才转到解决这个问题的一个政治的方面，即国府委员会问题。

在会谈过程中，周将军给司徒雷登博士和我看了他要送往延安的关于当前谈判情况报告的一份文件。我们与周将军讨论了这份文件，我指出了其中的几处不确切的地方，特别是关于共产党在某种条件下可能不向国府委员会指派其代表时我声明要采取何种行动的那一部分，这一点我是于前一天向周将军作了说明的。这个文件的实质内容如下：

当前中国内战的局势

虽然共产党提倡无条件休战，同时立即停战并履行6月所商定的条款，但国民党却坚持要共产党接受五项条件，作为停战的先决条件。

司徒雷登博士建议成立非正式的五人小组来讨论国民政府的改组，以便探讨实现停止冲突的问题。作为美国政府的代表，马歇尔将军和司徒雷登博士答应尽最大的努力促使和平的实现。共产党愿意参加这个非正式的小组，但首先要将以下三个问题加以澄清：

（1）国府委员会是否根据政协决议来改组？如果是这样，则非正式的五人小组所制订的改组国府委员会的方案将提交政协综合小组最后批准，国民政府同意这种理解。

（2）国民政府是否同意，一旦非正式的五人小组制订出关于国府委员会的方案，双方就发布停战命令？

（3）国民政府是否同意放弃其五项条件？

国民政府对后两点的答复是否定的。

马歇尔将军和司徒雷登博士都说，要国民政府答应非正式五人小组的会谈一有结果就发布停战命令，但目前没有保证。

马歇尔将军和司徒雷登博士都说，美国方面无法许诺，非正式的五人小组一制订出关于国府委员会的方案，双方就发布停战命令。

司徒雷登博士说，如果政协综合小组已批准国民政府改组方案，而国民政府仍拒绝发布停战命令，他就要批评中国政府的这种行动。

文件的最后一部分涉及我上面所谈到的声明。在讨论了文件并建议修改其中的几个部分之后，我告诉周将军，由于得到他的许可，我将把信件的内容通知蒋委员长，并说明信件正送往延安。

这次会谈后不久，我去牯岭进一步与蒋委员长商谈，而司徒雷登博士则留在南京，与国民政府代表和共产党代表保持经常接触。当时司徒雷登博士的看法是，问题的关键在于：如果与成立国府委员会有关的问题得到圆满解决，蒋委员长是否会作出关于停止冲突的明确保证。

9月10日，我与蒋委员长在牯岭商谈之后，回到了南京。在这次商谈过程中，蒋委员长在一个重要问题上作了让步。他说，在国府委员会成立后，地方政府问题可提交国府委员会处理。我的看法是，如果共产党不采取新的策略故意拖延谈判，这将使当前的谈判有可能取得进展。司徒雷登博士认为，周将军对共产党在谈判的下一步将采取什么行动感到为难，因为周将军显然感到担心，如果他采取任何积极的步骤，国民政府都可能提出新的条件。

我从牯岭回来的同一天，交给周将军一份日期为当天的备忘录。在这份备忘录中我概述了我与蒋委员长谈话所取得的主要成果。备忘录的有关部分引录如下：

1. 蒋委员长同意下列各点：

a. 如果共产党接受以下的建议，则停止冲突的军事条款将由国府委员会解决。这一建议是：五人小组实施恢复交通的协定及以前商定的停止冲突和满洲军队重新分布的条款，并实施一项其中将规定中共军队驻防地点的军队整编协定。

b. 他同意江苏地方政府的问题由国府委员会解决。

2. 蒋委员长声明：

a. 他希望看到宪法起草委员会恢复工作。随着司徒雷登小组达成协议并经政协综合小组批准，他将重新召开宪法起草委员会会议。

b. 他说，在停战命令发布之前，共产党必须指派其国民大会的代表。

3. 对下列诸问题虽未作说明，但我所得到的印象表明如下：

a. 国民大会召开之前，不进行行政院的改组。

b. 蒋委员长想使国民政府军队对最近在热河等地占领的地方继续实行军事占领。

c. 由于同意让一般的地方政府问题，特别是江苏地方政府的问题由国府委员会解决，由于记着以上的“b”条，他认为，事实上他的五点要求或五项规定所包括的一切问题，都由三人小组自然而然地照顾到了。

9月11日，周将军和我对上述备忘录进行了详细的讨论。周将军的评述如下：关于第一条的a点，其中提到恢复交通的协定，在满洲的军队的重新分布以及中共军队驻防地点的规定，他不清楚蒋委员长是否提到6月份达成的临时性协定。他回顾说，关于恢复交通的问题已完全达成协议（虽然没有签字），但其他两个问题没有达成协议，并问，蒋委员长的意思是否是，他6月份提出的五项条件这时要共产党接受。关于同一条所提到的解决停止冲突的军事条款问题，周将军问，这是指以上所叙述的各项协定呢，还是指蒋委员长要求有一份单独的文件，其中包括停止冲突的军事条款。

我把我对蒋委员长的条款的理解作了如下的解释：蒋委员长的意思首先是不要求国府委员会解决军事条款问题，而是同意周将军的论点，即军事条款问题应由三人小组解决，使用“条款”这一措辞是与国府委员会要讨论的政治问题相区别。关于备忘录第一条的a点中的各点，蒋委员长指的是，他同意三人小组所采取的行动，因为他的理解是，这一行动不限于无条件地停止冲突，尽管他没有用“无条件”这个词；三人小组所采取的这一行动要包括该小组6月份所讨论的各种问题，这些问题现在要圆满解决。

我继续解释说，蒋委员长没有像我在备忘录中所提出的那样作出简要的声明，而是用一般的说法谈的。接着我向他提出一些明确的问题，以便使我能把他的说明归纳成若干确切的条款。我说，蒋委员长曾以共产党不愿意参加五人小组为论点对我说，共产党是反对这种办法的。关于备忘录第一条的a点，我提醒周将军，我们于6月份已达成几项协议，但主要由于地方政府问题上的某些不一致而陷于僵局，在我看来，这个问题现在我们是搞清了，至少我想是这样。但是我向蒋委员长的询问，如在第三条的b点中表明的那样，却暴露了关于军队整编的另一个复杂的问题，即国民政府军队对它最近接管的地区续续进行军事占领的问题。我说，我也把9月6日我们所讨论的周将军信件中的各点告诉了蒋委员长；并把司徒雷登博士和我所作的声明——如果五人小组达成协议，我们就支持共产党的立场——告诉了他。我最后说，我已告知蒋委员长，直到停战时，共产党才会向国府委员会提出其候选人名单。

周将军说，他对备忘录第三条的c点还不清楚——蒋委员长表示，事实上他的五项条件所包括的各点已经或将由三人小组自然而然地照顾到了——这是否意味着，那些问题将在三人小组里再次提出？我回答说，我的印象是，蒋委员长所说的“自然而然”指的是，他坚持国民政府军队继续占领其最近所占领的地方。

于是，周将军对蒋委员长的条款及当前谈判的状况作了详细的评论：以前，当共产党了解到停战命令不能获得发布是由于蒋委员长的不安全感时，共产党曾提出建议，首先制订出国府委员会的改组方案——这是为了给他一种安全感和共产党合作的保证。以后的事实表明，这一建议无法贯彻，因为缺乏一项停战命令的保证，而且蒋委员长的五项条件可能再次被提出讨论。这就导致共产党方面不愿参加五人小组，共产党于是转向三人小组，作为讨论停战问题的手段，以加速行动。现在蒋委员长是同意三人小组进行此种讨论了，但三人小组将要讨论的与停战有关的问题却变得越来越复杂——讨论的问题包括蒋委员长6月份提出的条款，而这些条款从未达成过协议。大量的时间将会浪费在这些问题的讨论上，而且还应回忆以前在6月份的会谈中，蒋委员长曾说过，国共双方应撤离自6月7日以来所占领的满洲各地，自1月13日以来所占领的中国本部各地也应同样撤离——现在已改变了这种态度，只要求共产党军队撤离这些地方。周将军认为，妥当的办法是，首先对国民政府改组的基本问题进行非正式的讨论，讨论达成的任何协议都传达给其他党派和团体，并提交政协综合小组批准；宪法起草委员会也应恢复工作——这种程序就是恢复政协决议的程序。蒋委员长的打算是，把行政院的改组推迟到召开国民大会以后，这种程序是不符合政协决议的[1]。政协决议规定，国府委员会提出行政院成员的名单，如果行政院直到国民大会召开之后才改组，国府委员会就不能行使其正当的职责——例如，地方政府向行政院负责，如果国府委员会对行政院没有适当的控制，国府委员会就立即失去实施其决议的权力。周将军的看法是，停止冲突的问题是要解决的主要问题，所以应该召集三人小组会议来解决这一重要问题。最实际的办法是，接受6月份所达成的临时性协议，而不提出新的条件。现在看来，由于蒋委员长提出了新的条件而不可能做到这一点，而国民政府目前认为，它能占领更多的地方，并有足够的实力来提出新的要求。由于这些要求不会被共产党接受，由于共产党也许会提出反建议，所以就不可能停火。当前，除五人小组讨论国府委员会改组问题的建议外，蒋委员长所提出的有关政治问题的全部办法，实际上都是违背政协决议的。最后，他认为，立即召开三人小组会议以寻求发布停战命令的某种基础是适宜的，这一措施

[1] 政治协商会议决议中有关行政院的部分如下：

政府组织法

一、关于国民政府委员会者：

中国国民党在国民大会未举行以前，为准备实施宪政起见，修正国民政府组织法，以充实国民政府委员会。其计划中的修改要点如下：

……

（4）国民政府委员会有权讨论及决议之事项如下：

……

（戊）各部会长官及不管部会政务委员之任免，暨立法委员、监察委员之任用事项；

二、关于行政院方面者：

（1）行政院各部会长官均为政务委员，并得设不管部会之政务委员三人至五人。

（2）行政院不管部会之政务委员及部会长官，均可由各党派及社会贤达参加。

附注：

……

（4）行政院现有部会及拟设之不管部会政务委员总额中，将以七席或八席约请国民党以外人士充任。

（5）关于国民党以外人士所担任之部会数目，于会后继续磋商。

（注意：以上的外文译文是由国民党宣传部公布的。应注意，第一段译文的最后一句，中文本没有“计划中的”一词；第一段的第4点，中文本也没有“有权”一词。）

也将使五人小组便于采取行动。

我回答说，看来周将军又要回到6月份的僵局，当时司徒雷登博士和我就曾通过建议改组国府委员会，竭力打开这种僵局。我解释说，我看不出不应召开三人小组会议的理由，不过如果三人小组会议不与改组国府委员会同时进行或先作出改组国府委员会的努力，那么我们只不过又回到了以前的僵局而已，如果那样，我们关于改组国府委员会的建议似乎就要成为一种无用的办法，在这种情况下，我不知道出路在哪里。

周将军重申了他以前的发布停战命令没有保证共产党就不愿参加五人小组的论点，并说，蒋委员长同意由三人小组讨论停止冲突的问题是符合一般的程序的。他认为，真正的分歧在于，还有更多的条款被包括进这一问题和关于国府委员会的会谈问题，如关于国民大会和行政院的条款，他指出，他发现很难使其他少数党派信服，因为他们说，遵循这种程序，结果既不会停止冲突，也不会按照政协决议改组国民政府。周将军解释说，以前在与司徒雷登博士的商讨中，他概述了几种可能性：不管共产党有八个还是十个席位，对于国府委员会的改组来说，它都能作出让步，因为无论如何共产党与民主同盟加在一起都将处于少数，一两个席位的改变不会影响这种状况。关于否决权问题，只要国民党信守和平建国纲领，共产党在国府委员会中就有行动的自由，因为只有在纲领受到危害时，才行使否决权。要得到信守和平建国纲领的保证，有以下两种办法——或是共产党和民主同盟，不管其席位多少，都有否决权；或是规定，如和平建国纲领受到侵犯，国府委员会的委员就退出委员会。如果能制订出这种办法，又能对发布停战命令作出保证，他就立即与其他少数党派讨论这个问题，希望国府委员会的问题能在一次会议上决定。然而，如果对停战不能作出保证，他就既“找不到与其他党派谈话的途径”，并要求他们作出让步，也不能使自己的党作出这种让步。周将军最后说，如果召开三人小组会议，则停止冲突仍有希望，虽然他认为未必如此，但他也想不出任何其他的行动方针。

我们的会议结束时，我对周将军提出的地方政府问题作了答复。我告诉他，从我与蒋委员长的谈话中得出的印象是，地方政府的全部问题将由国府委员会解决，江苏地方政府的问题肯定也是如此。

9月11日，我向俞大维将军叙述了我最近与蒋委员长的谈话内容：蒋委员长已同意由三人小组讨论军事问题，由国府委员会解决江苏的地方政府问题；他说，停止冲突取决于共产党是否提出其国民大会的代表名单，国府委员会一开会，宪法起草委员会就应该开始工作；他并暗示，行政院在国民大会召开之前不进行改组，不放弃自1月13日和6月7日以来国民政府所占领的地区。我继续说，周恩来将军的反应是不赞成，因为他反对蒋委员长企图把停止冲突和共产党提出国民大会代表名单联系起来。周将军把这说成是一种完全新的要求，并且是违反政协决议的。看来，共产党很担心国民政府的这一企图，他们只有感到组成国民政府和召开国民大会的条件确实无疑时，才愿意提出他们的名单，因为他们怕被置于这样的地位：国民政府的要求是答应了，共同商定的步骤以后却不能实行。我的看法是，共产党由于未贯彻所建议的改组国府委员会的程序而正在犯错误，不过周将军心中似乎充满了抑制。

俞将军说，他以为整个问题的关键在于解决共产党军队各师和政府军队各师之间的比例问题。如能在地区分布上安排共产党十个师的驻地，全部问题就解决了。我回答说，企图解决这个问题的想法事实上已引起目前的僵局，因为这样做的结果导致了蒋委员长的五项条件和地方政府问题，而这些问题还远远没有解决。

9月12日，司徒雷登博士向我叙述了他当天与周恩来将军会谈的情况。周将军重复了关于共产党立场的一贯论点，并说，共产党十分重视行政院的改组，他们认为，行政院的改组问题必须早日在政协综合小组处理。司徒雷登博士问他，是否愿意向他（司徒雷登博士）或我提交一份密封的国府委员会共产党委员名单，周将军表示不愿意这样做，并再次建议召开三人小组会议解决所有的军事问题。

正如我向司徒雷登所说，我感到事实上这将使我们回到6月末的僵局，当时双方都拒绝从自己的立场上后退。我也感到，周将军的立场对共产党是有害的，因为国民政府可能需要利用一切可能的时间来进行战争，因此时间对它是有利的。我并不关心三人小组会议的召开，因为国民政府代表如果受权参加会议，也会受蒋委员长训令的严格限制，以致什么事情也完不成，所以会议一开始就会流产。司徒雷登博士和我都认为，周将军主要感兴趣的是停火，他肯定希望我们继续进行调解努力。因此，鉴于明显的僵局，我们决定静待数日，并让中国方面采取主动打开局面，这也许是适宜的。

9月13日，我再次去牯岭与蒋委员长商谈，司徒雷登博士仍留在南京，以便可能与国民政府代表和共产党代表商讨。

我不在南京期间，共产党代表在与司徒雷登博士的谈话中坚持两点：（1）要国民政府保证，共产党在国府委员会中能控制十四票；（2）早日发布停战命令。周将军强调说，共产党的安全在于政协决议，所以他要求保证共产党能够否决企图改变政协决议的任何措施。他向司徒雷登博士提出一项要求：共产党在国府委员会中要有十个席位，只留两个席位给社会贤达，并提出由司徒雷登博士与五人小组的国民政府代表讨论这项建议。周将军说，如果这项建议能在五人小组中通过，就可以认为会议是成功的；如果不能通过，就没有必要召开五人小组会议。共产党对这时的军事形势显然也很是担忧，一位共产党代表告诉司徒雷登博士说，共产党对国民政府的全面进攻支持不了很久。然而，尽管司徒雷登博士和我本人都一再坚持认为，这更加是立即召开五人小组会议的理由，但共产党还是继续坚持他们对于召开五人小组会议的立场。司徒雷登博士也与国民政府的代表讨论了与此有关的问题，断定他们不愿重新讨论国府委员会的席位问题和否决权问题，因为蒋委员长给他们的指示十分明确。国民政府代表认为，如召开五人小组会议，共产党的境况会好些，因为那时甚至连发布停战命令也会成为可能，而且他们也将能够以可能导致较好的相互谅解的方式把他们得到的指示在会议上提出来。

9月16日，司徒雷登博士向一位共产党代表建议，共产党可利用国民政府召开五人小组会议的愿望（即使只是直接交换看法也罢），并可利用该小组作为取得下面的谅解使问题得到解决的手段，这就是：如果有任何一点进展，就可召开三人小组会议来讨论军事问题。共产党显然担心陷入圈套，于是司徒雷登博士建议由他促使五人小组的国民政府代表向周恩来将军作一次社交性拜访，并在拜访中间讨论国府委员会的问题。由于周将军在这次会谈的当天下午出发去上海，这次拜访没有进行。在出发前，周将军向司徒雷登博士提出反建议如下：国民政府代表是否答应在国府委员会内有共产党委员九名，民主同盟委员五名，或共产党八名，民主同盟六名，以某种形式的阻挠性表决的办法向共产党提供所需要的保证，使它能够阻止对政协决议的任何更改？如果国民政府代表同意这种办法，五人小组的共产党成员就乐意参加小组会议。

司徒雷登博士认为，主要障碍似乎是缺少向共产党作出令人满意的保证，使政协决议不致被修改，所以他就与国民政府代表商讨这件事情。后者告诉司徒雷登博士，讨论所有这些问题的地方是在五人小组会议上。

9月15日，在我访问牯岭期间，我告诉蒋委员长共产党对他的建议的态度（他的建议我已在我9月10日的备忘录中向周恩来将军提出）：周将军坚持认为，停止冲突是首要问题，五人小组的会议取决于该问题的解决；他把蒋委员长的声明，即直到共产党提出国民大会的共产党代表名单才停止冲突，说成是以前所提五项条件之外的第六项条件；并指责说，这是企图拖延和平，作为使国民政府进行其计划好的军事进攻的一种手段，因此周将军坚持立即召开三人小组会议。

蒋委员长回答说，一旦五人小组对组织国府委员会作出达成协议的表示，他就同意召开三人小组会议；关于国民大会，共产党需要做的就是提交他们的代表名单——任何拖延都是共产党的过错，而不是国民政府的过错。

在访问期间，我从与蒋委员长的进一步会谈中获悉，在五人小组的正式会议之前，他不同意国民政府的五人小组成员非正式地讨论国府委员会的问题，但他明确同意该委员会的席位分配和否决权两个问题可作为五人小组讨论和解决的议题。他又告诉我说，他并未向五人小组的国民政府代表发出明确的指示，说他们不能讨论这两个重要问题，尽管司徒雷登博士从与国民政府代表的谈话中获得了这种印象。

9月16日，在我暂留牯岭期间，周恩来将军从南京动身去上海。临行前，将给我的三份备忘录送交我的总部：第一份备忘录日期是9月15日，概述了美国对中国政府的援助，把它说成是有助于内战，不符合杜鲁门总统的美国对华政策声明。备忘录最后说，周将军“再次受命代表中国共产党和共产党所领导的解放区一亿四千万人民，通过你（马歇尔将军），就出售（剩余物资）一事向美国政府提出正式抗议，并要求，在中国恢复和平统一和着手成立联合政府的问题解决之前，美国政府应冻结剩余物资协定内的一切供应和运输。”第二个备忘录日期也是9月15日，包括对打破谈判僵局毫无成效的冗长的叙述，要求我立即向国民政府转达共产党对局势的看法，尽早安排三人小组会议，讨论发布停战命令的问题。在第三个备忘录（日期是9月16日）中，周将军宣布他即赴上海，并说，我一决定召开三人小组会议，他接到通知就返回南京。

这几份备忘录的概要，用电报发至牯岭交给我，我接着向蒋委员长说明了情况。蒋委员长说，直至以司徒雷登博士为首的五人小组会议已经召开，并对达成组织国府委员会的基本原则作出某种表示，他才授权国民政府代表参加三人小组会议。他同意我提出的关于国府委员会席位问题的折中建议，并说，在国民政府五人小组成员对他们所提的该委员会委员席位的初步建议不能获致协议时，我可以提出这一折中建议。我的建议是，共产党九名委员，两个少数党派各四名委员，社会贤达三名委员。我认为，这将给共产党以比否决权少一票的票数，而在国府委员会非共产党控制的投票团体里，一定至少有一位具有自由思想的中立派的委员，他将独立地投票。

蒋委员长暂留牯岭，加上周将军离京去上海，这对谈判的进行自然是不利的。事实上，我们又回到了6月底的僵局，因为直至蒋委员长修改其条件，三人小组才能取得进展。我竭力劝告蒋委员长停止战事，但他态度顽强，要求共产党首先满足确保国民政府军事成果的某些条件。同时，由于国民政府的军事进攻继续发展着的优势，因而国民政府对停止冲突的这些条件就变得更加执拗了。在这次谈判期间，我坦率地告诉蒋委员长说，国民政府目前的做法牵连到我，并间接地牵连到美国政府，这是不能容忍的：当我命令美国海军陆战队撤离天津以北铁路沿线的若干据点时，该地区国民政府军事当局却通知海军陆战队的指挥官说，当时接这些海军陆战队的防是不可能的，因为正在进行的战斗需要该地区可调用的国民政府军队；由于海军陆战队使铁路线保持畅通，而铁路线却正在变成战斗的一个因素，所以我声明，这种局面必须立即结束，他同意这样做。

我这时的意见是，共产党必须放弃五人小组的建议是由国民政府提出的想法，而国民政府的代表则应该认识到，希望他们讨论关于各党派在国府委员会中的席位问题和否决权问题是理所当然的。

在9月份的这个谈判期间（谈判结束时周恩来将军离京去上海），中国共产党的态度没有什么改变。虽然他们最后的确同意，假如同时召开三人小组会议讨论停止冲突问题，他们就参加五人小组的讨论，但又继续坚持，解决停止冲突的问题是他们参加五人小组关于组织国府委员会讨论的先决条件；他们要求在五人小组获得关于国府委员会的基本原则以后，蒋委员长的五项条件应予以收回；他们说，如果不停止冲突，即使就组织国府委员会的方案获得协议，他们仍拒绝提出参加国府委员会的名单；他们还希望，政协综合小组应讨论行政院的改组问题。在此期间，共产党最关心的问题是停止冲突和保证政协决议不致被修改。关于后者，他们坚持某种方式的否决权，借以保证不改变政协决议，因为他们显然认为，他们的安全在于保持政协决议。

国民政府在此期间的态度是犹豫不定的：国民政府首先将发动战争的责任推给共产党，因此坚持不必发布停战命令；国民政府在9月初声明，不放弃蒋委员长所提出的五项条件；在此期间国民政府发言人表示，所有关于休战的问题和各地区问题的解决，都要由国府委员会讨论。但以后，蒋委员长于先前拒绝考虑召开三人小组会议之后，又同意，如果共产党能够履行6月份所达成的若干临时性协议，则同意由三人小组解决停止冲突的问题，而且由于同意将江苏地方政府的问题由国府委员会解决，事实上放弃了五项条件。国民政府的军事进展差不多已使大部分五项条件的贯彻成为“既成事实”，蒋委员长也同意，一俟五人小组达成协议，并由政协综合小组批准，就召集宪草审议委员会，这样就给了共产党提出的遵照政协程序的要求以某种保证。可是他又提出一个附带条件，规定直到共产党提出其参加国民大会的代表名单，他才同意停止冲突，这种办法共产党认为是与政协决议不一致的。他表示，直至召开国民大会，才会改组行政院，尽管政协决议曾设想在召开国民大会之前改组行政院。蒋委员长也表示，他打算继续占领国民政府军队在军事攻势中所占领的地方。到这一时期的谈判接近终了时，蒋委员长虽然反对过三人小组会议和五人小组会议同时召开，但仍表示，当司徒雷登博士为首的五人小组有迹象达成关于国府委员会问题的协议时，他将同意召开三人小组会议，但不同意在五人小组正式会议之前举行其非正式的会议。

这样，双方的态度仍旧是无法和解的。司徒雷登博士和我曾经通过五人小组的建议作为导致停战的步骤，竭力打开僵局。我们曾对蒋委员长施加强大的压力，尽力取得他对这项建议的同意，但又遇到共产党拒不参加该小组会议。像往常那样，宣传战在破坏我们的努力方面起着作用，因为它引起混乱和误会。其中最激烈的，是共产党针对美国政府的剩余物资转售的宣传。共产党的怀疑和歪曲，以及不顾事实真相，把这种转售说成是企图促进中国内战的恶意，这是完全违背事实的。

二十七
由于国民政府进攻张家口和美国终止调停努力的结果，使中国存在着分裂的可能性；中共拒绝张家口休战建议

当周将军出发去上海的时候，形势是不利于成功地结束谈判的。周将军曾经表示，在接到召集三人小组会议的通知时，他将返回南京。共产党指责国民政府军队已开始向察哈尔省重要的共产党政治、军事中心张家口进攻。一位国民政府代表告诉我，山东省的胶济铁路除八十公里外，其余全部掌握在政府手中；政府军队已夺取了苏北大运河沿岸的几个重要城市，并且处于可以占领该地区的其他战略据点的有利地位；而且当共产党仍在山西占上风时，国民政府已全面占领了承德，并正在扫荡承德以南的热河省。蒋委员长坚持召开以司徒雷登博士为主席的五人小组正式会议，而共产党似乎希望回避该会议的召集，显然是为了免得在日后会议无进展时被指控在同改组政府有关的问题上力图阻挠决议通过。另一方面，共产党为了首先获致停战，渴望召集三人小组会议，依靠停战，他们也许更有可能获得建立一个令他们满意的国民政府委员会的保证。我相信共产党持这种态度将使自己陷入困境，因为在此期间国民政府军队正在取得巨大的军事进展，其结果共产党不久即会发现，由于军事作战的损失，他们处于事实上正在接受蒋委员长的五项条件的处境。在牯岭我同蒋委员长的最后谈话中，蒋委员长非常坦白地说，缔结停止冲突的协定是他迫使共产党指派其出席国民大会代表的最后王牌。由于共产党认为这是在前所宣布的五项条件之外的第六项条件，因此他们正在敦促解决他们认为更迫切的问题，即终止战争问题，这是一场较量，在这场较量中，共产党正在敦促停战，以便腾出手来进行政治谈判，而蒋委员长则利用战

争的继续来确保参加国民大会的所有政党提出代表名单。矛头对准美国租借法规定的对华援助、剩余物资的转售和美国对华政策的共产党宣传显然有意给人以这样的印象，即司徒雷登博士和我是同国民党伙同一气的，他们或许还希望这将有利于向美国施加压力，以迫使中国政府表态。也可能共产党宣传将导致向联合国组织呼吁，或者力图使他们摆脱美国的调停，同时得到苏联的支持。

1945–1946年的张家口十三里兵营陆军医院

国民政府方面对某些美国军事装备中止交货感到忧虑。9月19日，俞大维将军通知我，宋子文博士获悉某些经租借法批准指定给中国的空军装备已停止交货。他告诉宋博士，已无希望得到这些装备，可能只有少数备件除外。俞将军就此再次向我打听美国国务院拒绝对向中国出口的弹药核发必需的出口许可证一事。我回答说，这一行动并不像俞将军以前所说是低级官员的决定，而是高级官员发出的一项政策决定的结果。

9月19日，在回答一位共产党驻南京代表向司徒雷登博士口头转达的周恩来将军的要求时，我向周将军提出一份备忘录，告知他9月15日的备忘录已收到了；周将军在备忘录中要求我作为三人小组的主席，将共产党对局势的看法转达国民政府，并尽早安排一次三人小组的会议。在答复中我通知他，我已将他的备忘录的抄本转交国民政府，并向蒋委员长提出了他的建议。我说，蒋委员长已通知我，在以司徒雷登博士为主席的五人小组召开会议，对组织国民政府委员会的协议取得若干进展之前，将不授权政府代表出席三人小组的会议。

9月22日，驻南京的共产党代表王炳南先生向我递送了一份周将军9月21日从上海发来的备忘录。这份备忘录的要点如下：

当前严重局势之中心实在于刻不容缓地颁布停战令，查处理这类事件的唯一合法机关是三人小组，我们要求你召集三人小组会议。目前的局势已与1月颁布停战令时的状态相同，目前唯一合适的办法只有立即停战。很显然，五人小组本身并不能保证停战，至多也仅能推动停战讨论，距离我们的目标——停战尚远。改组国府委员会亦不复杂，只需政府给共产党和民盟以足够的席位，以保证政协的纲领不变。政府坚持把五人小组会议作为召开三人小组会议的先决条件，是他们决意拖延的一种借口，设若三人小组不能召开，则我实看不出还有任何其他的可能促成停战。如此，我只有将6月休战以来的重要文件向社会公布，以明造成目前局势之责任，并诉诸舆论。特此声明。

在同王先生讨论这一备忘录时，我说明三人小组召开会议的准备工作通常包括同国民政府和共产党代表的个别谈话，以保证达成协议的适当可能性，并指出，召开三人小组会议而没有一个达成协议的可能基础，其结果只能使三人小组进一步丧失威信。我说，据我看来目前没有任何达成协议的可能性。我强调，提议召开五人小组会议的不是国民政府，而是司徒雷登博士和我，旨在努力打破僵局。但共产党的看法——如周将军声明及共产党宣传所表明的——却认为，这项建议是国民政府出于邪恶的目的而提出的。我继续指出，司徒雷登博士和我以前曾有充分的理由相信，我们已经得到共产党对五人小组的同意，而困难在于说服国民政府接受我们的建议，然而目前情况恰恰相反，难于弄清的倒是共产党当前所持立场的目的何在。

谈到共产党的宣传攻势，我向王先生发表了下列议论：从共产党最近的公开声明注意到，共产党对于我从蒋委员长那儿带给周将军国民政府的条款、条件或协议感到愤恨，充当中间人是我不幸的义务，从周将军那里把不同的意见或条款带给蒋委员长，对我来说也同样是不愉快的。关于针对我个人的正直与我的目的之诚实进行攻击的恶意宣传（与此同时共产党人又一再私下要求我继续努力调停），我希望极为强调地澄清这一点。此类行动实难继续容忍——如果共产党对我丧失了信任，那么当然我的努力将会无效。如果这是事实，共产党只需照此通知我，我将立刻退出谈判。王先生在回答时说，他将把这些意见转告在上海的周将军。在讨论结束时我提醒他，消除猜疑是必要的，利用我们关于五人小组的建议作为加强双方诚意和通过谈判桌上的讨论为真正和平铺平道路的方法是可取的。

同一天（9月22日），我向俞大维将军递送了周将军9月21日备忘录的抄本。我确实感到，如果三人小组会议召开，共产党将会坚持回到1月13日时的状态，而国民政府将坚持贯彻蒋委员长的五项条件——这两种立场是截然相反的。我感到需要等蒋委员长返回南京，以便我能明确断定目前蒋在任何停战协议中将坚持何种限制。（蒋委员长已离开牯岭，但在返回南京之前他正在视察华南的许多地方。）

在同俞大维将军讨论周将军9月21日的备忘录时，我告诫他不要使周将军提出的关于可能公布谈判文件的话成为争论点，因为这不是真正的争论点或者重要问题，问题在于国民政府对周将军建议召开三人小组会议的反应。我使俞将军对形势的微妙和政府的顽强态度会迫使共产党投入苏联怀抱的可能性留下了深刻的印象。我指出，共产党明确认为我有力量迫使国民政府满足种种条件，而且他们在宣传中竭力利用这点来支持他们自己的理由；特别是由于这种原因，国民政府的宣传可能会使形势更加恶化。在进一步谈及共产党的宣传时，我指出，直到最近我一直没有提及剩余物资转售最有破坏性的方面，即国民政府可用卖掉这些剩余物资换来的现款支持它继续进行战争。我说，我对某些国民政府官员滥用或趁机利用我帮助中国人民的努力这一事实感到忧虑，他们利用这些便利去继续他们的军事行动——在航运方面尤其是如此。我最后说，我不会采取任何行动去支持国民政府的军事行动，我过去愿意从事于种种方案，仅仅是因为这些方案是为人民利益考虑的。

9月26日，由于蒋委员长可望当日返回南京，并由于周恩来将军仍然滞留上海，司徒雷登博士和我便联名致函周将军，在信里我们指出，基于我们以往的友好关系，和我们个人对周将军的尊重，我们敦促他立即返回南京，以便我们能够共同探讨所能想象到的一切办法，以实现我们所寻求的和平目标。我们认为这封联名信能使周将军返回南京，而不会使他感到他的恫吓没有奏效而有失面子，他可以指出他返回南京是由于美国调停人的特别请求。

在9月27日这天，周将军发出了对我们的联名信的复信。他在信中表示，他“并非不欲回南京共商停战之办法”；但是国民政府不仅无停战表示，且更加紧了对张家口及其他地区的军事行动；进一步的谈判对真正的和平决无补益，只能成为掩盖政府全面内战的烟幕。为此，他宁留上海，以待三人小组会议之召开。他又说，他请求南京共产党代表团的主要成员董必武先生代表共产党同我们接洽。

蒋委员长于9月26日回到南京，第二天我同他举行了一次会谈。我概述了当前的局势：周将军仍在上海，而且继续坚持先召开三人小组会议，然后再谈任何其他会议——换句话说，就是必须先达成停战协议，然后再谈判改组国民政府的问题。蒋委员长评论了总的形势，并说他必须准备两种行动力针：（1）如果周将军拒绝回南京，而使谈判终止，国民政府必须决定应该采取什么步骤；（2）目前国民政府应采取什么行动打破僵局？他说，他认为由他发表某种公开声明将是可取的，他正在认真向这方面考虑。于是他请求我考虑这一行动并给他提供有益的建议。

我回答他，我已经考虑过这类行动，并冒昧草拟了一份声明，我想是适于他发表的（司徒雷登博士也赞同这项声明）。我解释说，我准备这样一份草稿的主要目的，是要说明我认为国民政府目前在谈判中应采取的态度。我强调说，无论说什么，都应本着容让精神，并应谨慎，避免挑衅性的或者激怒对方的话，且需提出明确而积极的行动，而不是提出通常的一般原则性的程序。我提议他把声明译成中文，稍后再同我商讨。

这份声明稿的要点如下：

目前中国政治及军事局势之继续发展，将有害于长久遭受苦难的中国人民之利益，使同家不能统一并威胁世界和平。因此，必须觅取早日解决。过去三个月中，余规定在获致和平之前共产党必须遵守某些条件。但彼等拒绝同意这些条件，而现在要求立即召开三人小组会议。然而该小组会议已于6月份陷于僵局，除非预先达成某些初步的、但是主要的协议或协定，则召开该小组会议不仅无效，抑且其将来可能的用处也将受到致命之损害。我坚决主张五人小组在司徒雷登博士主持下，首先召开之，以表示两党依据政治协商会议决议改组政府之诚意。余进而申言，与停战同时，共产党应宣布其参加国民大会的代表，以表示其在改组政府方面合作之诚意。

鉴于局势严重，误解重重，而人民不知所措，及不幸地弥漫之猜疑。余兹公开声明停战条件如下，政府准备在此等条件下进行争取立即停战。

五人小组会议在司徒雷登博士主持之下，三人小组会议由马歇尔将军作主席，在下列协定下立即召开之：

（a）依据今年6月间三人小组所拟定的满洲停战程序，将密切接触之对抗部队予以分开。

（b）依照今年6月间三人小组所拟定之恢复交通办法，立即恢复交通。

（c）在军事调处执行部各执行小组及北平之军调部内双方不能同意之争执，依照今年6月间三人小组所拟定之办法处理之。

（d）中国陆军整编与统一的协定之执行，将由三人小组迅速解决之。

（e）凡五人小组所成立之协议，立即交由政协综合小组，获得其协议。

（f）地方政府之一切问题，将由改组后之国府委员会解决之。

（g）在下停止军事冲突令之同时，共产党应宣布参加国民大会，并提出其代表之名单。

当天晚上，蒋委员长向司徒雷登博士表示，他赞同这项声明，并表示做某些修改之后他打算发表它。在同一晚上，俞大维将军为了弄清楚此项声明，来拜访我。我答复说，如共产党对声明草稿中提出的一般条款和程序表示同意，则停止冲突命令应立即发出，五人小组和三人小组亦应立即召开会议。

9月29日，蒋委员长通知我，经研究此声明草稿之后他得出结论，认为应该包括一项说明，即指明的几项协议必须在停战以前完成——换句话说，即三人小组应为军队的复员和统编达成部队重新配置的协议，五人小组在停战令发出前也应达成协议。

我答复说，这样一个程序将完全抹杀我提议的声明的整个目的，我们必须考虑一个全新的办法，而不是对草稿进行修改或限制。当蒋委员长问及我心里是否有这样一个办法时，我说，由于我在这个草稿里包括了我认为足以保护国民政府、同时也能为共产党欣然接受的条件，所以未考虑这样一个办法。我又说，他的建议实际上把声明草稿（在声明中，我尽力在全世界面前把他放在一个高水平上）改变成为只不过是一个"讨价还价"方式的延长的程序。

于是蒋委员长称，他感到发表这样一个声明的时机尚未成熟，他希望我转达共产党，他愿意接受"我的建议"即同时召开五人小组及三人小组会议。

我的回答如下：首先这样一个建议不能导致问题的解决，再说我也不愿向共产党转达这种口信。如果给我书面信件，我可以不加评论代为转交。但是这项建议不应被说成是"我的"，因为它所表明的程序仅仅是全部建议的一部分，而其他极其重要的部分则已被删去。而且，如果由我向共产党转递这份书面建议，蒋委员长也应指示其宣传部长避免提及这项建议是我的。宣传部长以往曾错误地在公告中把某些建议归之于我，如果他在提及这项建议时如法炮制，我将正式予以否认[1]。我认为蒋委员长的建议不可能导致停战协议，而我处于此种情况已不能继

---

[1] 国民党中央社9月30日报道这项建议是"我的"，因此我于10月3日授权发表下列消息："今天下午，美国大使馆正式发言人布雷德利·康纳斯向报界发表了下述声明：

9月30日中央社在南京发表声明——大意为蒋介石委员长同意接受马歇尔将军的三人小组与五人小组同时召开会议之建议——将该建议归之于马歇尔将军是不正确的。"

续充当调停人。我将不得不向我的政府建议，解除我在这一事件中进一步之职责。

9月30日晚上，蒋委员长在一个宴会中告诉我，他已决定此时不发表任何有关两个小组同时召开会议的声明。

9月29日，共产党驻南京的代表团成员董必武先生和王炳南先生依照周恩来将军9月27日的备忘录访问我。董先生解释说，他们希望同我商议五人小组和三人小组同时召开的可能性，关于此事，是司徒雷登博士在前一天告知他们的。他们希望知道政府在此问题上有否明确表态。

我答复说，自蒋委员长返京，我同他仅有一次交谈。在交谈中我检讨了整个形势，我尽了一切努力去说服他采取我认为将导致和平解决的行动。我说明，五人小组和三人小组同时召开会议是包括在我给蒋委员长的建议中的。蒋委员长没有给予明确答复，但是他表示他要同其参谋人员商讨，而后把他的决定通知我。

接着我就我对时局及有关事件的态度向董、王二先生作了如下一段很长的解释。在谈话中我说明，由于这是我同董先生讨论问题的第一次机会，我希望使他对我的想法有个清楚印象：在所有这些谈判中，据我看，最重要的是共产党应该明白了解司徒雷登博士和我必须与之争斗的、而且在此时阻碍了我们全部努力的基本困难。1月重庆谈判开始时，据我观察，困难在于国民政府方面一个相当大的和有势力的集团确信共产党不打算履行为组织联合政府而达成的任何协议。他们反复地说，共产党的目的就是分裂政府，以有利于苏联的影响——我特别提到这一点，是由于同样的论点一直继续到现在。我持有相反的见解，且承认共产党声明及共产党打算参加联合政府之诚意。结果，我被指责对中国及中国共产党所知太少，国民党人在中国（隐蔽地）和美国（直接地）攻击我把中国政府引入歧途。这些攻击一直继续到最近，只因共产党的宣传直接针对我才告停止。然而这一集团对我的见解的反对仍未减弱。

我继续说，另一方面，我认识到共产党感到或担心政府当局不打算建立一个真正的联合政府，而是玩弄花招，以争取军事优势，从而击溃共产党。为了这一目的，国民政府将继续使用国民党秘密警察、国民政府秘密警察、铁路警卫队以及类似机构去镇压政治集会，实际上就是消灭共产党的团体。对于那些敌视共产党、在许多城市甚至沉迷于以暴力反对共产党的有组织的示威，我很清楚其性质。在2月25日军队整编及统编中共部队为国军的协定签字之时，我曾公开提到这一集团[1]。那时我感到这个国民党集团正在极力刺激共产党去报复，以便他们可以谴责共产党的具体行动表明了其破坏协定的意图。因此，我曾请求周恩来将军避免任何报复性的声明和行动；这一点他做到了。因之，在此期间我们明显地以诚相见而且非常一致。然而当我启程去美国后，双方开始采取了一系列步骤，这很快地使我们奋斗所得之成果瓦解无遗，双方都作出了错误的判断或采取了错误的步骤，致使我们目前处于悲惨的局势。我一贯的工作不仅为了建立一个联合政府，而且也为了改变一党专制的政府，进而发展一个民主体制。这自然遭到那些将失去权力和地位的人之有力反对。我也曾专注地说服政府中的包括政治和军事两方面首领的庞大集团接受一种行动方针，他们认为这种方针对中国是危险的，因为他们深信共产党的目的是瓦解政府而不是同政府合作。

我继续说，国民政府的行动董先生是熟悉的，共产党认为这些行动违反了达成的协议——例如，杜聿明将军最初在满洲的作战，以及国民政府拒绝允许军调部执行小组进入满洲，在占领长春之后国民政府的继续推进，及6月下旬在山东的积极作战。他也熟悉据认为是国民政府领导人和蒋委员长本人的声明，即实力政策是唯一的实际办法。因此我不想详细叙述他所熟悉的种种事情，但是我希望提醒他一系列的事件，这些事件极大地削弱了我同国民政府打交道的地位，而且不断地被国民政府向我提出来。这一系列事件中的第一件是不可原谅的，从此它就削弱了共产党的地位——那就是共产党不履行2月25日军队整编协定公布后三星期内交出其部队表册的规定。虽然拒绝提交这份表册显然被用作政治武器，但我坦白地认为这是一个悲剧性的判断错误，因为它对刚刚签署的协定是直接而

[1] 在三人小组成员签署这一协定终了时，我在简短演说中声明：“我认为这协定代表了中国伟大的希望。我只有希望这一文件不会被一小群不妥协的人所玷污，这群不妥协的人为了自私的目的，想要使中国人民对和平与繁荣的压倒一切的热望破灭。”

严重的违犯。第二个错误——虽然不像第一个错误那么重大——是共产党攻打长春。这是严重的，因为它是被用来强行推行一种政治行动方针的暴力行动，这意味着以后国民政府很可能利用同样的胜利来强行推行它所希望的行动方针作为报复，并可照样地为这种行动辩解。我认为，这一系列明显错误的最后一个，是共产党6月7日以后在山东省的攻势。为说服蒋委员长同意6月7日休战协议，我曾费尽周折，而其后在一直持续到6月15日左右的山东战役中，共产党几乎毁灭了我力图去做的一切。

我进一步指出，我希望共产党记住，我向国民政府的陈述实际上与我此时对他们所说的相反，因为我或许更多地向国民政府领导人强调了我认为的他们方面错误的和不可原谅的行动。我这样做是因为我认为，国民政府处于自己的地位是更有责任的，而且通过其更为有效的交通工具是更利于控制它的人民的，同时也因为某些国民政府领导人不断地发表挑衅性的公开声明，这些公开声明实际上使我力图去做的事情失去信誉或者势必令人沮丧。我之所以向董先生作很长的说明，是因为这是我与他直接交谈的第一次机会，而且我这样做也是努力使他明白我的想法并向他介绍我所注意到的若干国民政府领导人的想法。

我继续说，7月初，司徒雷登博士和我发现我们在军事问题的调解方面已完全陷于僵局，于是我们寻找道路以开辟一条通向停战基础的新途径。蒋委员长坚持要共产党撤出某些地区，由国民政府接管那些地区的地方政府。这点共产党不会同意。然后我试用了其他方法——蒋委员长同意亲自接见周将军，王世杰博士主持召开了五人会议考虑地方政府问题，这一切都无结果。军事形势继续恶化，于是司徒雷登博士和我转而建议在他的主持下召开五人小组会议作为摆脱困境的办法。我们以为周将军接受了这项建议而没有声明在五人小组会议结束时将自动解决停战问题。在这一点上周将军并不同意我们的意见，但是关于此事的误解仅仅是看法不同的问题，在这里提及这点只是为了防止对国民政府态度的任何混淆——误解的是司徒雷登博士和我，而不是国民政府。接着形势完全倒转了——蒋委员长，曾经是很难说服同意五人小组会议的，现在坚持要召开它，而周将军，我们曾认为他是同意的，现在却坚持召开三人小组会议。据司徒雷登博士和我看，在军事行动日趋严重之际，对共产党有利的是进行五人小组会议而不是拖延商讨，这似乎是合乎逻辑的。更增加了困难的是，宣传战大大地影响了两党的领导人，情况发展到国民政府和共产党双方的行动都受到错误消息的影响，那些负责宣传的人也开始相信他们自己误传的消息。

我指出，关于剩余物资的转售，上述情况尤其是真实的。我几乎不指望他们会相信我所要说的话，因为他们的怀疑可能太厉害了。事实上，我从未同蒋委员长或国民政府的任何军事将领讨论过剩余物资的事情，他们也从未就此事对我施加压力。我仅同行政院长宋子文博士讨论过，而讨论只限于原价的折价问题及有关事宜。宋博士从未催促此事尽快解决，相反，我的义务却是代表美国政府的利益催促办理和完成这件事情。有关这项转售的讨论从1月一直继续到8月，若不是为了讨价还价做一笔最上算的交易，国民政府可能在2月、3月、4月或5月就办妥这件事了。这笔交易直到8月才时机成熟，因为国外物资清理局局长已完成了欧洲剩余物资的谈判，来到这一地区，以完成太平洋地区剩余物资的同样谈判，在此之后，他的任务就将结束，而他也要辞职了。他由陆军部和海军部的代表陪同，以保证返回华盛顿后，他的谈判结果不致被这些习惯于接收某些部分物资的部所推翻。转售必须在当时完成，否则中国就将被排除在考虑之外，物资的精华部分可以卖给其他政府，剩余部分将任其腐烂或抛到海里。当中国的斗争（它已经继续了十八年）将延长到无限期时，这笔交易的完成实不能再搁置了。另一种抉择是拒绝给中国（即中国人民）由于剩余物资的转售而获得的恢复经济的机会。这件事对于目前的军事形势很少或全无关系，因为国民政府真正能够运进任何大量的这种非军事物资将需要许多个月的时间。然而宣传却把这一计划歪曲成对当前军事行动的巨大支持，这同事实完全相反。在攻击租借法案交易时也同样如此，这一交易几乎完全是由于我在华盛顿为十个共产党师取得物资的努力而获得的结果，然而从那以后我还是为此遭到了严厉的攻击。我感到我有道义责任看到这些物资能被利用，而我达到了目的。我没有等待国会许可便组织了军事顾问团；以便我能得到一批工作人员来制订张家口共产党训练中心的详细计划。这个训练中心原计划4月15日开办，但是周将军请求延期到7月，这期间为这所学校预备的物资已积聚在北平。

在对董先生和王先生的说明结束时，我说，如果共产党参加改组政府的要求（这自然而然地将伴之以停战的要求）是真诚的，那么他们就必须尽力充分地消除其怀疑和忧虑，使我们能作出一个新开端。当他们被对秘密警察、镇压言论自由以及政府的种种行动和声明的忧虑所驱使时，他们也应该记得，许多国民政府领导人完全确信共产党是不可信赖的。这些领导人担心蒋委员长会作出过多的让步，因此他们发表了公开声明。当共产党权衡这些挑衅性的声明时，他们应该记得，共产党竟然从军调部（这是通过我的努力为了调停与和平调整的目的而建立的）用英文发出他们的挑衅性声明以及对我个人的攻击，他们为了那个目的利用了军调部。我向共产党提供了我力所能及的一切以便利他们在中国的活动，其中包括供活动之用的交通工具和物资。事实上我是强迫国民政府同意提供交通工具和物资，以便利共产党与履行已达成协议有关的事务。目前唯一的希望就寄托在他们使自己摆脱掉某些猜疑和恼怒，努力寻求和解的基础，不再继续拖延，拖延会使军事形势进一步恶化。正如我以前曾向王炳南先生所表示的，如果共产党对我丧失了信任，只要他们这样表示，我将立刻退出调停。我听说中国的礼节是双方必须迁就我，以顾全我的面子——我并不关心我的面子。我唯一关心的是中国的和平与统一。我没有任何其他动机。

两位中共代表对我坦率的声明表示感谢，而后对宣传战作了解释，特别提到反对剩余物资转售之事。董先生强调共产党把停战问题放在很重要的位置，并表示，共产党认为，如果三人小组重新召集，我将可以促进和平并引导中国走向民主。他最后说，共产党是信任我在调停中的努力的。

我们的会谈结束时，我说明如果没有成功的适当把握就召集一次三人小组会议，可能会有毁灭性的影响，因为如果这次会议在目前状况下召开并且失败了，那就将意味着三人小组、军调部和调停努力的完结。

在这段时期，国民政府继续向张家口进行军事进攻，国民政府的军队从南口沿铁路线移动；从热河向张家口之北移动，以切断共产党在那一方向上的退路；并在西边从绥远移动。从8月初一直围攻大同（晋北）的共产党为了对付国民政府提出的进攻张家口是因为共产党威胁大同的指责，宣布正式解除对该城的围攻。9月30日国民党中央社宣告，为了夺取张家口，政府军已开始进攻。同日，共产党公开宣告，如果不尊重政协决议，共产党就拒绝提出其参加国民大会的代表名单。

正是针对这一背景，周恩来将军于9月30日送交我一份备忘录，其要点如下：

自6月谈判中断以来，国民政府即不顾一切约束，撕毁1月10日停战协定，在关内大举进攻。在此三月中，政府已进占许多城市，摧毁了当地政府，进行了普遍的轰炸。它提出了五项要求，当中共根据政协纲领予以拒绝时，它加剧了军事进攻。它借口中共之围困大同而声言他们将进攻承德、张垣和延安。继承德之后又续占平绥路之重要城市集宁及丰镇，并发动对张家口的三路进攻。中共对大同的战役仅是牵制山西阎胡军之进攻，最近已正式布宣撤围，如此大同的威胁已不存在。

而国民政府之进攻却在继续，它不惜以进攻中共解放区的政治、军事中心之一的张家口来迫使国共关系临于最后破裂之境。我兹特受命声明如下，请你转达政府方面：

如果国民党不立即停止对张家口及其周围的军事行动，中共不能不认为政府业已公然宣告全面破裂，并已放弃政治解决之方针。其因此造成的一切严重后果，当然全部责任均应由政府方面负之。

9月30日，俞大维将军拜会我，主要是讨论国民政府同意参加三人小组和五人小组会议的条件。俞将军重复了局势的关键是中共各师的分布的意见。我的意见是，有关政协决议的事更为重要。我告知俞将军，虽然我同意参加三人小组会议，但我并不认为共产党会同意两个会议同时进行，或者根据国民政府强加的条件两个会议会成功。我说，如果会议确实陷入僵局，我的使命就完结了——我不会继续卷入进一步的拖延和一事无成的长期拖延程序。当政府明显地拖延谈判同时继续进攻张家口时，我不会成为参与者；当政府进行这类活动时，我参加这些会议是不可能有信心的。

此时我正在考虑是否正式通知蒋委员长，目前的做法已把美国置于无法接受的站不住脚的地位，因此我正在考虑退出目前的谈判。我极为关切事件最近的变化，特别是由于据我看国民政府的政客们正尽力使司徒雷登博士和我成为“傀儡”，司徒雷登博士9月30日向五人小组的国民政府成员谈及放在美国政府肩上的重负，以及我为保护我们政府的地位和正直的责任。他进一步向他们说明，局势令人不能容忍，如果目前的局势继续下去，他和我将不能继续在谈判中充任一方。他提出，美国甚至可能必须退出调停，并继而撤销美国对中国的其他支援，自然必须同时就这些行动加以解释。

此时我决定不再向共产党带口信，而仅仅转递政府的书面信件。我倾向于强迫国民政府领导人收回他们的某些争论点，我感到重要的是使蒋委员长深信美国调停人的立场是坚定不移的。蒋委员长进行他所谓的地方行动已三个月了。我感到美国政府不再能继续充当目前谈判的第三方。显然，国民政府不再处于危险的军事地位，而张家口战役只能在武力政策的基础上方能证明是正当的。我感到在一系列持续的军事攻势当中，我已不能将自己置于调停人的地位，我定要从国民政府获取确切的保证，那就是适当的和解的基础，庶有成功的可能。我向司徒雷登博士概述了上述意见，并补充说，下面的办法是可取的：根据这些方针起草的任何备忘录应包含下列声明——如果这些保证不能得到，我就必须建议美国政府终止其调停努力，撤出军调部并停止军事顾问团的活动。司徒雷登博士表示同意这项行动方针。

10月1日，宋子文博士向司徒雷登博士提出，政府希望在采取任何恢复谈判的行动之前，先夺取张家口。在会见当中，他交给司徒雷登博士一份解决眼下困难的建议程序提纲。这一程序大约需要一个月的谈判去解决，在此期间战斗显然还将继续。

同日（10月1日），共产党驻南京代表董必武先生和王炳南先生拜访了我，谈论周恩来将军9月30日关于政府进攻张家口的备忘录。董先生回顾了自6月底以来国民政府对许多中共区域的连续进攻，并指出，政府进攻张家口的公告促使延安当局指令周将军递交上述备忘录给我，一份同样的备忘录也已送交国民政府。董先生继续说，周将军希望等到一个答复，表明国民政府对五人小组和三人小组同时开会的建议作何反应，然后就此作出他的决定，但是如果政府继续进攻张家口，他（周将军）将不考虑在五人小组召开会议之际同时召集三人小组会议讨论停战事宜。董先生指出，在国民政府发表进攻张家口的公告之前，周将军认为共产党可以参加两个小组的会议。这时王先生插话说，政府停止进攻张家口是共产党参加同时举行的两个小组会议的先决条件。

我答复说，我希望向他们说明我对当前局势的看法：我已向国民政府说明了，也希望向他们说明，我既不同意国民政府的行动方针，也不同意共产党的行动方针。局势差不多已经到了使我不能继续充当调停人的地步了。在这一系列的指责和反指责、建议和反建议的延续中，我实不能继续再做中间人。我已快达到我忍耐的极限，我必须首先考虑我所代表的政府的地位。当我正努力向中国政府争取我认为很可能为共产党所接受的建议条件时，共产党竟宣布了关于它出席国民大会代表一事的公告。当我正努力向共产党争取获致协议的基础时，国民政府竟公开宣告进攻张家口。这种做法老是周复一周、月复一月地继续着。我愿意强调的一点是，共产党所追求的程序，结果是不可避免的长期拖延，在此期间，军事行动继续着，——司徒雷登博士和我一直试图阻止的正是这件事——直至我们达到目前的严重关头。我十分愿意同国民政府讨论周将军9月30日的备忘录，并将尽力说服国民政府采取行动，以增加和平解决的可能性。

董先生指出，周将军认为政府无意停战，这是周将军希望听到国民政府有关停战的官方表示的原因。在解释中共关于不提出其出席国民大会代表名单的宣告时，董先生指出，要求所有党派提出其代表名单的时间渐近，如果中共不就此公开声明，人们会以为共产党将参加国民大会。他最后说，这项声明没有什么新的内容。

在此期间由于战事扩大，军调部执行小组越来越失去机动性。在晋南，国民党军队不断地集结，预示着政府将沿同蒲路向北推进；国民党军队已挺进冀东，而共产党在那一地区退入了道路崎岖的农村；中共军队正在加强它在赤峰地区的防卫，并破坏该城市以南的铁路线；共产党使赤峰和张家口的飞机场暂时不能使用；国民政府占领了军调部成立时曾引起重大争议的城市集宁（绥远东部）；国民政府的飞机积极地轰炸共产党占领的城镇。由于战争扩大，并为了安全起见，军调部小组正从战地的许多点撤退，返回北平。

鉴于当前的局势，我于10月1日致蒋介石委员长一份备忘录，其中在说到我不同意国民政府和共产党的目前行动之后，我总结说："我愿只在这里声明，除非觅致协议的基础，以终止战争，而不以建议和反建议更事拖延，我将向总统提议将我召回，美国政府亦终止其调处的努力。"在备忘录中我首先叙述，我曾仔细地考虑了涉及目前谈判情况及军事行动的一切因素，并且考虑了最近的发展，诸如，共产党宣告除非政协的某些程序付诸实施，则拒绝提出国民大会共产党代表的名单；中央社宣告国民政府进攻张家口的行动；宋子文博士提交司徒雷登博士的非正式建议及周恩来将军9月30日的备忘录（后两份文件递交蒋委员长作为我的备忘录的附件）。

次日早晨（10月2日），蒋委员长派人通知司徒雷登博士，要他带给我一个口头答复，并表示这项答复将包含在当天晚些时候递送给我的一封信中。蒋委员长表示他认识到我在目前局势中的困难处境，我的问题他时刻紧记在心。然而，他感到，国民政府控制张家口对于国家的福利是具有绝对重要性的。如果共产党能撤出，那就更好，如果他们拒绝这样做，国民党军队或许将用十至十五天的时间以武力夺取该城。蒋委员长认为张家口对于满州和华北的安全至关重要，他指出，国民政府占领这座城市，可以大力阻止共产党进一步的军事行动。蒋委员长说，如果共产党同意：（1）五人小组和三人小组同时召开会议；（2）共产党十八个师的配置；（3）提出他们出席国民大会代表的名单，则一俟张家口战斗结束，他就颁布停火令。

司徒雷登博士向蒋委员长叙述了我对战斗继续不断升级的关切，以及我对目前谈判只是国民政府进行军事行动的掩护的感觉。司徒雷登博士说明他本人同我的看法一致，美国政府实不能在可能被说成为军事行动遮掩手段的谈判中继续充任一方，而且美国不能支持一派反对另一派。他最后说，事实上，由于国民政府近来的行动，目前美国已被置于似乎偏袒国民政府一方的地位。

我对所述的蒋委员长的观点的反应是，当一场夺取张家口的残酷战斗还在继续，而蒋委员长在这种情况下不希望进行调停之际，我不能进行谈判。蒋委员长的声明几乎使我完全相信，美国政府从中国召回我的时间已经来到——蒋委员长的确正在拖延谈判的掩护之下遵循明确的武力政策。现在他已完全改变了他早先在6月谈判中所同意于我的准许共产党留驻张家口的协议——目前张家口成了谈判的先决条件。我在6月30日曾就蒋委员长实际建议的一切同他争论过。司徒雷登博士和我最近提出关于国府委员会的建议，完全是为了寻求在谈判中能够开拓进展道路的某种楔子。

同日（10月2日），我向宋子文博士强调指出，在国民政府进行军事行动期间，我将不继续谈判。宋博士回答说，他希望能够找到某种达成协议的方案，为此，他提出了自己的建议。然而，这些建议牵涉有关中国本部和满洲军队的重新配置的非常错综复杂的事情。

10月2日下午，我收到蒋委员长当日答复我前一天备忘录的备忘录。对于我的备忘录，蒋委员长说，“政府为节省时间，掬示忠诚起见，特坦率表明其对解决时局可能让步之最大限度”。这些“最大限度的让步”如下：

1. 中共不断催促国民政府改组，而改组之关键为名额之分配，政府同意国民政府委员名额为中共八名，民盟四名，共十二名。中共则要求中共十名，民盟四名，共十四名。兹政府折中让步，中共八名，民盟四名，社会贤达名额中，一名由中共推荐，政府同意共十三名。中共应即行提出国府委员之中共方面之名单，及其国民大会代表之名单。但此项协议，由非正式五人小组会议协定后，仍交由综合小组取得协议。

2. 为切实实施整军方案，先行迅速规定中共十八个师之驻地，并遵照规定期限，进入驻地，此项决议，应由三人小组正式协定后，交由军事调处执行部监督施行。

备忘录结语称，如果共产党“愿迅速解决此二问题，则双方当于获得协议时，立即宣告停止军事行动”。

10月3日同司徒雷登博士讨论局势时，我表示了这样的看法：国民政府利用美国的调处使自己得到好处，而且显然将继续这样做——国民政府关于进攻张家口的态度如此明确，以致目前避免不了这种结果。上面提到的蒋委员长的信对于局势并不是特别有益的，因为有关共产党各师驻地的第二项条件牵涉冗长的程序，在这期间进攻张家口将告结束。答复中也没有提及2月25日协定中所规定的国民政府各师的配置。我反对这种程序，而且我确实感到共产党不会接受它。正如我此时告知总统和代理国务卿的那样，我意识到10月1日我给蒋委员长的备忘录把美国置于同远东局势有关的地位的微妙性。但是我并不认为美国政府能参与在可疑的不公正的行为里面充任一方，因此，我感到这种事实应向中国政府明白指出。

司徒雷登博士告知我，一位共产党代表拜访他，询问目前美国的态度。（在删去某些挑衅性的部分以后，我已未加评论地把蒋委员长10月2日的备忘录递交周恩来将军。）我提出，或许我们唯一可以告诉共产党的是，我们曾同国民政府一起工作，尽力取得一个可接受的建议，而蒋委员长10月2日的备忘录就是结果。当司徒雷登博士提出共产党可能同意撤出张家口时，我说，我不认为他们会这样做，我个人也不能坚决主张这样的行动——蒋委员长以前曾经同意的是共产党可以保留张家口。6月份，共产党曾经很守信用，也许他们在某些地区保留保安队的条款除外——在这点上，只有时间能确定他们的诚实。在目前局势下，非常明显的是，国民政府不想停止它的进攻，且在夺取张家口方面它是那样专注，以致没能考虑牵涉的其他问题，否则便是决意不睬它们。随后，我建议司徒雷登博士同共产党代表非正式地讨论一下行动步骤，其中将包括根据国民政府的所谓让步共产党将作出什么让步，伴之以共产党要国民政府停止进攻张家口的要求。共产党很可能提出一些让步，如：提出出席国民大会的代表名单；同意国府委员会名额为中共九名，民盟四名；不再进一步讨论就撤出苏北并撤离大同附近。

10月4日，董必武先生和王炳南先生拜访我，讨论蒋委员长10月2日的备忘录和上述关于共产党让步的建议，在这期间司徒雷登博士已将这些建议转达给共产党代表了。

董先生指出，蒋委员长的备忘录没有提及停止国民政府向张家口的进攻，这就表明国民政府无意停战或停止它对张家口的进攻。他继续说，进攻张家口曾经是并且仍然是局势中最严重的问题，周将军和延安当局都要求政府就张家口问题作出明确答复。他叙述说，虽然共产党曾反复向司徒雷登博士和我声明，共产党不拒绝两个小组会议同时召开的建议，中央社却报道，国民政府业已同意同时召开五人小组和三人小组会议的建议，而共产党则没有表态，以致在社会上引起了混乱。由于一名美国大使馆发言人公开声明，国民政府没有表示同意这两个小组同时召开会议，致使这件事更加混乱。

我答复说，我所得到的唯一的官方反应就是在我递送中共声明之后随之而来的蒋委员长10月2日的备忘录。在答复董先生要我评论蒋委员长备忘录的要求时，我表示，除了司徒雷登博士大概已经说过的——我们尽了最大的努力去寻求立即停战的基础，蒋委员长的答复就是迄今为止的结果——以外，我没有什么可说的。我同意董先生的意见，即备忘录提出了某些条件作为停战的先决条件，这些条件包括国民政府委员会问题、五人小组问题及提出国民大会的代表名单问题。我说，这最后一点我曾在大约三星期前致周将军的备忘录里转达过（这是我

9月10日的备忘录）。

在评论国民大会问题时，董先生指出，在这方面仍然有悬而未决的问题——席位数额是否应予增加以及中共代表名额的确定。董先生说，然而，在这方面最重要的问题是宪法草案，这个草案政协宪草审议委员会尚未通过。在宪法草案未达成协议的情况下召集国民大会，在他看来似乎没有什么道理。国民政府把共产党提出其代表名单作为条件之一的行动，足以表明国民政府缺乏解决问题的愿望。在涉及蒋委员长备忘录的第二点时，董先生问道，6月份在专门的附件中达成的协议是否仍然有效，并指出，在这项文件里规定，双方占领的阵地，在满洲恢复到6月7日的状况，在中国本部恢复到1月13日的状况。

我回答说，我不能直接答复这个问题，但是正如我不久前曾向周将军指出的，我的印象是蒋委员长打算在国民政府军队新近占领的华北各地继续其军事占领。我说，关于此事我没有收到明确的声明，但是这种立场正是我所预料的。我继续说，关于满洲，我从总的讨论中得到的含义是，有关满洲军队配置问题所达成的暂定协议（既是为了停战也是为了军队的整编和重新分布）应该是适用的。对于这一点，董先生讲，他希望如果6月份达成的任何一项暂定协议生效，那么所有这类暂定协议都应该适用。否则他担心国民政府将只接受那些对它有利的部分。我指出，关于国民政府在这点上的立场，虽然除了我已经说过的以外我并无所知，但可以容易地引用周将军在共产党夺取长春之后，当他想要变更2月25日军队整编方案，以准许在满洲增加共产党师时所使用的语言：他曾用这样的声明来证明其立场之正确，“情况已大大改变了。”那时，我曾指出国民政府方面也将如法炮制的危险，其后的发展证实了我的预言。

在谈及军队配置问题时，董先生指出，目前政府在华北和满洲集结着占全部军队85%的兵力，在这种状况下，即使达成和平协议，也只能是暂时的。因此，他感到这一点是值得考虑的。他说，在三人小组休会以后，延安曾指令周将军，要想达成协议，国民政府必须撤出它在满洲和华北的一半兵力。他解释道，周将军或许未曾提出这个问题，因为其他问题进入了讨论，而停战问题自6月底以来迄未纳入讨论。

随后我叙述了需要为复员和部队配置做准备而制订规划，以及我本人为得到有关部队驻地和兵力的足够情报，以便在谈判中不致表态同意一个后勤实施不可能办到的协议的努力。我说，虽然董先生现在向我表示共产党对于华北、满洲部队配置问题的要求，但是共产党从未向我提供任何能使我对这一问题作出任何一种计算的资料，虽然这类资料本应在2月25日军队整编协定签定后三星期内提供。当董先生提出内战作为共产党未提供资料的借口时，我指出，内战尚未爆发三星期便已过去，而且在我3月份启程去美国之前，已差不多满期了。我补充道，当然这有些离题了，但是在涉及华北国民政府军队兵力的问题时，他应该记住这点。

谈话结束时，我建议他用书面提出共产党要求国民政府对张家口问题给予答复。

10月4日，我同蒋委员长举行了一次冗长的会谈。在评论我10月1日的备忘录（在这个备忘录里我表示，除非立即采取某种行动，我将建议总统将我召回，美国亦终止其调处努力）时，蒋委员长说，他曾自我反省任何可能被解释成他这一方缺乏公正的行动。他说，这种行动对他来说是不可思议的，撇开他作为国民政府首脑的地位不谈，他本人作为一个基督教徒的良心也会禁止这种行动的。如果发生什么事情引起这样的看法，他感到极为遗憾。他只能向我保证，我是误解了。他并不感到这是一件能够讨论的事情。他进一步指出，我离开中国是不可思议的，我万万不能停止调停的努力，因为中国的危机是目前世界上最重要的事情，我的努力是具有伟大的历史意义的。他在结束时说，在他记忆中没有一件事曾在精神上使他这样的感动、惊讶或不安，为了使我的使命继续下去，必须寻求一种令人满意的基础。

在答复中我作了下列声明：我并未暗示蒋委员长的公正有什么问题。成问题的，乃是我本人的行动和立场，以及我所代表的美国政府的行动和立场。我深信武力进攻正在进行中，谈判可以被说成是这种攻势的掩护——在这样的情势之下，我再也不能参加谈判。在6月间，蒋委员长曾同意我的建议，将张家口留给共产党，而当时国民政府的军事地位大大弱于现时——现在承德已经被攻占，河北、热河的大部亦已被占领，他的军队已远越北平朝着张家口的方向前进，且国民政府军队行将占领两个战略要点赤峰和多伦。鉴于国民政府前些时候弱得多的地位，如果现在说张家口具有如此的战略重要性，因此政府不能考虑任何不让政府占领张家口的安排，是同蒋委员长在6月份让共产党保留张家口的协议不一致的。对我来说，当前的做法明显地意味着是武力进攻，而非谈判解决，在6月末，我展望七八月的前途，曾对整个这种做法提出反对，当时蒋委员长拒绝接受公开获致的协议，且谓在中国本部只是地方性的战争，而满洲则并没有战争。我不但不同意这种看法，且曾想过这不可避免地意味着发展成为全面的内战，在未来的长期间远非国共双方所能控制。我还感到这可能引起等于是请苏联在满洲进行军事干涉的局面。

当蒋委员长宣称，他在6月提到张家口问题并没有构成一项协议，而且共产党也没有接受这项建议时，我指出这不是个协议问题。我所谈的是对当时存在状况的一项声明，那时他曾说他愿意遵守这种协议，这种协议同眼下国民政府的强大地位恰成对比。现在他却不愿意停止国民政府对张家口的进攻，除非共产党同意国民政府军队对它的占领。然后蒋委员长发表了冗长的声明，多少重复了上面提及的事情，也谈到了同共产党谈判的诸方面，但是他没有表示他将停止进攻张家口。

因此，在结束时我答复说，我遗憾地告诉他，在我们的讨论中没有透露什么可以使我改变我的观点的事情——事实上，我愈益深信美国政府正被置于其公正行动成为疑问的地位。因此，我一定要向总统提议将我召回。

在同蒋委员长会谈的第二天（10月5日），我致电总统和代理国务卿，建议终止我的使命，并立即将我召回。电文有关部分的要点如下：

虽然现在有共产党恶意地歪曲事实的宣传和剧烈的攻击，虽然共产党愚昧地不同意成立以司徒雷登博士为主席的五人小组——据我们推测，这是由于害怕这次拒绝所引起的拖延——我深深感觉到美国政府在世界面前不能再让我继续担任调处人，并应即照此秘密通知蒋委员长，我相信这是唯一的途径，借以停止军事攻势并消除国民政府将领们的明显的信念，以为他们在进行武力的进攻中，可以把美国拉在一起。附上总统致蒋委员长电信稿一件如下并请裁察：

马歇尔将军提议结束他的任务，并将他召回。他曾对你说明过，他深深感觉在扩大军事攻势行动的现况下，继续担任调停将使美国政府处境困难，而马歇尔将军所体现的美国政府的公正行动势将成为严重疑问。我惋惜他促使中国和平的努力已告失败，唯关于他公正的地位和行动（这体现着美国政府的意旨和高尚的目的）那是没有疑问的。因此，我除深表歉意外，决定将他立刻召回。

当天晚上（10月5日），蒋委员长的参军拜会司徒雷登博士，在谈话过程中，司徒雷登博士通知他，我已电告总统建议把我召回。半小时以后，该参军给司徒雷登博士来电话说，蒋委员长想立即见他。司徒雷登博士拜会蒋委员长时，蒋委员长表示愿意同意停止进攻张家口五天，若在美国调停人坚持之下，还可延长。条件是共产党应立即参加五人小组和三人小组的会议，并将张家口问题首先提出协商。谈话结束时，蒋委员长邀请司徒雷登博士和我于次日晨和他讨论这件事。

司徒雷登博士离开蒋委员长的住宅后，立即通知了我。由于接到了蒋委员长提议短期休战的消息，我致电国务院，请求在接到我的续电之前，关于结束我的使命将我召回的电文暂缓转交总统。

尽管我当时告诉司徒雷登博士，我不认为共产党会同意让出张家口，而且据我看，他们会立即根据国民政府强加的关于张家口的条件对该程序提出异议——虽然国民政府将停止对该城市的进攻，这项条件将使他们不用战争就达到他们的目的。但我们还是同意于次日上午会见蒋委员长。

在此期间，南京中共代表团成员王炳南先生向司徒雷登博士转达了周恩来将军对10月3日司徒雷登博士所提四点建议的正式口头答复：（1）关于国民政府委员会，周恩来将军说，共产党和民盟对在两党之间分配的十四席拥有“固有权”，两党可以作出安排来适当地分配这些席位。——王先生重复了共产党以前的理由，即防止违反政协决议的否决权是必需的。（2）关于共产党撤出苏北问题，周将军说，这件事情应提交三人小组，并结合整编及配置军队的协定一起解决。（3）关于提出中共出席国民大会代表名单问题，周将军说，政协综合小组应首先解决某些要点，例如国民大会无党派代表的名额，一俟各派代表的名额及分配确定下来，共产党将准备着手进行。（4）关于从大同附近撤出中共军队问题，周将军说，对此项行动中共已有公告。

我对这一答复的反应是，我们所提议的共方之让步，共产党全未接受。国民政府一定会否认中共和民盟在国府委员会拥有十四席的“固有权”，正是这一点从一开始就意见分歧。希望三人小组就苏北问题达成协议也是困难的，因为这种行动必需全体投票通过，而周将军会反对国民政府的条款，从而阻止达成协议。关于国民大会的代表名额，一致同意的原则在政协综合小组里同样实行，因而一票就能阻挠就此达成任何决议。结果在等待周将军的答复时我们一无进展。

根据蒋委员长的要求，司徒雷登博士和我于10月6日上午拜会他，讨论张家口地区的休战事宜，我告诉蒋委员长，我并不赞成这样一个程序。我说，据我看短时间的休战不能使谈判得到成功，尤其在进攻的军事行动有再起的威胁时为然。而长期的休战，鉴于战地各司令官面临的种种复杂情况和他们的寻衅的态度势难控制，我再一次提出我于9月27日交给蒋委员长建议他采纳的声明草稿，以供讨论——草稿中包括如共产党一旦同意规定的程序，立即停止冲突。

蒋委员长回答，他不认为发表这样一个声明是合时宜的，且他不能同意这项建议的声明，因为共产党同意这项建议的程序就将意味着立即停止冲突。然后他坚持停止冲突须视三人小组和五人小组会议的顺利完成而定。当我指出这将完全失去声明的目的时，他说，不召集国民政府的战地军事将领和他的政治首领们商议，他不能发表这样一个声明，这一程序将费去很多时间。他说，但是他能不召集这样一个会议就命令休战。接着他提议，共产党如果能同意他在10月2日的备忘录中所提出的召开三人小组和五人小组会议，则将颁布休战五日的命令。

我坚持认为五天的休战毫无用处，只能导致其他误解并增添仇恨，当蒋委员长同意将休战期延长到一星期时，我坚持至少延长到十天。

然后蒋委员长表示，当十天期满时，如果共产党仍有谈判的诚意，他将再延长期限，但在休战开始时，不向共产党做此暗示。他请求将休战作为司徒雷登博士和我的建议予以宣布，而不由国民政府宣布。司徒雷登博士和我同意这项请求，虽然这并不是我们的建议——这不过代表我们所能获得的最好的条件而已。

我指出，如果实行了这样的休战，则有几项规定是必不可少的：一项是关于监督休战的责任应该由军调部和为此目的而设立的执行小组的专门组织承担；另一项是（这一项是我坚持的）国民政府和中共应同意由司徒雷登博士和我公布休战条件，双方都不加评论。

同蒋委员长讨论之后，司徒雷登博士返回大使馆，要求王炳南先生立即来访，以便能向他说明休战问题及其有关的条件。我即刻口授一份10月6日的备忘录送交司徒雷登博士，按照我的理解概述了休战条件，以避免在司徒雷登博士和我之间对蒋委员长同意之事项产生任何误解。司徒雷登博士收到这份备忘录，即电话通知我，他同意其中的书面说明，并说他刚刚结束了同王先生的会谈。第二天，我得悉王先生尚未看到有关停战条件的书面说明，因此我便送去一份我给司徒雷登博士的上述备忘录的抄件，并附加一份抄件给在上海的周将军。

在10月6日给司徒雷登博士的这份备忘录中，我说，请他通知王先生，根据我们与蒋委员长商定的安排，我们建议，在下列条件下，对张家口的攻势休战十天：（1）“休战目的在实行10月2日蒋委员长致我的备忘录中所提两项建议。”（2）休战期间，军调部执行小组将在一切危险地点执行监督任务——在中共军队防线内的执行小组没有政府代表，在政府军防线内的执行小组没有共产党代表，两军防线之间的执行小组有政府与共产党两方代表；执行小组的美国代表有权决定派遣小组的地点和时间，并报告破坏休战之行动。（3）由司徒雷登博士和我宣布停战，两党均不宣布。

同日（10月6日），我向总统和代理国务卿报告了最近的局势发展，并指令我在国务院的代表取消我前一天的电信中有关结束我的任务并将我召回的部分，但是仍把它交给总统和代理国务卿，作为了解当前形势的重要材料。

在蒋委员长刚刚同意十天休战而尚未将此项建议通知共产党代表之时，我发出一封紧急密电给军调部的美国工作人员。在电文中，我叙述了休战建议，并指令制订必要的计划，以便行使建议中规定的军调部执行小组的职责，但是要将有关这一行动的消息保密，直至收到接受建议的通知为止。

10月8月，中共南京代表团的王炳南先生拜会司徒雷登博士，向他转达了周恩来将军从上海转来的延安对十天休战建议的口头答复。司徒雷登博士把所列各点写成书面材料，并且为了准确起见同王先生进行了核对。这一答复的要点如下：

休战应无时间之限制，除非政府军队撤退至原来阵地，则方案似仅系一项策略而已。

共产党希望召集三人小组及五人小组会议，但讨论者不应限于蒋委员长10月2日的备忘录中之两项。在休战条件下，讨论此等问题，应视为系在军事压迫之下进行谈判。

共产党方面对于蒋委员长10月2日之备忘录尚无答复，因共产党希望自马歇尔将军与司徒雷登博士获得其阐明局势之消息。最近之建议暗示局势并无甚多之改变，因此，周恩来将军将准备作一书面之答复，而以为无返南京之必要。

共产党拒绝这项休战建议，使我处在一个与我以前所持的反对继续军事攻势行动的立场相对立的地位。现在是国民政府至少已经提出暂时停战，而共产党则拒绝之。我向司徒雷登博士建议，我们要求共产党代表团的董必武先生和王炳南先生来访问我们，就此事进行一次讨论，以此为手段使我们有机会确定他们的态度是否同周将军的提法有所不同。司徒雷登博士说，他感到首先要做的是对谈判问题发表一个客观的声明，这项声明将不把责任归于任何一方，并不加任何指责。随后我口述了一个作为那一天（10月8日）司徒雷登博士和我联合发表的声明。声明开头叙述了周恩来将军9月30日就国民政府对张家口的军事行动以及共产党对此的态度给我的备忘录，并引用了这一备忘录的结尾段落。声明说明这一备忘录已被递交蒋委员长，蒋委员长在10月2日给我的备忘录中作了答复。并引用了两段蒋委员长的备忘录，其中包括国民政府为了解决问题而作的“最大让步”。声明接下去叙述了中共代表拜会美国调停人，询问蒋委员长的备忘录（此备忘录已立即转交中共代表）是否为对周恩来将军9月30日备忘录的答复，并指出，蒋委员长对张家口之事并未提及。声明接着提到蒋委员长同司徒雷登博士和我之间进行的讨论，并提到蒋委员长同意的对张家口的军事行动休战十天的建议。声明最后说，这一消息立即转告了共产党代表，并于10月8日得到了王炳南先生口头转达的共产党的答复。声明引用了这一答复的要点。正如对声明的这个叙述所表明的，这是自接到周将军提出共产党要求停止进攻张家口的备忘录之时起，至共产党拒绝对张家口停止十天军事行动的建议之时止的谈判的详细叙述。

董必武先生和王炳南先生于10月8日下午来访，与司徒雷登博士和我举行了一次会谈。在通知他们我已将由司徒雷登博士提供给我的一份共产党的答复送交蒋委员长之后，我发表了以下评论：我对共产党目前的立场感到完全迷惑不解，司徒雷登博士和我竭尽全力才得到蒋委员长对停止进攻张家口的同意，以及对停止军事行动十天之久的同意。我最为关切的是，当司徒雷登博士和我施加一切压力尽力使国民政府停止进攻张家口时，国民政府曾屡次告诫我们，共产党的反应必将是使情况进一步复杂，而周将军递交我的9月30日备忘录的最后一段声明将即刻随之产生其他复杂情况。我曾否认这种说法，因为据我看来共产党似乎明显地希望停止对张家口的作战。然而从这次的答复判断，我显然是错了。8月初司徒雷登博士和我就建议成立五人小组，通过小组会议尽力为促成停战提供基础，但是延安方面把这项建议曲解为国民政府以拖延战术尽力掩盖他们的军事进攻。由于共产党的态度，接着就是极大的拖延，如果接受我们的建议，就一定不会有这样长的拖延。这项十天休战建议体现了司徒雷登博士和我为得到周将军所要求的东西而作出的进一步努力，这种努力远远大于共产党所明显地理解的程度。这是根据通讯和共产党的声明而设想的：共产党希望立即停止对张家口的进攻。可是两天已经过去了，在此期间对张家口的军事行动继续进行，而周将军留驻上海使谈判更加困难。我目前的疑问是：你们目前期望于司徒雷登博士和我的到底是什么？

随后董先生解释了共产党为什么拒绝接受关于五人小组的建议。他的声明表明了对五人小组所要讨论的问题的误解——这显然是由于国民政府代表就五人小组讨论的权限范围对共产党人所作的声明引起的，虽然，像我提醒董先生那样，司徒雷登博士和我都曾在不同场合尽力向共产党代表说明，该小组将只限于讨论国府委员会的成员人数和否决权问题。董先生随后继续说，当共产党得知国民政府和美国调停人不能保证颁发停火令时，拖延便产生了，因为共产党在这些情况下不能参加五人小组。谈到共产党拒绝十天休战建议时，董先生指出，共产党希望全面停止国民政府对张家口的进攻，而不是十天的休战，在此十天里，国民政府可以增援它的军队，如果共产党不接受他们的条件，就可恢复进攻。

我指出，他的理由是不充分的，因为我已作出规定通过军调部执行小组的作用防止这种不测事件。这是针对这类违犯行动的保护措施，而且应该记得，国民政府也曾提出同样的理由——即休战将使共产党得以重新集结和增援兵力。

董先生再一次陈述了共产党的观点：共产党要求断然停止对张家口的攻击，国民政府表示诚意的唯一途径，就是将它的军队撤回他们的原驻地。他说明周将军推迟答复蒋委员长10月2日的备忘录，是由于他希望司徒雷登博士和我能够使国民政府认识它正在以胜利者的姿态对付被征服者；同时希望我们能够使国民政府改变战争政策。现在共产党已失去了希望。他们非常感谢司徒雷登博士和我本人的努力以及我们调停中国国内事务所持的立场，但是中国现在已在内战中。他最后说，共产党希望司徒雷登博士和我一方面能使美国政府停止其对国民政府的单方面援助，另一方面能“有使双方都可以接受的公平的调停方法”。

我回答说，我不接受他声明中关于美国政府的部分，而且我也并不喜欢他最后声明的第二部分的推论。我在结束时说，目前，我深恐在谈判中所尽的努力已告终结，这就是我必须要说的全部。

司徒雷登博士插话指出，国民政府在张家口周围的军事行动中守信用的问题似可由执行小组的安排提供充分保证，这构成了对共产党的保护。他继续说，如果在十天休战期内对于国府委员会和其他政治问题的讨论能有令人满意的进展，就可继续讨论军事事务；如果双方愿意在联合政府和宪法方案中合作，那么很快就可颁布停火令。他最后说，因此他认为共产党已拒绝我们的建议，而且他看不出我们还有什么可做的。

董先生指出，十天对于期求任何成果来说都未免太短，此外，国民政府要共产党接受十天休战并履行一切要求的条件是共产党所不能接受的。王先生说明，共产党不能接受建议中的两项条件——第一项是十天休战，第二项是共产党必须实行蒋委员长10月2日备忘录中的两点。

司徒雷登博士答复说，这里一定存在着某种误解。我们曾考虑这将是一次协商，在协商中美国调停人愿意看到以合作的精神实行休战，以便在像国府委员会和宪法草案这些事情上寻求双方满意的解决。当国民政府得到共产党愿意在这些事情上合作的证据时，自然就会导致军事问题的解决，在永久的基础上解决张家口周围及其他地方的停战。他说，我们相信结果将是这样。他继续指出，我们曾建议召开五人小组会议，共产党开始希望召开三人小组会议，其后又希望停止国民政府对张家口的进攻——我们的十天休战建议则包括所有三者，既包括召开五人小组和三人小组会议，又包括停止进攻张家口。我们认为这次休战将成为完成双方所希望的一切事情的开端。会见结束时董先生说，他将把我们谈话的要点报告周将军，并补充说，周将军返回南京尚待将来。

鉴于这次谈话不能令人满意，并希望在此紧要关头竭尽一切可能，我决定飞往上海会见周恩来将军。我安排吉伦将军邀请周将军于10月9日在他的住宅吃午饭，但不向周将军透露我将出席。这样能使我同周将军举行三小时的会谈。当我在吉伦将军的住宅见到周将军并向他说明我以这种方式安排约会是为了避人耳目之后，我叙述了前一天在南京同共产党代表的谈话不能令人满意的结果。我补充道，鉴于这件事的严重的含义，以及我为挽救局势不愿留下任何我能做而没有做的事情的愿望，我决定到上海来见他。然后我交给他一份前一天谈话的记录，并建议他在开始谈话前先看记录。

看完这份文件之后，他问我是否有什么需要进一步说明的。我回答说此刻没什么要说的，周将军便发表了下述评论：他已看过司徒雷登博士和我发表的联合声明的中文本，并愿意指出，南京的共产党代表在拜会司徒雷登博士和我时尚不知道这一声明。联合声明同我给司徒雷登博士的备忘录中的十天休战条款之间是有出入的（备忘录的一份抄件已送交上海的周将军）。在联合声明中表示两个小组将举行会议，以便“考虑”蒋委员长于10月2日的备忘录中所提出的两项建议；在我给司徒雷登博士的备忘录中却表示休战目的在“实行”蒋委员长的两项建议。如果理解成两项建议要加以实行，就会距离共产党的认识更其遥远，而此种条款则相当于一份投降书。

我答复如下：这两份文件都是我口授的，一份用了五分钟，另一份用了十分钟。周将军现在所谈论的是我的英文，而不是蒋委员长的意图。我主动给王炳南先生送去一份我给司徒雷登博士的备忘录，随后，在司徒雷登博士和我的一名助手在场的情况下非常仓促地口授了新闻稿。国民政府没有看到这份备忘录，他们只是在新闻稿在报上发表以后才看到它。在口授新闻稿时，除最后几段以外，我尽力压缩了一些字。我没有引用的并且明显地可以避免现在这种误解的段落是：“政府为节省时间，掬示忠诚起见，特坦率声明其对解决时局可能让步之最大限度。”周将军提出的问题显然把问题本身归结到“实行”这一词的使用上，这个词涉及蒋委员长10月2日递交我的备忘录中的两点建议。我或许说过对这两项建议的“考虑”，或“考虑”这两项建议。但是我希望提出的一点是，蒋委员长从没看过这一备忘录，这一备忘录只是我给司徒雷登博士的一份文件。因此，在我看来，除了新闻稿上用的是周将军最少异议的那一措辞之外，这两个不同措辞的使用不应成为他关心的原因。两个措辞都不是直接引自蒋委员长，因此我不认为它们会成为如此明显重要的事情。董先生在前一天提到的以前的不同意和误解是围绕着周将军的要求——这要求通过司徒雷登博士转达给我了——即关于国府委员会的名额须于五人小组召开正式会议以前达成一项非正式的协定。蒋委员长只能同意五人小组的正式会议，而这显然使周将军相信，该小组的国民政府成员将不被授权谈判国府委员会的席位问题和否决权问题，或者不被授权讨论军事方面的问题，特别是停战问题。周将军对该小组讨论军事事务的理解是正确的，我从开始为召集该小组而努力时也是这样理解的。我已向蒋委员长提出周将军关于国民政府成员无权谈判国府委员会两项问题的声明。蒋委员长向我保证，这是错误的，并同意我的意见，即国府委员会的两项问题是由该小组考虑的唯一的两个问题——自然，国民政府代表在会议上将有权进行谈判。当军事行动在继续，而我的重大问题是作出如此的安排使得张家口地区的积极的军事行动能够迅速停止之际，我无法理解对谈判的这种拖延。为了这一目的，我曾秘密指令军调部的美国委员和执行组主任制订一个迅速部署执行小组的详细的全面计划。因此我难于理解当军事行动在继续，而局势变得越来越难于控制之际，为什么能容许事情拖延。时局中的另一个因素是，由于蒋委员长规定只讨论某些问题，周将军表示严重关切对休战期间讨论事项所加的限制。在这一点上大概完全误解了。我曾试图为停止冲突获得协议，然后接着进行谈判，我也曾试图尽可能限制在颁布全面停火令之前需要调整的事项的数目。按照我目前的理解，周将军关切的是其他事项可能不被讨论。然而我的设想是，在战斗停止之时，就将进行全面的讨论。我最后说，我到上海来的原因是要询问周将军，我们是召开一次会议呢，还是在举行会议之前继续卷入种种纠纷。

休息进午餐以后，周将军作了以下答复：他之所以认为使用“实行”这个措辞很重要，是由于它出现在他所收到的同十天休战有关的唯一信件中。然而，当他看到司徒雷登博士和我的联合声明时，这一措辞就显得不那么重要了，因为声明表明建议将被考虑。然而呈现的问题是，蒋委员长认为他的两项建议是他所能作出的最大让步，但是依照共产党的观点，这不是让步——相反，这是难于接受的条件。建议中的第一项规定在国府委员会中将分配给共产党和民盟一定的席位，这种办法是不能令人满意的，除非提供所要求的否决权。同时，把社会贤达一席算作国府委员会中中共和民盟集团的一部分是同政协程序不一致的，而且让共产党在完成宪法草案之前提出其出席国民大会代表名单的要求也是违反政协决议的。蒋委员长建议中的第二项是个单方面的要求，它超出了6月的休战。这等于说，当中共军队的驻地被固定时，国民政府的九十个师却可以自由移动，并且能够占领共产党地区。

周将军继续说，他没有立即答复蒋委员长，而只是请南京的共产党代表将口头答复通知司徒雷登博士转达给我。他这样做的原因是这两项建议不能接受，他感到司徒雷登博士和我可能仍在寻求某些停止国民政府进攻张家口的办法，以防止国家分裂。国民政府建议的作用就是强迫共产党屈服；如果在十天内不接受条件，国民政府就继续进攻张家口。当前的形势不同于6月的形势，因为在6月那段时期问题都提出来讨论，而现在却限制了讨论范围，连解决办法也事先制订了——这等于是个最后通牒。

我重复了我的解释：对讨论事项的限制是我为在停火问题之前尽可能少提出困难问题的努力造成的。我指出，双方都提出了条件，如果未能在会议桌上的讨论中达成协议，这些建议就将是失败的；建议休战绝不表示赞成蒋委员长所概述的具体条件——例如国民大会的代表和军队驻地。我说，如果不坐到会议桌旁讨论条件，这些问题是不能解决的。

随后周将军提出了以下评述：我曾提出反对不经过初步讨论以寻求获致协议的基础就召开三人小组会议， 同样的理由对五人小组也照样适用。关于国府委员会的问题，在缺乏这类非正式的初步讨论的情况下，召开五人小组会议也将是同样困难的。撇开这点不谈，也仍然存在着对颁布停火令缺乏保证的问题。在他离开南京之前，他曾试图通过一切可能的途径就共产党对改组国府委员会的建议向司徒雷登博士说明他的一些想法。然而，国民政府拒绝非正式地讨论这些问题。蒋委员长目前对于国府委员会席位的建议显得非常可笑，将不会为民盟所赞成。当前，国民政府从事于大规模地进攻张家口，如国民党报纸和在北平的国民政府军事将领所宣布的，这场战争正式开始于9月29日下午2点。当时共产党得出结论，形势已难以挽救。虽然我赞成必须停止进攻张家口，但我并不认为这一行动等于国家的分裂。然而，共产党还是认为，国民政府向构成共产党政治军事中心的少数城市之一如延安、张家口和哈尔滨发动进攻就是意味着国家的分裂，他希望我能明白，共产党自撤出长春以来，一直处于守势，而国民政府却在许多地区任意进攻。目前共产党认为，继续进攻张家口就是蒋委员长决心放弃谈判的最后希望的宣言，这也是他轻率地使国家走上全面分裂的原因。在这个问题上只能有一种结局——要么停战，要么不停战——这不是一个暂时停战的问题。在蒋委员长10月2日答复周将军9月30日关于张家口的备忘录之前，国民党中央执行委员会常务委员会举行过一次会议，会上国民党的政治和军事首领决定了武力解决的政策。蒋委员长立即发出他的10月2日备忘录，在备忘录中不提张家口，并提出了他知道共产党不可能接受的建议。这样，国民政府便利用这项建议作为战争的掩护。共产党从6月的两次休战期间已经吸取了教训——这就是尽管他们让步，问题还是解决不了。因此共产党不能同意对张家口的军事行动的十天休战；事实上，共产党甚至也不能同意对全国的有限停战。依共产党的观点，只有无限期地休战，才足以表明国民政府不愿全面分裂。

然后周将军提出了以下几点，他说这代表共产党在军事、政治问题上的立场：

军事

（1）双方军队在关内应恢复1月13日的位置，在东北应恢复6月7日的位置。

（2）双方军队的驻地均应固定，直至军队整编时为止。

（3）政府方面在1月13日以后调动的军队，应退回原驻地，以便复员易于进行。

政治

无论由五人小组或政协综合小组讨论，均应包括以下几点：

（1）在国府委员会中，中共及民盟应占十四席，以保证和平建国纲领不被违反。两党派之间的席位分配将由双方单独讨论解决。

（2）行政院应与国府委员会同时实行改组。

（3）必须立即重新召集宪草审议委员会，为提交国民大会的宪法草案定稿，各党派应保证拥护此宪法。

（4）政协综合小组应决定召开国民大会的日期和国民大会各党派席位的最后分配。

（5）在国民政府改组后，各党派应根据改组后之政府商定的名额提交国大代表名单。

（6）地方政府问题，将根据政协和平建国纲领解决——即暂维原状，以待国民政府改组后实施地方自治。

（7）为保证蒋委员长1月在政协会议开幕时所提四项诺言的实施，必须释放政治犯，恢复1月以来所取缔的报纸、杂志、人民团体，取消秘密警察。

（8）根据政协的军事决议，必须严格实施军民分治，重新开始复员工作。

周将军说明，以上八点均包括在政协决议内，都应该实行。他进一步陈述，五人小组和政协综合小组应仅限于讨论如何执行政协决议并确定是否某些点是同这些决议相违背的。他补充道，这些就是他准备答复蒋委员长10月2日备忘录的内容。

他进一步说明，为了避免国家的全面分裂，必须无限期地停止国民政府军队对张家口的进攻。他继续说，三人小组，五人小组和政协综合小组都应随后召开会议讨论休战和政协决议的实施。他指出这就是他对蒋委员长的明确答复。在结束时周将军说，他还想提到其他两点：（1）在内战继续时，中共不赞同美国政府给国民党政府的援助，也不赞同在中国的美国军队还没有按以前所许诺的撤退这一事实。（2）他注意到司徒雷登博士和我的声明总是选定在共产党拒绝国民政府的要求之后，而不是在国民政府拒绝共产党的要求之后发表。他谈到这种情况：在6月休战期结束，当共产党实际上放弃了全部要求，而国民政府仍旧拒绝在达成的协议上签字，致使谈判破裂时，我们并没有发表声明。接着他列举了司徒雷登博士和我在8月份发表声明时的形势和我们未发表声明时的其他形势，并指出，虽然司徒雷登博士和我最后发表的这份联合声明没有包含谴责的内容，但它所选择的时间引起了公众的误解，且没有真实地描述形势。

在答复中我告诉周将军，我将把他提出的八点列单送交国民政府，但建议他本人给国民政府一个正式答复。我说明，我来上海是为了同他亲自讨论一下，形势是否像我在同董先生和王先生谈话时看来那么严重。

我以下列声明结束道：我感谢他的坦率，由于我们已经谈过了所提到的大部分内容，我不准备再详细回答。我只是痛惜他继续坚持认为蒋委员长计划的休战是为了邪恶的目的，因为我花了四五天的时间试图说服蒋委员长停止战斗。无论如何也不能认为停战是国民政府为赢得时间以调动军队和军火而作的努力。在听取周将军的声明以后，我所能说的一切是，看来我对调停所作的努力是徒然的，而且，我看不到采取任何其他行动的实际基础。在我们的讨论结束之际，我只能表示我的遗憾。前一些时候我曾告诉他，如果共产党感到他们不能相信我的公正，他们只要这样表示，我将退出谈判。现在他这样说了。我将立即离沪回南京。我感谢他光临吉伦将军的住宅，给我提供了直接同他谈话的机会。

周将军回答，他希望指出两点：（1）八点只涉及政治问题，但他也提出了同军事问题有关的三点。他想进一步说明，国民政府停止进攻张家口必须是永久的。他给蒋委员长的书面答复将由我转交。（2）虽然他不满司徒雷登博士和我刚刚发表的联合声明，但他愿意说清楚，他并没涉及我在整个调停期间所做的全面努力。

同一天（10月9日），周恩来将军给我一份注明日期是当天的备忘录，作为他对蒋委员长的10月2日备忘录和对张家口的军事行动休战十天的建议的答复。备忘录的要点如下：

由于蒋委员长在他10月2日的备忘录中不仅未答复周将军9月30日的备忘录，

反而提出违反政协决议及整军方案的两项要求，故周将军未立即答复他10月2日的备忘录，而仅指示王炳南先生转达了口头答复，“以期待阁下与司徒雷登博士将继续为中国的和平而进行公正的努力”。

共产党拒绝张家口休战建议是由于以下三项原因：（1）依照既定协议中的原则，中共及民盟必须在国府委员四十名中获得十四名，方足以保证和平建国纲领不致被单方面变动，而政府所提议的十三名不能给以这种保证。（2）国大名单仅能提交改组后的政府，且须在宪法草案业经政协修正为提交国大的唯一草案及国大代表名额业经最后商定之后；国民政府对此事的建议与政协决议相违背。（3）为切实实施整军方案，应规定在整军时双方军队的驻地，而不应只规定中共军驻地，让政府军得保持随意调动，并任意进攻中共部队及共产党地区居民。

周将军接到我于10月6日致司徒雷登博士的备忘录，得悉蒋委员长仅在“实行”他10月2日备忘录中的两项要求之下，才同意对张家口的进攻暂缓十日。这显然是压迫共产党屈服的最后通牒，“使我们不能不坚决拒绝这一建议”。周将军要求我向蒋委员长转达下述答复：

对张家口的进攻必须立即停止，并将进攻部队撤至原防。只要国民政府立即无限期地停止进攻张家口，共产党愿意参加三人会议和五人小组（或政协综合小组），俾同时讨论两项问题：（1）停战；（2）实施政协决议。

备忘录结尾列举了周将军10月9日在上海向我提出的几点，其中三点是由三人小组讨论的军事问题，八点是由政协综合小组或五人小组讨论的政治问题。

共产党对休战建议的拒绝结束了又一个曲折的谈判时期，这一谈判时期开始于周恩来将军滞留上海，以等待三人小组会议的召开。在此期间国民政府发动了对张家口的进攻，并在9月底公开宣布它占领该城市的意图。共产党因坚持获得停战保证，并坚持在参加五人小组之前先召开三人小组会议讨论该问题，使自己陷入了这样一种地位：国民政府迅速地进行军事进攻，而可能为迫使国民政府同意停战提供一个基础的谈判却未进行。蒋委员长在此期间坚持着顽固的立场，拒绝发表我提议的声明，而这一声明我认为是可以给国民政府以充分的保障，并且可能导致停战的。这一态度含有实际上迫使中共完全掌握在苏联手中的严重危险。由于国民政府公开宣布进攻张家口，共产党警告说，这将在两党之间产生全国性的分裂。国民政府的继续使用武力和拒绝停止进攻张家口使我确信：如果美国继续调停，而这场战役却继续进行到底，则我本人的公正立场以及由我代表的美国政府的公正立场都会成为问题。由于共产党宣传攻击美国的对华政策和我本人，我曾通知共产党代表，如果对我的公正有怀疑，只要照此通知我，我就退出谈判。鉴于国民政府的行动，我感到我也须向蒋委员长说明我的立场。当我看到他不愿放弃夺取张家口的意图时，我这样做了。当时，我建议总统将我召回并结束我的使命，但是当我得知下面的情况时，就取消了这一建议，这时我得知蒋委员长同意对张家口的进攻休战一段时间，以便让三人小组和在司徒雷登博士主持下的五人小组讨论国府委员会成员、共产党提交国大代表名单和中共军队的防地问题，在这些问题达成协议之后就正式停战。尽管共产党曾坚持把停止进攻张家口作为任何谈判的先决条件，尽管周将军曾经说过，一俟三人小组重新召集，他将返回南京，但共产党却拒绝接受这些建议。他们要求永久的、而不是暂时的停止进攻张家口，并表示就建议中所提的问题（也包括对张家口问题的讨论）进行谈判，这就等于在压力之下进行谈判。共产党在这个问题上的反应很令人费解，因为他们几个月来一直坚持要求停战，而且坚持在颁发停火令前限制讨论的问题，目的在于把在战斗结束前需要解决的问题减少到最小数量。这一时期结束了，正如在上海同周恩来将军谈话时所说的，其含义是：我的调停努力结束了，但是，我们感到，尽管共产党的宣传攻击美国的调停努力和美国的对华政策，共产党并不真正希望美国退出谈判。

二十八

国民政府占领张家口与11月12日召开国民大会命令的颁发；第三方面参加调停的努力；周恩来将军返回南京

虽然10月9日我同周恩来将军在上海会谈结束时已经含有很明白的意思，即我调停的努力已告终结，但我们不相信共产党真正希望美国停止努力。这一信念从周将军10月9日晚在上海的一次新闻记者招待会上所发表的声明中得到了印证。在声明中，他叙述了对张家口休战建议中术语的误解，并提出了共产党三点关于军事的建议和八点关于政治的建议。（这些建议他在我们于上海最后的会谈中向我描述过，在其10月9日给我的备忘录里亦曾概略叙及。）周将军声明的要旨表示出一种较之同我在上海会谈时所表露的更为通达的态度。10月10日，共产党驻南京代表团的王炳南先生为了提交周将军的上述备忘录，访问了司徒雷登博士和我，这次访问进一步表明了共产党的态度。我们告诉他，周将军的答复好像表现出一种不合作的态度，因为他提出了一些他自己也知道不会被国民政府接受的要求，而提出这种不能接受的要求将封闭任何可能的进一步谈判的道路。司徒雷登博士补充说，如果共产党对美国调停人真的失去了信任，那么，我们再试图进行调停就毫无用处。

我向王先生指出，一旦谈判按照休战建议的方向开始，就有可能获致某些停止冲突的协议。为了避免可能的误解，我愿补充如下意见：我知道共产党要求国民政府军队返回1月13日驻守的阵地，而且我也熟知1月10日停止冲突协议的附带条件。我的印象是，关于此问题，尽管国民政府没有明确声明，但国民政府会坚持对政府军队最近接管的地区继续实行军事占领。国民政府也许会在这个问题上妥协，但它还没有任何表示。我想国民政府会接受在满洲保持6月7日驻守的阵地的条件。关于这些事情我本可以不作明确的陈述，但因它们同军事方面的谈判有重大关系，所以我觉得把我对此问题的印象讲清楚还是合乎需要的。这些问题肯定会引起争论，而我提及此事，是因为我始终关心问题的这一特殊方面。

蒋委员长于10月10日中华民国成立三十五周年纪念日发表演说，在演说中他概述了民国的成就和国民政府的目标。其中涉及谈判的有关部分如下：

政府所要求于共产党的，只是放弃其以武力割据地盘分裂国家的企图，与各党派一致来参加国民政府与国民大会。政府希望各党派提出国府委员候选人及国民大会代表的名单。政府所期望的是全面永久地停止冲突，但在过去三个月内，共产党拒绝了政府的一切建议，对于马歇尔将军和司徒雷登博士所提休战的建议亦表示拒绝。

蒋委员长现在提议同时召开三人小组和五人小组会议，以前者解决实施整军统编方案有关问题，以五人小组会议协议改组国民政府。一俟上述问题获得协议，只要共产党能够停止其军事行动，则政府可立即发布停止冲突的命令。

在这期间，由于同司徒雷登博士商谈的结果，民主同盟和中国青年党的代表们前往上海，目的在劝请周恩来将军返回南京。在10月8日于上海举行的一次有立法院院长孙科博士、周将军和各少数党派领导人参加的会议上，决定派一个第三方面的代表团去南京，同国民党商定向周将军发出促其返回南京的邀请。10月10日蒋委员长通过孙科博士对代表团表示欢迎。

紧跟着接二连三发生了一系列事件，引起了共产党方面的恶感，而且其中有一件事招致了所有小党派的强烈反对。10月10日国民政府军队在中共军队仅有微弱抵抗或没有抵抗的情况下，攻克张家口，并于同日进入了共产党在热河省最后的据点赤峰——在1月份关于停止冲突的谈判中，这座城市曾是激烈争议的对象。这时又据报告，国民政府部队即将占领共产党在苏北的若干另外的城镇。同日，国民政府宣布恢复全国范围的征兵，而此事自1945年8月间日本投降以后即已停止。甚至在这些事件发生以后，孙科博士还说周将军仍准备返回南京，但因国民政府于10月11日颁发了一项命令，宣告国民大会将依照预定日期在11月12日召开，致使周将军取消了他的返京计划。宣布召开国民大会也导致了其他小党派的强烈批评，他们觉得这是国民政府方面片面和独裁行动的证明。他们指责称，在4月24日各党派代表和蒋委员长讨论国民大会的延期问题时曾获致协议，决定将原定于5月5日召开的国民大会延期，并取得协定，国民大会的召集日期将由各党派间协商决定。国民政府的解释则说这样做是合乎国民党的条例的，条例要求国民大会日期的正式通告和批准须在会议召开以前一个月进行。这一系列事件的结果，使周将军和少数党代表取消了返回南京的计划。

热河战役

10月13日，司徒雷登博士和我拜会了蒋委员长，他询及共产党是否提出了进一步的建议。司徒雷登博士答称，他们没有提出这样的建议，然后他把一位民主同盟领导人那天对他发表的议论向蒋委员长叙述了一番。那位民主同盟领导人说，政府占领张家口和发布召开国民大会的命令造成了一种状况，它使得共产党和其他小党派对继续谈判的可能性深为忧虑，因为他们觉得政府的行动是走向法西斯主义的第一步。

蒋委员长答称，他并不认为各少数党派已经统一于反对在目前情况下参加国民大会的立场上了。他相信一两天内不同的反应就会明朗起来。他解释说，在他看来，由政府正式批准召开国民大会乃是例行程序，是完全正当的。他补充说，他期望司徒雷登博士和我代为考虑他发表文告的可能性，一如我以前在他从牯岭返回南京时所提议的，但要根据目前局势的变化而加以修改。

当我述及周恩来将军10月9日给我的备忘录时，蒋委员长说，他希望不要提及该备忘录，而且他也不考虑其中所陈述的内容。于是我问，除了攻占张家口之外，还有什么局势的变化应加考虑。我指出，重要因素是立即停止冲突，即使共产党因军事行动的压力而被迫服从各项协议，但政治谈判和国民政府的改组亦势难产生健全的结果，因为由此产生的仇恨将会很深，而报复和猜疑的情绪也会很强。

蒋委员长答称，如果没有证据向人民和政府领袖表明在国民政府改组问题上已经取得某种有利条件，他不能同意无条件地停止冲突。他提到共产党提交其参加国民大会代表的名单一事作为例证。

我提醒蒋委员长，7月初他曾说对付共产党首先必须严厉，过两三个月以后，再采取宽大的态度。我说，据我现在看来，事隔三个多月以后，国民政府已掌握了所有重要的战略据点，实行他所说的宽大态度的时刻业已到来。对此蒋委员长表示同意，但他重申了先前的声明，即在停止冲突之前必须取得某种有利条件。接着我向蒋委员长询及行政院的改组问题。他答称，在任何将要发表的声明中，他都不会涉及这个问题，而且这是国民大会会议以后决定的事情。于是我问蒋委员长，何以不重新召开宪草审议委员会，他的答复表明他乐于使该委员会恢复工作，但是他未清楚说明该委员会为何尚未召集。讨论结束时蒋委员长说，他愿再等一两天，注视各方面的发展，然后作出发表文告的决定。

这次谈话以后，司徒雷登博士和我都认为，此时正是向蒋委员长递交所提议的以他的名义发表的声明稿的适当时机，10月14日我们将这样一份声明草稿送达蒋委员长，其中包括蒋委员长要共产党提出其代表名单的要求。这份草稿是根据我在9月27日提交蒋委员长的旧稿拟定的，包括以下具体各点：

司徒雷登博士主持下之五人小组和马歇尔将军主持下之三人小组，应照下列协定立即同时举行会议：

（1）依据今年6月间三人小组所拟定之满洲停战程序，将密切接触之对抗部队予以分开。

（2）依据今年6月间三人小组所拟定之恢复交通办法，立即恢复交通。

（3）在军事调处执行部各执行小组及北平之军调部内，双方不能同意之争执，依照本年6月间三人小组所拟定之办法处理之。

（4）今年6月间三人小组所拟定之关于满洲军队驻地的协议，应予以确认。

（5）在三人小组为统一中国武装部队而就政府和共党部队双方关于驻地重新分配、整编及复员问题获致协议之前，长江以北之国民政府军队暂驻现地。

（6）凡五人小组所成立之协议，应即由政协综合小组加以确认。

（7）地方政府之一切问题，将由改组后之国府委员会解决之。

（8）宪草审议委员会应即重行召开，商定宪法草案，提交国民大会，作为讨论之基础。

（9）在共产党同意以上各点后，即下停止军事冲突令，在下令之同时，共产党应宣布参加国民大会，并提出其代表之名单。

在我们向蒋委员长递送这份草稿的同一天（10月14日），司徒雷登博士交给我一份备忘录副本，据称那是蒋委员长致孙科博士的，其中包括国民政府拟倡议的各项方案。该备忘录如下：

为促进和平会谈，政府拟倡议如下方案：

（1）重开三人小组会议，尽快制定出避免一切冲突与整编军队之计划。

（2）非正式的五人小组开会，以尽快商讨国民政府之改组，将议定之结论提交政协综合小组商讨通过。

（3）宪法起草委员会尽快开会，以尽早完成宪法草案之修改工作。

（4）上述诸问题之任何一项一经获致解决，政协综合小组应即开会审议通过。

司徒雷登博士说，该备忘录已被孙科博士带至上海，他到达后将重行召集少数党开会，来讨论这些方案。司徒雷登博士补充说，当天早些时候他曾会见蒋委员长，蒋委员长说，三人小组和五人小组一经开会，他即准备发布停止冲突令，不过，他希望美国调停人保证共产党在谈判期间真诚处事。正如我告诉司徒雷登博士的，要我们保证共产党诚实，恰如要蒋委员长保证国民党内反动分子的活动一样是不可能的。

在早些时候劝说周恩来将军返回南京失败以后，政协秘书长雷震先生和参加政协的莫德惠先生前往上海，同周将军和其他少数党代表商讨。10月15日，雷、莫两位同第三方面领导人举行了一整天会议。商讨的结果是派三位代表拜访周恩来将军，力劝其返回南京。据称，在拜访的时候，周将军始终保持缄默，且未加评论。于是少数党代表返回南京，建议政府派一更高级的官员赴上海劝说周将军返回南京。

在获悉此等进展之后，我通知司徒雷登博士说，虽然这容或有所帮助，但蒋委员长可能很快就发表声明，那会使这一步骤稍有改变。蒋夫人10月15日晚携司徒雷登博士和我10月14日送达蒋委员长的声明草稿的改写文本来访。改写后的声明思想混乱，并且极具挑衅性质。我删去了蒋委员长改写稿的所有冗长部分。在我看来，根据改写稿的内容，同该声明有关系的有三个重要问题：

关于（声明的）实际含义，两党间必须有明确的共识。实际上，如果周恩来将军同意蒋委员长的声明，则这个声明会导致立即停止冲突，并且会为逐步达到和平解决构成一套完整的程序。在等待三人小组或五人小组取得进展的时候，双方在表示同意之后，就都不能拖延了。

就声明取得一致意见后，必须决定实施所定程序的手段。如果共产党对程序和协定书面表示同意，则首先必须召集三人小组来准备停止冲突的命令。在这方面存在着一种非常微妙的形势，因为共产党希望维持1月13日所据有的阵地，而国民政府则会坚持保有其目前占领下的所有地方。我试图这样来解决这个问题：以确立暂时维持现状的办法来解决密切接触的军队之间的纠葛，而把依照修改过的2月25日军队整编协定来解决的军队重行配置问题放到稍后处理。

关于地方政府的问题，蒋委员长在其声明改写稿中把满洲排除在外。共产党将会对此表示反对，这样就使司徒雷登博士和五人小组解决这一问题万分困难。

在向司徒雷登博士概述了以上问题之后，我向他指出，由于共产党对我的恶意人身攻击，今后他必须负责各项谈判，直至三人小组会议真正召开，而到那时，作为三人小组主席，我大概就可以自然地重新参加谈判。我们一致认为，我们应对蒋委员长施加一切可能的压力，使他迅即发表经我改动过的那份声明。

10月16日晚，蒋委员长发表声明，宣布国民政府的见解，并提出八项建议，这些建议倘为共产党所接受，则国民政府便准备立即安排停止冲突。蒋委员长的八项建议，与司徒雷登博士和我10月14日为蒋委员长拟定的声明稿中所提出的建议十分相似，其主要不同点为：（1）删去我们的第一项，即关于密切接触的对抗部队予以分开的问题；（2）在规定由国民政府委员会解决地方政府问题的建议中，把满洲排除在外。有五项建议与我们的建议相同，有一项建议包含措词上的变更，即要求关于满洲军队驻地的暂定协议应即定期实施，不得迁延。而我们的建议仅规定，此项暂定协议须予确认。

10月17日，俞大维将军来访，交给我一封中文信（附英译文），系蒋委员长当日签发的。信中提出了国民政府关于继续谈判的建议。这封信几乎同蒋委员长在前一天晚上发表的声明一样，并且构成了就国民政府见解向共产党正式通知的性质。俞将军说，蒋委员长已签发了该信，但仍希望将它提供给我，以便决定在正式将它交给我之前是否必须作什么修改。我答称，我没有意见，于是俞将军始将该信正式递交给我。我当即命令将蒋委员长建议的英译本用备忘录形式拟定，送交司徒雷登博士，要求他立即转致共产党代表。

当天下午司徒雷登博士将备忘录递送给一位共产党代表。这位共产党代表在收到该件时说，他不喜欢两党军队均应维持其现在占领地区的控制的处置办法。

他又说，国民政府应将张家口退还共产党，以示其通情达理。司徒雷登博士告诉他，此刻蒋委员长不会考虑这样的建议，但是他确实认为，任何一方都不会允许张家口问题妨碍最后的解决，友善的解决办法是能够找到的。

10月17日，民主同盟领导人之一的梁漱溟先生来访，告诉我少数党派在上海的活动：民社党领袖兼民主同盟领导人之一的张君劢博士从上海打电话来说，第三方面（由民主同盟和中国青年党成员及政治上活跃的社会贤达组成）的成员举行了一次会议，讨论蒋委员长的八项建议。三位国民政府的代表——吴铁城将军、邵力子先生和雷震先生已赴上海，他们携有蒋委员长的建议。他们的到达，以及蒋委员长的声明，至为重要，因为这既可能导致谈判成功的结局，也有可能使得谈判完全失败。第三方面会议以后，与会者拜访了周恩来将军。他对这次访问的反应是，共产党可能对声明的某些条款有所增补，但是他表示，该建议共产党是难以接受的。于是第三方面决定邀请司徒雷登博士和我去上海同他们商谈，因为他们认为许多关于军事方面的问题只有我知道。而且，我同国民政府和第三方面的代表一起在上海出现，也许意味着成功的机会更多。第三方面请他（梁先生）代表他们邀请司徒雷登博士和我出席第三方面人士的一次会议。他同司徒雷登博士商谈了这事，所得的印象是，司徒雷登博士认为作为美国调停人进行这样一次旅行为时过早。然而他（梁先生）却认为这样做并不太早。

我答复如下：我当尽力帮助实现终止敌对行动和促进谈判。我感谢对我的邀请而且完全了解局势，但是我与司徒雷登博士的意见相同。在目前这个时候，美国的努力应该停一停，在此期间中国人应当自己进行商讨。在进行了这样的商讨之后，会获致一定的决议，而后才是美国调停人参加商讨的适当时机。共产党曾对我的公正进行过某些攻击，如果我参加少数党派现在的会议，共产党会认为我企图从他们那里把民主同盟拉过来。

接着我向梁先生解释了剩余物资交易的背景和共产党宣传对此的攻击，解释了为缩减在华的美国海军陆战队人数而作的努力和共产党宣传对美国给予国民政府军事援助的攻击。梁先生说，他可以相信我所作的说明，但是剩余物资交易给国共双方均留下了深刻的印象。它鼓励了国民党而使共产党受到了精神上的挫折。作为答复，我说，这实际上是共产党宣传的一种飞去来镖。

然后梁先生说，他想说明两点：他了解共产党所面临的窘境——一方面他们知道中美之间必须维持友好关系；另一方面，由于他们的宣传使他们自己深恨美国。民主同盟清楚地看到了这点，愿作美国和共产党之间的桥梁，以使这种矛盾看法能得消弥。当时中国的政治形势不可能排除共产党，国民党如果认为没有共产党参加，它与中国青年党、无党派方面及其他少数党派一起也能够组成政府，那就错了。

我答称，我同意他的说法，而事实上这正是迄今为止我在谈判中一切努力的依据。我说，谈判中主要的困难在于判断提出的理由、行动目的或建议时，双方都不体谅对方的忧虑，而且占压倒优势的猜疑使双方均难以接受司徒雷登博士和我所提出的任何建议。我强调了我们在说服蒋委员长发表他的八项建议时所经受的极端困难，并补充说，不怀猜疑地仔细考虑考虑这些建议，对共产党是非常重要的。我最后说，照我的看法，如果共产党同意蒋委员长声明中所提出的程序，三人小组在两小时内即能够就停止冲突的命令获致协议。

这次谈话以梁先生的问话结束。他问，如果第三方面有所进展，并且得到了周恩来将军的某种鼓励，我是否愿去上海。我答应，如果那种情况发生，我愿意去。

从10月18日一则延安广播中，我们看到了共产党对于蒋委员长八项建议的反应的进一步迹象。在广播中宣布了一个地区国民参议会致共产党的解放区人民代表大会筹备委员会的“急电”，要求共产党占领之下的解放区召开共产党的国民大会。延安无线电台报道称，一个共产党的“特别委员会”在一项政策声明中说，共产党“最大之让步”是要求恢复1月13日双方的军事位置，坚持政协关于改组政府和统编军队的决议。广播指责蒋委员长想要经由他自己的国民大会去通过一个一党统治的宪法来使他的独裁统治合法化，并呼吁美国调停人和蒋委员长

"恢复其原来的诚意"[1]。

尽管周恩来将军的态度（如梁漱溟先生对我叙述的）和延安的反应（如上述广播所表明的）均未给第三方面的努力以多少成功的希望，第三方面还是说服周将军返回南京以便重开谈判。10月20日，王世杰博士通知我，周将军和第三方面人士决定翌日返回南京。他解释说，就他所知，并未获致什么新的协定，但在上海商谈的精神却似乎提供了继续谈判的可能性，商谈的结果是周将军和第三方面人士决定返回。王博士谈及，由于延安的广播，蒋委员长有些悲观，他认为那是谩骂，广播使他发怒了。

这时我感到很可能共产党会反对我参加三人小组，而这也许就是他们的宣传攻击我以及他们设想如何使美国国内普遍反对美国对蒋委员长的态度的理由。关于此事，我曾请求蒋委员长不要起来替我辩护，因为那是美国政府或我处理的事情。我觉得也许最好是由第三方面出头努力使两个主要党派聚首，因为这一步骤会起到为以后的谈判建立更稳固的基础的作用。我还认为，三人小组和五人小组必须等待共产党同意国民政府的八项建议方可开会。有关三人小组会议可能召开一事，俞大维将军在这时通知我，由于徐永昌将军生病，他在三人小组内的位置将由参谋总长陈诚代替，而他（俞将军）将协助陈将军。

10月初，蒋委员长曾通知我，他拟前往台湾进行几天短期视察，这一旅行的日期定在10月20日。10月19日晚，我们得悉周将军和第三方面人士已决定返回南京。因此，我表示希望蒋委员长能推迟他的旅行，以待这一代表团从上海到达，因为他在周将军抵达前一天离开会对局势有影响。蒋委员长这样办了。他留在南京，直至周将军于10月21日晨到达，而且在他于同日首途赴台湾之前，还安排了同周将军和第三方面人士的简短谈话。在他离开南京之前，蒋委员长向我保证，他只会离开几天，并且，如果我认为他在南京对谈判是合乎需要的，则在我发出通知四小时后，任何时候他都可以回来。

[1] 合众社1946年10月18日南京讯。

在共产党拒绝张家口休战建议和周恩来将军返回南京之间这段时期，虽然在满洲除了有小规模接触和共产党对交通线的破坏以外，局势相对地尚称平静，但华北各地战事还在继续。从10月初起，以及在这段谈判期间，沿平汉铁路线的安阳、石家庄和保定等地区普遍存在着战事。据报告，共产党的努力主要是在于尽量破坏这些地区的铁路线。鉴于国民政府军队在10月11日占领了豫西北的焦作，10月16日又占领了鲁南徐州东北的枣庄，国民政府军队显然正集中其注意力于矿区。焦作和枣庄是两个重要的采煤中心，是一个经常给军调部执行小组造成摩擦和麻烦的根源。在张家口战役最严重的战斗之后，10月13日国民政府部队占领了位于南口和张家口之间铁路线上的怀来。在此期间，所报道的还有沿热河东部铁路线和津浦铁路线沭阳地区发生的其他战斗，国民政府部队在10月21日占领了沭阳城。

这时期的其他重要事件，就是共产党在北满的哈尔滨和齐齐哈尔组织的各次群众示威运动，旨在要求美国军队撤出中国，并抨击美国干涉中国内政。局势恶化的进一步迹象，可以从共产党在南京、上海和重庆等地的人员，经共产党驻南京代表团的请求由美国军用飞机陆续撤退飞返延安一事看出。

不过，这时局势仍然存有某种希望的基础，因为周恩来将军终于由上海返回南京，还因为第三方面积极地参与调停的努力。他们和国共双方商讨时的主要武器是参加或不参加国民大会的问题。这样就使美国调停人暂时得以退居幕后，而把主要责任交付给中国人自己。

二十九

第三方面继续调停；蒋委员长颁发停战令

10月22日早晨，第三方面的九人代表团访问了司徒雷登博士和我，讨论局势。民主同盟领导人之一的黄炎培先生首先叙述了第三方面最近所作的努力：

第三方面原拟劝说周恩来将军前来南京，但因张家口的攻占和宣布11月12日召开国民大会而告失败。然而第三方面仍继续其努力，而且政府派了吴铁城将军、邵力子先生和雷震先生到上海。在这时，蒋委员长发表了他的八项建议，共产党认为这是迫使周将军到南京去的最后通牒。第三方面人士向周将军解释说，这绝不是最后通牒，而且国民政府的代表们也告诉他，八项建议并非停止冲突的先决条件，而仅仅是作为商讨的基础。这时延安广播电台的广播指出了对于共产党来说是必不可少的两点：军队恢复1月13日驻守的阵地和坚持政协决议。第三方面向周将军建议，首先商讨有关停止冲突的事情，接着实际停止战斗，在此之后再商讨其他问题。共产党同意这点。第三方面人士认为，目前国共双方应把国民政府的八项建议和共产党所提出的两点抛开。第三方面希望立即停止冲突，而且认为这就使保持现有阵地成为必需。周将军对此未表同意，但是也未表示任何反对。关于政治问题，第三方面认为，政治事务应当依照政协程序处理，因此，政协综合小组应当处理国民政府改组和国民大会的问题。如果遵循这一程序，则政府的八项建议将会自行实现，共产党也会自动地提交其参加国民大会代表的名单。对于第三方面的这种观点，国民政府代表也有同样的看法，他们承认，这是正确的程序。在这些会谈进行的时候，气氛变得非常友好和乐观，国民政府代表最后提出，既然每个人都一致，则全体都应到南京去。结果第三方面人士和周将军均决定前来南京。

司徒雷登博士对事情在中国人领导下获得了成功的结果表示高兴，在提到有关美国对中国政府援助问题上所引起的误解时，他强调指出，美国已经做的以及打算做的一切，都是为了整个中国——一个统一的中华民国。

这时我说，我从黄先生的陈述得到的印象是国民政府的代表已经同意或默认第三方面提出的程序，即首先商讨停止冲突，然后实际停止冲突，最后再讨论共产党的几点和蒋委员长的八项。因此我特别询及国民政府代表是否同意那一程序，抑或对之仅仅默认。

民主同盟的罗隆基博士回答如下：在某种意义上说政府代表已经同意，而就另外的意义说则他们并未同意。国民政府代表同意第三方面在上海提出的方案，但共产党是否会接受以蒋委员长的八项作为商讨基础的问题尚未解决。代表团在抵达南京的当天晚上，同国民政府非正式交换了意见，可是就在这一特定问题上，国民政府各位代表之间甚至也没有取得一致。不过，看来国民政府坚持要共产党接受八项建议，以之作为商讨颁发停战令的基础。第三方面认为，这等于一个独裁政府发出的最后通牒，共产党不会屈从于这样一个方案。对于那些条件，共产党并未表示强烈反对，其中某些条件是他们赞成和过去提出过的，但是提出这些条件的方法不能令人满意，共产党不可能接受这样的态度——“我提出这些条件，你同意不同意？如果同意，咱们就进行商讨；否则咱们各自好自为之。”

然后我回顾了5月以来我们在努力争取停止冲突方面所遇到的种种困难，并说，现在混乱不清的似乎是，国民政府是同意在停止冲突之后再行讨论蒋委员长的八项建议和共产党的几点以及任何别的建议呢，还是坚持要求以同意八项建议作为停止冲突的先决条件。我指出，从我同国民政府代表和蒋委员长的商讨中，我没有获悉对于商讨的问题将有任何限制。在目前的事例中，国民政府的八项建议中有某些项共产党本身也会坚持。所以该建议是调和的产物，一方面是共产党论点的折中并与之一致，另一方面又符合国民政府的论点。我说，它所包括的诸如交通问题等几项，是已经获致协议的；总之，八项建议部分是国民政府的要求，部分是共产党的要求，而且对部分问题的意见早已一致。我最后说，国民政府（通过其在上海的代表）是否已经同意停止冲突以后再讨论八项建议乃是我最关心的事，因为从某种意义上讲，那正是当前整个问题的核心。

罗博士答称，所有第三方面领导人均认为八项建议“不坏”，但问题是如何处理这件事情。如果政府坚持要求以八项建议作为停止冲突的先决条件，则共产党不会接受，因为这关系到面子问题。他还指出，共产党坚决主张保留今年6月三人小组所达成的全部临时协议，而不愿仅仅保留政府认为对它有利的那些协议。

1947，時任美国驻中华民国大使的司徒雷登在使馆内办公

同第三方面的会议结束时，司徒雷登博士呼吁尽力克服双方的不信任、猜疑和忧虑。他补充道，存在着面子问题和感情问题，美国人指望第三方面积极协助，并将尽力与之合作。

当天（10月22日）稍晚，民主同盟的张君劢博士来访，叙述了第三方面人士、国民政府代表和周恩来将军之间在上海的各次会议。他说，目前共产党觉得他们被打败了，倘若接受政府的八项建议，则无异于投降。他继续指出，八项建议之中有两项是与政协决议相违背的：（1）关于在停止冲突的同时共产党提交其参加国民大会代表名单的建议未依照政协程序，政协决议原来的设想是向改组后的政府，而不是向任何现存政权提交这样一个名单。（2）关于地方政府问题的考虑将满洲排除在外也与政协决议不一致，政协决议原来的设想是商讨中国所有地方的地方政府问题。张博士还发表了这样一种看法：共产党丧失张家口很可能意味着他们决不会放弃哈尔滨。

我说，我严重地关注局势的这一特定方面，觉得这很可能导致谈判破裂和在满洲展开大规模战争。最后，我向张博士保证，我确信，在谈判中对讨论的问题不会有任何种类的限制，而国民政府在其建议中也没有打算作这样的限制。

10月24日，参谋总长兼新任三人小组的国民政府方面代表陈诚将军在俞大维将军陪同下来访，询及周将军是否已对国民政府的八项建议作出答复。我说，他尚未作复，不过，通过司徒雷登博士我曾得到一个副本，据称那是共产党提出的十一条或十一个问题，据说是周将军在一次同第三方面的会议上将这些问题提出来的，在会上他特别强调指出，这些并非要求，而是应当清楚了解的问题。其要点如下：

政治：

（1）政协决议要求改组回民政府，就此而论，关于拟分配与共产党和民主同盟十三或十四名国府委员的问题仍然存在。

（2）政协决议要求召集国民大会，并且在此之前改组国民政府。国民政府的改组是否包括行政院的改组？

（3）在作出关于修改宪法草案的决议之后，关于所有党派在国民大会上保证其正式通过的协定是否仍然有效？行政院是否将对立法院负责？

（4）国民大会是否能够延期？

（5）国民大会代表名额是否会增加？

（6）国民大会代表名单只可以提交给联合政府。

（7）政协决议指的是全中国的地方政府——现在所指的，是全国的地方政府，还是仅仅指的是中国本部的地方政府？

军事:

（1）尽管有今年1月13日和6月7日的条款，政府仍不愿归还最近夺取的地方。那么，如何解决张家口一个共产党师的问题？共产党地区的地方政府是选举产生的，国民政府占领这些地区以后，是否允许原来的地方政府继续存在？

（2）政府仍然想要占领哈尔滨，那是今年6月共产党应允的。

（3）今年6月政府曾把满洲的两个半省分配给共产党并且想要占领安东，对此共产党并未同意。但是，政府现在仍然想要安东。

（4）政府不欲履行其诺言——例如1月13日和6月7日的驻地，以及地方政府问题适用于全中国而不仅仅适用于长城以南地区。

接着我叙述了司徒雷登博士和我自己暂时退出谈判和第三方面寻求解决办法的努力。我说，我的印象是，共产党反对国民政府八项建议中只提出今年6月达成某些临时协议一事，其真实理由是基于这样的实际情况，即他们现在不愿在允许国民政府保有张家口的同时同意国民政府在哈尔滨派驻一支象征性部队。根据临时协议，张家口应由共产党留驻——换句话说，哈尔滨——张家口问题的调整是真正的问题所在。

陈将军对第三方面调停的效力表示怀疑，说，如果2月25日关于军队整编的基本方案不能够执行，则关于所有其他政治或军事问题的商讨都不过是空话。他认为第三方面在寻求主要问题的解决时会碰到难题，周恩来将军所提出的政治和军事的各条就是证明。陈将军在会谈结束时称，蒋委员长在10月31日以前不会从台湾返回。

我答称，蒋委员长曾告诉我，他在几天之内或在我通知他以后四小时就可以返回，长久在台湾逗留对谈判会有直接的影响，因为在外界看来，那好像是蒋委员长在故意回避谈判。关于军队整编问题，我说，在目前的谈判中这是一个基本因素，但是国民政府现在的态度是不现实的，它企图只确定中共军队的驻地，而2月25日的基本方案是要求确定双方军队的驻地；不这样做，会使共产党担心国民政府军队为了便于以后消灭他们的部队而孤立他们。

这时，俞将军称，刚刚接到蒋委员长的电报，说他坚持八项建议中的第三项（该项谈及依照今年6月达成的临时协议重新调整满洲军队的驻地）。他说，蒋委员长还坚决要求共产党在停战令发布之后十五天内撤出安东和通化（沈阳之东约一百三十英里），一个月之内移往松花江以北，而且，到本年年底，中共军队要完成其依照临时协议应作之重新配置。

我问道，国民政府是否认为共产党如期履行这一程序在后勤上是可能的，另外，蒋委员长的意思是指所有在满洲的中共军队都应移往松花江以北呢，还是仅指安东和通化的中共军队。陈将军说，他认为共产党能够履行这样一个时间安排，但是不能肯定所指的是哪一部分军队。

这时，司徒雷登博士参加了会见，他刚刚同周恩来将军会谈回来。司徒雷登博士说，这次会谈的要点是共产党不能够接受国民政府的八项建议。在同陈将军和俞将军商谈结束时我向他们指出，蒋委员长返京如长期拖延，则会被视为妨碍当前谈判成功高潮到来的一种明确的行动。

在蒋委员长暂离期间，军事行动毫无弛缓的征象。10月23日，国民政府军队占领了胶济铁路线上重要据点之一、在青岛西北五十英里左右的高密。这样，国民政府即占有了该铁路线所有的主要车站。在平汉铁路线上，国民政府军队正往北向位于安阳以北四十英里左右冀西南的邯郸推进，而且国民政府军队占领了豫北新乡迤西交通线的终点站济源。沿平汉铁路线的保定地区战事在继续，据报道，大量的国民政府军队即将到达安阳。最为严重的是国民政府开始向安东推进，那是国民政府在满洲的军事将领们10月24日向军调部的美方工作人员透露的。这种行动可能有引起战争火花的危险，那样就会在满洲导致大规模冲突的重演。

尽管冲突已扩大到整个华北，满洲的军事形势仍维持了几个月相对的平静。蒋委员长在同我的谈话中似乎深信在满洲不会有大规模战事，据谣传，那个地区国民政府和共产党的领导人已获致某种协定，这种协定会保证那里不致有普遍的战事。由于李立三本年初夏回到北满，情况复杂化了。李立三是共产党从前的领导人，由于30年代一次党内斗争的结果，他离开中国共产党，逃到了莫斯科。李已被任命为满洲中共军队司令官林彪将军的政治顾问，他在该地区的权限引起种种推测。考虑到李立三和毛泽东之间从前的斗争和中国共产党人更公开地倒向莫斯科的可能性，李显然是一个会被注意的人物。

共产党的宣传仍在继续攻击美国。10月24日，延安无线电台广播了一则呼吁，要求联合国大会组织一个特别调查委员会，对美军“侵犯中国的领土完整与安全”进行现场调查。该项要求以立即撤退一切在华美军和停止对“蒋介石独裁政府”的援助为条件[1]。在本月较早的时候，即10月12日，共产党通讯社报道，“延安各界”群众大会向联合国秘书长发去一电，指控美国武装干涉中国内政，提请联合国大会注意在华美军问题[2]。

解决中国主要问题的努力正是在冲突扩大，歪曲的宣传引起了不信任和猜疑，以及国际形势错综复杂这样的背景下作出的。

局势恶化的进一步迹象，则为在北平军调部内共产党工作人员的减少达到了这样的程度，以致军调部内共产党部分已实际不起作用了。据军调部内美国部分的人员估计，10月25日以前两个月期间北平军调部共产党工作人员已从二百人左右减少为七十人。结果是在各级谈判中共产党工作人员大都由低级人员组成，而他们对于会议常常是不顶用的。除了四个据点以外，共产党还撤退了驻在中国本部国民政府占领地区里的所有执行小组的共方代表。局势变得如此困难，致使美国方面提出了一个双边的执行小组的建议，即在国民政府地区由国民政府和美国人员组成；在共产党地区由共产党和美国人员组成。国民政府已表同意，但共产党迄未表态，虽然他们对执行小组的美国成员的正直并未表示任何直接的怀疑。军调部共产党委员叶剑英将军答应美国委员吉伦，他将在军调部里保留基本的共产党工作人员的结构，如果需要，即迅速调回其人员。尽管有这种许诺，但是军调部的效力已因共产党人员的缩减而遭到损害。

---

[1] 据美联社记者10月24日南京报道。

[2] 据美联社记者10月12日南京报道。

10月25日，民主同盟领导人之一的罗隆基博士通知我，第三方面已从国民政府方面获悉其对周恩来将军新近所提的与蒋委员长八项建议有关的关于政治的七条或七个问题的反应。这些反应如下：

（1）政府将给予共产党和民主同盟十三个国府委员席位；（2）国民政府改组将包括行政院的改组，但要在国民大会会议以后方才实行；（3）政协已通过的事项继续有效，尚未通过者将由政协综合小组或政协宪草审议委员会商讨；（4）国民大会不得延期，尽管为了有更多的时间商讨，在11月12日第一次会议以后有延期之可能；（5）政协综合小组可以决定参加国民大会代表总额是否应增加三百五十名；（6）在停止冲突协议成立之时，共产党必须提出其参加国民大会代表的名单；（7）在关于地方政府的商讨中将满洲除外的问题必须维持不变。

罗博士解释称，第三方面业已建议有关国府委员席位数额问题由政协综合小组商讨，并且持下述看法：既然依照政协决议所有地方政府均归改组后的政府管理或控制，国民政府对此的态度使得由何种机构领导或控制满洲地方政府的问题悬而未决。他指出，共产党希望得到国民政府打算依照政协程序实施政协决议的明确保证，政府就此问题所作的保证对于谈判的进行将有极大的帮助。他继续说，第三方面已将国民政府上述态度转告共产党。他在谈话结束时说，第三方面在同孙科博士和王世杰博士讨论了周将军关于军事的四条或四个问题之后，觉得最好是将这些问题提交三人小组商讨。

我回答罗博士如下：为了不使问题混乱，我希望待到这个特定时刻的详尽讨论结束。我对罗博士谈话唯一的评论是，所谈国共双方表示的意见包含有明显的不准确之处。周将军所提的论据在某些方面看来是熟练地玩弄花招，使得主要问题模糊不清。国民政府的最大兴趣是以2月25日基本方案所提原则为基础的某种军队整编计划有所进展，我的想法与此一致。看来必须使军队实际上中立化乃是一个基本的问题，因为不如此则政治谈判和国民政府改组均属不可能。共产党在继续鼓吹坚持政协决议。然而军队整编为政协纲领的一部分，却是一个共产党未曾提到的问题。因此更加有理由要解决那方面的问题。继续谈判的真正基础是对军队整编问题有一个圆满的解决，关于这个问题国民政府和共产党间过去一直表现出意见的分歧。2月25日基本方案规定了双方军队在不同地区的驻地，但是在6月谈判期间，国民政府认为只有共产党军队的位置将受到限定，这样就会使优势的国民政府军队能够孤立，继而歼灭共产党部队。我曾劝说蒋委员长同意确定双方部队的驻地，但他在10月2日给我的备忘录中再次删略了指定国民政府军队驻地的内容。第三方面也许能够从发现共产党和国民政府之间关于张家口——哈尔滨问题多少存在的一致——即假如共产党不在张家口驻军，并且允许国民政府在哈尔滨配备一支相当大的驻防军，则国民政府可能愿意放弃张家口——来找出目前局势困难的根源。此外，如将安东省作为满洲的一个例外，则在政治解决方面关于地方政府的商讨中将满洲除外的问题也有可能获致某种政治让步。

罗博士答称，共产党觉得政府的八项建议是专横和独裁地提出的，凭着心理上的理由，他们拒绝接受任何一项，即使其中有些他们是可以接受的。他指出，蒋委员长显然希望对他的建议要么正式接受，要么正式拒绝；但是第三方面鼓励周将军不作正式答复，罗博士在谈话结束时请求我劝蒋委员长不要要求正式答复，因为：（1）鉴于第三方面参加两大党之间的谈判，那将达不到什么目的；（2）要求答复将意味周将军和共产党大失面子。

10月26日上午，周恩来将军未经通报来我的寓所访问，这是自他从上海返回以来我第一次见到他。我告诉他，司徒雷登博士和我已从第三方面人士处获悉谈判的种种情况，然后向他说明了蒋委员长台湾之行的详情，说，蒋委员长曾经提出，如果需要他在南京，我可以请他回来，但我并没有这样办，因为我宁愿通过第三方面去指导谈判的进行，而不愿通过我去做。在我回答周将军关于军事形势的询问时，我说我在报纸上读到过一则国民政府进攻烟台的报道，并且接到过军调部关于其他军事行动的报告，我问他，他是否有任何关于军事活动的情报希望告诉我。

周将军回答如下：他听到过多方面的军事行动——国民政府自10月22日开始进攻安东；国民政府从海陆两路向烟台推进；国民政府长驱进入苏北；国民政府从南北两方沿平汉铁路线前进；还有豫北和山西的战事，国民政府的目的显然是想要赢得对铁路线的控制。自从张家口被占以来，情况就是国民政府在所有前线继续推进。尽管谈判的希望似乎已然破灭，但是由于第三方面的努力，而且由于他不能放过继续谈判的机会，所以他从上海返回了。从表面上看，蒋委员长的八项建议好像是最后通牒，因为该建议要求在停战令颁发前即同意这些建议，而且该建议不是一个公平的建议。在第三方面正尽力解决问题的同时，国民政府的军事攻势仍在进行，这就用证据说明了它想以武力取得通过谈判不能得到的东西。既然这些问题关系到军事，他就不能等待第三方面的行动了。既然三人小组还正式存在，所以他有责任向我报告军事形势。他觉得，这些军事推进如果长此下去，则继续谈判已无必要，因而三人小组对此事应采取一定的行动。

我评论如下：关于蒋委员长到台湾旅行一事，对他此时前往我深感遗憾。前两次他不在南京——特别是他长时间在沈阳和北平——我认为极其不幸，当时我同国民政府有极具建设性的争论。我也曾为他从牯岭返回南京的迁延和他视察西安时从重庆来南京的延期而担忧。但是这次，我完全确信他的旅行同周将军的返回南京没有联系，并且我不认为应当把他的旅行断定为与谈判有关的故意的行动。如果第三方面在谈判中达到这样的程度，那时他在南京看来已绝对必要，我想要使他返回南京将是很容易的。

我继续说，关于他提到三人小组一事，我不十分了解他是不是建议立即召开三人小组会议。不过，在倾听他对此的回答之前我先讲几句。我从司徒雷登博士（他在周将军返回南京后曾同周将军会谈）处获得的印象是，我就局势的各个方面同周将军辩论几乎达不到什么目的，因为除去他在上海向我表示的意见外，他对其他任何意见似乎全听不进去。然而他对某些事情的反应，却完全不符合作为那些事情的主角之一的我所知道的事实。例如，他对张家口休战建议的反应在有些方面就几乎与实际情况相反。国民政府原本不想休战，我认为，那是为国民政府的军事首脑们所激烈反对的。只是由于我极力要求，使它必须作出某些妥协，它才考虑休战的。我不喜欢那个休战，事实上我是反对那种为应付环境而安排的休战的。结果达成了妥协，不过是国民政府方面极不乐意的妥协。但是共产党却断定休战建议是国民政府的诡计。如就我知道是事实而非推测的事情同周将军辩论，会是非常困难的，而关于这个休战建议，其情况要比我所说的多得多。我并不是在讨论该休战建议是否恰当，而仅仅是陈述实际所发生的情况。

我说，其次，我要理解他对蒋委员长八项建议的意见非常困难。我可以很容易地理解他对涉及张家口的哈尔滨问题的关心，但是，我无法理解他对其余大多数问题的反应。蒋委员长以往一段时间一直坚持要共产党指定其参加国民大会的代表，但在这次建议中他对这一要求作出了妥协，同意立即重新召开宪草审议委员会，并且以该委员会提出的宪法草案作为国民大会讨论的基础。这最后两项乃是共产党所渴望、并且是我迄今未能获得国民政府积极声明的事情。另一项是地方政府的问题，它实际上是使今年6月末的谈判、特别是关于江苏省的谈判归于失败的障碍物。但是在这次建议中，关于地方政府问题，说清楚了是对中国本部而言。尽管满洲被排除在外（这一点我并不同意），但这还是体现了政府所承担的非常广泛的义务。关于军队驻地，八项建议规定通过三人小组商谈解决。事实上（我现在是谈事实），刚才所述有关宪法草案和以之作为国民大会讨论的基础、除去将满洲排除在外的地方政府问题和军队驻地问题留待稍后商谈等项，均未包括在国民政府原来考虑的各项中，只是由于我施加了极大的压力，这几点才得以在蒋委员长的八项建议中清楚地陈述出来，所以关于这几点不会有不明确之处。在国民政府的有势力的成员方面，对于此刻作这样的声明是非常坚决反对的，要说服国民政府以这种方式承担义务，绝非易事。再说一遍，我并不是在论证这些建议是否恰当，而是仅仅力图讲清楚，那种假定这些建议是怀着邪恶的目的而提出的想法是不正确的。我确信在关于满洲军队配置的临时协议的建议（删去了今年夏末蒋委员长提出的关于安东地方政府的问题）中并不存在不正当的目的。据我了解，除了安东的地方政府问题（对于这个问题尚无明确的协定）之外，成为问题的，是把中共军队配置在延吉，而不是配置在其北方的一个较大城市牡丹江。

我最后说，我所要做的一切，就是要说清楚，对于是什么导致国民政府提出八项建议，我认为他几乎完全判断错了，正是因为这个缘故，司徒雷登博士和我感到十分为难。这种不能正确判断，从来没有像在张家口休战建议事例中那样明显，这是一个被不可抗拒的猜疑完全征服了的很好的例证。我怀疑在此刻讨论这些问题是否得当，但是，作出努力，然后被完全判断错误，似乎太令人失望了。不过，判断错误并不完全限于一方。

周将军回答如下：在他看来，召开三人小组会议不是问题所在，在此刻，那只会导致进一步的争论，虽然他决不反对这样一个会议。关于八项建议，假使颁发停战命令，共产党预料政府的条款将会这样措词：在维持华北和华中现状的同时，政府要求共产党接受以前的条件——即共产党军队应集中于延吉、齐齐哈尔和海拉尔三据点，和满洲的两个半省的地区。这将不会为共产党所接受，结果将是国民政府只有使用武力去达到它的目的。他这时告诉我，蒋委员长下令搞全国性分裂，看来已是既成事实。他特别关心目前的军事形势，想要知道我是否认为还有什么挽救的机会，因为只有这样一种希望才能够增加第三方面成功的前景。

在谈到张家口休战建议时，他继续说，他已意识到所发生的事情。我曾认为他误解了，但是，他对我在此事上所作的巨大努力是完全了解的。然而，国民政府要求在它强加的条件下才实行休战。他的口头答复及此后司徒雷登博士和我发表的公开声明都没有为其后就此问题的谈判留有余地。虽然我曾说蒋委员长八项建议中有若干项体现了让步，但实际上这些并非让步，只不过是符合于国民政府过去一直违背的政协条款罢了。关于这八项建议，国民政府坚持三条准则：（1）政府不从其现在控制的地区撤出，而共产党则须撤退到一定的驻地，例如满洲的两个半省。（2）政府坚决要求共产党履行其今年6月的诺言，例如哈尔滨的地位，但是政府将不履行其对共产党的许诺，例如双方军队维持1月13日和6月7日的驻地。（3）现在仍然坚持政府于六月提出、为共产党所不同意的要求，举例来说，这些要求有：共产党从苏北撤出军队和撤销满洲某些地区的地方政府；仍然拒绝共产党于六月提出、为政府所不同意的要求——在承德保留共产党的驻军即是这种要求的一个例子。结果势必是国民政府将拥有对其原已掌握着省会的整个省份的控制，而共产党控制下的地方在中国本部所剩无几，在满洲也将缩减到两个半省。依照国民政府的准则，不仅会使中共军队被国民政府部队分割和包围，而且地方自治的地域也将缩减到最低限度。在联合政府本身内，共产党员也将减少到不起作用的地步。所有这一切等于迫使共产党投降。国民政府以为它占领着那么多城市就已经取得了胜利，但是共产党从来没有投降过，即使在1927年他们还没有武装的时候也没有投降。那么此刻国民政府怎么能够期待共产党投降呢？过去国民政府处于攻势，共产党处于守势，但是如果完全破裂，共产党也将开始全面进攻，并且利用许多国民政府仅有少量部队的据点以取胜。

我告诉周将军，我不想对他所提各点进行讨论，但是我只想说，就我的观点来看，我承认他的一部分论点是正确的，而一部分我并不认为正确。我进一步评论如下：我发现在国民政府和我本人之间，以及在共产党和我本人之间，均有极大的分歧，而且我痛惜让小事情和小延误妨碍就停止冲突达成协定。那么问题在于什么是小事情，什么是大的考虑。我同意他这样一种看法：召开三人小组会议成功的可能性很小，因为看来双方均怀有敌意。国民政府和共产党之间有两个互相冲突的观点。某些国民政府首脑确信共产党不会遵守任何协议，因而唯有用武力解决。共产党则害怕被置于这样一种地位：军事力量实际上可以摧毁他们的党，或者秘密警察能够对他们大力镇压或实行恐吓。司徒雷登博士和我现在所面临的问题是达成一种妥协，使我们能就停止冲突取得协议，然后进行谈判。我除了对提出讨论的任何问题于双方的基本要求均无重大关系感到痛惜外，目前提不出什么办法。不信任比以往任何时候都严重，更加需要觅取双方均能同意的停止冲突的办法。问题现在被弄得如此混乱，提出讨论的问题那么多，对这一方或那一方的那么多观点均表示反对，在这样的局面下，除非摒弃对两党无重大关系的一切细节，否则达成协议几乎是不可能的。因此我最后的希望是第三方面或许能觅取某种和解的基础，那样比由美国人进行调停更可取得多，因为那将是由中国人自己来解决他们自己的困难。第三方面看来将力图以严格公正的态度从事活动。周将军曾经表示，由于蒋委员长离此去台湾和普遍的军事攻势仍在进行，延安方面要求他返回延安，我认为如果他返回延安，则将是一个大错误。由于同第三方面和国民政府代表已经进行过商讨，并且由于蒋委员长可望返回以进行进一步的讨论，看来为停战做点事，进而讨论悬而未决的问题或许还是可能的。

周将军答称，他想提两点：（1）如果在未来几天内第三方面能够产生具有健全基础的和解建议，他希望就此同他们进行商谈，而这也是他继续留在南京的原因。（2）按照目前的军事形势，情况变得越来越严重了，国民政府似乎想进攻何处就进攻何处；如果这种局势延续下去，则势将失去任何谈判的基础，在那种情况下，他留在南京看来亦属徒然。

我向周将军指出，司徒雷登博士和我曾用尽一切可能的手段去停止战事，均毫无结果——我们关于五人小组的建议，国民政府最后同意了，而周将军却不同意；张家口休战建议，周将军认为无异于投降条件；而我们现在则处于另一多少相似的局势之下，我们想在这一局势下结束冲突，而且我希望第三方面能够成功。

谈话结束时周将军又一次提到三人小组和我参加三人小组的事，我觉得这也许是他再次把我置于调停人位置的间接手法。

第二天（10月27日），我向俞大维将军叙述了以上概述的同周将军的谈话，指出，面对国民政府在满洲的军事攻势的公然复起（这一攻势开始于国民政府代表们在上海请周将军返回南京重开谈判之时），我简直无言以对周将军。我说，这一因素与蒋委员长尚未从台湾返回的事实结合起来，只不过突出了灾难性的局势。我最后说，第三方面曾几次要求我请蒋委员长返回，而且周将军也是在第三方面领导人的压力下才来会见我的。

尽管俞将军在上述谈话中间告诉我，蒋委员长已于10月27日抵达上海，次日即可返回南京，但我已经发出一份注上当天日期的备忘录给蒋委员长，在备忘录中我说，我认为他毫不耽搁地返回南京至关重要。宋子文博士在前一天曾通知我蒋委员长将于10月27日到达南京，但是那天俞将军却告诉我他第二天才会返回。

同一天（10月27日）稍晚，罗隆基博士和另外两位第三方面人士到我的寓所访问，报称，由于国民政府攫取安东（安东于10月26日被国民政府军队占领），使第三方面在谈判中面临着危机。据罗博士说，第三方面于前一天已向共产党代表团提出了三点建议，实际上所有这三点周恩来将军均已非正式接受。但是，当晚上收到国民政府占领安东的消息时，周将军表示意见说，共产党将中断所有的谈判，再进行下去亦属徒劳；在此期间他必须等候延安的指示。

我指出，我请蒋委员长返回南京并非想参加谈判，而是因为他的继续不在和目前的军事攻势对整个的局势不利；因此我于当天下午早些时候致电蒋委员长，催促他返回南京。接着我就国民政府的军事行动对罗博士发表了如下评论：几天以前，陈诚将军告诉我，共产党部队在抚顺和安东之间的某地进攻国民政府的一个军，当时该部正集中准备返回华北复员，结果复员进程受阻，向安东推进属于对破坏复员的上述共产党部队进行反击的性质。这是对于向安东进攻的一种可能的解释，但是国民政府没有提出它进攻烟台的理由。

我力劝第三方面对于所发生的事情不要太沮丧，因为这类做法和行动以前就已发生过多次，并且可能还会再发生。 我说，现在第三方面必须严守公正立场，并且记住双方均对看上去不能达成协议负有部分责任。

然后罗博士叙述第三方面的三点建议如下：

（1）全国所有的部队均各驻留于现在的阵地，停战应立即实施。

（2）全中国（包括满洲）的地方政府问题应由国府委员会加以解决。

（3）政协的五项决议应按照政协规定的程序执行。

他解释说，第三方面正在考虑让国民大会在11月12日正式召开，而将所有议程推迟到一个月以后，以等候少数党派和社会贤达代表的到来。

我指出，国民大会议程无限期推延可能是毁灭性的，并且很可能会导致一场冬季总体战攻势。我说，在几个星期之内即行改组政府乃是一种不切实际的主张，第三方面尽一切可能争取在国民大会方面及早采取行动才是最重要的。我说，他们应该使国府委员会建立起来，在那里就会有争论和商谈的场所，并且应懂得时间极为重要。我指出，在所有这些事情中，必须记住，由于共产党反对美国人的煽动性宣传的结果，军调部目前是软弱无力的。在评论他们的三点建议时，我表示了这样的意见：第一点无疑是稳妥的，第二点只不过是一个取得国民政府同意的问题，而第三点很可能使他们陷入几种隐藏着的危险之中，特别是会纠缠在详细的程序里。在这方面必须作出妥协，而且第三方面一定要坚持国民政府应在最近将来的某个时候、而不是三四年以后实行改组。谈话结束时我强调了避免发表太一般化或太详尽的声明的必要性。

10月28日我同第三方面的民主同盟成员张君劢博士和罗隆基博士作进一步的谈话。张博士说，对第三方面来说，获得共产党参加国民大会代表的名单最为重要，他认为，如果要使第三方面的三点建议能为双方所接受，则那是必不可少的。他说，然而第三方面所面临的形势是，除了蒋委员长八项建议中已经提出的让步之外，政府不愿再作任何让步；倘若政府拒绝作任何政治方面的让步，则第三方面的建议为共产党所接受的可能性就会小得多，共产党认为他们必须坚持在提出其参加国民大会代表名单之前改组行政院。

接着我对过去数月在为获致停止冲突所进行的谈判中作的努力加以说明，指出，选派出席国民大会的共产党代表和满洲的地方政府问题现在仍然是未解决的问题。我再一次强调第三方面一定要避免把问题的关键淹没在大堆细节中，一定要避免听任自身被牵制到琐碎事务中去。

张博士提到第三方面对民主原则的要求，说，看来国民党获得的军事权力愈大，或军队愈强，政府的民主就愈少。他指责蒋委员长是一个独裁者，说他已经独裁了二十年，因而习惯于完整和公认的权力。他认为，即使国府委员会建立了，而且每两周开一次会，蒋委员长也极易将它置于一旁而不顾。接着，罗博士强调了如果其他党派有机会有效地参加政府改组行政院的重要性，因为在国民政府改组以后，行政院里才会有适应于检查选任的条件。

当罗博士提及蒋委员长相信他在任何情况下始终会得到美国政府的支持时，我说，国民政府的官员们对于此种信念已深感幻灭和沮丧。谈话结束时我说，我认识到这种看法的存在，但是我认为，好多个月以来国民政府没有得到美国军需品的事实已经纠正了这种看法。

10月29日，司徒雷登博士告诉我，第三方面已向蒋委员长提出了三点建议，司徒雷登博士将该建议的副本出示给我。这三点建议基本上就是10月27日罗隆基博士向我叙述过的那些，另外再加上更详细的条文。第一点是关于停止冲突的，规定中共军队在北满的齐齐哈尔、北安和佳木斯的驻地应事先予以确定。第二点是关于地方政府的，规定除已在国民政府占领之下的县以外，国民政府派铁路警察接收中长铁路沿线各据点。第三点比较不涉及全面，要求坚持政协程序，特别是要求召开政协综合小组会议和政协宪草审议委员会会议。

司徒雷登博士解释称，蒋委员长认为不能接受该建议，并已召请第三方面的代表们，告诉他们，他们应采用他10月16日的八项建议。

接着，我向司徒雷登博士叙述了前一天晚上我同蒋委员长的谈话：我已把司徒雷登博士和我正在做的事告诉蒋委员长，并且列举了最近发生的事件，这些事件有的令人鼓舞，有的叫人沮丧。然后我详谈了第三方面所作的努力和他们沮丧的程度（这已达到如此严重的地步，以致他们想要退出谈判，返回上海）。我曾试图鼓励第三方面，劝他们不要返回上海。但是，当前国民政府的军事攻势几乎毁坏了获致协议的任何希望。在蒋委员长询及我对于共产党的立场和意图的看法时，我答称，共产党现在实际上已不相信国民政府所说的话，并且确信国民政府的目的是消灭中共军队和摧毁共产党；国民政府对安东和烟台的军事攻势，加上蒋委员长离此去台湾，已足以使共产党在心目中对于获致协议的任何希望归于破灭。我还告诉蒋委员长，共产党并没有投降的意思，他们切望完全停止冲突，但是不知应采取何种步骤去达到这个目的。我指出，共产党损失了城市，但并没有损失军队，而且也不大可能损失军队，因为他们没有建立一个据点或在任何地方作战到底的意向。蒋委员长或许能够取得哈尔滨，但是这会使国民政府陷于无止境的困难。共产党对蒋委员长和国民党领袖们的动机更加怀疑，表现在他们现今对美国人也感到不可信任。

蒋委员长答称，停止战争的时候已经到来，但要求我不要将此事告诉第三方面。于是我向蒋委员长解释说，这第三方面的出现是目前局势中唯一的希望，并且劝他尽量重视他们，作些让步以建立他们的威信，鼓励他们对他坦白说话。然后我要求蒋委员长第二天（10月29日）早晨会见第三方面的代表，倾听他们的建议或意见。这一点蒋委员长同意了。

10月30日司徒雷登博士通知我，蒋委员长当天曾告诉他，他准备再作两点让步：

（1）停战令对于满洲及中国本部均属有效。根据6月间的协定将军队予以重新配置。地方行政亦将全国划一办理。

（2）沿中长铁路干线的城市和县城，除了那些已在政府占领之下者外，在国府委员会改组以前不去接收。

正如我在此时告诉第三方面某些人士的，共产党目前的立场颇不合乎逻辑。他们始终坚持认为国民政府的将领们决心用武力来解决目前的问题；然而他们却显然冒着延续和扩大战争的危险，指望国民政府会为了得到共产党参加国民大会的代表名单而作出让步。此外，国府委员会和地方政府的问题，现在并不难于解决，而当前主要的悬而未决的问题看来是行政院的改组。看来共产党和民主同盟很重视这一问题，把它作为召开国民大会的一个先决条件。如果国民政府同意任命共产党及其他少数党派成员为某些不管部会政务委员和行政院之下一两个部会的首脑，则有可能说服共产党让步。我曾集中努力于树立第三方面，以便能够取得一项政治解决，但是他们当中一些人变得如此懊丧，以致正在考虑返回上海；问题是要使他们认识到军事问题的解决受政治问题的影响极大的事实，而且还要使他们在国民政府和共产党均欲分化他们的压力之下，能够团结一致并且保持强有力。

11月3日，张君劢博士和罗隆基博士为了对局势作进一步商讨而来访，张博士称，前一天他曾向蒋委员长提出召开一次国民党、共产党和第三方面代表参加非正式会议的想法。他说，蒋委员长似乎已接受了这一意见，而周恩来将军对于此种建议也是易于接受的。他继续说，关于在第二天举行一次上述党派代表参加的全体会议的计划已经制定，并且还要草拟一份将由不同的委员会分别讨论的各种突出问题的议事日程。

为答复张博士请我发表意见的要求，我说，我认为目前举行三人小组会议毫无意义，因为该小组仅仅能够处理军事问题。我指出，如果战事不首先停止，关于军队配置就不可能有什么有益的讨论，而现在的问题是如何通过政治解决去达到停止冲突的目的。我建议第三方面集中努力于解决国民党和共产党之间突出的政治问题：即共产党何时、向谁提交他们参加国民大会代表的名单（国民政府不会同意在共产党提出这样一个代表名单以前停战，而共产党只愿将该项名单提交给一个改组后的政府）。

张博士表示意见说，政府于行政院改组以前应做三件事：（1）建立一个统一的文官制度，以便为所有部会提供一个用人的标准；（2）建立预算制度，以便各部会的经费均按此制度所分配给的拨款为限；（3）确立各部会的基本方针。

11月4日，司徒雷登博士告诉我，他接到共产党代表王炳南先生的两封信，其要点表明王先生切望司徒雷登博士就共产党在目前谈判中的行动发表坦率的意见。王先生尤其想要知道，如果国民大会召开而无共产党参加，美国的反应会是什么。司徒雷登博士说，他认为，如果共产党表示出将要参加的明确意向，则蒋委员长会推迟召开国民大会的日期；如果除共产党之外的少数党派表示其参加国民大会的意愿，他就会颁发停战令。

我说，看来此刻的主要问题是共产党希望行政院改组，这与共产党除了向一个改组后的政府之外，拒绝提交其参加国民大会代表的名单有关，而所谓改组后的政府，在他们来说，意思就是改组后的行政院。我叙述了张君劢博士对他认为在行政院改组之前必须做的事情的意见，并且提到周恩来将军有可能被任命为交通部长。

司徒雷登博士答称，蒋委员长曾说，只有在国民大会召开以后，他才改组行政院，而且宋子文博士今天曾告诉他，就他个人来说，如果此时行政院改组，共产党人也不会被包括进去。宋博士补充道，国民政府改组以后，根据普选，共产党人或许能够逐渐被接纳入行政院。

11月5日，司徒雷登博士和我如约拜会了蒋委员长，并且就局势进行了长时间的讨论。我提到国民党、共产党和第三方面的代表们预定举行的会议（这是张君劢博士曾经对我述及的），并告诉蒋委员长，我已被告知，会议因国民政府拒绝参加而未举行。

蒋委员长解释说，由于许多迹象表明共产党想要排除美国的调停，所以政府不愿参加。对此我答称，因为这一原因致使会议不能举行，实在令人遗憾，因为那不是一个用压力能解决的问题——共产党接受不接受我们调解，他们信任不信任我们以及他们对此问题的决定，任何其他手段均不可能奏效。

然后，蒋委员长提到第三方面同周恩来将军在11月5日举行的一次会议，在会议上周将军应第三方面之请，说明了共产党的要求：

（1）共产党不能接受为一纸停战命令，而以其参加国民大会代表的名单作交换。

（2）解决办法必须包括比改组行政院协议更多的内容，因为还有地方政府问题和蒋委员长在政协的四项诺言。

（3）停止冲突以后军队可以留在现驻地不动。

（4）政治程序：①政府改组，包括行政院改组；②召集宪草审议委员会，须保证其宪法草案能为国民大会所通过；③商定所增国民大会代表名额之分配及国民大会开会日期；④地方政府问题的解决应包括满洲，并应依照政协决议实施之；⑤履行蒋委员长的四项诺言：

军事：（a）全面停止冲突；（b）恢复军队原驻地，因为百分之八十的国民政府军队现在在共产党地区；（c）恢复各地交通；（d）就军调部及所属之执行小组的权限和职责作出决定。

蒋委员长继续说，周将军所提解决军调部及执行小组内部争端，即表明共产党希望排除美国的调停。我说，我不同意这种看法，因为其余大多数项目含有与此相反的意思。蒋委员长在结束讨论时说，停战的时候已经到来，他准备无条件停止冲突，希望我们能对宣布实行停战和即将召开的国民大会贡献意见。

次日上午，司徒雷登博士和我讨论了蒋委员长应取何种形式宣布停战和召开国民大会。我认为，他应发布一项停战命令，并以这样一种方式对之加以利用，即：使它对共产党就国民政府改组问题继续谈判能给予充分的鼓励。在全面讨论之后，我们一致同意，在声明中应包含宣布蒋委员长已颁发了从某时起停战的命令；他打算如期召开国民大会；他准备于国民大会第一次会议之后即行休会；以便下列各项得以实现：（1）共产党为指定和集合其参加国民大会的代表制订合理计划；（2）宪草审议委员会依照政协决议完成宪法草案；（3）国府委员会分配十个席位给共产党，因此，社会贤达减少至两席；（4）行政院改组。美国驻华大使馆应我的要求制订了一份计划，提出了上述各点中包含的总的意见，并规定行政院现有十八个部会的分配如下：国民党十一席；共产党三席；民主同盟两席；青年党两席。按此计划，共产党和民主同盟将各给予一个主要部会长官的名额，而将五个不管部会政务委员名额分配给社会贤达。

在我们提交给蒋委员长的声明草稿完成之前，我们极机密地得到了他所准备的这样一个声明草稿。读了他的草稿令人沮丧，因为它具有挑衅性质并且是混乱的，其文字竟如此淹没了停止冲突的主要意思，以致使声明的真实意义丧失殆尽。我们的草稿由下列各主要之点组成：

政府已命令国民党军队，除为防守现地所必须者外，停止其他军事行动。政府希望与共产党立即达成无条件停战的协定。

政府已正式决定于11月12日召开国民大会，并准备同意国民大会立即暂时休会，直至下列条件完成：

一、留充裕之时间俾进行选举及待尚未选出之代表的到来。

二、政协综合小组业已同意改组国府委员会，且国府委员会业已成立。

三、宪草审议委员会应以政协协议所提之原则为基础，完成其工作。

此等条件均已完成时，国民大会应即复会，并照提出之形式通过宪草。

依照政协决议，行政院之改组应为国府委员会之职责，而且，此种改组包含政府行政部门之急剧改变，必须谨慎从事以达成之。

蒋委员长声明草稿之要旨如下：

停战协定、恢复交通协定及军队整编方案之所以不能实施，共产党应负责任。该党犯有各种军事活动的罪恶，而且它违犯了所有的政协决议。政府之军事行动实属自卫措施。政府已明令国民党军队留驻现地，并停止对共产党的进攻。

政府将保留共产党出席国民大会之代表名额，希望它能参加。请共产党参加三人小组会议，在蒋委员长八项建议的基础上，商谈军队驻地分配，以及恢复交通与军队整编统编等办法之迅速实行。国民大会将于11月12日召开。国民大会闭会以后，政府准备依据政治协商会议决议扩大政府之基础，俾各党派均能参加国民政府及行政院。政府拟向国民大会提出宪草审议委员会未完成之修正草案，但政府对国民大会自由行使其法定之职权将表示完全尊重。此次国民大会闭会以后，六个月内，即举行全国普选。在第二届国民大会时，各党派仍有充分的机会提出对宪法的修改意见。

11月7日，司徒雷登博士和我拜会了蒋委员长，把我们所拟声明草稿的中文译本提交给他。我们向他指出，由于他那份声明草稿的冗长、老调重弹和挑衅性质，在国外将会受到非常不好的评价。我们又说，就我们的预料而言，那样的声明将会在少数党中间引起恶感，并且将会丧失掉一个要停止冲突的声明所能产生的大部分宝贵效果。

蒋委员长答称，当草拟他的声明时，他必须考虑若干重要之点：

（a）虽然以前在政府内对政府应采取之行动方针存在意见分歧，但最近在政府内对应遵循之方针已完全一致，即武力的方针，相信别无他法能够最后解决问题。

（b）他必须慎重考虑1936年被合法选举出来、现在南京的国民大会的代表们。如果他们因国民大会长期推延而遭忽视，则将引起非常严重的局势，甚至于可能在南京促成骚乱。而且，关于宪法的考虑，倘若他过分地强调政协对国民大会程序的影响，他就会严重地伤害国民党内这一大群人的感情。

（c）鉴于目前推进军事攻势所蒙受的损失，他必须非常慎重地考虑军队，因为宣布停止冲突，即实际上等于放弃政府的立场。他说，在国民党军政首脑们面前，他不可能赞成我们的声明草稿中所提的无条件停战。

（d）实际上只有他一个人相信可以并且应该用和平谈判方法解决问题和停止战争。

蒋委员长在谈话结束时请我们考虑他所作的说明，并且据此就他即将发表的公开声明提供意见。

我答称，我需要有机会与司徒雷登博士商量。因为我对于作为一个美国政府的代表，是否应该参加一项依照他所表示的观点来起草文件的工作颇多顾虑，一般说来，他的观点是与我的意见和我所认为的美国政府的意见不相容的。我补充道，不管怎样，我将与司徒雷登博士商议此事。

在这次谈话中，蒋委员长强调他反对像我们的声明草稿中所提出的，国民大会召开以后即实行暂时休会，其理由为：休会期很可能会无限长，这样会激起业已集合在南京的政府成员们的严重反应，而且会被认为是相当彻底地抛弃了政府迄今一直坚持的立场。

11月8日，司徒雷登博士和我应蒋委员长之邀再次往访。我们匆促地重新准备了一份声明草稿，表达了蒋委员长所表示的观点，删除了与其观点相反对的那些部分。以下为该草稿的要点：

政府已明令国民党军队，除为防守现地所必须者外，停止其他军事行动。

政府已正式决定于11月12日召开国民大会，并将保留共产党出席国民大会之代表名额，希望它参加制宪。政府还希望共产党授权其代表，参加三人小组的会议，根据蒋委员长10月16日声明所提之各点，商谈恢复交通与军队整编统编等办法之迅速实行。关于国府委员会之改组应获得协议，而且国府委员会应正式成立，以便它能立即依据政协决议实行其改组政府之职权。政府将向国民大会提出宪草审议委员会未完成之修正草案，不论本届国民大会所达成的决议如何，该修正草案均应看作是在所有各党派代表对之进一步修正并由下届国民大会予以通过以前的临时宪草。

当我们到达时，蒋委员长说，下午1点他的政治和军事顾问们将要开会决定：（1）是否应停止冲突；（2）国民大会是否应延期。这就是他要会见我们的原因。

我们提出了我们所拟的草稿，并且口头陈述了他提出并被包含在草稿中的各点。我告诉蒋委员长，在提交这个草稿的时候，我希望他了解，作为美国政府的代表，我并不赞同该声明，因为我们仅仅是在尽力帮助他，犹如他的参谋人员帮助他把他的意见草拟出来一样——只不过是用一种最不含挑衅性质的方式罢了。为了充分肯定他是了解我的意思的，在会见结束时，我又非常仔细地复述了这一说明，并且补充道，我完全不赞同他的军事首脑们的意见。

蒋委员长要求我们准备在他与他的军政首脑们会议之后同他会见，并且对我们的努力表示感谢，对我们的立场表示谅解。

在同蒋委员长的这次会见中，司徒雷登博士相当详细地叙述了前一天晚上周恩来将军和第三方面代表之间的一次会议，在会议中少数党派作出了一项决定，即应对蒋委员长10月16日的正式建议作出答复。周将军表示意见说，国民大会应推延一两个星期的有限时间，在此期间三人小组的成功的谈判或许能够完成。

周将军和第三方面之间这次会议的结果，是前者于11月8日写信给我，这实际上构成了对蒋委员长八项建议的答复：该信并未确切表示意见，仅偶然提到那八项，但的确对继续谈判与和平抱着坦率的希望。我于同日迅即将该信的副本转致国民政府。

11月8日晚上，蒋委员长的一名参谋人员给司徒雷登博士和我带来一份声明的副本，这份声明蒋委员长建议于当晚发布。我说，感谢蒋委员长在发表之前先让我们看这声明，但我对此无评论可言，因为我反对国民政府的态度。蒋委员长于当晚发表的声明在若干方面与我们提供给他的最后的草稿不同。该声明的要点如下：

蒋委员长10月16日之八项建议应为停止冲突协议之基础。兹已明令关内外国民党军队，除为防守现地所必须者外，停止其他军事行动。

政府将于11月12日正式召开国民大会，并将保留中共及其他党派在国民大会应出席之代表名额，仍望其随时参加制宪。政府还希望中共立即派出代表，参加军事三人小组会议，根据蒋委员长10月16日声明所提之各点，商谈停止冲突办法与今后军队驻地分配，以及恢复交通与军队整编统编等办法，以期从速实行。关于国府委员会之改组，望能早日获得协议，俾得正式改组成立。此次国民大会未闭会以前，不可能实现行政院之改组。政府拟向国民大会提出宪草审议委员会未完成之修正草案。此次国民大会闭会以后，六个月内，即依照宪法举行全国普选，以产生下届国民大会，故各党派在下届国民大会对于宪法如有修改意见，仍可依法提出修正。

上面提到的主要差别在于国府委员会、行政院和待通过的宪法草案方面。在蒋委员长发表的声明里，他表示希望国府委员会将加以改组，以便依照政协决议行使其改组政府的职责[1]。这应包括行政院的改组，但蒋委员长的声明却仅仅宣称在国民大会会议以前将不进行这种改组，而且未提及政协决议。

在蒋委员长向国民政府军队发布停战命令之前，军事局势并无改善的迹象。豫北冀南沿平汉铁路线的战事仍在继续，并且有迹象表明，国民政府准备从豫北新乡——安阳地区往北进攻。军调部驻长春前进指挥所的中共人员通知该指挥所美方人员说，由于国民政府对安东的攻势，6月7日的休战已遭到破坏，因此共产党提出不再参加执行小组的调查。他们建议撤回执行小组，并且对目前情势之下前进指挥所的作用表示怀疑。美方代表力主保留执行小组，希望能执行将来的协议，并且对安东的攻势进行调查，作为有案可查的事件。结果共产党同意继续暂时合作。在就此获致协议之后不久，国民政府军队占领了通化。这座城市是蒋委员长离开南京、暂去台湾的时候，国民政府要求中共军队撤退的满洲城市之一。

局势中另外一个相当重要的因素，是由于共产党的恶意宣传对美国人的攻击，结果使军调部降低了效能。应我的要求，军调部美国委员准备了一份关于军调部因这些攻击其职能削弱程度的调查。其主要之点如下：

由于在广大共产党士兵心目中引起的对美国军官敌意的反对和猜疑，军调部执行小组受到了不利的影响。反美游行表现出完全缺乏自发性，共产党控制下的解放区的反美运动，就其对人民和非正规军士兵的影响来说，显然没有收效。毫

[1] 根据1949年美国国务院发表的《美国与中国的关系》（白皮书）第206页，此句似应为“在蒋委员长发表的声明里，他表示希望国府委员会将加以改组，而司徒雷登博士和我最后重新草拟的声明，则表示国府委员会应加以改组，以便依照政协决议行使其改组政府的职责”。——译者

无疑问，在正规军和执行小组与之有频繁接触的普通低级官员方面，怀疑和敌对情绪是加剧了。共产党地区执行小组的工作将会受到阻碍，但是宣传的影响尚未达到使执行小组的作用化为乌有的程度。不过，如果在南京举行的成功的谈判导致休战，则局势会大为改善。此后，目前的反美宣传的取消，将大大有助于美方人员在同共产党人接触中取得圆满的效果。

蒋委员长停战命令的颁布，为国民大会不是在内战环境，而是在和平环境中召开提供了条件。不过，照我看来，实行停战的办法却并非没有争论的余地。事实上，它仍然含有以重开战事来强制推行一个政治决议的明显的威胁。更为重要的是，国民政府对于国民大会的筹措并未充分遵照政协协议。换言之，如果代表全数出席，则占压倒优势的国民党员的绝对多数的票数，即可决定宪法的性质，而无须过多考虑在政协中各方面同意的基本保证。司徒雷登博士和我曾建议在国民大会正式开幕后，应暂时休会，国民政府对此建议不愿同意，我们认为，这就错过了一个以和解方式利用停战建议的极好机会。

三十

三人小组非正式会议；国民大会于11月15日召开；周恩来将军返回延安

11月9日，俞大维将军交给我三人小组政府代表陈诚将军发来的一份备忘录，他在备忘录中宣称：国民政府主席已于11月8日命令中国全境国民党军队一律停止战斗，各部队留驻现防阵地；本命令将于11月11日中午生效。陈将军要我通知三人小组的中共代表，并请他出席一次小组会议，以便讨论停止冲突的措施。

我问到蒋委员长对这样一次会议的意图时，俞将军答称，首先可能要由中共发布一项停战命令，而后，三人小组或许还要为部队的重新配置或调整拟定种种办法而进行磋商，因为，双方军队的脱离接触也许已成为最重要的事情。

我的回答是，要使双方军队脱离接触，就会立即使三人小组纠缠于必须经过非常仔细的研究方能取得有关各方一致同意的某种安排。

第二天（11月10日），周恩来在收到我送去的陈诚将军的备忘录副本后来访问我，探询有关时局的更详尽的情报，特别提到了政府发布停战命令和要求举行三人小组会议的问题。

我对周将军陈述如下：我以为，蒋委员长发布停战命令的目的是要为国民大会的召开创造更有利的局面。我一向为之努力的目标是达成一项正式停止冲突的协议，而陈将军的提议之所以使我感到鼓舞，是由于我设想他会希望讨论停止冲突，并且想要为发布一项适用于双方军队的停战命令获致协议。（同一天晚些时候，俞大维将军向我证实，国民政府的意图仅仅是要在三人小组会议上讨论停止冲突。）

对此，周将军表明了如下的看法：他想起6月谈判结束时国民政府对其所属部队发布的命令在措词上和现在的停战命令有些相似，然而，在随后的几个月里，国民政府却发动了一场规模巨大的军事行动。因此，他以为，除了改换一下南京方面的气氛之外，停战命令不会给局势带来任何实质性的变化。国民大会的召集方式违背了政协决议，这样的“国大”将得不到中国共产党的承认。现在争执的焦点可以归结为，或者是国民政府取消国民大会并按照政协决议召集政协综合小组委员会，再根据那些决议和政协规定的程序解决全部争端——即：改组政府、完成宪法草案的修订、讨论有关国民大会、地方政府和保护人民的自由和权利等问题——或者是国民党政府置共产党和其他党派人士的意见于不顾，而在11月12日正式召开作为合法机构的国民大会。这种情况一旦出现，事情也就到了无可作为的地步，政协程序将被破坏无遗，举行任何一种会议以讨论政治争端的基础也就荡然无存。共产党欢迎举行一次三人小组会议，但在开会之前，周将军认为，必须对下述两点具有明确的理解：（1）如果在预定的国民大会会期前的两天时间内就政治问题所作的讨论未能取得成功，国民大会又不推迟，就会在实际上发生政治上的破裂，这势必会对军事问题产生影响——因此，问题是停火协议的讨论能否成功；（2）根据蒋委员长的声明，三人小组的讨论将以八项建议为基础，而八项建议却是共产党所不能接受的；换言之，会议将在很少成功可能的情况下举行。

我告诉周将军，从俞大维将军的陈述中我得到的印象是，蒋委员长希望小组会议到11月11日一早就能取得成果，要解决的问题仅限于发布联合停战命令，因为有限的时间肯定不允许就军队的重新配置及其有关事宜达成协议。既然共产党长时期以来一直坚持全面停止冲突，我以为，周将军应该利用这一机会在政治争端获得解决以前先使战事得以终止。

周将军回答如下：共产党方面确实一直在为停止冲突而奋斗，并希望能使它成为真正的持久的和平，而不是像3月27日协议和6月谈判结束后所出现过的那种假和平。但是，如果在达成停火协议的同时，国民党继续贯彻其召开国民大会的计划，其结果将是在实行军事休战的同时发生政治破裂。在这种情况下，军事休战的有效性将大可怀疑。如果没有可能取消国民大会并召开三人小组会议和政协综合小组会议以求得全盘的解决，他的全部使命就会被置于成问题的基础之上，共产党代表团也就有必要返回延安，以便在形势有了变化的条件下进行讨论和领受新的指示。

我的回答是：我没有获得任何情报足以表示政府会同意推迟国民大会的召开或是在正式召开之后暂时休会以便采取某种行动，例如，由宪草审议委员会完成宪法草案的修订和改组国府委员会。我倒希望过能出现某种这样的折中，以便采取这一类行动。我坦率地认为，不管激怒的原因如何，周将军由于他自己压倒性的疑心而已经达到了不相信一切的地步。我曾一而再地对政府施加压力以求得其立场的缓和，竟发现我所取得的成果尽管体现了共产党和其他小党派的愿望，却总是遭受怀疑。我曾经希望有第三方面人士参加到谈判中来，以解除种种误会所加给我的负担，我也曾由于政府要求谈判停止冲突而受到鼓舞。然而现在，周将军的反应却使我感到沮丧。我以为，他在力求对时局作出合乎逻辑的估计时，特别是考虑到对于中国人民所具有的重大利害关系，应该竭力排除这种压倒一切的疑心病。

周将军回答道，既然有明显的迹象表明国民大会不会推迟，他对于应该如何向延安报告感到十分困惑，因为他无法理解军事上的停战怎能在政治决裂的局势下实现。

我回答说，像他一样，我也感到困惑。由于我不熟悉中国人所特有的那种政治权术，我总是不能确实理解双方政治行动背后的真实用意；但是我相信“哪里有生活哪里就有希望”，我已经根据这种信念而向前走了好几个月。我说，我觉得共产党在坚持政协决议方面更为注重的是程序上的细节而不是原则。我奉劝周将军参加三人小组会议，这样，他就会有可能断定所要解决的问题是否仅限于停战命令。我指出，这是可以很快达成协议的，于是他也就有可能断定这种协议是否能导致国民大会和改组政府的争端的调整。我还谈到，有时我觉得，今年夏季以来在军事上发生的许多问题本来是可以由于采纳举行五人小组会议以解决国府委员会问题的建议而事先加以避免的，但是我们已坐失良机。我说，如果周将军当时不坚持无条件停战，国府委员会的问题本来是可以解决的。陈将军建议的意思就是那样，我曾因此而受到鼓舞，并以为这一问题的顺利解决会增进在政治问题上达成某种协议的机会。周将军说，现在要考虑到不同的因素了，因为在关于五人小组的建议被提出时，还有充分的时间可以讨论国民大会的问题；而从那时以来，政府已占据了许多共产党的地区。他又说，政协综合小组非正式会议开会的那一天他将出席，以便在政治方面再作一番努力，他也愿意参加三人小组的一次非正式会议，以便了解陈将军对军事问题及其与政治争端之间的关系所持的见解。

由于取得了周将军的同意，三人小组在11月11日上午举行了一次非正式会议。这是6月谈判以来三人小组第一次集会。由于考虑到众所周知的那种强烈情绪，会议一开始，我就敦促与会代表在讨论中全都尽可能克制。

周将军首先表示，停止冲突是军事问题中最重要的一项，他希望能对此加以讨论，而把改编军队、恢复交通之类的有关问题留待最近的将来去解决。

周将军作了如下的评述：他回想了以往两种不同的经验。第一种经验包括1月10日停战协定、3月27日关于派遣执行小组进入满洲的协议和6月间适用于满洲的休战协议。第二种经验是6月底国民政府单方面发布停战令。在这项命令的掩护下，国民政府军队取得了巨大的军事进展，百分之八十六的国民党军队集结到与共产党地区邻接的地区，或是深入到共产党地区以内。有鉴于这两种经验，并由于下述两点原因，他对国民政府现在的停战令感到困惑不解：（1）他收到的报告表明，国民政府军队正在包围和迫近延安；（2）政府驻延安的联络官正在准备撤退，而侦察机则活跃于延安上空。同时，国民政府军队还在苏北和平汉铁路沿线发动攻势，凡此种种都使他不能不想到，目前的停战命令很可能要归入他所描述的第二种经验那一类。而更为严重的政治因素则是即将于第二天召开的国民大会。国民政府现已通知第三方面，政协综合小组今天将不举行会议，挽救时局的唯一途径只能是由共产党、其他小党派和社会贤达提出他们出席国民大会的代表名单。目前看来似乎不存在研究解决停止冲突这一问题的基础，因为军事总是服从于政治的：一方面是就会出现政治破裂，另一方面则单方面发布了停战命令，却又保留了可以随意利用的“防卫”的借口。他想要问一声政府代表（陈将军和俞大维将军），他们是否认为还存在着几分挽救时局的希望。如果尚有挽救政治局势的某种可能，他就愿意认真考虑军事范围内的任何可能。

陈将军随即扼要阐述了他对停止冲突具体措施的想法：首先，就地停战，并派去执行小组以进行必要的调整；然后，在执行小组到达之后，设法把敌对双方的部队分隔开，并安排必要的部队调动；第三，为解决执行小组内和军事调处执行部内的意见分歧而拟订某种办法。陈将军最后表示，如果能就军事问题达成协议，他希望这会对政治问题的解决产生能够导致进一步协定的影响。

我随即表示了如下的意见：举行这样一次三人小组会议就是重要的一步。我曾在一系列会议上声明，我不赞同任何一方的意见，在目前这个时刻，我还要对这一点加以强调重申。不论明天召开国民大会在目前可能带来何种政治上的复杂情势，也不论大会的召开可能产生何种决定性的影响，我都觉得，能为停战——而不是休战——作出一项安排，就不能不对恢复某种程度的信任发生良好的作用，从而使取得某种政治上的折中成为可能。国民政府方面根据单方面的决定发布了一项以一定条件为前提的停战命令这一事实，据我看，对于是否应该把握时机以某种确定的方式停止冲突这一重要问题来说，只具有次要的意义。就中国人民而论，停战肯定不会带来任何损失。我同意周将军的看法，即当前的形势离奇而又复杂，因为尽管存在着严重的政治分歧，我以为，我们却正在接近于达成一项军事协议。然而，当我想起以往十个月妨碍我们取得成功的所有纠纷时，我认为，单单牵涉到停止冲突的这种纠纷倒是最不严重的一种。在我所参与的这类会谈中，我始终一贯地表达了对于冲突持续不已所感到的不满，并且对成为我们最大灾祸的报复行动深感痛心。我的观点可以归结为：如果我们能够找到一条立即结束冲突的途径，这就一定会使总的局势得到改善；对于所有各方都是越快越好。

周将军说，目前的困难在于预定的国民大会会期，到那时，一切的政治会谈都不得不告中断。他认为，既然政治问题的会谈没有可能在今天举行，那么打算解决军事问题就更难设想。他补充道，一旦国民大会召开，执政党就会说，这是合法机构，而反对党将否认其合法性，于是整个国家就要陷于分裂。周将军继续说，他还不能作出具体的答复，因为他毫无准备；但是他仍然愿意作出一切努力，并愿听取陈将军就他的建议所作的详细说明，然后，他才会有可能向延安提出报告，并由他自己加以研究。

陈将军回答说，以下就是国民政府作为进一步讨论的基础而提出的单方面建议：（1）直接接触或实际交战的双方部队司令官立即宣布停火，并在执行小组到达以前，和对方司令官取得联系，以谋求当地停战的实现；（2）执行小组在必要时可要求对彼此接触或处于交战状态的双方部队位置进行调整，可依情况要求一方或双方后撤一定距离——据认为是1946年11月11日中午存在于当地的双方位置将成为调整的依据；（3）如果在执行小组成员之间，在长春前进指挥所或军事调处执行部内发生了意见分歧，应遵循6月所作的规定加以解决；（4）军队的整编和配置将由三人小组尽早进一步讨论解决。

周将军对这几点的评论如下：如果有必要为讨论提供某种依据，他愿意指出，三人小组在6月谈判期间拟订的四个文件的草案目前可以充当基础。以这些草案与陈将军的建议相比较，可以发现有若干相似之点，但也存在着极大的差异。这种差异可从两方面来看：第一，停战安排将就地执行，就这一点而论，双方的立场是相同的，但是第二点的问题是，部队的位置将恢复到何种状态。六月的文件曾规定了两个步骤：首先是在十天内在全国恢复到6月7日的状态，第二步则是在二十天内在中国本部恢复到1月13日的状态。而陈将军的建议却对此只字未提。周将军不准备立即讨论这个建议，但是他答应把它发往延安，同时，他自己也要加以研究。在这次非正式会议上，他所采取的态度是试图对政治谈判施加某种影响，并以此作出他最后的努力。

陈将军指出，军队的配置肯定是要讨论的，但是首要的任务应该是解决停止冲突的问题。他说，他不记得6月谈判在满洲停止冲突的文件中曾对驻防地区有所规定。

我插话道，满洲的防区是规定了的。周将军接着说，在6月的休战谈判中，曾规定以6月7日的状况为基础恢复部队驻防位置，但是未能就有关各师指挥部驻地的条款达成协议，虽然双方都就此提出了一些方案。

在周将军对此作了进一步的评论之后，我提议三人小组休会，到中国双方商定的一个日期再行复会。但是会上未能就复会日期达成协议。最后发言的是俞将军，他认为浪费过多的时间在辩论上是不适宜的，这只能拖延停战问题的解决而已。

这时司徒雷登博士告诉我，在孙科博士官邸举行的一次会议上，周将军曾要求国民大会延期，而政协综合小组实际上已对国府委员会的组成取得一致意见，并且似乎已经同意，在国民大会召开之前先为行政院的改组拟定计划，但是要到国民大会休会后才予以宣布。国民政府显然是在这时中断了政协综合小组的会议，因为第三方面人士曾被政府代表告知，该小组将不在预定的11月11日举行会议。然而，11月12日，在孙科博士的官邸却又举行了一次非正式会议。这多半和蒋委员长于11月11日夜间就延迟三天召集国民大会所作的决定有某种关联。他告知司徒雷登博士，在社会贤达代表的紧急请求下，他同意了这样一次延期，而他们则允诺，如果获准延期，第三方面将提出自己的代表名单，共产党人可能也会这样做。

11月12日，我和周恩来将军又作了一次长时间的商谈，他告诉我，他刚从政协综合小组的一次非正式会议上回来。周将军对这次会议作了如下的描述：

王世杰博士提出了一项两点建议：（1）他希望其他党派能承认将于11月15日集会的国民大会，并希望他们能参加这次会议；（2）他希望在国民大会召开之后，其他党派将不认为这是一次分裂，并继续举行谈判。他已通知王博士，共产党不参加也不承认这个国民大会，因为这是由国民党单方面召集，也是由国民党单方面延期的。他还告诉王博士，引起政治分裂的是国民政府而不是共产党。

周将军继续说道，共产党方面已经在张家口被夺取时表现了忍耐，并且不顾国民党的这一行动而返回南京以谋求进一步的谈判。共产党在国民政府攻占安东之后仍继续谈判，他本人则在国民政府的请求下留在南京达十八天之久而未能有机会和政府方面作直接的会谈。共产党之所以一忍再忍，是因为他们深知这些问题较之国民大会只具有第二位的重要性。如果共产党人此时返回延安，这样的行动不能被说成是他们想要分裂，因为分裂与否完全取决于国民政府。既然国民大会现已定于11月15日召开，则会前的间隔为期太短，无法指望能就各种政治和军事问题进行任何有成果的谈判，而且国民政府又已拒绝了第三方面人士关于国民大会暂时休会以便继续磋商的建议。某些社会贤达和青年党现已允诺出席国民大会，国民政府会抓住这一点来证明大会为合法。国民政府作出了邀请共产党举行谈判的姿态，但实际上其愿望只不过是想要有一部分非国民党代表出席大会，以表示大会是民主的大会，政府决心还政于民，宪法是民主的宪法。

周将军说，究竟是先停火再谈判，还是先谈判再停火，现在都无关紧要。无论是何种程序，共产党都可以同意。但是国民政府已明确表示它无意和共产党通过谈判解决争端，而且直到两天以前，它甚至还没有直接和共产党方面讨论过任何问题。现在他想谈一个具体问题，那就是军事谈判。他必须等待延安发来的指示，要不然就是返回延安去领受新的指示。另一个有关的问题是，究竟还有没有可能采取6月份的办法，不仅讨论停止冲突，而且也讨论有关复员和军队改编过程中部队的配置等其他问题。6月间，政府曾坚持以全面解决这些问题作为解决问题的前提，因为共产党的部队对他们构成了威胁。而现在，局势翻转过来了，因为政府军占领了许多共产党的地区，并且正在准备进攻延安。他觉得，6月份办法的合理性完全为现在的局势所证实。因此，他希望知道，能否像在6月份所做的那样讨论所有的争端。

我回答道，我不认为国民政府在想讨论他所提到的所有这些问题方面存在任何问题。我又补充道，他的意思或许是指所有这一切问题都应该在停止冲突之前加以讨论和解决，就像蒋委员长在6月份所规定的那样；我并且问他，我的理解是否正确。

周将军解释道，国民大会是目前的难题。如果国民大会能够进一步推迟，他也可同意把停止冲突放在优先解决的地位。但是，由于国民大会很可能就要召开了，因而给了国民政府一个机会，如果停战协议遭到破坏，它就可以通过国民大会对共产党施加压力，因此，他不得不要求在共产党同意一项停战安排之前首先获得军事上的保证和军事问题的全面解决——否则，在这样一种情况下就不会有政治上的保证。

我向周将军指出，与陈诚将军建议有关的真正分歧点是日期问题——是1月13月，6月7日，还是像陈将军所建议的11月11日。当谈话转回到他的一般性说明时，我发表了以下的看法：正在使我们遭受到挫折的，在相当重大的程度上是猜疑和误解，我知道这一点在某种程度上是确实的，这是因为我是某些事件的主角，至少是这些事件的发起者。我发现我的努力成果得到了错误的评价，而国民政府被指控怀有某种邪恶的目的。我知道国民政府方面各种各样的领袖人物发表的言论既不能创造和平气氛又不能消除疑虑；但是我深信，他们是受了种种误解的影响，而这些误解对共产党是极为不利的。毫无疑问，政府官员之间一直在进行着一场十分严重的斗争，而周将军却显然未能觉察或理解，共产党对于那些经过九牛二虎之力才从国民政府军政领导人争得的建议和方案所采取的无礼的、几乎是轻蔑的拒绝或怀疑态度，对国民政府中的开明人士产生了极其有害的影响。在双方完全缺乏诚意和信任的同时，还存在着坚持严格遵守政协程序的细节而不是坚持遵守政协基本原则的态度。和他一样，我也十分关切并且高度重视宪法草案的产生程序以及对待这部宪法的态度，但是斗争并不集中于此。相反，却分散精力去为十几项细节纠缠不休，我认为这是一个大错，鉴于这样一种态度，对于挽救时局之道，我是茫然不知所措了。

周将军回答道，他并不认为这是一个程序问题，接着他指出，在政协会议期间共产党之所以同意让1936年选出的国民政府方面的国大代表出席国民大会，是为了换取国民党同意政协决议其余部分而作出的一种让步。他说，可是事到如今，蒋委员长却置政协决议于不顾，而只是保留这些国民党代表并单方面召集由这些代表参加的国民大会。

我接着说，我的理解是，共产党和第三方面人士主张，宪法草案应该取得政协综合小组的同意，再经过国民大会的正式批准（而不是修订）以作为使它成为国家大法的正式行动。我问他这样的理解是否正确。在他肯定了我对这一点的理解之后，我又接着说，我看不出关于代表和其他许多纠纷的争辩有什么巨大的重要性。重大的争端似乎是宪法以及接受这部宪法的基本原则，甚至国府委员会也退而成为只占次要地位的问题，因为这只是一项临时性安排。看来不集中精力去解决宪法草案以及如何处理这一草案的问题是一个大错，因为不如此则整个局势就会因为纠缠于程序性细节而恶化成为中国人民的一场悲剧。我告诉他，在整个夏季，我曾不断敦促蒋委员长重新召集政协宪草审议委员会，并使达成的不论什么样的协议获得政协综合小组的批准。我指出，我终于使他同意召开五人小组会议，并且同意在五人小组看来有可能达成协议的情况下重新召集政协宪草审议委员会。我说，我之所以这样做，是因为这似乎是具有最大重要性的一件事。最后我说，我的希望是，在此紧急关头，战事有可能围绕着几个最根本的重大问题，特别是围绕着宪法和停止冲突这样一些问题的解决而告解决。

然后，我又对周将军这样说：简而言之，当前的时局是，在这一方，某些政府领导人认为共产党不愿意贯彻任何协议，在另一方，则又存在着对于政府任何一项建议的诚意的彻底怀疑。问题在于如何解决这样一种局面。在政府中有着许多开明人士，共产党方面如果采取较有远见的政策，本来是可以产生一种几乎能使这些开明人士处于控制地位的效果的。我同样认为，在共产党内也存在着不少开明人士，但是他们为在共产党内达致一个折中立场的努力却由于政府官员中过激分子的行动而遭受到挫折。我唯一的目标是在中国终止冲突和建立一个两党制政府，必须要有一个反对党，因为这是保证一个像我们在美国所理解的那种民主政府成为可能的唯一途径。在很久以前我就曾被非正式地邀请充当中国政府的顾问，去年夏天又有人向我提出了同样的建议。我的答复是：我可以直截了当、简明扼要地提供我的忠告——政府的改革和现代化有赖于缔造一个反对党。没有一个真正的反对党作为竞争对手、提出批评、催促改革，就不可能出现国民政府或国民党的任何改革。国民党不可能自上而下自行改革；必须要有反对党。因此，我曾想到，关心农民、关心中国这个最大阶级的共产党，可以作为一个有组织的合法的反对党而为中国人民作出非常重大的贡献。而军方的威胁则必须以某种方式加以消除，我这样希望，我们也已经为这两个问题采取相互配合的行动而拟订了计划。

周将军回答道，对于我所说明的这些问题，他也有大致相同的想法，否则，共产党就不会合作这么长的时间。他说，正是出于这种考虑，政治协商会议才得以圆满地完成。他接着列举了共产党方面为争取政协宪草审议委员会的重开所作的努力，蒋委员长未能召集这一委员会，以及他本人最近为了重开这一委员会和其他会议所作的努力。他最后指出，共产党一直认为这一点具有头等重要意义，但是国民政府直到目前还在不断提出它关于国民大会和提交代表名单的条件。

这时具有相当重要性的一个问题是，一旦国民政府在只有小党而没有共产党参加的情况下召集国民大会，美国可能采取的态度。早些时候，中国驻华盛顿大使馆的官员曾试图向国务院了解，美国对于在中国成立一个没有共产党参加的联合政府将持什么态度。驻南京的一位共产党代表也曾为了相同的问题而找过司徒雷登博士，蒋委员长则在11月6日向司徒雷登博士询问过美国打算采取怎样的对华政策。

青年党的一位成员在11月14日和我所作的一次交谈中也显示了同样的关切，他当时告诉我，蒋委员长同意推迟国民大会的条件是青年党将参加国民大会。他说，蒋委员长曾指示立法院审议经过修订的宪法草案并完成尚未完成的部分。但是立法院并没有遵从蒋委员长的指示，却批准了得到国民党内保守集团支持的“五五宪草”，即1936年5月5日制定的宪法草案。他说，然而蒋委员长在前一天曾向青年党的一位领导人保证，宪法将不顾立法院的反对而获得通过，而青年党却仍在坚持要求国民大会遵守政协的决议和程序。不过他觉得，国民政府的真正意图是，成立一个仅仅是名义上的联合政府，而在实际上，所成立的将依旧是一个一党政府。

我曾试图向政府官员们表明，美国不支持中国打内战，在11月13日和行政院副院长翁文灏博士的一次会谈中，我告诉他，我想用最直言不讳的坦率方式使他知道：美国非常愿意帮助中国，但是不会支持一个不代表人民的政府。在2月间，美国曾准备以大量的金钱和物资援助中国。但是不得不裁减了这笔援助的一部分，因为执政的政治集团中的某些人对一些有损于政治改革的做法施加了决定性的影响。中国如果不实行真正的政治改革，就不可能指望美国的援助。

国民政府执意召开国民大会

国民大会于11月15日正式召开，非国民党集团只有极为有限的代表参加。社会贤达和青年党的代表名单是在11月15日晚间补交的，但是共产党和民主同盟没有派出代表。（我曾被告知，周恩来将军只是在第三方面人士表示和共产党采取同一立场——政府不严格按照政协决议改组就决不提交代表名单——之后，才于10月21日回到南京的。）司徒雷登博士作为美国大使出席了国民大会开幕式，但是我认为我最好是不出席，因为我不希望在人们心目中被看成是附和国民政府对待国民大会的方针，而司徒雷登博士的到场则是履行外交上的礼仪。蒋委员长在国民大会开幕式上的演讲，语气是温和的，主旨在于回顾国民政府的政绩和展望未来的目标。其要点如下：

蒋委员长扼要回顾了为在中国实施宪政所作的努力和现政府对此所起的作用。他对国民大会先前的延期作了解释，对政协会议的成果作了说明，并且指出，国民政府对这些成果信守不渝。最后他说，国民政府为国为民，一直在为国民革命和国家复兴而进行着不懈的斗争，以谋求三民主义的贯彻和以五权宪法为基础的民权政治的实现——这就是革命的最终目标。

大会预定在可以认为是试验性的基础上先开两周，以便听取各方面代表的意见，选举主席团和成立各种委员会。三天延期的成果是取得了第三方面中部分人士参加大会的许诺，但也产生了破坏这一集团的行动一致的效果，并且，如果还不是致命地，也是严重地削弱了这一集团作为两大政党之间平衡势力的影响。

11月16日，周恩来将军对报界发表了一项有关国民大会的声明，强烈批评国民党，并且宣布，共产党不承认这个大会。以下是声明的要点：

这一国民大会是国民党一党政府违背政协决议和全国民意而召开的，中国共产党坚决反对。在以往十个月内，国民党彻底破坏了1月10日停战协定所确认的现状，通过国民党特务的行为完全撕毁了政治协商会议期间政府许下的四项诺言，并且违反了政协关于地方政府的决议。而共产党方面，在上月南京谈判期间，一直要求停开国大，以便同时召开三人小组会议、政协综合小组和宪草审议委员会，在1月10日停战协定、整军方案和政协决议的基础上，分别解决当前各种军事和政治问题，然而，遭到了政府当局的拒绝。中国共产党拒绝承认这一国大，和谈的大门现在已经被国民党当局一手“关闭”。

同一天（11月16日）[1]，周将军来到我的住处通知我，他准备返回延安，打算于11月18日启程。他说，中共代表团的其他成员将随他同时返回延安，但是董

[1] 原文作10月16日，此处有误。——译者注

必武先生（中共中央委员会委员、政协的中共代表之一）将留在南京，因为共产党仍将在这个城市保持一个总部。他问到是否可为此行提供运输上的方便。他并且指出，在北平的军调部尚有大约四十名共产党成员，最近叶剑英将军曾来电询问，如果国民政府对延安发动进攻他们应该如何行动。周将军说，如果进攻延安，这就证明国民政府已经堵死了今后调解的最后可能性，在这种情况下，北平的共产党人员将无处可去。因此，他们希望知道，在国民政府进攻延安之前，军调部的美国方面是否愿意协助他们返回延安。周将军说明，少数的共产党人员将留在南京和上海，叶将军已经告诉军调部的美方委员吉伦将军，他愿意在军调部中保留联络人员，即使他们已经几乎无事可做。周将军并且说，他也告诉了吉伦将军，他希望保留这样的联络人员。虽然他认为我会同意这一措施，但是他无法肯定国民政府的观点。他说，如果国民政府进攻延安，这就表明它实际上打算“不顾一切”。

周将军进一步评论如下：在以往的十个月内，他对我个人的努力深为感激，尽管由于种种原因，包括今年最后一段时期美国政策上的改变，谈判并未取得成功。他对我个人仍然十分尊敬，特别是6月谈判结束后我遇到了更大更难克服的困难以来——我为此而得到他最深切的同情。可是，由于国民大会的开幕，国民党已经关上了谈判的大门，他不得不返回延安，以便对全局加以研究。国民党方面特别是蒋委员长本人醉心于武力可以解决一切的想法，但是共产党永远不会屈服于武力，而是相信，只有人民才能解决问题。共产党相信中国的唯一出路是和平、民主、独立、统一，因此，愿意通过民主的途径为和平而斗争，那就意味着联合政府。共产党将不愿再恢复谈判，除非是有了真正的和平与和平谈判的机会。

我告诉周将军，我将为他的延安之行安排运输条件，但是必须等待延安方面的许可，因为不经适当的许可，飞机就有遭到射击的危险。关于北平、上海和南京的共产党人员在国民政府一旦进攻延安时的安全问题，我说，我对于这样一次进攻一无所知，但是如果这些共产党人员希望撤退，我将负责提供必要的飞机。（我觉得这是我的义务，因为他们在谈判期间来到国民政府控制的这些城市，主要应由我负责。）我指出，问题在于他们希望前往的地区是否有适当的飞机场。我再一次声明，对于进攻延安一事，我是毫无所闻，并且强调，我将为这样的行动感到惋惜，并要尽我之所能加以阻止。

周将军答复如下：虽然谈判的大门现在已经关闭，共产党仍将在北平、南京和上海保留一些人员，即使没有什么事情可做，也便于今后一旦重开谈判就能够有人出面。但是，如果国民政府进攻延安，他相信，延安就会命令他们全部撤退。这是他个人的意见，因为他尚未就此请示延安。对延安的进攻将迫使共产党人离开他们目前所在的地区，他们将不得不进入国民党的地区，这将引起极大的混乱，并使得任何谈判都成为不可能。他认为，不仅是国民党应该自行克制而避免采取这种行动，而且，美国政府中希望看到中国和平也想到了世界和平的那些官员如司徒雷登博士和我本人，也必须对这个问题给予清醒的考虑。最后他说，这是他“发自内心”之言。

我回答如下：我赞赏他个人的意见，并且希望他关于延安的忧虑会证明是缺乏根据的。我当然要竭尽我之所能来避免这样一场灾难。有一件事，我希望他能在延安代为处理。因为在一种必须是不偏不倚的努力中，如果我的诚实得不到信任，我的调解活动就会是徒劳的。共产党人对美国的政策有什么感觉或想法都无关紧要，事实仍然是，只要延安不认为我的立场是诚挚可信无所偏袒的，我继续留在中国就毫无用处，我就应该想到，我留在这里的作用最终只能是弊多利少。因此，我希望他能根据延安适当的当局的态度正式作出判断，他们是否明确地希望我个人继续担当目前的角色。我请求他的同事把这个问题当作纯事务性问题来看待，而不必想到中国人关于“面子”的考虑。我对“面子”并不关心。我关心的只在于我是否还有通过调解作出某种贡献的可能。如果延安对我失去信任，我知道我就做不到这一点，而我当然也不希望在这种痛苦的地位上比必须停留的时间停留得更久。正像我先前告诉过他的那样，司徒雷登博士在这里，他的心是在中国的。他将继续留在这里，问题是：“在中国实现可能的和平和调整的最好的安排是什么？我现在向你提出一项特别的请求，我将等待你从延安给我的回答。”最后我说，如果国民政府对延安发动进攻，问题的解决就不同了，因为我认为，在那样一种情况下，杜鲁门总统将会召我回国。

谈话结束时，周将军表示，他同情我的请求，他将把问题无保留地提交给延安。

到了11月16日，军事调处执行部控制冲突处和交通处的三十六个正式执行小组只有十一个尚在履行全部职能。其中又只有三个是在中国本部：两个在国民政府地区，一个在共产党地区；其余八个都在满洲。十一个小组在北平，十四个小组则由于中国成员的一方或双方的缺席而无法工作。在这一方面，共产党人犯规最为严重，因为他们从国民政府地区的十二个小组中撤走了他们的成员，而国民政府则撤走了他们在共产党地区一个小组和国民政府地区四个小组里的成员。

11月18日，周恩来将军交给我一份在南京、上海和重庆的共产党人员的名单，一旦情况紧急，这些人员将要求我提供空运的方便，以协助他们前往延安或其他有待日后确定的地点。这份名单表明，共产党在以上提到的城市里保留了下列数目的人员：南京——中共代表团的五十名成员；上海——中共代表团的十名成员和解放区救济署的七名成员；重庆——大约一百名中共办事处和报纸工作人员。

在军事方面，这时的注意力主要集中在国民政府进攻延安的可能性上。11月11日三人小组开会期间，陈诚将军曾否认政府有进攻延安之意，行政院副院长翁文灏博士在11月18日对我发表了类似的声明。蒋委员长也对我否认政府有这样的意图。军事调处执行部派驻延安的美方人员则报告，共产党正在从延安撤出学校、医院和非必要人员，那里的国民政府联络机构正被撤回到政府地区，国民政府的侦察机每天都在该城上空飞行。延安的共产党当局表示，他们不希望在遇到进攻的情况下让美国人员伴随他们进行强迫疏散，但是当新的总部在别处建立之后却可以欢迎美方的联络人员。他们力劝美方联络小组继续留在延安，直到一场进攻战迫在眉睫，并且使无线电通讯和飞机场的工作处于准备状态，以便随时作最后的紧急撤退。

这一时期很少有军事活动的报道，例外的是河北南部、河南北部平汉铁路沿线的战事，热河东部和大同（山西）地区共产党的骚扰性进攻和沈阳、长春之间四平街地区共产党对铁路交通的破坏。

周恩来将军于11月19日乘美国军用飞机离开南京飞往延安，前一天下午他曾偕周夫人对我进行了一次社交性的拜访。他的离去使得从这一年1月开始的旷日持久的谈判和讨论告一段落，至少是暂时和不定期的。进一步谈判的大门双方都没有关死，但是看起来似乎是，在实现两党间协定的任何可能性出现以前，首先好像应该有一个全新的起点。共产党和民主同盟的态度表明，他们相信政治协商会议的决议已被彻底撕毁，因而有必要召集一次有所有各党派参加的类似于1月份举行过的那种会议。

有两件事在我看来是明白无误的：一件是国民政府的军事领袖们目前正在掌权，他们根本不相信共产党会实行任何一项达成的协议。另一件是国民党内的一个强有力的政治集团坚决相信成立一个联合政府是不可能的，因为共产党所愿意做的只是破坏这样一个政府。有了这样两股势力的合作，再加上共产党对于司徒雷登博士和我说服国民政府作出的每一项建议的拒绝，就出现了目前的悲剧性局面。在我看来，国民政府似乎在很大程度上是利用谈判来证明他们对共产党所持观点的正确，并为自己的行动辩护。6月以来，国民政府一直在从事规模不断扩大的战争，严重地消耗着政府的资财。这种军费开支，在这个政府不断向美国要求大笔贷款的同时，造成了通货膨胀的加剧。

另一方面，照我的看法，共产党则由于它自己的多疑，由于拒绝在很可能使争端获得某种解决的办法上达成协议，而使自己遭到了挫折。这种看法的正确性，特别可以从它拒绝关于司徒雷登博士主持下的五人小组的建议这一行动中得到证明。该小组本来是有可能导致国府委员会的组成和其他政协协定的实行的，它对于张家口休战建议几乎可以说是轻蔑的拒绝，也是可以说明问题的一例。它错误地理解司徒雷登博士和我苦心经营得来的每一项建议，并且显然相信它自己公开歪曲美国意图和行动的宣传运动。它还有意识地在会谈中和在对国民政府行动的批评中，对自己违反协定的军事行动或其他行动只字不提。

当然，在整个背景中也包括与美苏关系有关的国际形势，这也许是导致3月谈判破裂的一个主要原因。国民党领袖担心中共和苏联之间的联系，并认为前者是苏联人的傀儡，这是事实。伴随着这种感觉的是这样一种想法：尽管1945年12月杜鲁门总统发表了美国对华政策声明，尽管美国的调解努力在继续，但是从长远看，美国一定会支持国民政府去反对中国共产党。因此我以为，国民党觉得，如果他们能在这样一个时期，在一个据他们的情报认为是苏联无法以援助中共的方式进行公开干涉的时期，把共产党的力量削弱到在军事上处于相对软弱的地位，他们就会有条件暂时放弃他们所渴望的美国军事、财政和经济援助。他们显然以为，只要他们在反共斗争中加强了对全国的控制，只要由于通过一部宪法和除共产党以外的所有各小党派参加政府而实行了宪政，那种援助就会源源而来。

三十一
美国海军陆战队在中国的任务；和他们撤离有关的各种因素

美国海军陆战队第三两栖部队于1945年9月初继日本投降之后在华北登陆。这支部队的任务是：（1）占领并确保华北若干指定的港口和机场——天津、北平、秦皇岛、青岛和烟台[1]——以便中国政府军进入这一地区；（2）协助对日军的受降工作和解除他们的武装；（3）管理和保护投降部队及其装备，并在可行的条件下尽速移交中国当局；（4）就占领区日本军人和平民的处理和遣返问题向中国当局提供帮助和咨询；（5）协助释放和遣返占领区美国和盟国战俘及被拘平民；（6）采取措施以调查和拘捕战争罪犯。除保障海军陆战队自身的安全外，他们的任务还包括明确规定的下列职责：（a）确保塘沽与秦皇岛之间交通线的安全；（b）确保（天津与秦皇岛之间的）唐山、林西地区开滦矿务总局所属各矿及其设施的安全；（c）为北平、天津、秦皇岛地区运煤列车提供警卫；（d）确保青岛、北平和天津飞机场的安全；（e）确保天津、秦皇岛、塘沽和青岛港口的安全。

[1] 美国海军陆战队在华北登陆时，烟台已为中共部队所占领，因此海军陆战队并未在这一港口登陆。——译者注

美国海军以青岛为跳板，继续向华北各港口延伸，图
为多艘美军中型登陆舰与坦克登陆艇停泊于天津海河

正如杜鲁门总统12月15日对华政策声明所阐明的，美国政府作为它和中国政府战争合作的继续并本着波茨坦宣言的精神，正在并将继续协助中国政府解除在华日军的武装和把他们遣返，美国海军陆战队在华的目的正在于此。参谋长联席会议下达驻华美国武装部队总司令的指令规定，美国武装部队在华占领的各地只许移交给中国国民政府，而美国海军陆战队的使命是和这项指令相关联的。

美国海军陆战队在华登陆的原计划需要使用六万二千人的一支部队，但是后来由于减掉了一些部队而人数有所减少，那些部队或者是从未离开太平洋上其他某些地区，或者是从未在中国登陆。因此，登陆时的陆战队总兵力大约是五万五千人。我于1945年12月到达中国时，就把我关于减少驻华北海军陆战队兵力百分之二十的决定通知了驻华美国武装部队总司令。到了1946年2月初，华北的海军陆战队兵力是四万五千人左右，按计划这个数目还要再削减到大约两万八千人。与此同时，由美国海军陆战队积极参与军调部的遣返计划的方案正在拟订之中。这一计划设想由海军陆战队在登船的港口把日军解除武装，并把日军的装备和军需物资开列适当的清单负责收藏保管。要求海军陆战队看管这些装备，直到对它们的最终处置作出决定为止。这里所说的遣返计划是由几个方面的代表协商拟订的，他们分别来自中国军政部、中国最高统帅部、盟国最高统帅部、美国第七舰队和美国海军陆战队。当时以为有二万八千名官兵也就足够执行军调部所制订的遣返活动计划了。

美国海军陆战队第六师官兵踏上栈桥

由于军调部在北平成立而产生的美国海军陆战队在华北的另一项重要职责，是为军调部的美方人员提供后勤支持，并为军调部的执行小组提供空运。为运煤列车和运送美国供应物资的列车提供警卫，以及为塘沽、秦皇岛和这一地区各煤矿之间的铁路线提供警卫，对于华北、黄河流域和长江流域的经济生活都具有绝对的、命运攸关的重要性。如果没有海军陆战队的警卫，这些线路就会不可避免地被游击队切断，华北和上海—南京—汉口地区的中心城市和铁路的供煤量就会急剧减少，如果不是彻底断绝的话；这又会使这个国家所面临的经济困难变得更加严重。

在2月和3月那一段时期内，考虑到中国战区很可能要在5月1日撤销，我曾满怀希望地以为我会有理由建议，除了空运、营房管理和少量地方警卫部队以外，开始早日撤退全部海军陆战队。驻华美国武装部队研究了这一问题之后主张，除了军调部所需的一个空运大队、一个步兵营，必要的营房管理人员和启运港口的遣返工作组以外，在华的美国海军陆战队人员全部撤回，并且提议，以4月1日为这一计划开始执行的规定日期。

4月17日，驻华美国武装部队总司令向美国海军陆战队第三两栖部队司令凯勒·E·洛基将军发出一项经过批准的指令。该指令规定了海军陆战队在驻华美国武装部队总司令作战指挥下的最后任务，同时，并规定了海军陆战队的作战指挥权将被移交给美国第七舰队司令，时间定在5月1日，也就是撤销中国战区的预定日期。指令规定：

驻华美国海军陆战部队处于中国战区总司令作战指挥下的日期将到5月1日为止，以后，将在第七舰队司令的作战指挥之下。在此期间，执行下列任务：

保持守备部队，其任务仅限于在下列地区保护部队本身、美国海军陆战队的军需物资和设施：

（1）北平、天津，在这两个地区为了本身补给的需要而驻有这样一些分遣队的地区。

（2）青岛地区。

继续为军调部提供协助和后勤支援，直到被驻华美国武装部队接替时为止。

协调由中国政府军接替在华北承担保安任务的美国海军陆战队（为其本身的安全和支援所需的陆战队除外）的工作。由驻华美国武装部队总司令负责会同中国政府安排所需的中国部队，并会同马歇尔将军谋求他们调动的批准。

不进行损害美国基本原则（不支持中国政府打内战）的活动。但不排除美军司令官认为是保护美国财产和美国人员生命安全时所采取的此种行动。

为海军陆战队的撤离拟订计划，并准备依照海军作战部部长的指令执行这一计划。

3月28日，中国战区美国武装部队总司令魏德迈将军曾通知蒋委员长，美国海军陆战队的兵力将以日益加快的速度大幅度削减；并且问他，可以为接替海军陆战队的中国部队作些什么准备，而这些准备又不致构成违反1月10日停战协定的部队调动。对于魏德迈将军上述备忘录的答复是直到4月26日才收到的。那一天，作战局致送给魏德迈将军一份备忘录，要求为中国政府的第五军和第二十六军分别前往天津和青岛提供水上航运，以便他们去接替驻在那里的美国海军陆战队。

由于1月10日停战协定包含有禁止部队调动的条款，在实行这种调动之前就必须取得中国双方的同意。因此，在得知中国的请求之后，我就在4月25日就这一问题给周恩来将军送去了一份备忘录。我在备忘录中指出，由国民政府的部队接替驻华美国海军陆战队的一项计划正在拟订之中，并且提到了为此目的而准备使用的两个军。在说明了我本人希望尽早开始撤出美国海军陆战队的意愿之后，我问到为此目的而实行的政府军调动是否可以获得他的许可，或者，他是否认为有必要在三人小组会议上加以讨论。

4月26日，周将军给了我一份备忘录作为答复。他在这份备忘录中说，他看不出在国民政府部队调动和美国海军陆战队的撤离之间有什么联系。他觉得，北平、天津地区的政府军在数量上已经足够，不再需要作任何的补充。最后，他要我转达国民政府代表，他反对拟议中的部队调动。

由于周将军的答复和在华北缺乏足够的政府军来接替美国海军陆战队，这时也就无法按照愿望采取进一步的行动来实现海军陆战队的撤离。为了解决国民党和中国共产党之间的分歧的谈判，正在继续进行。美国海军陆战队的撤离在这时势必会对这些谈判产生重大的影响，因为这种撤离很可能会由于共产党力图占领海军陆战队即将离去的像山东的港口青岛那样的据点而使得战火蔓延。青岛的国民政府军队没有足够的兵力抵御一次像6月间实际威胁过那座城市的那种共产党的坚决进攻。

然而，在5月份，悄悄地实行大幅度削减驻青岛海军陆战队兵力的计划还是制定出来了，削减的行动将从6月10日开始。在这一行动方面，像在其他类似的情况下一样，也竭力避免了公开的宣扬。

在宣布休战期将从6月7日开始的同时，中共在山东境内铁路沿线发动了全面的进攻，严重地威胁着青岛，而防卫该城的国民政府军队却不足五千人。尽管6月7日就达成了休战协议，共产党的进攻仍延续到了6月15日。其后果是，国民政府从海上向青岛赶运增援部队（第五十四军），从而开始了为1月10日协定所禁止的对华北部队的全面增援。

7月间，我通知美国第七舰队司令，要求他继续进行对驻青岛海军陆战队的削减工作，只留下一小支警卫部队以保卫海军的岸上设施，一个航空队以保证必不可少的空中交通，并留下必要的保养部队以照料和处理不能随部队撤走的大量资产。削减工作在尽可能是静悄悄的条件下进行而未作任何宣扬。

在这一时期内，发生了一系列与中共部队袭击美国海军陆战队人员有关的事件，其动机显然是要在美国煽起要求从中国撤出海军陆战队的舆论。这些事件中的第一起是，中共部队于7月13日在河北东部俘虏了七名美国海军陆战队人员，并把他们拘留到7月24日。在军调部小组进行了努力和美国方面向中共提出了正式抗议之后，他们才在那一天获得释放而未受任何伤害。严重的安平事件于7月29日发生在北平、天津之间的公路上，共产党部队伏击了由美国海军陆战队护送的为军调部和联合国善后救济总署运送物资的一支车队，海军陆战队人员有三名被击毙，另有十二名负伤。8月间又发生了几起身份不明人员射击海军陆战队人员的事件。然而，这些事件的实效却未如共产党人所望，因为美国的新闻界整个看来似乎认为，虽然美国海军陆战队在完成其本身任务之后就应尽快撤退，但是不应对这一类袭击屈服，面对着这样一种策略，美国海军陆战队就不应该撤退。

华北冲突的蔓延和国民政府增援部队向这一地区的调入，使我作出决定，要由中国政府军队来代替负责保护运煤列车和铁路桥梁的美国海军陆战队。因此，

8月22日，我把我的决定通知了美国第七舰队司令柯克海军上将，并且向他指出，国民政府正把额外的一个军从台湾调往华北，如果由这个军和华北其他政府军队共同接管海军陆战队的职责，将是极为适宜的。因为这可以收一举而两得之效，既有助于海军陆战队的撤离，又可以使得国民政府军的部署向南而不是向着我担心就要发生严重战事的热河和满洲。

美国海军上将艾伦·柯克

第二天，柯克海军上将通知华北美国海军陆战队司令官洛基将军，要他对当地的国民政府军司令官施加压力，促使国民政府部队尽早接管当时仍处于海军陆战队保护之下的所有桥梁、运煤列车和煤矿的警卫职责。他受命通知国民政府军司令官：这一行动将使得驻在秦皇岛、塘沽、天津和北平的美国海军陆战队有可能集结；并且指出，如果没有国民政府军接防，全面的内战就会由于即将实行的海军陆战队的撤离而爆发。8月28日，由于担心国民政府军司令官有可能拖延接管，我指示洛基将军为计划中的撤离拟定一份合理的时间表，并把它仅仅交给有关的国民政府军司令官作为对这一问题的一项意图声明。

8月28日，洛基将军电告我，国民政府军司令官已原则同意由国民政府军接替海军陆战队的建议。国民政府军司令官已接管部分运煤列车的警卫任务，并且允诺，其余部分的接管将在9月5日前后完成。国民政府军司令官向洛基将军解释说，由于国民政府军在这一地区的进攻战已下达命令，预期将持续到9月21日左右，在此期间，将没有部队可供接替海军陆战队之用。和国民政府军司令官的商谈结果取得协定如下：海军陆战队总部会同国民政府军第九十四军，为桥梁和煤矿警卫的逐步换防拟订一个计划。

8月31日，洛基将军通知柯克海军上将和我，他和国民政府军的司令官们已就桥梁和煤矿的警卫换防工作从9月23日开始到10月15日结束的一份时间表达成协议，并问对这样的时间表是否满意。我告诉柯克海军上将，仅仅以一场使我们感到遗憾的军事行动为理由就把单单是一个桥梁或矿山的接防工作推迟达三个多星期之久，我以为是不可接受的。由于这些情况，我和蒋委员长讨论了这个问题，并且告诉他，把接替陆战部队的工作推迟到9月23日是不能容忍的。蒋委员长表示，他将立即发出指示，为接替陆战队迅速作出安排。9月3日，我把这次谈话通报给柯克海军上将，并要他让洛基将军采取类似的行动加速作出安排，而不必考虑他先前对于9月23日这个日期的承诺。9月7日，柯克海军上将通知我，他和洛基将军已于那一天和国民政府军司令官们进行磋商，后者已经同意把接替陆战队的时间提前到9月15日开始，并要求我向蒋委员长申请再增加一些军队来完成这项任务，但是我婉言拒绝作这种申请，因为这将牵涉到军队配置，而且和我作为调解人的身份不相符合。

正像时间表所规定的，秦皇岛和塘沽之间煤矿和铁路桥梁的海军陆战队接防工作于9月15日开始而在9月30日全部完成，每一处的海军陆战队都由国民政府部队替换。这时，在华北的海军陆战队都集中到了北平、天津—塘沽、北戴河—秦皇岛和青岛。继续进行的驻华海军陆战队的逐步削减，到9月24日已使该部队的总数减少到一万四千三百六十七人。

中国共产党对于美国海军陆战队驻在中国的攻击，现在得到了苏联人的配合，他们批评美国海军陆战队继续留驻中国。9月24日，（中国）外交部长的一位代表在电话中把有关驻华美国海军陆战队的一份苏联官方声明通报给我，并就中国政府将为此而向它在巴黎的代表发出指示一事征求我的意见。我表示，我最好先听一听国务院的意见，这位中国代表说，他们的指示必须在当晚用电报发往巴黎。因此，我建议，只要发表一个事实声明就足够了——美国海军陆战队是在中国政府许可之下来到这里的；他们根据停战协定承担的最初的任务是为遣返日本人员提供方便；这种遣返任务实际上已告完成；海军陆战队目前正在保证天津—秦皇岛之间铁路的安全运行，以保障国计民生所必需的煤的运输；他们并且还要为北平的军事调处执行部提供安全保障；海军陆战部队的人数正在不断地减少。这位外交部代表表示，在中国政府所发表的任何声明中，将不会使用有关铁路任务的种种事实以及可能的其他细节。

在9月和10月这一时期涉及中共和美国海军陆战队的事件日益增多这一事实，足以表明共产党对于海军陆战队继续在华北留驻的不满。这些事件中包括对于看守铁路桥梁和军火仓库的海军陆战队哨兵的狙击。军事装备的显然短缺导致了一起中共部队对于塘沽地区海军陆战队一个孤立弹药库的有组织的袭击。其他的事件中还包括对于海军陆战队搜索人员的袭击；10月20日发生的这样一起事件，竟然达到了解除一个小组的武装和拘留这一小组两名陆战队员的结果，直到11月7日，经过中共和美国海军陆战队双方代表拖延很久的谈判和我本人向周恩来将军提出了抗议之后，被拘留的人员才获得释放。

在10月31日完成了大批遣返日本人员的任务和9月30日完成了从煤矿、运煤列车和铁路桥梁撤走全部警卫部队的行动之后，11月华北美国海军陆战队的职责就缩减到：为军调部的美方人员提供后勤支援和安全保障，以及为青岛的美国海军训练机构保持必要的警卫力量。所以，我在这时就提请柯克海军上将和吉伦将军为驻华海军陆战队进一步可能的削减向我提出意见和建议。

华北的美国海军陆战队这时正为军调部美国方面提供继续执行任务所不可缺少的下列物资供应和服务性支援：向美方人员和为军调部三方提供空运便利的美

国陆军部队运输中队供应所需要的粮食；向航空和地面部队供应所需要的全部汽油；以及把这些物品从塘沽码头运到北平的必要的服务性工作，这种工作包括驳运、装卸、储藏、看管、运输和分发。为了保证这些工作的进行，海军陆战队又必须有警卫、通讯、医务和供应的分遣部队，而陆战队的这些服务性部队则分别驻在北平、天津、塘沽（供应物资的进口港）、秦皇岛（备用港），此外，还有一个分遣小部队驻在北戴河。

柯克海军上将把他的基本设想通知我，他认为，只要军调部继续存在，海军陆战队就必须继续以维持塘沽—天津—北平地面交通线和青岛—天津—北平空中交通线的方式为它提供后勤的和战术的支持。根据这一设想，并且为了及早实现驻华海军陆战队的削减，他建议，可在一个较早的日期撤退大约四千名官兵。他提出了与此种撤退有关的困难，包括可能前往地点的接待和营房方面的准备工作，为必不可少的军需物资和装备提供安全保障和运输，以及为这种运输取得必要的船舶。

11月16日，我通知国务院，我和柯克海军上将当天在南京的一次商谈中对于把驻华海军陆战队立即削减五千人而留下大约一万人的问题，已经取得了一致意见。准备撤离的是那些驻在塘沽以北、秦皇岛—北戴河地区的部队，北平的一个航空中队和天津的一些部队。我已经发出指示，要求海军陆战队的司令官们在这一天以后的短时期内就在北平同吉伦将军磋商，以决定可以从那里和天津撤走而不至于损害到军调部的供应和保安工作的人数。如果以后的事态发展使得军调部的继续存在成为不切实际，除青岛的一个警卫分遣队以外，海军陆战队的全部撤离就将是适宜的。最后我指出，立即撤离的这些部队的大部分都有船装运，但是海军部和美国太平洋舰队总司令对我们在中国取得一致意见的这份撤军计划尚未获得过目的机会。

与此同时，我通知在北平的吉伦将军，海军陆战队的司令官们将和他讨论为了军调部的继续工作，以及一旦爆发公开的内战和这一机构被撤销时，为美方人员的安全撤退预先作好合理准备所需要的最低限度海军陆战队人数。我指出，目标仍然是以不影响他的工作和（或）撤退为原则，在可能的最早时刻全部撤出海军陆战部队。

11月18日，代理国务卿通知我，在华盛顿，对驻华海军陆战队兵力的削减本身并没有压力，但是在各种不同的场合已经有人对他们的在华使命和撤离日期提出问题。他表示，国务院支持这种观点：海军陆战队继续留在中国的首要理由是保护补给线和交通线，以及为军调部提供安全保障。他并且表示，如果军调部解散，其中的美方人员撤离，把海军陆战队的驻华兵力削减成青岛的一个警卫和训练部队将会是适当的。

11月19日，我通知代理国务卿，我完全同意他在前一天电文中所阐明的国务院的观点。我接着说，由海军陆战队提供后勤支持和安全保障，以保证军调部的美方人员在该机构一旦解散时能安全撤离，这是不可规避的需求；为了澄清美国在中国的地位并在尚无要求这种行动的压力时做到这一点，我正在为最大限度地削减海军陆战队的在华人数，而又不至于损害军调部的工作和美国舰队在青岛时的海岸警卫能力而努力。最后我表示，超出这些需要的兵力，完成任何大的任务都嫌太小，却又会引起不断发生的意外事件。

11月18日，吉伦将军通知我，他和海军陆战队的司令官们在北平商谈后一致认为，单单为了保证军调部继续工作及其美方人员的安全撤离而满足最低限度的后勤和战术需求，美国海军陆战队驻华北的全部兵力估计需要四千零五十五人。

11月20日，柯克海军上将在发给我的一份电报中表示同意吉伦将军的电报所阐明的那些需求，并且表示，除已估计的为支持军调部的工作所必需的最低需求之外，海军陆战队的司令官们还会需要一个八百七十五人左右的服务性团队，其人数将逐渐减少，直到陆战队过多的物资被运往他处或被宣布为剩余物资为止。他接着说，驻华海军陆战队的人数削减，包括和我在11月16日讨论过的那五千人在内，估计会接近一万人。他又说，除了一个服务营将在过多的和剩余的物资处置完毕后撤离外，这种削减并不打算使陆战队的机构和驻青岛的兵力发生任何变化。他认为，这份电报中所陈述的进一步削减是在现有条件下所能设想的最高限度，因为剩下的人员已经是支持军调部和处置多余或剩余物资所必需的最低限度兵力了。

11月21日，我通知国务院，我们已经一致同意把海军陆战队再削减大约五千人，削减总数达到一万人左右；这将使得驻华海军陆战队的兵力下降到接近五千人的水平。我说明，这个兵力的分布将如下述：主体部分将驻在天津，以保证供应物资的调运和塘沽、北平间交通线的安全；其余部分将分别驻在北平和青岛，并以一个分遣队驻在塘沽港。我表示，第一批五千人的撤离，在得到海军部的批准之后差不多就可立即实行，只要那时有必要的船只可用，但是第二批五千人的调动将视以后的船运安排而定。

11月23日，柯克海军上将仍未获得海军部关于批准前一段文字所述削减计划的通知，我指示我在国务院的代表，要他尽力争取海军部迅速正式批准这一计划。

第二天，我的代表通知我，他已和海军部长讨论了这个问题，后者说，海军部已经致电柯克海军上将征求他对先削减五千海军陆战队人员那份原计划的意见，现在等待他的答复。这位部长显然有这样一种印象，以为我对问题可能有所误解，我之所以主张削减海军陆战队的兵力，纯粹是由于来自华盛顿方面的压力，而且，也许是违背我自己的良好判断的。我的代表向他保证情况并非如此，并且提请他注意我和代理国务卿之间有关削减在华海军陆战队人数的可取性的来往电文。

11月25日，收到这份电报之后，我又指示我在华盛顿的代表“通知一切有关方面”，根据我自己的最好的判断，立即把驻华海军陆战队削减一万人而使留下的兵力总数降至五千人的方案是个非常可取的计划，应该立即实行，以免再发生新的事件，而造成这种削减是迫于敌对性压力的印象。我指出，计划撤离的这一万人对改善当前的局势不能有所帮助而只能使之复杂化，因此，我主张采取迅速的行动。

11月30日，代理国务卿给我发来一份如下的电报：他已见到司徒雷登博士（支持立即削减驻华海军陆战队人数的）电报，他衷心同意我的观点，并已催促立即作出决定。国务卿、陆军部长和海军部长已表示一致同意我所提出的驻华海军陆战队的基本任务。他的态度始终是，执行规定任务所需海军陆战队的数目，是一个应该由驻华美军当局决定的问题，而柯克海军上将和我已经一致认为执行这种任务的适当数目是五千人。海军部长已通知他，海军部已经批准立即撤退大约三千四百名海军陆战队人员，并已要求柯克海军上将和我协商，以便进一步就最后削减数字提出报告。海军部认为，它仍然有责任审查柯克海军上将提出的建议。任何有关海军陆战队撤离的消息，都应该作为常规活动而在中国发布。

12月1日，海军部长通知我，我的代表已经把我关于立即削减海军陆战队在华兵力的观点向他转达，立即撤退驻北戴河和秦皇岛海军陆战队部队的命令正在发出。他接着表示，负责完成当时规定的海军陆战队在华任务的军官们应该决定完成这种任务所需要的兵力，所以，进一步削减的命令的发布将予推迟，直到这些军官提出报告，说明还能再撤走多少战术部队而不致损害他们履行军事职责的能力。

同一天，海军作战部部长指示美国太平洋舰队总司令，要他发出从秦皇岛—北戴河地区撤走海军陆战队部队的命令，并命令柯克海军上将，经与我商谈后，提出关于能够再撤走的海军陆战队战术部队的报告，这些战术部队的撤走并不妨害海军陆战队执行所指定的在华任务的能力。

12月3日，柯克海军上将电告我，他已接到美国太平洋舰队总司令的指示，要利用第七舰队所能提供的船只，撤走以上所说的那些海军陆战队部队。他并且说明，他当时所能支配的船只足够装运有关的人员，但是在收到关于如何处置重型装备的指示以前，还不能就货运起吊设备的需求作出可靠的估计。他继续说，现有全部可用船只都将用来把有关的首批部队撤运到美国，但这将需要两个月的往返，因而在3月1日以前，他的船只不能供海军陆战队作进一步撤退之用。他补充说，根据要撤走的装备的数量来考虑，在首批调动部队中再增加一个炮兵营可能是办得到的，他已准备提出这样一个建议。

柯克海军上将曾为他将在12月5日举行的一次记者招待会上发表的一份声明

征求我的意见，我在答复中建议他声明，驻华海军陆战队兵力的继续削减正在进行，正在撤离的大约是五千人。大部分是驻在北戴河—秦皇岛地区的，一俟船运条件具备，其他的撤离即可进行。

关于驻华海军陆战队兵力削减的进一步发展，将作为本报告书的续篇再加以报告。

三十二

对华军事援助计划和这种援助的中止

对华军事援助计划中有一部分是在战争期间或日本投降后不久开始的。另外一部分则开始于我到达中国之后。不论计划是从什么时候开始的，向中国提供军事援助的根据都是1945年9月14日杜鲁门总统对宋子文博士的口头承诺和1945年12月15日总统的对华政策声明。对这些正处于各种不同完成阶段的计划，下文将分别加以说明。

抗战胜利后的杜鲁门和丘吉尔

在我使华期间，由于事情已经变得日益明显，在那个时期继续执行计划的某些方面既无助于中国的和平与统一，也不符合美国的最佳利益，所以采取行动中止了这些计划中有可能对敌对行动和中国内部局势产生影响的某些部分。因此，国务院从1946年8月开始停止批准包括在这些计划中的向中国出口作战用军事装备的许可证。1946年9月29日，由于我的主张，发布了一项指令，暂停交付用于“收复计划”（见下文第2条）和“中国空军计划”（见下文第6条）的一切军用物资。除此之外，国务院还采取了这样一种向中国转让装备的政策，那就是，要求和中国政府签订的任何一宗合约都必须含有一项限制性条款，说明被转让的军用物资只限于交给“一个联合政府管辖下的一支统一的有代表性的国家军队”，并进一步说明，合约可以由美国方面加以停止，如果在交货时这样做看来是符合美国最佳利益的。除去“八又三分之一空军大队计划”和“军事顾问团计划”，所有的计划都根据租借法案的条款已经或正在执行。

1. 租借

对中国的租借援助开始于战争期间，目的在于加强中国的武装部队。根据总统指令，对于按照租借法案继续向中国提供军事援助的授权延长到1946年6月30日（向外国提供租借援助的总统授权终止的一天），而在1946年6月28日，国务院和中国政府根据租借法案关于可以在有偿的基础上继续提供租借援助的第三条（c）款，签订了一项包括下列计划的合约：

（a）收复计划和训练与装备计划，两项总额不得超过两千五百万美元，期限不得超过1946年10月31日。

（b）占领计划，必要的数额由驻日本美国最高司令官决定，期限不得超过1949年6月30日。

（c）空军训练计划、地面与后勤学校训练计划和一项海军训练计划，总额不得超过一千五百万美元，期限不得超过1947年12月31日。

2. 收复计划

这项计划的目的在于协助中国政府收复先前被日本人占领的中国地区，并在那些地区恢复秩序。在日本投降后不久就授权驻华美国武装部队总司令提供他认为必要的无论何种军事援助，以完成这项计划。根据这项授权，该总司令移交了正在运送过程中的原来准备用于“三十九师计划”（这项计划于日本投降之日终止——参看第8条）的供应物资，并且另外又申请调拨了一部分弹药和其他物品，以供中国军队接管日军占领区之用。所有这些实际移交给中国军队的军需物品都有记录可查，以便用来应付中国方面可能认为“三十九师计划”的承诺继续有效而提出的要求。原以为这项计划可以在租借法案失效以前完成，但是当这一点变得显然难以办到时，国务院和中国政府达成了一项协议，授权根据有偿租借的办法完成这项计划，如上文第1条（a）款所述。1946年10月31日，根据指令，履行这项计划的供应工作被中止，尚未实现的调拨申请全部取消。然而国外物资清理局和中国政府签订了一项合约，使得后者可以通过剩余物资销售获得完成这一计划所需的一定数量的军需物品。

3. 训练和装备计划

1946年2月，我在导致军队整编及统编中共部队为国军的协定的会谈期间，得出这样的结论：如果能使将被统编的中共军队各师获得适当数量的装备，中共军队统编的目标将会更容易实现。因此，我作出安排，使中国政府能够获得可为留在新统编后的国军内的十个共产党师装备大约十一个步兵营和十一个野战炮兵连的机械化装备，这一行动得到了国务院和陆军部的批准，装备可以根据有偿租借协定的条款获得，这一协定把这项计划连同收复计划的期限延长到了1946年10月31日。装备（二百四十四英吨）的大部分堆放在北平，处于北平军调部美方代表团的控制之下，这批装备既没有在1946年10月31日以前，也没有在那一天以后，移交给共产党，因为无论是国民政府还是共产党，在那时看来都无意遵行2月间达成的军队整编及统编中共部队为国军的协定。这批装备也没有转交给国民政府，因为这样做将违反前述国务院的政策。随着北平军调部美方代表团的撤销，我以为，这批装备将按标准的供应程序加以处理，为完成此项计划的全部调拨申请均予取消。

4. 占领计划

通过美国驻南京代办罗伯逊于1946年1月1日签署的一份函件，中国政府被邀请参加对日本的占领。中国政府后来同意提供一万五千人参加对日占领，国务院、陆军部、海军部协调委员会指令国务院在政府一级谈判一项已经由麦克阿瑟将军临时草签的协定。这项协定明确规定，由中国政府负责其所属部队的后勤支援，但也承认，某些后勤支援可以要求美国提供，因为中国方面缺乏提供这类支援所必要的机构。根据第1条（c）租借协定的条款，美国驻日最高司令官受权向占领部队提供他认为执行任务所必需的此种装备。由于迄今尚无中国占领部队到达日本，所以也还没有根据这项计划采取过交付装备的行动。

5. 中国人员在美国受训

（a）空军训练计划：在战争期间，根据租借法案，作为中国空军计划的一部分，由美国对中国空军人员进行训练。战争结束后，中国空军计划的执行根据终止租借的总统法令规定，只能继续到1945年11月30日。但是蒋委员长于1945年8月请求总统继续训练在美国的中国空军人员，并加上尚在中国的一千二百八十名，以便使当时设想的计划得以圆满完成。总统表示同意完成这项计划，后来又把对华租借援助延期到1946年6月30日为止。训练中国空军人员的授权根据包括在1946年6月28日的第1条（c）租借协定中，按照规定，美国政府的耗费不得超过八百七十五万美元，期限不得超过1947年12月31日。这项计划的完成将要求由美国为中国空军提供五千一百二十七名人员的训练。

国民党空军在美国受训

（b）地面和后勤学校训练计划：军事顾问团虽然尚未正式成立，驻华陆军顾问团却已在为中国武装部队的改组而向中国政府提供帮助和建议。作为这项改组计划的一部分，南京总指挥部（军事顾问团的核心）请求在美国后勤学校训练三百二十五名中国军官，以便充当以后在中国成立的后勤学校的师资，此外，驻华美军总司令还要求在美国为中国训练一百三十二名医科学生。这些申请得到了国务院和陆军部的批准，并制定了大家都知道的“地面和后勤学校计划”。按照租借法案，实行这项计划的授权根据，包含在1946年6月28日的第1（c）租借协定内，对美国政府的耗费不得超过一百二十五万美元，期限不得超过1947年12月31日。

6. 中国空军计划

一般被称为八又三分之一个大队计划的这项计划根据租借法案开始于战争期间，其目的在于建立一支中国空军。原计划提供飞机，装备和经过训练的人员，以建立一支拥有十八个大队的力量均衡的空军。这项计划后来削减到十三个大队，战争结束后又修订为八又三分之一个大队，以保证其大小更接近于中国政府的供给能力。这项计划中装备的交付，部分是依据剩余物资销售法案的规定，部分是依据租借法案的规定，直到租借法案失效之日为止（1946年6月30日），从那时往后，全部按剩余物资销售法案的规定交付，并由国外物资清理局进行。采用这种交货方法，首先是因为国务院认为在租借法案失效时，以额外的计划过分增加了第1条（c）租借协定的负担，在政治上是不智的。后来，国务院在1946年8月停止了通过国外物资清理局为这项计划交付未失去军用性质的装备的做法，这一行动得到了我的支持，于是八又三分之一个大队计划的完成因而暂时推迟。1946年10月22日，陆军部授权交付该计划中余留的民用类物品，但是军用类物品迄未获得许可。

7. 对华军事顾问团

顾问团由陆、海、空军人员组成，负责就中国武装部队的改组问题向中国政府提出建议。该团只限于提供建议，一直竭力避免参与任何种类的中国作战、情报或其他活动。建立这样一个顾问团的要求，最初是由蒋委员长提出的，杜鲁门总统在1945年9月14日对宋子文博士的口头声明中表示接受这一要求，当时他提到："一个顾问使团的准确的大小、组成和职能，将取决于任务的状况和性质，取决于美、中两国政府可能协议决定的中国武装部队的大小和组成。"1945年10月21日，陆军部命令中国战区统帅魏德迈将军，"为可能在驻华海军代表团司令官合作下成立的这样一个美国对华军事顾问团拟定计划和作好准备"。1946年2月26日，总统以总统命令指示并授权陆军部长和海军部长联合成立一个美国对华军事顾问团。顾问团的官兵人数限制在一千人以内。顾问团的使命是"为建立现代化武装部队，以实现根据包括联合国宪章在内的国际协定而可能要求中国承担的任务，对包括满洲和台湾在内的被收复的中国地区建立适当的控制，以及维持国内的和平和安全，而向中国政府提供帮助和建议。"在和陆军部和海军部讨论之后，国务院向驻南京美国大使馆发去一份有关建立这个使团的协定草案，大使馆已和中国政府对这一协定进行讨论，虽然至今尚未对此采取最后行动。这一顾问团的陆军部分一直以对华陆军顾问团的名义发挥着作用，而且在非正式的基础上协助中国政府改组其国防部，并对1946年2月25日的军队整编协定所规定的国共双方军队的整编起着极为重要的参谋作用。对于正式成立军事顾问团的授权已经根据总统的战时权力取得，但是这个顾问团的陆军部分尚未取得必要的立法授权。然而，512号公共法令却批准了一个海军顾问团的成立，因而如果在顾问团作为一个整体获得立法授权而告成立以前，总统的战时权力就已被撤销，海军部分却可以正式成立。

8. 三十九师计划

这项计划之作为一项计划已在对日战争胜利日终止（“计划”一词在这里是指执行某一方案或承诺的系统性办法）。战争期间，三十九师计划是交付适当数量装备（为中国那些师每师提供三千吨）的系统性办法，这些装备是打算用来装备三十九个中国师以加强中国军队的。1945年8月11日总统向中国战区美军统帅发出的一项自对日战争胜利日生效的总统命令规定，“军事援助目前将继续用于支持（中国）中央政府部队为收复中国战区内现在被日军占领的全部地区所必需的军事行动……”这项命令自动地排除了非收复任务所需要的任何援助，因此，也就把任何其目的只限于加强中国军队的计划排除在外。然而，这并不就勾销了可能已经向中国政府作出的任何承诺，而且由于总统在1945年9月14日已向宋子文博士口头承诺“要完成三十九师计划”，因此为实现这一承诺而提供所需物资的需要就依然存在。所以，为了避免重复交付装备，中国战区美军统帅奉命为一切由于支持收复任务（收复计划）而交付的装备保留记录，并把这样交付的装备作为抵付三十九师承诺的信贷。因此，收复计划就可以被认为是在起着一举两得的作用，既是为收复任务提供支持，又是在交付三十九师承诺所要求的物资。根据收复计划交付的装备总数，从所需的装备来看，已经完成了三十九师计划的承诺。

9. 中国和平时期军队计划

1946年2月25日的军队整编协定规定，国民政府和中共双方军队在十八个月结束时应该分别削减到国民党军队五十个师、中共军队十个师，并在这时统编成为一支统一的国军。1946年3月间，中国战区美军统帅建议进一步削减到总共五十个师（十个现役师，四十个非现役师），因为他相信，中国的经济更接近于能够维持这样一支军队的编制。为了协助组织和装备这样一支军队，他还建议美国政府供应十个现役师所短缺的任何种类的物品（以美国陆军师的机械化为基础，按照中国的情况作必要的修改），并协助中国政府获得四十个非现役师所需的装备。为统编后的这五十个师的军队提供装备的方案，被称为中国和平时期军队计划。这一计划从未得到过美国政府或蒋委员长任何一方的正式批准，而仍然停留在讨论阶段，因而也未就此对中国政府作出任何承诺。给予这一计划正式承认的是国务院，它同意采取和中国方面继续讨论并掌握着十个师的装备的政策，这样的装备正由太平洋美国陆军从远东总司令部的剩余物资中拨出并加以掌管。

10. 向中国提供军事援助的立法

由于情况变得明显，战争结束后还有必要向中国提供一段时间的军事援助，于是陆军、海军和国务院便考虑向国会提出议案，以便授权美国政府延长其对中国政府的军事援助。有三项这样的议案向国会提出，其中一项已经成为法律。

（a）"向中华民国提供军事顾问和援助，帮助它实现其武装部队的现代化，以便履行根据联合国宪章可能要求由它承担的责任"的议案，是国务院应陆军部的请求而提出的。七十九届国会众议院和参议院的军事委员会都研究过这项议案，但是没有就这项议案采取任何立法行动。最初我以为，这项议案获得通过将会促进正在为争取在中国实现和平与统一以及建立一支统一的国家武装力量的努力。原指望这项议案所设想的援助的实现能够和中国双方所协议的整编中国军队及统编中共部队为国军的计划配合一致。但是后来在中国的政治和军事发展，使得催促考虑这项议案和正式成立这项议案所规定的军事顾问团都成为不适宜之举，因此，我建议暂时推迟有关这项议案的立法行动，直到中国的政治局势表明有理由进一步考虑由美国政府提供此种援助。

（b）规定为援助外国政府而成立军事代表团的议案，是由国务院作为它有关成立此类代表团的全面政策的一部分而提出的。这项议案的通过将会授权建立对华军事顾问团，但并不授权训练中国人员或向中国政府提供物资和装备。七十九届国会并没有就这项议案采取最后的立法行动。

（c）由海军部提出，规定援助中国海军并授权成立海军顾问团、转让美国海军装备和向中国学员提供海军训练的一项议案，于1946年7月16日作为第512号公共法令获得通过。根据这项法律的授权，海军顾问团可脱离三军联合顾问团而单独成立。

11.剩余物资销售

（a）华西：1945年11月29日，中国战区统帅和中国政府达成协议，由中国政府购买东经一百一十度以西的全部美国陆军的物资。这样做的原因是存在着危及美国人员生命的过多的盗匪活动、掠夺行为和不分青红皂白的枪击事件。

（b）华东：华东全部剩余物资的销售都已通过对外物资清理局进行。1946年8月30日，对外物资清理局和中国政府签订的一项合约规定，在中国、冲绳、关岛、塞班岛、提尼安岛、埃尼威托克岛、马尔库斯岛、夸贾林岛、洛斯内格罗斯、乌利蒂、马朱罗岛、马金、马努斯岛、贝莱洛、芬斯查芬、硫磺岛和罗伊的剩余物资，除飞机、未失去军用性质的作战材料、船舰和其他海运装备以及设置在中国领土以外的固定设备以外，全部出售给中国政府。

三十三
国民大会和新宪法；杜鲁门总统的美国对华政策声明

由于周恩来将军返回延安和谈判终止——至少是暂时终止——主要的注意力已集中到国民大会及大会可能通过怎样一种类型的宪法。早有迹象表明，国民党的反动分子反对通过一部符合政协决议精神的宪法，并且正在为基本上原封不动地通过1936年的“五五宪草”而努力。国民大会逐步制定了程序规则，会上展开了热烈的讨论，有一位代表甚至在发言中为了一个问题而和蒋委员长争辩起来。有迹象显示，国民党内的反动分子的坚决努力将迫使蒋委员长采取强硬的立场，如果要通过的是一部和政协决议大致相符的宪法的话。

除了宪法的问题外，还有如共产党所声称的国民政府进攻延安的可能性问题。11月下半月，任何可能进攻延安的计划显然都已被放弃，因为共产党方面没有再对此种行动进行宣扬。就在这一时期，在就军调部内中共方面人员将在何种条件下撤退这一问题进行讨论的过程中，共方委员叶剑英将军告诉我，国民政府召开国民大会的行动是向政治破裂迈出的一步，而如果国民政府进攻延安则将导致军事上的破裂，从而使得任何进一步的谈判的可能都化为泡影。叶将军接着阐明了共产党的战略。共产党所以从若干大城市撤出，是因为他们所想得到的不是局部的胜利，而是全面的胜利。共产党从以往五个月的经验中得知，国民政府没有足够的兵力在华北和东北同时发动攻势。这个政府正在拼命抓丁征税，而在共产党的兵力多少是完整无损的情况下，政府军已经遭受到了重大的损失。和平的最大障碍是“CC”集团、秘密警察和国民党黩武分子。他希望我仔细研究时局，并设法说服国民党政府，使他们相信和平解决的必要。

我说，任何一方诉诸军事力量都是极端错误的，我认为，当前的局势不可能以武力解决，我不同意任何一方采取军事行动。

叶将军的话多少可以表明共产党可能采取的策略。共产党对于国民政府的不信任达到了极深的地步，已经不愿重新谈判，除非能够使国民政府相信共产党是不可能用武力摧毁的，或是国民政府由于经济的恶化而陷于崩溃，或是国民政府愿意按照共产党可以接受的条件进行谈判。

11月30日，共产党驻南京代表团的一位高级代表董必武先生通知司徒雷登博士，据他所知，周将军并未答应要为美国的调解征询延安的反应，并且坦率表示，他不信任美国的调解努力。然而，他却同意就这一问题向延安发一份电报。和董先生就美国调解所作的评论形成鲜明对照的是同一时期中国某些小党派代表对我表示的意见。他们说，他们觉得，共产党确实希望美国继续进行调解。但是，由于共产党未能答复我关于由我参加调解是否适宜这一直截了当的问题，也由于国民党反动分子的态度，我的处境变得日益困难。我觉察到，国民党反动集团正把我看成是一个不受欢迎但又是不可缺少的角色，因为继续把我牵连进去，这些反动分子就可以在愿意谈判的伪装下干他们那种不民主的勾当和展开军事行动，从而使我处于一种有损于美国政策的境地。

12月1日，我和蒋委员长举行了一次长时间的会谈，这次会谈暴露了双方在应该遵循何种途径才能在中国实现和平解决的观点上存在着很大的分歧。蒋委员长问我，在目前形势下，在共产党不回答我关于美国调解的问题，拒绝参加国民大会而且拒绝进一步谈判的形势下，应该怎样行动。

我的回答如下：据我看，整个春季国民政府对共产党的善意的完全不信任，已经被共产党对国民政府为和平解决分歧而提出的任何一项建议的善意绝对不信任所代替。在最近举行的谈判中，我和司徒雷登博士发现，已经不可能使共产党相信国民政府的善意，甚至不可能使他们相信我们自己行动的公平正直。在我看来，国民政府提出的甚至是最宽大的一些办法，特别是蒋委员长10月16日提出的八点建议中所主张的办法，都已经由于军事行动而失去了作用——八点建议则由于在宣布这项建议的同时对安东和烟台发动了进攻而失去了作用。这时我所能看到的可以取得共产党的合作以建立一个代议制政府的唯一希望，是遵循如下的方针：由国民大会通过一部符合政协原则精神的宪法，接着就成立共产党和民主同盟都拥有席位的国府委员会，并对行政院实行真正的改组。向国民大会提出的宪法草案看上去和政协精神似乎大体一致。如果这部宪法获得通过而没有因为阉割自由派人士所坚持的保障条款而使修正案遭到破坏，如果采取确定的步骤把这部宪法付诸实施，如果还采取了前述的其他步骤，如果国民政府又派出一个代表到延安去邀请延安参加这种活动程序，我相信，共产党人将处于一种软弱的地位。当然，还必须停止军事行动，只有自卫性质的行动除外，但必须是真正为了自卫而不是为了报复。我以为，最好是由国民政府通过私下的方式就这些问题和共产党人接触，以避免共产党照例指责国民政府为了对外宣传而采取单方面行动。

关于经济局势，我接着指出，据传军事开支这时正消耗着国民政府预算的百分之九十（这个数字还有争议），从而在我被催逼着提出由美国政府提供各种贷款的同时，使国民政府为支持广泛的军事努力而造成了财力上的真空。一旦财政崩溃，国民党就将陷于危险境地，而共产主义的蔓延将获得肥沃的土壤。国民政府中从事实际战争的军事将领们完全不习惯于考虑财政上的限制；在美国军人看来几乎是具有决定性意义的也是我本人多年来念念不忘的国民经济这个因素，对他们却是无所谓的问题。共产党人对于迫近的危机十分清楚，而且在制定计划时是加以考虑的。和这种经济问题直接不相容的是国民政府军事将领们的这样一种观点，即，这种问题是可以用武力加以解决的。我不仅从军事的观点不同意这种观点，而且觉得，不必等到有足够的时间来证明这种观点是否正确，彻底的经济崩溃就会出现。自从美国海军陆战队撤走以后，国民政府没有能力保证天津和秦皇岛之间铁路的畅通就是一例。另一个例子是，被认为是为国民政府军队所收复的河北省若干地区，却布满了共产党的司令部。

最后我把当前的局势作了一个概括。我说，共产党已经是一支大得不容忽视的军事和社会力量，即使不考虑为了摧毁他们而必须采取的手段的残酷性，要靠军事行动消灭他们也多半是不可能的。因此当务之急就是把争取他们参加政府的努力继续下去，而且应当小心从事，切不可让军事行动破坏谈判的进行。

在一个多小时的发言中，蒋委员长作了如下的回答：他坚信，共产党从未打算和国民政府合作。他们仰承苏联的鼻息，他们的目的在于瓦解政府，并影响其对外政策。他认为必须摧毁共产党的军事力量，如果能够做到这一点，要解决共产党的问题也就不会有多大困难。目前的局势已不同于同中共军队作战的初期，因为现在有了可以用来自由调遣兵力的道路。因此，他有信心能在八个月到十个月的时间内消灭共产党的军队。

在简略地提到经济形势时他接着表示，虽然城市的局面比较严重，但是中国经济在很大程度上是以农业人口为基础的，而在两年左右的时间内还不至于会有我所指出的那种崩溃的危险。

蒋委员长接着又说，满洲最有价值的部分在长春以南，他认为国民政府在那个地区可以站稳脚跟。他将自我克制而不向哈尔滨方面进军，因为他以为，只要不采取这一步骤，苏联就不会对国民政府采取敌对行动。最后他谈论到苏联的反应问题：他的经验和信念都是，如果中国政府能显示出它的力量，苏联就会默认和平安排。他引证了苏联在国民政府夺取安东之后的反应，并且表示，只要国民政府表现强硬，苏联人就会在谈判和安排中和中国政府合作。他相信，只要苏联还严重地陷身于德国，他们就要避免在远东招惹麻烦。

蒋委员长接着提到，他已年届六旬，他的活动能力和精力已不如往常，因而必须很快结束他作为一个领袖的角色。但是他认为，他对中国人民负有责任，不彻底解决共产党问题就决不能交出统治权。在这方面，他接着说，我不应该认为我的使命仅仅局限于在国民政府和中国共产党之间起撮合作用。既然共产党已经表明他们不愿意合作，我的任务就应该是促进和发展现政府在中国和在远东的稳定。美国政府应该考虑到目前的局势而重新确定其对华政策。（其实他的意思显然是，不能再认为把共产党当作政府的组成部分来考虑是切合实际的了。）在结束他的谈话时他说，他将尽一切努力通过和平谈判来使共产党参加政府，并愿意考虑我和司徒雷登博士为此而提出的建议。

关于他涉及美国政策和中国共产党的那种言外之意，我简短而坚定地重申了我的观点：这样大一个共产党集团是不容忽视的，我认为在这个国家面临一场彻底的经济崩溃之前，国民政府已经没有能力把它摧毁。我并没有谈论我认为是最值得忧虑的问题——那就是国民党崩溃的可能性，以及人民对国民党对于这个国家的地方政府管理不善所感到的显然是日益增长的不满。

在这一时期，在和蒋委员长以及国民政府其他领导人交谈时，我总是竭力强调国民大会通过一部符合政协决议精神的宪法的重要性和必要性，这至少可以成为朝着在中国建立代议制政府迈出的第一步。12月4日，我向俞大维将军表明了这些看法，并且指出，要共产党人参加国民大会的唯一机会，是国民政府必须真正有所改变。例如，国民政府应该通过目前的宪法而不作任何破坏性的修正，不添加任何玩弄花招的措辞。如果接着就改组国府委员会并为共产党和民主同盟留出职位虚席以待，如果接着就开始改组行政院，共产党就会被置于十分困难的处境。我说，在采取这些步骤的同时，蒋委员长应该私下派出代表到延安去和共产党人商讨他们前来参加国民大会的方式。我认为，他应该避免发表公开的声明，以免引起共产党方面通常会作出的不信任和怀疑的反应，而尤为重要的是，政府方面还必须伴之以停止军事进攻的行动。而困难之处在于，政府方面却可能会诉诸已经被过分滥用的"自卫"措施，因而我希望，政府方面的军事将领们不要只想着报复，因为这会破坏共产党参加政府的一切可能性。

我对俞将军谈到了蒋委员长对于经济形势的意见和他关于八个月到十个月摧毁共产党的说法。我说，我完全不能同意这样一些观点。我告诉俞将军，进出口银行最近拒绝了由我提出、得到国务院同意的、为粤汉铁路和河南北部黄河大桥提供贷款的申请，这家银行为这一行动提出的理由是，"缺乏充分可靠的偿还前景”来证明这两笔贷款是不合理的。当俞将军说到他不明白为什么和政府的军事行动毫不相干的贷款竟会遭到拒绝时，我解释说，这是因为考虑到了国民政府的性质、公开的贪污和这个政府的军事政策。我指出，国家咨询委员会和进出口银行先前已经一致决定，只向一个实现了和平并在其政府中实行了明显的改革的中国提供贷款。

在我和俞将军之间所作的这次谈话中，我提到了国民党中央通讯社所发有关周恩来将军和我之间几次会谈的一份报告的电讯，这份报告是我应蒋委员长的请求而交给俞将军的。我指出，我之所以这样做，是因为蒋委员长请求允许他看到我和周将军最后几次会谈中的一些有关部分，而我并没像以往那样事先征得周将军的许可，因为他已经返回延安。尽管交给俞将军的部分只包含周将军为他返回延安一事所提出的理由，但是这种宣扬却使我处于一种向国民政府通风报信的不光彩地位。俞将军为这种宣扬表示歉意，并说，他并不知道那则新闻电讯中所引述的“权威性消息来源”是谁。

12月4日，董必武先生发来一份备忘录，其中包含着周恩来将军发来的一份电报，其内容如下：

由于“一党操纵”的国大之召开，政协协议已为蒋介石主席所撕毁无遗，国共两党间已“无谈判的基础”。然为符合全中国人民争取和平与民主之愿望，本党“主张”，如国民党立即解散正在开会的“非法”国大，并恢复1月13日停战令时之军队原防，则两党“仍可重开”谈判。乞将上述各点转致蒋主席。

12月5日，我的办公室将这一份备忘录的副本未加任何评论地交给俞大维将军，并由他转交蒋委员长。

周将军的电报没有答复我希望共产党对我的调解活动明确表态的请求，而这份电报是不现实的，因为它提出了显然不能指望国民政府会接受的条件。

司徒雷登博士和我在12月5日讨论了这份电报。他认为，周将军的声明等于是表示共产党接受了蒋委员长要以武力解决争端的挑战，他主张，应该直言不讳地告诉蒋委员长，如果他坚持奉行武力政策，美国的援助将全部撤销。他认为，反过来还应该告诉蒋委员长，如果他改革国民党并在民主的基础上扩大政府，他就可以指望在军事和经济事务中得到美国的援助，但是，必须在美国的监督下实行这些政治改革。

我回答说，我已经向蒋委员长强调说明，美国不会支持武力行动，一旦蒋委员长确实奉行改革的方针，美国将考虑宣布一项新的政策。我怀疑冲突在任何情况下能由单方面停止，因为国民政府永远声称是为自卫而战。国民政府为保卫漫长的重要交通线而面临的巨大任务要求使用大量的兵力，因而只要有敌对的共产党部队活跃在战场上，只要蒋委员长仍然倾心于从军事上摧毁共产党的政策，就不可能对国民政府军队实行任何程度的复员。在能够对国民政府军队实行任何值得重视的复员之前，首先必须对共产党部队的最后处置作出决定。

我对司徒雷登博士详细叙述了我为破坏反动集团在政府内的权势所作出的种种努力，并且指出，这是一个重大的问题。但是，共产党却在以他们的行动为反动分子直接效劳。当司徒雷登博士谈到蒋委员长必须一劳永逸地和反动集团决裂并认为这样做的可能性确实存在时，我说，我对这种可能性深表怀疑，特别是由于蒋委员长已经确信诉诸武力的政策是唯一切实可行的解决办法，并由于他完全不相信共产党，怀疑他们参加政府的目的。我又说，无论什么时候蒋委员长作出让步，我认为都是违背他自以为是的心愿的，因此，在危机的时刻，他总是接受他那些反动伙伴的影响。我觉得，这时的共产党对于我们实际上已经是远不可及，而且实际上已拒绝了美国的调解。

当话题转回到对于一项新政策的考虑时，我说，什么样的新政策都难以提出，除非我们知道了对于这样一些问题的答案：（1）共产党对于我个人的态度；（2）国民大会所通过的宪法的类型；（3）实施这部宪法的方法；（4）国府委员会和行政院的改组；（5）为共产党参加政府而留的门有多宽，是怎样的门。

这时，司徒雷登博士向我提出了他关于一个三点计划的美国对华政策的设想：在国民政府军队整编方面提供军事援助，在经济领域内提供技术性援助，在政治领域内提供专门性咨询。我同意这三点，但是怀疑这项计划在目前条件下是否能够实现。只要共产党还把他们的军队留在战场上，就不能指望国民政府作进一步的复员。问题在于是否能在战场上创造一种和平的气氛，以便于沿着政治和经济的路线所作的努力能够有所进展。我以为，技术性的援助是应该提供的，并且引述遭到进出口银行否决的为粤汉铁路的恢复和发展提供对华贷款的问题为例。我希望在我答应重新向美国政府提出提供这项贷款的建议并敦促许可以前，能够通过某种可接受的宪法。但是，对中国政府的有限的支持却有两个弊端，因为这会使反动分子和军人集团得到鼓励，并因此而使国民政府的改革、一党支配政府的废除和为共产党重新参加谈判敞开道路变得更加困难。为在这利弊得失之间取得某种适当的平衡，乃是这时我最操心的问题。

12月初，蒋委员长告诉司徒雷登博士，中国政府有聘我充当顾问的意愿。司徒雷登博士告诉他，由于中国正在进行着内战，他不认为我会对这一职位加以考虑。12月9日，在和司徒雷登博士讨论这一问题时，我告诉他，在这个时候最好的回答应该是明确的一个“否”字。既然我作为一个得到美国政府全力支持的调解人尚且不能影响中国政府，那就没有理由指望我的顾问工作能够在政府内部促成多大的良好反应。后来和蒋委员长讨论到这个问题时，我断然拒绝了要我作为国民政府的顾问继续留在中国的邀请。面对着一场内战，一个美国人是不能接受这样一种职位的，否则美国在中国的立场将会陷于尴尬的地位，因为我作为一个顾问的工作势必会使我以前为调解而努力时所采取的行动前功尽弃。

12月9日，在和中国前驻华盛顿大使、立法院副院长魏道明交谈时，我重复了我的这些观点：必须通过一部健全的民主宪法并改组政府，以作为达成一项和平解决的一种可能的手段。我指出了以武力消灭共产党这种政策的危险性，并且强调了在国民党内实行改革以便加强该党和吸引人民支持的必要性。

尽管我曾劝告政府领导人在向延安派遣和平代表团的问题上不要公开张扬，有关这一计划的消息仍然被“泄漏出去”了。共产党的反应是很难令人鼓舞的。

我觉得国民政府可能是故意泄露这一计划，以试探共产党的反应。看来虽然共产党先前似乎曾经表示希望停止战斗，但是现在他们认为，如果不满足他们提出的条件（回到1月13日的军队原防并解散国民大会）就不如继续打下去。我认为，共产党这个时候的做法实际上只能使国民政府内反动的政治和军事集团感到高兴，这个集团正在让共产党来为它的利益效劳。

12月13日，司徒雷登博士告诉我，蒋委员长在前一天对中国的局势深表苦恼和困窘。蒋委员长表示希望得到美国的帮助，使中国变得强大、现代化和有效率，他声称，当前首要的问题是改组政府的问题，并且表示，希望在这方面获得提供咨询更甚于获得贷款和物质援助。蒋委员长还表示，他相信我能提供巨大的帮助，使中国摆脱由来已久的无效率，使这个国家有正直的政府并有一支有效的军队。

我对司徒雷登博士说，基本的问题是能够在哪些地方为中国作出贡献。我正在为解决两个问题而斗争——国民政府中反动派的权势，以及由于共产党对国民党的极不信任而产生的和共产党打交道的困难。我说，抵御共产主义的无上良策是由中国现政府完成足以赢得民心的改革。我谈论了在国民政府内部的反动集团所拥有的破坏性势力，并说，蒋委员长本人对这个反动集团的感情是如此之深，关系是如此之久，以致要拆散他们之间的姻缘是极其困难的。据我看，解决的办法似乎是要求加强蒋委员长领导下的自由派力量，而同时削弱反动派的影响。在中国发表一项攻击反动派的声明，只能是极大地鼓励共产党，而在美国发表一项声明却会得到广泛的报道，并以不受多大歪曲的形式在整个中国产生反响。这样一项声明必须是强硬有力的，必须能向美国人民阐明当前的局势，必须能使中国的反动分子一清二楚地看到不祥之兆，并且必须能使自由分子的地位得到加强。但是，在宪法获得通过而国民政府为实施宪法和改组政府而采取步骤以前，却不应该发表任何声明。

提到蒋委员长想要美国提供咨询的愿望时，我指出，为陆军和海军提供咨询的机构已经存在，问题是如何实际运用这种机构，这种机构现在正由于内战而失去作用。国民政府急需解决的问题之一是把它的财政工作置于健全的基础之上；其他方面包括建立稳健的预算和全面整顿税收系统。美国顾问要能在这些问题上有所帮助，就必须被授予足够的权力，而且能直接接触政府中的决策大员。但国民政府的腐败现象并不能由于有人充当顾问就被肃清，而只能由于有一个有效的反对党的存在而被消除。

平汉（京汉）铁路北京前门站

列车运行中的津浦铁路

司徒雷登博士在前一天曾向蒋委员长提交一份备忘录，内容是关于美国的技术性援助和咨询的问题，其中包括一项重新开放华北两条南北向铁路（平汉线和津浦线）的计划。司徒雷登博士告诉我，蒋委员长接受了有关这两条铁路的想法，并且表示愿意为此而和共产党人接触。我对司徒雷登博士说，我不相信共产党会同意这项铁路建议，因为他们出于对政府的不信任，会把这项建议看成是向共产党地区调运军队的掩护。但是，我认为，铁路问题是一个至关紧要的问题。我认为，从津浦线开始可能比较现实，因为这条线不穿过共产党的心脏地区；如果这项实验获得成功，就可以形成足够的相互信任，以便于在其他地区推广这一办法。要成功地完成这样一项计划，就必须真诚地保持和平，而要做到这一点却极为困难，因为双方都会遇到难以数计的误解。

司徒雷登博士说，蒋委员长希望和我们讨论由美国人为中国政府体制的现代化充当顾问和实行监督，以便建立一个进步的民主政府的问题。

在促进把中国的自由主义集团加强到有影响的地位这一想法方面，我抓住和中国小党派及社会贤达交谈时的一切机会，强调小党派团结起来并在中国组成一个自由派集团以充当国民党和共产党之间的平衡势力的必要性。在12月18日的一次交谈中我就对罗隆基博士说过，中国的自由主义分子应该联合在一个单一的自由主义的爱国党派之内，致力于人民的福利，而不是小党派领袖的私利。我说，这样他们就能够对政局施加影响，而这种影响将随着这个党派获得职位和受到赞助而增长。这样一个党派可以站在两大政党之间，而任何一个大党如果得不到这个自由主义党派的支持，在正常情况下，就不可能采取有决定性的步骤。我接着说，现在小党派人士听任自己陷入四分五裂的状态，因而也就无力影响局势，无力防止政府使用武力，无力防止共产党促使经济崩溃。在这可悲的局势之中，中国人民单独承受着这场悲剧的全部重负。

我提到了共产党方面恶意的歪曲宣传，我说明，我之所以留在中国，是希望我的存在能有助于通过一部真正的民主宪法，固然，不能指望我为这种恶意歪曲的洪水所淹没而永远保持沉默。我说，过去我常常觉得，国民政府愿意有美国的调解，是为了给它的军事行动充当盾牌，现在我觉得，共产党已不再需要美国的调解，但如果正式拒绝这样一种调解，又担心因此而陷于不利的地位。因此，我说，正像以往我一度为国民党所利用，现在我已经在为共产党所利用。我曾经向共产党问过一个简单的直截了当的问题，而至今我并不认为我已经得到了答复。但是，我不能听任我被任何一方当作一种便宜来利用，更不能听任美国被要弄而陷入使它的正直遭到怀疑的境地。当罗博士谈到有迹象显示共产党打算收复一些地区以加强其和谈地位时，我说，我不想充当战场上的裁判。我指出，我作为一个谈判者的作用，实际上已因最近共产党拒绝一切国民政府建议的行动而遭到了破坏，这种行动恰恰是迎合了国民政府内反动派的需要，而我的主要反对者总是来自他们中间。

接着，罗博士对共产党的意图发表了如下的看法：如果政府的改组没有共产党参加，和谈的可能性就会减少，因为共产党会把单方面的政府改组看成是表明不要共产党人参加政府的确凿证据。他不相信共产党的两项条件是不可变更的。第一项，解散国民大会，很快就会被事态的发展抛在后面；而第二项，回到1月13日的驻军位置，在提法上对于恢复军事位置已不如对于保留地方政府那么强调。罗博士接着叙述了最近由周恩来将军为重开谈判而提出的三项条件。这些条件要求：举行新的党派会议，成立联合政府，召开新的国民大会。罗博士承认，关于第三点，有必要采取某种折中办法，因为不能指望政府会接受这一次大会所通过的宪法。因此，据他看来，重要的是有关党派会议的问题，他认为，这样一种会议应该遵循政协会议的精神而不是抄袭其形式。他并且说，由小党派来调解所有的分歧虽然非常困难，但是有这种可能。他最后表示，民主同盟之所以拒不参加国民大会，是为了向共产党表明，它并不孤立，一旦重开谈判，它仍然会有朋友和它站在一起。

关于美国调停的问题，共产党驻南京代表团成员王炳南先生于12月18日通知司徒雷登博士说，他不认为共产党代表团再一次致电延安要求对有关美国调停的问题作出直接的回答是“有益的”。王先生说，周将军12月4日的电报虽然含糊一点，但是其含意已经表明共产党确实希望美国调停。他又补充说，共产党可能要求国民政府对那份电报作出正式答复。司徒雷登博士和我一致认为我们不必催促国民政府答复，因为共产党并没有答复我的直接询问，而且还因为，如果这份文件被看成是对于我的问题的答复，也就无须由国民政府表示收到。我们觉得，也很可能是，共产党之所以要求获得答复，是因为他们认识到，答复将会是尖酸刻薄的，这就可以为他们拒绝国民政府派和平代表团到延安去提供一个方便的保全面子的借口。

在12月18日我和司徒雷登博士讨论这一问题和其他事项时，我发表了以下的意见：我在最近几次和蒋委员长的交谈中注意到了对于司徒雷登博士关于重新开放华北两条铁路干线的方案肯定是不协调的情况。蒋委员长强调了他要尽一切努力使共产党参加政府的愿望，但是同时又说，为了铁路的问题而企图和共产党谈判是徒劳无益的，铁路必须用武力打通。蒋委员长还说，如果以武力取得铁路，共产党就会被迫就范。6月间蒋委员长也曾采取过类似的态度，那时他说，“只要有时间，成熟了的苹果就会落到我们的怀里”。而且8月间他也说过，“如果冲突停止了，就无法迫使共产党出席国民大会”。我觉得国民政府和共产党双方都发现让美国的调解活动继续下去是件有利的事情——在国民政府一方，可以用来掩护积极的军事作战活动；在共产党一方，则可以用来避免被指责为中断谈判。甚至蒋委员长要我充当中国政府顾问的请求也很可能是一种迹象，表明国民政府想要利用我的影响去争取今后的美国贷款。看来所有这些情况都要我在这时就最好的行动方针作出决定。可以立即做到的唯一的一件事也许就是尽一切努力争取通过一部符合政协决议精神的真正的民主宪法和争取改组政府。

司徒雷登博士和我一致认为，重新开放华北两条铁路干线的问题，不应该成为可能在延安举行的任何谈判的主要问题，因为十分明显，如果把这个问题当作主要问题，共产党就会立即反对为以后的谈判而进行的任何努力。我们认为，应该拟订明确的议事日程，国民政府的代表应该到延安去，并且准备向共产党作出鼓励他们重返政治活动的足够的让步，例如：成立有共产党席位的国府委员会，在明确表示和许诺要有共产党参加的情况下改组行政院，以及为华北两条铁路干线的运行提出明确而公平的建议。我们决定，在国民政府本着这些方针拟定出明确而公正的建议之后，而不是在这之前，司徒雷登博士才应敦促国民政府派代表前往延安，并通过驻南京的共产党代表团为此行谋求许可。

但是我认为，重开谈判的前景在这时是渺茫的。正像我告诉司徒雷登博士的那样，我以为我应该返回美国去商量一下，并在杜鲁门总统发表了重申美国对华政策的声明之后，再由我发表一个我个人的声明。这个声明的作用应该是抨击中国政府的军事将领和反动政治集团，同时也抨击共产党方面阻挠达成任何协议的破坏性态度。我希望能通过这种方式来帮助加强两党的自由主义分子和一般的自由主义分子的地位，并吁请蒋委员长依靠这些自由主义分子来改革中国的政府体制。

国务院先前曾认为，为了澄清与美国援华问题有关的局势，　由总统发表一项声明是可取的。国务院拟定了一份这样的声明，交给我加以研究并征求我的同意，我对其中某些部分作了微小的修改之后表示同意。12月18日，杜鲁门总统在华盛顿发表了这项声明。总的说来，这是对于现行的对华政策的重新肯定和回顾，因为这样的政策是在过去的一年里形成和发展起来的。

对于总统声明及其意义的解释，由于有关的中国报刊政治倾向各异而有所不同。一般说来，中国政府的和国民党的报纸都把这项声明解释成是对国民政府政策和立场的赞同。左翼和自由派的评论则以赞许的态度指出声明所表达的扩大政府的希望。共产党发言人声称，尽管杜鲁门总统没有坦率地承认是美国的错误政策导致了和谈的失败和内战的加剧，但是他表示了理解到两党所达成的各项协议已被忽视而联合政府必须包括共产党在内。总之，这项声明被认为是对有关报刊所持不同观点的赞同。

但是，周恩来将军却在延安猛烈地抨击杜鲁门总统的声明，称它“主要是为今年3月以来美国的反动对华政策辩护”。他说，声明不包含任何新鲜的内容，其目的在于“蒙蔽国内外舆论和堵塞各方提出的难堪的批评”，以便原封不动地继续推行美国的“反动对华政策”。

12月24日，北平发生了一起据称是一名美国海军陆战队人员强奸了一名中国姑娘的事件。这起事件把中国反美情绪聚集于一个焦点，全国大中学校学生组织了示威游行，要求惩办肇事的海军陆战队人员并把美军从中国撤出去。虽然这些示威活动无疑有共产党的插手和鼓励，但有迹象表明，示威也是间接针对国民政府的，而且是普遍反对国民党的不满情绪的一个信号。这些示威成了对国民党不满情绪的宣泄口，在性质上反政府的成分很可能和反美的成分相等。这些示威适足以表明遍及全国的不安，也表明有利用其他事件煽起普遍反美情绪的危险。这一事件发生前不久，我曾告知国民党宣传部长。在中国国内反国民政府情绪的广泛一致性看来似乎正在发展，虽然由于共产党的反美宣传，这种情绪的锋芒这次主要是指向美国，但是国民政府应该料想到在不久的将来这种情绪就要转到直接反政府的方向上。

12月25日，国民大会在实质上按草案原封不动地通过了一部新宪法之后休会。新宪法似乎和政协决议大体一致，具有一定程度的民主性质。大会的初期会议曾经十分活跃，展开了尖锐的讨论和争辩，国民党内的反动集团曾经明确表示要修改这部宪法，以符合被普遍认为是非自由主义的文件的1936年“五五宪草”的精神。最后，不得不由蒋委员长亲自出面发挥其决定性的个人领导作用，以克服国民党反动分子的阻挠。他在这方面得到了大会中反对“CC”极右集团的几乎所有其他集团和个人的支持和协助。大会以蒋委员长对局势的充分而有信心的控制告终，从而显示了他在驾驭国民党内反动分子方面的才能，并由于促使大体符合政协决议精神的一部宪法得到通过而恢复了他的威望。

休会之前，大会通过决议规定，新宪法将自1947年12月25日起生效，政府将在以后三个月内拟就选举法，废除六法全书所载一切违反宪法的法律，而各级选举本身将在九个月内完成。本届国民大会的权力将继续维持到新的一届国民大会被选出为止。

新宪法通过之后，国民党宣传部长向新闻界宣布，国民党的宣传部、组织部和海外工作部将作为党的机构继续存在，不会由于新宪法的通过而变成政府的官方机构。但是他表示，这三个部的经费在将来要完全由国民党的基金而不是由政府的国库支付。然而国民党组织部长、反动的"CC"派首领陈立夫先生就在大会休会之前声明，在新宪法从颁布到实施的过渡时期内，国民政府和国民党将维持现状。后来据显然可靠的消息来源报道，中国政府曾把各种资产的所有权悄悄地转移到国民党手中，以备该党不得挪用政府税收款项以后之所需。

甚至在新宪法被通过以前，共产党就一直在谴责国民大会是个"一党包办的非法分裂"机构，并且声称，"因此，这个大会所通过的任何一部所谓的宪法都是伪宪法"。周恩来将军于12月28日在延安声明，共产党不承认这个国民大会和这部新宪法是合法有效的，而且共产党主张"取消"这个国民大会并召集新的国民大会。

国民党控制区内中国人的反应，有政府报纸对新宪法的颂扬性评论，也有反对派的报纸吁请政府不要再使这部宪法"沦为一纸空文而付诸实施，尽管它是有缺陷的"。一家有影响的独立报纸称这部宪法具有"比较进步的性质"，并且认为，新宪法最大的弱点并不在文件的本身，而在于国民大会不是在和平与统一的气氛中召开的，因为一个大党没有参加大会，而且内战还正在一半国土上进行着。

虽然新宪法是一部具有一定的民主性质的文件，我却关心它付诸实施的程度和方式。宪法的通过仅仅是个开端，而真诚地改组政府和认真地实施宪法的唯一保证仍然要看中国真正的自由派集团的发展。我耽心，如果少数党和无党派自由主义集团继续各行其是，政府的改组就可能是虚假的。因此，我继续强调中国的自由主义分子组织起来，形成一支以支持任何一个表现良好的政府为己任的有效力量的重要性。

新宪法的通过结束了我来华使命的又一阶段。在这一阶段内，我一直努力利用我的影响争取通过一部符合政协决议精神的民主宪法，争取在中国组织一个真正的自由主义集团以支持一个好政府，以及，争取以有利于恢复和谈和共产党重行进入政治活动的方式实现政府的改组。重开谈判的前景看来渺茫，因为共产党显然坚持拒不承认国民大会和新宪法，而要求在进一步谈判之前接受两项先决条件的立场。共产党对美国的宣传攻势在这一阶段发展得愈加猛烈，而共产党发言人表明，共产党可能在采取这样的战略：对国民党虚弱的据点采取不断的袭扰战术以阻止交通线的重新开放，并拒绝进一步的谈判，直到国民政府被经济形势的恶化削弱为止。共产党一直不回答有关我的调解作用的询问，而周恩来将军于12月23日在延安回答共产党是否对此作出决定的问题时则声称，这要“由美国来作出决定”。

在这一时期内，从秦皇岛—北戴河地区撤出四千名美国海军陆战队人员的命令已经发出，一旦船运条件具备再从华北撤出一千二百名海军陆战队人员的计划也取得了一致意见。

到这一时期结束时，从中国本部、满洲和台湾大规模遣返日本籍人员的工作已告完成，只有被中国政府留下的被认为与战争罪行有关的人员、流散军人和技术人员除外。到12月31日大规模遣返完成时为止，被遣返的日本人总数[1]如下：

地区	军人	平民	总计
中同（满洲和台湾除外）	1,036,922	462,475	1,499,397
台湾	154,634	318,682	473,316
满洲	41,688	969,149	1,010,837
总计	1,233,244	1,750,306	2,983,550

军调部的问题在这时仍有一定的重要性，因为共产党方面显然希望保留这一机构，我相信，主要是因为它的无线电和交通运输设备尚可利用。共产党一直在

[1] 据东京远东总司令部的统计数字。

利用军调部作为通讯中心，并且利用美国的通讯设备发动反美宣传攻势。国民政府之所以希望继续保持其存在，则是由于不愿美国从谈判中抽身离去。显然，为了澄清这种局面，在最近的将来就有必要采取某种行动。

三十四

我的使命和美国参与军调部工作的结束

国民大会休会以后，蒋委员长表示希望和我讨论一下争取和共产党重开谈判所可能采取的步骤。司徒雷登博士和我先前曾建议过一个行动方针：如果通过了一部健全的宪法——这一步现在已经完成——而且，如果国民政府着手组建国府委员会并开始对行政院进行真正的改组，蒋委员长就很可以派出两三名地位显要立场开明的人士作为代表前往延安，讨论为停止冲突和共产党参加政府改组而重开谈判的问题。我们曾强调指出，这些行动应该悄悄地进行而不得大事张扬。但是，在国民政府的信誉至少是由于通过了一部符合政协决议精神的健全宪法而部分地得以建立以前，有关国民政府这一意图的消息就被有意无意地泄漏出去了。共产党的反应是不利的。有迹象表明，共产党人对于不同他们磋商就改组国府委员会和行政院一事会感到不快。他们大概认为这种做法将勾销他们作为负责任的一方参加的可能性。

因此，在12月27日和蒋委员长讨论这些问题的时候，我就建议，国民政府代表团对延安的访问应该在上述改组程序开始以前进行。蒋委员长同意我认为在这个问题上大事张扬之不可取的观点，但是他不知道和小党派进行磋商是否是不适宜的。我说，这样的行动会是适宜的，但是我不认为国民政府宣布它的立场是适当的，因为这会不可避免地造成消息的公开走漏，并且会引起一场和共产党的宣传战。我解释说，据我看来，如果国民政府采取这一行动，就必须作出真正的努力来避免任何由于军事行动或挑衅性的公开言论所造成的曾经一而再地破坏了我们以往努力的那一类复杂情况。蒋委员长似乎接受了我的建议，并说，几个小党派的执行委员会不久将在上海开会，他以为最好等到这些会议举行以后再进行。

蒋委员长要求我评论当前局势时，我发表了以下的看法：据我看，共产党由于认为政府打算用武力消灭他们这样一种压倒一切的疑心，在目前未必会为一项协议承担义务。我以为，政府的军事将领们在对镇压共产党所能取得的成果作出乐观的估计方面犯了很大的错误。他们在6月份曾经声称可以在两个月之内肃清江苏省内的共产党武装力量，而至今尚未肃清。与此同时，他们还说，从军事的观点来看，可以在三个月之内迫使共产党人就范，而这种情况却在六个月之后仍未发生。政府拒绝停止冲突以便迫使共产党参加国民大会的努力未能达到目的。因此，我认为不允许军事将领们以行动或言论破坏有成功希望的谈判的可能性是十分重要的，我相信，他们是始终反对这种谈判的。

我接着又说，如果共产党不愿重开谈判，至为重要的是政府先行改组，为共产党和民主同盟的加入敞开大门。蒋委员长由于在国民大会上在反对反动分子和使得一部合理健全的宪法终于通过方面的领袖作用，据我看，在道义上已赢得了巨大的胜利，从而恢复了（如果不是增加了）他的威信。因此，至为重要的是现在由他来证明，宪法并非只是一堆空话，他是有决心建立民主制的政府的。因此，他应该毫不拖延地着手改组国府委员会，使国民党方面的自由派人士在其中享有引人注目的代表权，并为共产党和民主同盟保留名额虚席以待。他还应该立即开始行政院的改组。我强调指出，据我看，他必须通过他自己的间接领导作用，促成小党派的联合以形成一个自由派政党，因为如果没有这样一个相当大的少数派集团存在，他在国民大会中争取通过一部健全的宪法的努力就会被看成是贯彻一党统治意图的烟幕。各个小党派自己无法处理合并问题，此种行动需要他的积极协助。他还应该请求少数派政党领袖为各种职务的人选提名，而不是照老一套的做法以有诱惑力的任命收买他们以消除反对派。我强调指出，如果他不采取这样的行动，就不可能有真正的两党制的政府，而他的品格和立场就因此而有可能遭受到严重的攻击。我认为小党派之组织成为一个大型的自由派集团，将对他大有帮助，而他也就可以使自己高居于国父的地位而不再仅仅是国民党一党政府的领袖。（我竭尽一切可能地强调这一点，因为我确信，这是影响中国最近将来的前途的关键。）

我接着说，我以为，如果共产党拒绝重开谈判——也就是说，拒不接受国民政府的建议——如果政府又没有在挑衅性的言论和行动上犯下过错，着手解散军调部的时机也就来到了。我早已认为，共产党已不打算再接受美国按以往方针进行的调解，他们肯定已把我看成是不受欢迎的人。在这种情况下，我觉得他们最近表示希望军调部继续工作的目的，多半是为了保住美国的空运设备，以便和他们分散在华北各地的共产党武装力量，他们在上海、南京、重庆的代表以及他们在哈尔滨的人员维持交通联系。我在不久前已经指示军调部驻哈尔滨的美方代表从那里撤退， 因为他在那里很少有行动和活动的自由，而且也因为他留在哈尔滨的作用，已经只是便于共产党人利用我们每周一次的班机来保持一条进出哈尔滨的空中交通线。

蒋委员长表示完全同意我关于要有一个自由派政党的想法。虽然他并没有表明他对军调部问题的反应，但是我觉得，他对局势的认识与我相同。由于这时的情况，我预见到以下的发展趋势：共产党将拒绝重开谈判而国民政府将诉诸积极的军事行动以重新打通铁路交通线。在这种情况下，我认为军调部应该裁减到仅仅剩下个空架子，而美国参与其中的调解任务应该结束。这就便于美国海军陆战队各部队立即从北平和天津撤退。

正像我在这时向杜鲁门总统所报告的那样，我认为我应该被召回。我向总统解释我的想法如下：我认为，我或许能够由于我在回到美国的时候发表一项坦率的声明而严重地削弱（如果不是摧毁）反动分子在国民政府内的权势，并使自由派分子上升到控制地位。同时，我还可以有条件以一种足以削弱中国共产党地位的方式为他们反美的歪曲和恶意宣传描绘一幅真实的图景而给美中两国视听被弄混淆了的人民以某种开导。令人难以置信但又千真万确的是，这时有大批的中国高等院校和企业集团在接受共产党的宣传方面表现得如此幼稚，以至于真诚地相信是美国造成了中国的内战，而我本人则应该对那种局势直接负责。剩余物资和租借法案的交易对这种信念的形成起了很大作用。幸而司徒雷登博士所处的地位仍将自然而然地吸引各方面人士不断寻求他在谈判中的斡旋作用，而随着时间的推移他这种作用的重要性将与日俱增。甚至在他的正直遭受到共产党方面怀疑的情况下，我觉得，他也能够成功地度过时局的那一个阶段。

马歇尔参与的国共调停以失败告终

对于我来说，十分清楚的是，我所能发挥的作用由于好几种原因而很快就要宣告结束。自从和谈破裂以来我之继续留在南京，是为了使得通过一部值得尊重的宪法一事落到实处。国民大会开幕之初，前景非常令人沮丧，我曾明白表示，如果通过的任何东西不足以成为政协决议基本原则适当的近似物，就美国的反应而论，对于国民政府将会是致命的。新宪法已经通过，而在行将开始的争取重开谈判的玩弄花招之中并没有我的真实地位。我继续留在这里对未来的调整将形成尴尬的局面，尤其是如果我把话说明白了，而我认为我是必须说的。这就会在中国双方的官员中激起怨恨的反感。是时候了，该由中国人自己去做我曾经努力把他们领进去的那些事情了。但是我相信，我还能用我所指出的那种办法去加强那些优秀人士的地位和影响力。

由于我提出了这时召我回国的建议，国务卿于1月3日通知我，总统将乐于见到我在方便的情况下尽早回到华盛顿去就中国问题进行磋商。总统说，在我返回以前，也就是在我们有机会共同讨论以前，不会作出任何有关由司徒雷登博士进行调停的决定。1月6日，白宫宣布："总统已指示马歇尔将军返回华盛顿亲自就中国局势提出报告。"

1月6日下午，在白宫宣布的关于我返回美国的消息公布以前，司徒雷登博士和我拜会了蒋委员长，我通知他，总统已召我返回华盛顿述职，我将于1月8日上午离开南京。蒋委员长对我的离去表示惋惜，他还向我问起他希望我为中国做的各种事情，诸如军队的改组和教育之类的问题。我回答他，在见到杜鲁门总统以前，我不可能发表任何意见。

接着，仅仅作为未必会被美国政府采纳的少数人想法的一例，我提到两位美国参议员最近提出的，主张由一个美英苏三国集团作出努力来为中国的事务提供稳定性影响的方案。

这个话头被蒋委员长接了过去，并成了随后全部讨论的主题。他发表了以下的谈话：是否可以请我对杜鲁门总统说，雅尔塔会议就满洲问题（铁路、大连和旅顺口）作出决定而没有提到中国政府的消息传来令人大感震惊，这是中国人民根本无法谅解的。蒋委员长本人由于了解到当时的某些情况而接受了这项决定，但是仍然感到这一行动和美国政府的传统立场不相吻合，这样的决议在中国将长时期地激起深刻的不满。而且，他认为1945年12月莫斯科外长会议就中国问题所采取的行动是对中华民族尊严和主权的侵犯。在宣布这一行动的后一日苏联大使曾拜会他并且对他说，虽然苏联政府默认了所采取的行动，但是却认为这是不智之举，而这样的行动是由美国政府建议的。蒋委员长要我转告总统，在任何情况下，只要他还是中国政府的首脑，他就不会接受涉及苏联政府或英国政府插手于中国内部事务的行动。他说，如果一定要采取这样的行动并强加于中国，他将辞去总统的职务，因为这样一种办法对中国政府和人民都是不能容忍的，而且是一种侮辱。

蒋委员长以各种不同的言词反复重申他的这些观点，不断地强调他对大国干涉中国内政之举深感不满。我告诉他，我将对总统和国务卿转达他的意见。

1月7日，外交部长王世杰博士通知我，蒋委员长要他向我解释，他（蒋委员长）要我把一封信带给杜鲁门总统，但是信中不包括他希望由我口头转达的以下各点：国民政府打算立即改组，将吸收社会贤达、青年党和民社党的代表，也有意接纳民主同盟和共产党的代表，如果他们愿意参加的话。倘若共产党和民主同盟不愿参加，国民政府的当务之急将是毫不拖延地着手改组政府和恢复交通。局势将是艰难的，但是蒋委员长相信美国政府将以同情的态度看待他的问题。如果美国政府决定撤出在华美军，希望不要在目前的排外示威期间开始，因为这可能会鼓励具有同类粗暴性质的活动进一步发展。并且希望撤军不要在军事顾问团得到国会正式批准之前进行。蒋委员长还希望美国政府非常仔细地考虑中国经济形势的困窘。他理解美国政府在有确定的证据表明国民政府在较民主的基础上改组以前不可能给予财政上的援助。但是他仍然希望我向美国政府说明中国急需材料和器械以克服当前交通方面的困难以及急需物质资源，以减轻当前通货膨胀状况的刻不容缓的迫切性。

离华之前，我和行政院副院长翁文灏博士谈过话，我向他着重指出了从政府结构内排除占有统治地位的军人集团和反动分子的必要性。我也和行政院长宋子文博士讨论了这个问题，我告诉他，我不久将就中国时局发表一项声明，既然我已被召回，也就不能继续保持沉默。我向他解释，尽管这是一件不讨人喜欢的事情，我也没有这样做的癖好，但是我必须直言不讳。我说，可以肯定，我的坦率声明将会在激进分子、反动分子和顽固分子中间激起不满和愤怒。我指出，我已在声明中尽一切努力来为中国的优秀分子上升到权力高峰创造机会，我希望这项声明会使得组织一个蒋委员长间接赞助下的爱国自由主义集团成为可能。我觉得，这样一种行动从蒋委员长的立场看来是必不可少的，因为他需要有一个值得尊重的反对党来向全世界证明他有在中国建立民主制政府的诚意。我说，这样一个反对党将永远成为一支强有力的力量，蒋委员长可以利用它来肃清政府和国民党内的贪污、腐败和无能，而且可以对现行的军队首脑独裁统治形成有效的制约。最后，我说，没有一个受尊敬的反对党，中国就不能使世界相信是建立了民主政治制度。

在这一时期和少数派政党领导人以及无党派显要人物的交谈表明，他们确信，改组政府在近期进行是不适宜的，虽然也有同样强烈的信念，认为政府将不得不实行改革。这些中国人显然觉得，实行政府改组而没有共产党参加是有弊而无利的，在实行这种改组之前必须先有和平。

1月6日，我通知司徒雷登博士，我打算就中国过去一年的局势发表一项强烈的声明，一份声明稿已经交到国务院以便在发表之前获得批准。司徒雷登博士在阅读了声明全文之后也认为加以发表是适宜的。

1月8日上午（南京时间），我乘飞机离华返美。1月7日（华盛顿时间），国务院向新闻界发表了我个人对中国时局的声明。我在声明的开头解释道，总统前不久已经扼要介绍了过去一年中国形势的发展和美国政府的对华立场，“目前的情况使我不得不以我所获得的直接印象加以补充”。声明的要点如下：

首先，和平的最大障碍是中国共产党和国民党彼此之间几乎是不可抗拒的完全的怀疑和不信任。

一方面，国民政府领导人强烈反对共产主义政治制度。另一方面，共产党直言不讳地声明他们是马克思主义者，并且要为在中国建立共产主义政治制度而努力，虽然先要经过美英式的民主政治形式。

我认为，导致最近和平破裂的最重要的因素有这样一些：在国民政府（实质上就是国民党）一方，存在着一个由反动分子组成的统治集团，他们几乎反对我为促使成立一个真正的联合政府而进行的一切努力。

纯粹的共产党人则毫不犹豫地采取激烈的措施以达到他们的目的，例如，断绝交通以破坏中国的经济和制造便于颠覆和瓦解政府的局势，而不顾被波及的人民直接承受的苦难。

我希望能向美国人民说明，在故意歪曲和诬蔑我国政府的行动、政策和目的方面，（中国共产党的）这种宣传毫不顾及真象，毫不顾及无论什么样的事实，清楚地证明其坚决的目的在于欺骗中国人民和世界舆论，在于煽动对美国人的不满和憎恨。对这种公然的诬蔑和对事实的完全漠视而要保持沉默是困难的，但是否认只会导致必须每天加以否认，这是一个美国官员所不能容忍的行动方针。

为求得解决问题而作出的真诚努力一再遭到双方极端分子的阻挠。政治协商会议一年前达成的协议是一部开明的向前看的宪章，当时曾为中国提供了和平与重建的基础。但是，国民党内的顽固集团只热衷于保持他们自己对中国的封建统治，显然并不真心想要把那些决议付诸实施。虽然我是作为一个军人在说话，我也必须在这里谴责压倒一切的军方势力。他们的统治作用加深了中国行政管理的软弱性。

在这个政府内居于统治地位的反动集团和顽固的共产党人（我必须声明，他们在去年2月的表现并非如此）之间，存在着一个如何把和平与福利带给长期受苦而现在喑哑无声的中国人民大众的问题。政府内的反动分子显然在指望着美国提供雄厚的支持而不计较他们的行动。共产党人由于他们不愿在全民利益上妥协而显然指望着一场经济崩溃导致政府的垮台。

挽救时局的出路，据我看来，将是由政府内和小党派内的自由主义分子掌握领导权，这是一群杰出的人物，但是他们仍然缺乏能够施加控制性影响的权力。我相信，他们在蒋介石委员长领导下采取成功的行动，将会通过良好的政府导致统一的实现。

事实上，国民大会已经通过了一部民主宪法，这部宪法在一切主要的方面都符合各党派政治协商会议在去年1月所规定的原则。

既然一个民主中国的形式已经由新通过的宪法确定下来，实际的措施就成了考验。有待分晓的是政府将在多大程度上通过真正欢迎所有各集团积极分担政府职责来赋予这个形式以实质内容。

我在结尾部分声明，我之所以要非常直率地说话是因为不能指望用其他方式使美国人民对这复杂的问题获得即使是部分的理解。我公开地阐明我的观点，因为这是我的责任，我要向美国人民提出我对局势及其可能性的估计，而美国人民对于有希望为太平洋地区保证持久和平的远东事态的发展深为关切。

1月7日夜间（华盛顿时间），杜鲁门总统宣布我被提名为国务卿。我的个人声明和我被提名为国务卿的消息同时公布，在中国领导人中间，在对这些事态的发展及其对有关各集团可能产生的后果进行研究之前，造成了一定程度的沉默状态。

国民党报纸全文发表了我的声明，仅仅删掉了用来形容国民党内统治集团的“反动”一词。在共产党控制区内的共产党报纸，据说只刊登了声明的摘要，显然突出了共产党所赞同的那些部分。

传到南京美国大使馆的消息表明，被共产党的批评僵化了的共产党人认为我对他们党的批评由于我对国民党反动分子的攻击而得到了超额的补偿，他们把这种攻击看成是美国政府对国民政府所作的第一次公开批评。

蒋委员长在会见美国记者时说，必须把我的声明和杜鲁门总统的声明结合起来读才能对中国时局获得一个全面的看法。后来他在一次政府纪念周集会上表示，“不能把我的看法说成和马歇尔将军的看法完全一致”，“由于他的使命，也由于他在向美国人民提出这样一份报告时的地位，可以说他是坦率、公正、诚恳而且友好的，他的声明非常富于建设性”[1]。

1月10日，周恩来将军从延安发表了一篇广播演说，其中包含着共产党对我的声明的“官方”反应。他指责我没有说明蒋委员长就是那个国民党反动统治集团的首领，我是在依靠“实施蒋记宪法和政府改组来延长蒋记独裁”。他的讲话反映了他的深刻怀疑、不满和一种几乎是精神性神经病的心理状态。

国民党宣传部长在1月9日宣布，政府愿意和共产党人讨论一个“停止冲突和改组政府的全面计划”。共产党驻南京代表团的反应缺乏热情，一位共产党发言

[1] 据国民党中央通讯社报道。

人声称，除非国民政府接受共产党人的两点要求（解散国民大会、废除宪法和军队撤回到1946年1月13日的位置），“在延安就没有什么可谈”。

与此同时，立法院院长孙科博士发表一项声明，呼吁所有各党派举行圆桌会议以解决存在的分歧。这也遭到了共产党的怀疑，他们显然倾向于把它看成仅仅是国民政府的又一次和平攻势。一位共产党发言人说，共产党已经提出了两点要求，该由政府宣布它作为恢复和谈基础的反建议了。

1月15日，司徒雷登博士拜会蒋委员长，他说在过去几天内他一直在和政府领导人讨论一个重开谈判的办法。蒋委员长交给司徒雷登博士一份经过讨论达成一致意见的四点方案：

1. 政府希望派代表团前往延安或请共产党派代表团到南京继续商谈，或者由它建议举行所有各党派圆桌会议。

2. 政府和共产党应立即各自发布停火令，并共同商讨实施停火令的有效办法。

3. 政府愿意恢复讨论整编军队和恢复交通的实施计划，计划将以“前三人小组”的原则为依据。

4. 政府希望和共产党立即达成协议，以便公正而合理地解决争议地区的政治控制问题。

蒋委员长请求司徒雷登博士去和共产党驻南京代表团进行接触，以便替他判明共产党是否愿意邀请一个国府代表团到延安去商讨和平统一大计，但是要他对上述四点只字不提。他还对司徒雷登博士说，如果共产党人问到具体的方案，他就告诉他们，张治中将军已被初步确定为代表国民政府的人选，政府不提出任何条件，它的代表团有讨论重大分歧的一切方面的完全自由。蒋委员长最后说，他希望通过一场不受条件拘束的全面讨论，能够依照政协协议的精神实现分歧的解决。

司徒雷登博士于1月16日向共产党驻南京代表团转达了蒋委员长的询问，同时指出，他的作用仅仅是充当转达意见的中介而不是直接的参加者。司徒雷登博士并按照蒋委员长的要求回答了共产党的询问。

同一天，国民党宣传部长在他每周一次的记者招待会上宣布了国民政府将派一个和平代表团前往延安的计划及其对重开谈判的希望。

1月18日，共产党代表团的一位代表拜会司徒雷登博士，向他递交了延安对国民政府打算派代表前往延安的和平建议的如下答复：

如果答应原先提出的两项条件，和谈即可在南京恢复,否则，派代表团前往延安也无济于事。

两项条件是：

1. 军队的配置如1946年1月13日的状态；

2. 废除国民大会和宪法。

由于共产党拒绝国民政府的代表团，国民党宣传部长于1月21日又发表了一项声明，其前半部分回顾了以往的种种困难，把未能实现政协决议的罪责归之于共产党方面。后半部分很可以认为是不带挑衅性的，大部分却为前半部分的指控所抵消。近期重开谈判的任何可能性似乎就这样被完全勾销了。延安宣传部和国民党宣传部长之间展开的关于和谈破裂责任和拒绝政府和平建议的宣传战没有能使情况得到改善。

由于这些事态发展和军调部活动几乎完全陷于停顿，我认为美国停止参加这一机构的时机已经到来。长春国民政府警备司令部没收该市共产党无线电发报机和接收机而引起的一起事件，在军调部美国方面抗议国民政府违犯军调部指令之后，由国民政府归还电台和表示道歉而告了结。

我于1月21日到达华盛顿并于同一天宣誓就任国务卿之职。在随后的几天内，我和杜鲁门总统讨论了军调部的问题，并且建议撤出美方人员。总统批准我的建议，国务院于1月29日在华盛顿向新闻界发表一项通告，宣布美国决定结束与三人小组和军调部的联系，并且表示，美国人员将尽早撤出。

成立军调部的协议规定，军调部将继续存在和工作，直到该协议在中华民国主席或中国共产党主席向另一方发出正式通知后被废除为止。因此，要结束美国和这个机构的联系，美国政府就应该把此种决定提前通知中国政府和共产党。这项工作在华盛顿发表通告以前已由司徒雷登博士在南京完成。军调部美方代表吉伦将军也向中国的双方委员发出了相同的通知。

蒋委员长和共产党代表团都被告知，美国将协助共产党方面的正式工作人员返回到适当远近的共产党地区，完成这一行动的最后期限定在3月5日。为了避免对此发生任何误解，南京的美国大使馆宣告，美国将在3月5日以前协助共产党人员返回共产党地区，协助国民政府的战地工作人员返回原来的驻地，逾期留在现地的人员将由他们自己负责而与美国无关。通知共产党代表团，“正式工作人员”包括被直接指派参加军调部共产党方面的人员和在周恩来将军1946年11月18日给我的备忘录中列入名单的人员，那份备忘录曾在12月得到驻南京共产党代表团的证实。

国务院关于这一行动的公告中没有提到在华美国海军陆战队部队，但是国务院发言人在这时告知新闻界，关于海军陆战队换防的指示将按照经过批准的结束美国参加军调部工作的计划的规定在晚些时候发出。由军调部美国方面拟订的计划规定，美国方面停止活动和撤出全部美方人员将在自2月5日开始的一百二十天限期内完成。当然美国海军陆战队部队不可能在撤出军调部内美方人员以前撤走，但是美国海军当局这时向柯克海军上将发出指令，要他为实施从除青岛外的整个华北撤出海军陆战队的计划完成准备工作。

为了争取到“马歇尔计划”援助，国民政府给马歇尔安排的晚宴

蒋委员长在和司徒雷登博士讨论这一行动时听到美国决定退出军调部的消息似乎感到高兴。国民政府于1月31日就军调部问题发表公告，把和谈的失败归咎于共产党，对于国民政府未能“使一个有第三方参加在内的调解机构继续发挥作用”一事表示遗憾，并对美国为实现中国和平统一所作的努力表示感谢。国民政府军方领袖的反应表示满意，因为他们把美国退出军调部和政府的公告解释为谈判的结束，并且认为这表明，国民政府现在可以放手谋求武力解决了。

共产党的反应是不明确表态，延安电台强调，必须从中国撤出全部美军是“广大中国人民爱国心”的要求。

对于美国退出军调部的一般反应，在几乎所有中国各地的报纸上，甚至包括一贯声嘶力竭地要求美军撤出中国的左翼报纸在内，都是表示遗憾。国民党报纸对军调部的解散表示遗憾，是因为这意味着美国终于承认调停失败，而对此负有责任的是共产党。有些左翼报纸指责美军撤退只不过是“制造一种退出中国内部事务的假象的骗术，而实际上是利用这一行动以增加美国对中国的控制”，不过没有说明怎么能够做得到这一点。只有几家独立的报纸公开表示赞扬美国的行动，并为迫于形势不得已而有此举感到遗憾。有一些国民党报纸表示担心这将导致对中国的国际干涉，他们认为这是必须不惜一切代价避免的。也有一些独立的和左翼的报纸评论认为，美国之所以会采取这一行动是为了在3月莫斯科外长会议开幕以前加强它在中国的地位。

正像我在这时告知司徒雷登博士的那样，美国退出三人小组和军调部的决定的实行，不应妨碍他在任何一方在中国局势所特有的各种问题上向他寻求一位美国大使正常职能范围内的帮助时提供这种帮助。但是，我声明，这一行动确实意味着我在1945年12月所倡导的那种谈判活动的结束。

美国调解努力的结束并不意味着美国有意退出中国。这种努力未能给中国带来和平与统一，其原因已经在我1月7日的个人声明中有所陈述。有一点是美国的调解努力所不能逾越的：中国的和平与稳定，归根到底，应该由中国人自己的努力来实现。我们曾竭力帮助达到这些目标，而在这样做的过程中受到了中国国内外许多集团的恶毒攻击，他们有意或无意地歪曲了美国政府的意图和目的。问题现在就不折不扣地要由中国人自己来解决了。我的看法是，只有在中国出现了一个自由主义反对派集团的情况下，清明的政治和迈向稳定的进步才会获得保证。中国人自己未来的努力将决定是否有可能使中国人民获得和平和稳定。我认为，美国应该继续以同情的态度看待中国人所面临的问题，应该采取任何并不干涉中国内政的行动去实现那些代表着中国人民也代表着美国人民的希望和心愿的目标。

中国共产党对美国的态度

考虑到在我使华期间中国共产党在宣传上对美国的猛烈攻击，我相信，回顾一下中国共产党在我使华期间对美国和对美国调解努力所持的态度将证明是有益的，因为这关系到中美关系问题。

在最初的两三个月内，中国共产党是合作的，而且也没有迹象表示对美国和美国调解所持的态度不友好或不诚恳。表明共产党的合作态度有了变化的第一个迹象是在3月底显示出来的，这时满洲的局势已经严重恶化。周恩来将军当时正竭力制止美国船舰载运国民政府的军队到满洲，尽管这种调动是停战协定所许可的，而且他也事先被告知美国在这方面的承诺。表明共产党对美国同中国有关的活动的反应的第二个事例是共产党报纸对美国向中国政府提供贷款一事所作的批评，抨击的锋芒指向国民党。

4月21日，出现了表明共产党敌视美国的第一个迹象，也是表明共产党在宣传中毫不顾及事实的一个迹象。那一天延安电台在广播中指控美国飞机在满洲公然参加袭击"人民武装力量和当地居民"的军事行动，并且声称，在四平街地区被"当地人民武装力量"击落的国民党飞机上发现一个美国军官。由于我为这样的报道向周将军提出了抗议，延安电台后来在广播中更正了先前的指责。据解释，被击落的飞机上穿着美军制服的是国民党驾驶员，而进行空袭的飞机上的美国标志则是由于国民政府在接受飞机时用"油漆"绘在上面的国民党党徽脱落后暴露出来的原有标志。

这起事件就此以这种解释而告了结，但是广为传播的关于美国参与国民党空军在共产党控制区上空活动的报道却很可能并没有被后来对这类报道所作的更正所完全抵消。这时，延安电台正大事宣扬满洲共产党部队和“美国装备和训练的”国民政府军队作战所取得的胜利，这就进一步有助于强调美国在支持国民党方面所起的作用。共产党这种对美国含沙射影的新例证出现在上述更正之后不久。5月3日，延安电台提到国民党使用美国造的飞机；5月5日，又提到国民政府的第六十军已“由美国军舰全部运到满洲”。在以后的几个月内，“美国训练的”或“美国装备的”国民党军队和“美国造的”国民党飞机或坦克就成了共产党报纸和电台广播中司空见惯的词句。

来自延安的宣传攻势后来暂时停止了一个时期，但是5月19日的四平街陷落和5月23日的国民政府攻占长春成了共产党重新发动反美宣传攻势的开端和信号。新的攻击远远超出了以前的含蓄指责美国帮助国民党的说法。这种日复一日的攻击持续了将近一周，而且范围广泛，从指责美国对国民党的援助是“使得满洲内战扩大”的重要因素之一，到对美国在华调停的公正立场提出疑问，不一而足。就在国民政府占领四平街和长春之前，我曾建议共产党撤出长春并就满洲和其他问题重开谈判，同时还向周将军传达了蒋委员长提出的一些条件。在国民政府军队攻占长春后继续向北挺进期间，蒋委员长长时间不在南京，再加上我本人和长春建议的瓜葛，都有助于在共产党人心目中激起对美国和对我本人在调解和谈判中所持立场的深刻怀疑。这种怀疑在共产党人对共产党地区执行小组美方人员所抱的敌对态度中表现得十分清楚。

1946年12月，北平发生美国士兵强奸北大女生的暴行，各大城市的学生相继罢课游行，抗议美军暴行

由延安电台发出的共产党攻击美国的另一阵狂风从6月初开始刮起，但是在宣布满洲休战十五天时停息下来。然而，对美国表示好感的好景不长的“蜜月”在援华法案准备提交国会审议的消息公布的时候就被另一场宣传攻势所中断。延安电台报道，共产党地区举行了攻击这一法案的群众集会。这是这一类集会的第一例，后来中国共产党就在其控制下的地区内利用这样的集会煽动反美情绪。可以表明共产党对这项援华法案的重视程度的，是6月23日毛泽东主席发表了一项反对通过这项法案的声明。（这是在我使华期间毛泽东发表的两项正式公开声明之一，而更值得注意的是，虽然共产党发言人常常发表政策声明，毛本人却难得公开发表声明。）毛指责美国对“国民党政府”的军事援助和在华驻扎大量美军是“导致中国大规模内战的爆发和加剧的根本原因”。他说，“因此，所谓美国对华军事援助，其实是对中国内政的武装干涉”，结论是要求美国“及时停止和收回所谓的对华军事援助，立即从中国撤出军队”。

在这一场合，也像在其他场合一样，中国共产党人似乎成了共产党的疑心病和不信任感的牺牲，他们倾向于相信他们自己的宣传，部分的原因是由于经常不断地重复同样的话题。但是宣传对中国舆论所产生的影响，无论是在共产党地区或是国民政府地区，都是不应低估的。

从莫斯科美国大使馆就苏联报纸和电台评论提出的研究报告来看，没有迹象可以表明中国共产党对美国的批评是由莫斯科发动的。4月下旬的苏联报纸报道了中国要求美国停止干涉中国和从中国撤军的消息。5月间，苏联报纸刊载一篇不常见的文章，摘引了中美两国报纸批评美国对华政策和美国对国民党军事援助的言论，却没有苏联对美国在中国作用的直接攻击。但是，6月1日，一家苏联报纸的文章第一次直接攻击了美国，在指控中声称，有迹象表明美国军人正在参加中国的内战，在苏联军队已经撤离中国的时候，“美军仍然留在那里，而且正积极参加反动派所发动的内战”。虽然共产党的批评在一开始似乎纯粹起源于中国，并且被独立的中国报纸所重复，但是在后来的月份里，中国共产党和苏联对于美国对华政策的批评就或多或少是在一唱一和，从而加深了国民党对于中国共产党和苏联之间有着密切联系的怀疑。这就使美国调停人的任务变得更加艰巨。

在6月末7月初对美国的军事援华法案和对美国副国务卿解释美国援华目标的声明发动了一系列很少考虑事实而充满了不确切言论的攻击之后，中国共产党于7月7日在延安发表了一项宣言。这项宣言强烈而恶毒地攻击美国对华政策，并且又一次抗议共产党所谓的美国对国民政府的军事和财政援助，这种援助被说成是在鼓励国民党的内战政策。这类攻击出现在6月休战期间的和谈破裂以后，并且得到来自莫斯科的类似宣传的配合。

7月11日，我和周将军就共产党的反美宣传攻击进行了一次长时间的坦率交谈。经过这次交谈，延安电台压低了这类攻击的调门。7月间民主同盟两名成员在昆明遭到暗杀时，甚至广播了一项呼吁，吁请“中国的美国友人”采取行动制止“一场以消灭反对国民党暴政的民主人士为目标的大屠杀”的爆发。但是，到了7月即将结束的时候，延安电台又恢复了攻击，指控美国海军陆战队部队经常进行侵入共产党占领区的袭击。

7月13日，发生了涉及在华美国海军陆战队和中共部队的一系列事件的第一起事件，那一天，有七名海军陆战队人员在河北省东部被共产党人所俘虏并拘押到7月24日。

7月29日，共产党部队在天津北平之间公路线上的安平伏击了载有联合国善后救济总署物资的军调部汽车队，护送车队的美国海军陆战队有三名被打死，十二名受伤。这起事件（共产党私下承认了应负的责任）成了共产党重新发动反美运动的一个信号。这是人们所熟悉的共产党那一套伎俩的重演：抓住一起有理或无理的事件，不顾事实真像和准确性，大做文章，并以此为根据发动一场几乎是歇斯底里的反美诽谤运动。这一次，伏击被说成是共产党地方指挥官在延安当局事前并不知晓的情况下擅自进行的，但是后者显然觉得，他们必须掩盖共产党所应该承担的责任，并利用这起事件去达到他们自己的目的。

8月1日，周恩来将军交给我一份延安电台关于安平事件的广播稿副本，并且说，这是北宁铁路沿线所发生的涉及美国海军陆战队和中共部队的一系列事件中的第八起。他说，这最后一起事件还牵涉到中国政府部队，这可能表示国民政府中某些人正试图通过在铁路沿线制造事端的方式使美国海军陆战队卷入中国的内部事务。

我对周将军答复如下：在收到美国海军陆战队司令官根据柯克海军上将指示所派调查人员提出的正式报告以前，在我有机会听到周将军的说法以前，我对安平事件暂缓作出任何结论。今天柯克海军上将已经把海军陆战队一个正式调查团的调查结果亲自通报给我。据我看，为了理解这个问题，有必要追溯到在热河省所发生的各种情况，特别要联系到那一地区共产党司令官李雪瑞将军的声明，也还要联系到延安就同一局势所作的宣传和最近在河北东部七名海军陆战队人员的被绑架事件。延安电台对安平事件的叙述完全不同于海军陆战队调查人员的报告。后者对事件的叙述如下：一名海军陆战队的中尉和四十一名海军陆战队士兵当时正护送一支由二十一辆小型卡车（载有这四十一名士兵）、六辆为在北平的海军陆战队部队载运食物和军需物资（大部分运给军调部美方人员）的供应卡车、一辆由中国司机驾驶的联合国善后救济总署的卡车和载有三名要向军调部美国方面报告情况的美国陆军军官的小汽车组成的车队。这些车辆的护送队在一处遇到了路障，当那个中尉徒步走上前去询问这是什么意思的时候，他遭到了射击并因而死亡。共产党的袭击部队立即用步枪、机关枪和迫击炮开火，海军陆战队士兵也予以还击。关于共产党士兵的参加人数缺乏精确的统计资料，估计在三百人左右。战斗持续了大约四个小时，直到一名共产党军官展示白旗时为止。这时护送队就留下所有的卡车前往北平，后来从天津到达出事现场的一队换班的海军陆战队把卡车开到了北平。安平镇并没有受到袭击，共产党部队并不是被迫自卫，没有任何国民政府部队卷入或在场。这些情况，我认为是真实的，据我看，延安的广播中只有两点是准确的，那就是：发生了一场双方互有伤亡的战斗和在下午晚些时候海军陆战队的增援人员从天津来到。所有的其余部分都完全是歪曲，据我看，是故意的歪曲。

我接着表示，联系到司徒雷登博士和我本人所作的和平努力来看，这整个的问题非常重要，因为我经常遇到国民政府声称是共产党挑起了所有的战事的说法。我毫不介意共产党方面实际是针对我的恶意宣传。使我感到困窘的是，这种宣传得到了苏联方面类似宣传的配合——我之所以感到困窘是由于对我和中国政府的关系以及我影响这个政府的能力产生的影响。虽然民主同盟两名成员在昆明被暗杀的事件是悲剧性的，这对国民政府产生了影响，因为这在美国官方、政界和公众舆论中产生了影响。但我们现今在安平所遇到的是由那个对先前在承德恐吓执行小组美方人员一事负有责任、在向延安提出几乎全是捏造的歪曲报告一事上有过错的同一位司令官所领导的共产党人的行动。所有这一切，从周将军所表达的共产党的愿望的角度来看，全都非常不幸，并且使我在和国民政府的关系方面陷入了更加困难的境地，因为这将对美国公众的舆论产生和愿望正好相反的影响。美国公众是不会心平气和地对待这类事情的。

周将军接着说，他还没有收到安平事件的正式报告，但是他十分关心，并且认为应该进行调查。他说，他赞成由军调部派出一个由最干练的工作人员组成的小组去调查这一事件和有关的问题，以便确定责任。

军调部的国民政府方面也表示希望指派一个特别调查小组。尽管我不愿意让军调部来处理这起事件和有关的调查，但是毫不考虑军调部内的中国双方全都要求进行这样一次调查的愿望也是困难的。因此，我发了一份电报给军调部的美方委员，向他表示，既然国民政府和共产党全都希望进行一次查明事实的调查，看来派出一个经过仔细挑选的特别小组是适宜的。

8月3日，周将军通知我，他收到了安平地区共产党地方指挥官发来的报告，其内容和延安的广播基本相同。报告断言，国民政府军队也卷入了这起事件，并且声称，由于安平处于共产党控制区内，海军陆战队在通过这一地区时应该提前发出通知。

8月6日，周将军在和司徒雷登博士讨论安平事件时发表了以下的谈话：共产党的报告表明，这起事件是由于国民党和美国的军队进入共产党地区而引起的。美国海军陆战队以前已经多次造成扰乱，但是并未酿成事端。北宁铁路沿线一系列事件可能产生于下述情况：保护这条交通线的美国海军陆战队往往喜欢偏离铁路，而共产党部队虽然竭力避免冲突，但是在和美军发生直接接触时却无法避免抵抗。国民党正利用北平、秦皇岛之间的铁路和北平到天津的公路运送武器弹药和军队。国民政府军队利用这种由美国海军陆战队保卫的交通线作为扩张地盘的基地，而在受到共产党部队反击时就撤退到铁路线上。如果共产党部队继续追击，他们就会和美国海军陆战队发生冲突。共产党并不像人们再三说的那样，有意识地制造安平事件以迫使美军撤出中国，因为这样做就会失去美国的友谊。共产党人无意和美国发生冲突。

军调部美方委员罗伯逊先生就安平事件调查工作进展情况送给我的报告表明，延安当局和军调部共产党方面显然正在竭力混淆视听，他们指责说，共产党催促抓紧调查，而国民政府和美国方面却采取拖延战术。罗伯逊先生报告说，事实正好相反，因为共产党一直在采取一切可能想得出来的策略拖延和阻挠调查。

8月9日，我把上述报告的要点通知周将军，并且把罗伯逊先生就调查工作现况给我的报告的摘要交给他。摘要大致如下：8月2日，军调部三方委员签发命令，指示一个专门小组进行调查。与此同时，要求共产党委员取得安全通行证，指定专门小组和当地共产党司令官接触的地点、日期和不晚于8月5日中午的具体时间。8月6日上午，共产党司令官发来了一份保证通行安全的电报，但是没有答复指定和共产党战地指挥官接触的地点、日期和具体时间的要求。从8月2日到8月8日，小组的美方成员试图调查仍然留在北平的事件目击者。但是这一步骤遭到了共方成员的阻挠。8月4日，共方成员没有出席小组会议，却派来一名未持受权证件的下级人员，从而排除了采取任何行动的可能。8月5日，共方成员确实出席了会议，然而却把一整天都花费在程序细节的争论上。他要求小组首先会见北平海军陆战队的指挥官，然后再前往现场会见一个番号不明的共产党部队的姓名不详的指挥官。共方代表表示，在完成这些会见之前，不同意调查目击者。他又说，他不会把参加那次护送车队的任何美方目击者的证词当作正式可信的证明材料看待。在小组会议上的一次长篇发言中，他常常以几乎是侮辱性的态度对待美方成员，似乎是想要激起他的恼怒。8月6日，美方成员召请两名身为军调部工作人员的美方目击者前来作证。共方代表于是立刻起立发言，坚持他所主张的程序达两小时之久。当提醒他证人已经等候多时而请他准许对他们进行调查时，他直截了当地加以拒绝，而会议也告中断。8月7日，在一次小组会议上，共方成员争论了两个半小时。一再重复以前已经提出过的主张，要求在进行一次现场调查之前小组必须前往他所建议的地点，而在听证以前必须就证人达成一致的协议，从而又使得讯问从天津带到北平来的证人成为不可能。

我提醒周将军，我本来不想让美方人员参加小组调查，我只是在周将军和两位中国委员的催促下才表示同意的。我说，而发生的情况，却比我所料想的还要糟，而且似乎预示着一旦调查开始还要变得更糟。我说，作为美国政府代表的我，不可能默默地接受这样一种局面，因此，我正在考虑撤回小组的美方成员而就我认为是事实的情况发表一项公开声明。我解释道，如果不是考虑到这样一种行动对于谈判取得成果的可能性所可能产生的巨大和几乎是决定性的影响，我是不会有丝毫犹豫的。我的行动将有助于证实国民政府官员的论点，他们坚决认为与共产党谈判是不切实际的。因为共产党不可避免地会采取设置重重障碍的手法来破坏谈判的目标。在这件事情上，他们将有可能说，我以自己的声明表示和他们的观点一致。我强调，我把问题看得极为严重，我不想让美国再在这种徒劳的程序中承担任何责任。在和司徒雷登博士讨论了这个问题以后，并且由于充分意识到后果的严重性，我愿意再等二十四小时，以便收到共产党的保证——而不是讨论——保证这个问题将以普通的、日常所见的、直截了当的方式来处理。我补充道，我为我不得不在我们的会谈中即使是私下说了这样一些话而感到遗憾，但是我不愿和北平共产党代表所采取的那一类做法发生关系。我看不出共产党人首先一定要争取的是什么，而现在，他们正冒着蒙受巨大不利的风险。

周将军的回答如下：从他所能得到的情报来看，实际的情况和我的报告几乎完全相反。中国报纸已经报道，一个调查小组已在前一天，最迟将在今天派出，他认为共产党人是急于进行调查的，而国民政府却在拖延派出小组，并企图在美国人和共产党人之间散布不和。

我对周将军说，调查小组是不是像报纸所报道的那样在昨天派出或是在今天出发，我们要等着瞧。关于拖延派出小组，我说，在共产党代表所列举的论点中只有一个具备正确的根据——那就是轮流担任主席的问题——而共产党人应该能够召请任何一个和所有的证人。我觉得拖延问题的出现似乎是由于共产党人在这种或那种技术性问题未经讨论以前未能就召请证人的问题达成协议。

军调部的调查小组于8月8日离开北平，但是一无所获而回，因为未能就程序达成协议。8月12日，我又和周将军就这个问题进行了如下的讨论：共产党的新闻通讯社提到美国海军陆战队一再挑衅的行动，说军调部的美方人员偏袒国民政府，已经变成军事冲突的发动者，并且在竭尽全力拖延专门调查小组的行动，而共产党方面却要求立即进行调查。这一天我收到罗伯逊先生发来一份相当长的电报，其要旨如下：

罗伯逊先生和共产党委员叶剑英将军达成了一项初步的口头协议，随后又以中文写成书面文件，并取得了国民政府委员的同意。这时，叶将军不但拒绝在文件上签字，反而提出一份新的方案要求交付翻译，他在这一方案中把原先达成的协议规定得更加具体。三方委员举行会议讨论了这份新方案。其中含有先前未曾讨论过的新内容，但是委员们未能就此达成协议——叶将军坚决主张听取参加安平事件的国民政府军队的证词。叶将军就这样把应该由调查决定的问题当作事实，包括在听证范围之内。罗伯逊先生建议把这一点用这样的说法包括在内："听取据共产党人声称是参加了冲突的国民政府军队的指挥官的证词。"共产党人在这份新方案中还指出两名军调部美方成员是参加了海军陆战队巡逻活动的人，照他的提法，这两人属于"海军陆战队武装巡逻"的部队，而不属于"被护送的汽车队"。这些建议没有一项被接受。罗伯逊先生觉得叶将军是在按他上级当局的命令行事，而在过了八天之后，小组仍未能获得共产党方面的同意，以听取任何一个证人的证词。

我继续告诉他，据海军陆战队当局报告，又发生了几起事件，其中包括：身份不明的中国士兵对海军陆战队军火库哨兵和运煤列车海军陆战队警卫的袭击，在天津附近对海军陆战队人员的射击和对一支换班的海军陆战队部队的伏击。我和司徒雷登博士有同感，必须就我所知道的安平事件真像和共产党影响调查的拖延战术立即发表一项声明。我之所以不愿意这样做，仅仅是因为这几乎会完全摧毁我影响国民政府通过普通的谈判程序解决政治争端的能力。这样一项声明将在实际上宣告军调部的作用已经丧失，而被蒋委员长和中国政府其他军政首脑接过来当作肯定的证明去支持他们的论断：要根据普通的谈判程序和共产党人打交道是不可能的。对于共产党在这个问题上的策略我实在是困惑不解。也许他们是出于对传统程序的极度反感，也许是他们在河北和热河的地方首领反美情绪过分强烈而难以控制。看来清楚的是，他们在这件事情上的行动对于在中国实现和平解决的任何可能性都具有确定无疑的破坏作用，而且会坚定国民政府军方首领和某些政治首领在武力政策上的立场。

周将军回答道，他从未料想到会发生这种拖延，他愿意立即进行调查，已经向叶将军发出包含一个程序方案的指示。国民党中央通讯社谴责共产党进行拖延，但又说，军调部的美国和中国政府方面打算只听取美国方面和当地平民的报告，这就意味着任何共产党人都不得出面作证。共产党人担心没有一个一致同意的办法就有可能不听取共产党方面的证词，因而也就有可能在没有共产党方面人员作证的情况下作出结论。无论是叶将军的报告或是国民党的报纸都指出了这种可能。周将军解释道，由于交通困难，共产党方面难以和安平事件发生地区的共产党领导人取得联系。

我向周将军指出，美国方面的委员已经通知我，美国建议的方案包括视察冲突地区，会见共产党的战地指挥官以及每一方认为必要的任何其他证人，这就肯定能为听取共产党方面的证词提供充分的机会。任何别种办法都会和美国人关于公正的概念格格不入。这一方案还包括有关地区内海军陆战队司令官、国民政府军队司令官和共产党高级司令官的作证。共产党希望把参加了冲突的国民政府军队的证词载入记录，这样就把有待调查的问题当作事实对待，在我看来，这体现了共产党方面确定无疑的设置障碍的战术。我只能认为，应该对这种战术负责的不是叶将军（他受到美国人员的极大尊敬和喜爱），而是他的上级当局。我说，明智如周将军，是不会让事情以这种方式发展下去的。我强调指出，美国陆军、海军和海军陆战队人员是绝不可能容许他们自己在这样一场调查中和故意歪曲真相的行为发生牵连的。虽然个别人可能这样做，一群人却绝不可能这样做，因为我们的标准很高、判断很严，不会鼓励和允许这种串通作伪的行为。美国方面不想也不打算隐瞒真相或是对真相作有利于自己的歪曲。我要强调的是毫不拖延立即行动的重要性。

由于调查小组这时总算是在着手进行安平事件的调查了，我也就决定不再发表有关事件真相的声明，以便小组有充分履行其职责的机会。调查工作包括询问有关地区内美国、中国政府和中国共产党三方的高级司令官，以及由三方面各自推荐的证人。正像可以料到的那样，中国双方的证词互相冲突，而在共产党人竭力阻止听取国民政府方面所推荐的两名证人的证词的时候，听证活动又一次遭遇到他们的阻挠战术。这时，我指示军调部美方人员退出调查小组，并写出自己的调查报告。他们向我提出的详细报告，和我原先告诉周将军的事件真像一致，那就是：一支共产党部队伏击了由美国海军陆战队士兵护送的军调部和联合国善后救济总署的物资供应汽车队，使海军陆战队三人死亡，十二人受伤，而没有任何国民政府军队的士兵在场或是与事件有牵连。

8月间，延安电台继续对美国发表批判性的评论，主要之点是在华美国海军陆战队和安平事件。我和司徒雷登博士于8月10日就和谈破裂问题发表了一项联合声明，这成了直到当时为止可以算得上是最猛烈的一次反美攻势的发动时机，我们的“失败”被说成是由于“美国奉行了支持蒋介石的错误政策”。这场攻势后来有所收敛，但到8月30日关于美国政府向中国出售其在中国和太平洋地区剩余物资的剩余物资购买合约公布时，又重新猛烈地爆发出来。尽管签定这项合约前我向周将军解释了这种转售的性质及其背景，尽管我向他和其他共产党代表又进一步说明了这项合约的性质，共产党对剩余物资转售的抨击依旧不断，周将军并且向我提出一份由共产党向美国政府发出的反对这种转售的正式抗议。

9月中、下旬，延安电台发动了一场针对美国也针对我个人的宣传攻势。延安指责我没有反对内战的恶性发展，我最担心的是我在掩饰美国制造内战的政策方面的无能，而这种政策已经导致美国调停的失败。我的威信据说已一落千丈；我被指控“规避”讨论停战和重开政协；我被谴责以倡议五人小组为华盛顿“装点门面”。据说是美帝国主义正在取日本帝国主义的地位而代之。

9月下旬，由于共产党对我的攻击随着周将军的离开南京前往上海而变得更加猛烈，我和南京的共产党代表讨论了这个问题，并向他们指出，如果共产党方面对我的公正立场失去信任，他们只要通知我一声，我就会退出谈判。因为在其他许多场合，共产党人对我的调解努力总是私下表示信任，而来自延安的公开攻击却持续不断。

也许是由于我对这种情况作了说明，共产党的宣传攻势暂时有所减弱。延安电台把主要注意力集中到了在华美军的“不轨行为”，其高潮是10月下旬针对美军撤离中国一事所发动的“滚出中国”宣传战。

更为重要的是10月间毛泽东主席回答一位美国报纸记者问题的讲话和中国共产党中央委员会的一项声明。讲话和声明全都批评美国和美国的对华政策。在答复记者关于美国在华调停活动的问题时，毛泽东发表了以下的谈话：他怀疑美国能够被说成是在调解中国内战；从美国大量援助蒋委员长而使他能够发动一场内战的事实来看，美国政府的政策是在调解的掩护下加强蒋委员长，并经过蒋委员长的“屠杀”政策，压迫中国民主力量，使中国变为美国的殖民地。中央委员会的声明指责美国在日本投降以后和内战进行期间，居心不良地向蒋委员长提供军事援助。声明接着说，蒋委员长和美国想要镇压和消灭中国民主运动，蒋委员长和美国的军事活动目的正在于此，调解和政治解决则是为了达到这种目的而把军事活动掩护起来。声明的结论是，美国并不希望在中国实现和平和民主，而蒋委员长和我应该珍视自己的信誉和人格，应该尊重我们所签署的“各项神圣的协定”。

在整个11月和12月的上旬，延安电台集中力量在美帝国主义这个题目上，对1946年11月4日在南京签字的中美商约（中美友好通商航海条约）发表的评论尤为恶毒，认为这项条约标志着“殖民地化的道路”，可以和臭名昭著的日本二十一条相比拟。

比较一下共产党代表在美国调解努力问题上私下对我和司徒雷登博士发表的言论和猛烈批评美国对华政策的延安电台广播，就会发现两者语调上的巨大差异。可以表明共产党对我的调解活动所持态度的第一个具体的例证，包含在周恩来将军从延安回来后不久6月10日对我的一次谈话中。他说，延安领导人认为，只有通过我的努力才能挽救时局，我作为调解人所做的工作在一个长时期内都是必要的。在这次谈话后的几个月内，周将军和其他共产党代表继续在私下对我表示，希望美国居间调停，虽然与此同时，共产党的电台和报纸却在批评美国的对华政策，并且常常对美国的调解努力提出疑问。10月和11月间，周将军再没有提到我作为调解人的作用，而在10月26日的一次交谈中，他多次提到我们都是三人小组的成员，这显然是恢复我作为谈判者的作用的间接表示。这时我已经或多或少地退出了谈判，谈判主要由第三方面人士进行。

但是，11月16日，当周将军来到我的住处把他返回延安的计划通知我时，我请他根据延安当局的态度明确推断，他们是否希望我个人继续担任目前这种调解人的角色。我并且告诉他，我将等待他从延安给我的答复。然而我却从未收到共产党对这个问题的任何直接的答复。

12月28日，延安电台广播了周将军对杜鲁门总统12月18日声明所作的评论。他攻击这项声明“为美国的反动对华政策辩护”，是为“美国调解人继续留在中国”提供借口。在评论到美国调解人的公正立场时，周将军提到了6月份的谈判、司徒雷登博士8月份的调解努力、张家口休战建议和第三方面人士10月份的斡旋。他说，“对美国调解人的态度的答案可以在这些谈判中找到”，而“蒋介石和美国之间在破坏停战协定和政协方针方面的合作，随着时日的推移已经变得越来越清楚”。

共产党人直接公开提到美国调解努力的仅有的另一次讲话，是1月10日周将军[1]在延安就停战协定签字一周年发表的演说。他说，中国全国人民曾经欢迎1945年12月的杜鲁门声明和我的调解努力，但是美帝国主义者对华政策的真正性质后来暴露无遗；尽管国民党反动派发动了内战，破坏了政协决议，在停战协定上“签过字的美国连署人”却“再也没有提起1月的停战令”。

问题已经清楚，中国共产党并不希望美国在华调解。在延安电台广播的12月31日毛泽东主席的新年文告中，他声称，“反对美国帝国主义侵略政策的统一战线”在1947年将迅速发展壮大，“按照美国政府旨意行事的”国民党正忙于“用一个分裂的国民大会和一部独裁宪法打扮他们自己，以便于使他们的战争和美国的援助合法化”。这时延安报纸的一篇社论表明，对美国的攻击已经达到了肆无

[1] 周将军于11月19日前往延安，此后，直到我于1947年1月8日离开中国为止，他没有再回南京。

忌惮的地步。美帝国主义及其在中国的"走狗"一再受到指责，美帝国主义被说成是已经代替德、意、日法西斯的地位而成了世界性的侵略者和全人类的公敌。社论提出的七点要求包括从中国撤走美军和废除中美商约。共产党宣传部首脑在延安发表的类似的言论表明，共产党的新方针是把美国看成为新兴的帝国主义大国，正在取代德国和日本的地位而怀有统治世界的野心。另一方面，民主则被说成是苏联的同义词，是一切国家希望把人类从压迫和帝国主义统治下解放出来的广大群众的同义词。

我出使中国的全部始末，可以从研究中国共产党及其对美国的态度的角度来加以概括。在1月、2月和3月初这一段时期内，在达成了有关停战、成立联合政府和整编军队的协定的时候，没有理由怀疑共产党的诚意。后来当他们为了他们所反对的行动而猛烈攻击美国的时候，接连出现的事件表明了他们的猜疑和不信任所达到的程度。要在中国共产党的行为所表现的纯中国特点和世界各地共产党共同采取的手段之间划一条清晰的界线是困难的，但是就我使华期间中国共产党人涉及美国时的表现而论，这两种因素在他们的行动中无疑都是存在着的。对于可以称之为中国共产党行为的中国特点，大概可以这样来解释：作为争取中国人民支持共产党的一种手段，共产党人发现用美国来代替日寇是有效而且方便的。为了反对外部敌人而争取支持的呼吁往往能起到为共产党的事业征集信徒的作用，这从中国人的观点看来是一种在心理学上健全有效的方法，而且也是中国政治舞台上大家都熟悉的方式。但最后，他们行为的中国特点似乎因为采用世界各地共产主义运动的那些共同手段而已经在某种程度上逐渐消失，他们的反应和态度似乎也和其他这类运动一样属于同一类型，特别是在涉及美国的时候是如此。